U0541748

第二届中国近现代社会文化史国际学术研讨会合影

首都师范大学历史学院中国近现代社会文化史研究中心主办

第二届中国近现代社会文化史国际学术研讨会论文集

THE SECOND INTERNATIONAL CONFERENCE ON CHINESE MODERN SOCIAL AND CULTURAL HISTORY

梁景和　主编

SSAP 社会科学文献出版社
SOCIAL SCIENCES ACADEMIC PRESS (CHINA)

目 录

关于社会文化史的几对概念

梁景和*

中国社会文化史的研究已经迈进了一个新阶段，在进一步发展的时期内，深入思考和探索有关社会文化史的理论方法问题更显得十分重要，也是学术发展的内在要求。根据以往的学习体会，我觉得对下面的几对概念作一些研讨，有助于开展社会文化史的深入研究和探索。

常态与动态

这里所谓的常态与动态是指历史发展一定的长时段内，历史事象的不变部分和变化部分的总合。不变部分即为常态，变化部分即为动态。这里的长时段是个相对概念，它可能是几年、十几年，也可能是几十年、上百年或更长的时间，这要根据研究的具体事象和研究的特定问题意识而定。常态的历史事象指在一定的长时段内基本处于不变的历史事象，比如一直到清末中国有着两千多年的封建王朝统治；比如清代很多男人穿长袍马褂，很多女人穿旗袍；比如新中国成立三十年我国基本上是以“以阶级斗争为纲”作为国人政治生活的指导方针；比如在20世纪90年代，很多人以“大哥大”作为通信工具；等等。可见在几千年里、几百年里、几十年里、几年里都存在着相对常态的历史事象。动态的历史事象指在某个历史时期新出现的历史事象，比如春秋战国时期出现的诸子百家；比如辛亥革命后出现的共和制度；比如20世纪60年代爆发的“无产阶级文化大革命”；比如21世纪以来的“闪婚”“裸婚”“滚婚”现象；等等。有些常态的历史事

* 梁景和，首都师范大学历史学院教授、博士生导师。

象和动态的历史事象是相对而言的，其属于常态还是动态，这要由我们的问题意识而定。比如，若以新中国成立后为何会产生“文革”为问题意识，“文革”就是个动态的历史事象；若以“文革”时期中国人有着怎样的政治生活、文化生活为问题意识，“文革”就是个常态的历史事象。

还有，一个具体的历史事象在一定的时期内，也会存在常态和动态等不同的存在方式，这是由历史发展变化错综复杂的原因决定的。比如20世纪90年代的餐饮生活，从动态上看，一些人吃起了麦当劳和肯德基，但从常态上看，很多人并不吃这些食品；比如改革开放后，一部分人炒起股票、买了汽车、住上楼房，但也有人不炒股票、未买汽车、未住楼房，等等。历史是错综复杂的，由于不同的问题意识，历史研究的侧重点是不同的。当我们的问题意识需要研究有车族的时候，就不应当以相当一部分人没有私家车而否定前者的研究；当我们的问题意识需要研究国民劣根性的时候，也不应当以相当一部分人的优良品格而否定前者的研究，如此等等。

相比之下，社会文化史更要注重动态历史事象的研究。历史总是在发展变化的，所以注重动态历史事象的研究本来就是历史研究中的应有之义。历史研究就是让人们去了解和认识历史，去了解和认识不同历史时期的不同历史特点。而研究动态历史事象是我们了解和认识不同历史时期特征的基本路径。当然，动态历史事象和常态历史事象的分类是相对的，只要我们的问题意识明确，我们的研究就具有针对性和目的性，进而消解作者和读者的模糊性或曰含糊性。

碎片与整合

前些年有人对社会史研究有些微词，认为社会史研究存在碎片化倾向，研究的历史现象似乎是些鸡零狗碎、残羹剩饭般的微不足道的东西，所以进行这样的研究意义不大。这样的说法可能有其一定的道理。

问题在于，什么是碎片？以往的研究似乎没有给出明确的界定和回答，这就让人有些丈二和尚摸不着头脑。琢磨一下，所谓“碎片”，其一好像就是些摆不到历史台面上的无足轻重的“小玩意儿”，诸如洪秀全有没有胡子、张家媳妇多高、李家媳妇多胖之类。其二好像是那些按照以往历史研究的观念，似乎有些猎奇或看不出有什么所谓的重大意义的历史现象，诸如研究妓女、乞丐之类。

如果说“碎片”研究是相对于“宏大”研究的话，那么“碎片”研究和“宏大”研究孰有意义呢？其实这是不能回答的伪问题。“宏大”研究可能有意义，也可能没意义；“碎片”研究可能有意义，也可能没意义。这要看你研究什么，怎么研究。比如就一般地讲中国改革开放以来，国家富强了，人民富裕了，并用一些数字说明之，这样的“宏大”研究其实意义不大。如果深入下去，国家在哪些具体的领域富强了，又有哪些充分的表现，是哪些重要的原因促成富强的，在发展过程中遇到过哪些问题和阻力，是通过什么独特的路径克服和解决这些问题的，留下了哪些发人深省的历史经验和教训，这样的“宏大”研究就显得有意义了。再比如“文革”期间，谁谁被揪斗了，某个文物被砸毁了，某个“走资派”自杀了，如果只是孤立地研究这些“碎片”问题就意义不大，如果把这样的“碎片”研究与更深层的政党政治、法律制度、社会矛盾、领袖崇拜等结合起来，也可能会揭示出更为深刻的历史面目，这样研究的意义就显得大些。

社会文化史要研究社会生活，而社会生活千姿百态，巨细相应，所以社会文化史并不回避“碎片”研究，但“碎片”研究正如上文所说，关键是你研究什么和如何研究。除此之外，社会文化史的研究还要处理好“碎片”与“整合”的关系，即多种“碎片”研究之后可连缀成一体，这是社会文化史尤其看重的一点，也是社会文化史研究的价值所在。这有些像孩童们的拼图游戏，好多的拼图材料犹如“碎片”，把这些“碎片”材料拼合起来，让人豁然开朗，展现出来的是一幅崭新的并具有实际意义的图画，这是拼图的意义。而社会文化史把社会生活的“碎片”整合之后就有了历史研究的真正意义。比如近三十年服饰的“碎片”研究，喇叭裤、西装、夹克衫、牛仔服以及色彩斑斓款式多样的女装，等等，如果把这些“碎片”研究整合起来，就会发现人们服装生活的变迁、物质生活的改善、中外文化的交流、审美情趣的改变、精神自由的提升，等等，这不正是社会文化史研究的旨趣所在吗？

生活与观念

在中国大陆，有部分学者认为社会文化史是研究社会生活与观念形态之间互动关系的历史，我到目前为止也主张这样的看法。这里的基本含义就是指社会文化史主要研究的是社会生活和观念形态，而且重在研究两者的互动关系。也就是说，人们的现实社会生活怎样影响了人们的观念形态，使人们的观念形态发生了变化，这种变化反过来又对社会生活产生了哪些影响，使社会生活发生了什么变化，这就是两者的互动。比如改革开放以来，地方人大代表是通过普选而产生的，这种政治生活对民众的民主意识的提高和推进发生了积极的作用，促使了民众民主政治观念的变化。反过来，民众提高了民主意识又会对民主政治有更新的要求，也必然会促使民主政治生活的进一步改善和变革。再如计划生育国策改变了当代中国的家庭结构，这种家庭结构变化同时改变了家庭的教育观，在这种教育观念的影响下，中国当代的独生子女教育出现了中国历史上前所未有的一种新状态。

但是问题并不这么简单。社会生活不是简单地就促使了观念形态的变化，观念形态也不是简单地就改变了人们的社会生活，这里的错综复杂是需要多层面和多角度去不断深入地探讨的。我们之所以倡导社会文化史是研究社会生活与观念形态之间互动关系的历史，其实就是要给研究社会文化史找一个切入点和突破口，目的是使社会文化史的研究能够有一个起点，好让研究者首先迈开步子，使研究能够开展起来，以促进历史研究的丰富和发展，让一些社会文化史的研究者也为史学研究作点贡献。

当然，我们还是要特别关注和强调生活与观念两者的关系和研究它们的重要意义。人都要生活，人都有观念意识。不同时代的人在怎样生活，有怎样的生活观念，自然需要进行研究。人应当怎样生活，应当有怎样的生活观念，也需要有历史的借镜。这是人生命存在的意义所在，那么社会文化史对生活和观念进行研究与探讨，也就有了实际意义。

一元与多元

社会文化史研究社会生活要有一元与多元的辩证眼光。一元与多元都是社会文化史研究探讨的范围，从这个维度讲，社会文化史研究所面向的领域是宏阔和博大的。

首先，社会生活有广义和狭义之分。广义的社会生活包括政治生活、经济生活、文化生活、日常生活。而狭义的社会生活是指一般性的日常生活。这里看得很清楚，广义的社会生活是多元，狭义的社会生活是一元。社会文化史可以从一元的社会生活入手对日常生活进行探索，再渐次扩展，向广义的社会生活推进，逐步扩大社会文化史的研究领地。

其次，狭义的社会生活即我们所谓的日常生活也有广义和狭义之分。狭义的日常生活是指人们最基本的日常生活，主要包括衣食住行、婚丧嫁娶、两性伦理、生老病死，等等。广义的日常生活指在最基本的日常生活的基础上扩展开来的日常生活，比如当代社会的旅游观光、流行时尚、网络信息、心理卫生、消费娱乐、装饰美容、求职就业，等等。狭义的日常生活是一元，广义的日常生活是多元。社会文化史研究要注意一元与多元的关系，首先关注具体问题，然后逐步探索具体问题与其他问题的诸多联系。

再次，就狭义的日常生活而言，也存在一元与多元的关系问题。最基本的日常生活中仍然存在若干事象，其中任何一个事象与其他事象之间都属于一元与多元的关系问题。看来，我们这样的划分可以无限地进行下去，这样做的意义就在于，可以使我们的社会文化史研究出现繁博丰厚的景象。虽然层次可以无限地划分，每个层次也都可以寻求一元和多元的多重关系，但是历史事象的中心层次和重要层次以及重要的一元与多元的关系，我们还是可以判定的，这样的判定有助于我们遴选历史的重要问题，对历史重要问题的把握也有助于我们从事具有实际意义的社会文化史研究工作。

最后，我们要强调的是，一元和多元的辩证眼光，有益于我们对社会文化史的研究领域进行多层面和多维度的分类；有益于我们识别社会文化史研究的重要问题和研究价值；有益于我们循序渐进地开展社会文化史的研究工作。

真实与建构

研究历史要求真，要还历史以本来面貌，真实是历史研究的本质，这是无可争议的。同时，历史研究还需要建构。所谓建构是历史工作者通过对史料的把握，站在特定的立场，运用相关的理论方法，对历史事象（包括历史呈现的形式及其本质规律）进行阐释的一般性模式（或曰模型）。建构需要最基本的条件，这就是上文所谓的一定要掌握大量的第一手素材，这是我们建构的基本材料，是最原始的资料依靠。研究者要站在特定的立场上，不同的立场研究问题的视角是不同的，所以得出的历史结论会有差异。研究历史问题要运用理论方法的指导和规范，理论和方法可以是研究者自己的创建与发现。历史的呈现形式是指历史的外象，是可见的。本质规律是指历史的内在感知，是看不见的，是可以认识和理解的。而一般性模式是指通过文本、图像和声音等多种形式表现出的历史事象。

历史的建构需要关注几个问题：其一，语言、概念与结构。语言要质朴、准确、流畅、精练、优美，不主张语言的佶屈聱牙，读起来费解。要根据研究，提炼出必要的新概念，新概念要界定明确。结构不要八股化，根据研究的需要和研究的意义进行合理设置。其二，想象求真。历史是研究过去，建构历史的一个重要方法就是通过想象以求历史的真实。这种想象是有条件的，是在多种证据基础上的想象推理和逻辑论证，想象是形象的推理和论证过程，史学研究的想象力是还原历史真实的重要途径。其三，建构包括理论方法的建树，历史研究有不同的领域、不同的层面、不同的目的和不同的价值，其中对理论方法的创建就是其中的一种意义。理论的建构有助于我们分析历史，有助于我们认识历史的本质与规律。而方法的创建同样有益于我们研究历史和建构历史。其四，历史学是艺术。历史学是科学，历史学是人文科学，同时历史学也是艺术。说它是艺术不仅仅是说它可以通过艺术形式来展现历史，为艺术形式提供素材，更在于研究者提供的历史研究成果能给接受者以艺术的感染和享受。这对历史研究的艺术性要求是高层次的，也是很难的，也就需要去建构。当然，这要求研究者和接受者两者的统一。我们不要求所有的历史研究都呈现艺术的魅力，这既不现实也不可能，但对历史研究应当有这样的认识并要试着践行。

社会文化史繁盛庞杂，研究的困难很大，凭借“建构”的思维方式有益于社会文化史研究路径的拓展。

当代史学功能和热点的转向

刘志琴*

前　言

一、史学在中国一度是最辉煌的学问，遭受破坏也最严重，信誉的丧失使史学失去公信力，娱乐化又冲淡了史学的严肃性，当代史学已从学术中心走向边缘化。

二、史学从神谕性、资政性向教育性转型，是史学主题、宗旨和功能的变化，由此相应的是写作者和阅读者的身份也相应地有所改变，这种变化在中国不是第一次，却是规模最大、影响最深远的一次。

三、史学功能和主题的变化，是史学面临转向的新机遇，从开拓新领域中获得新的发展。社会文化史就是从另一个视角发掘形形色色的社会生活，还愿历史的本来面目，并以它的特色走向人文学科的前沿。

一　当代史学走向边缘化

史学在古代中国是最辉煌的学问。中外学问的传统并不相同，如果说古代西方学术以哲学为代表，中国就以史学最出众，因为史学在中国是最古老、最神圣的学问，其资料积累的丰富和详实可以独步世界史坛。

近代思想家郑观应说："千古纲常名教，经济学问皆从经史而出，悉数义所生。"经史著作被尊为经典，受到人们的崇拜，左右中国学术思想的发展，这是中国独特的文化现象。有一种说法认为，中国传统学术是以经学

* 刘志琴，中国社会科学院近代史研究所研究员。

为代表，这无异于说是以史学为代表、经史不分是为古人治学的传统，清代章学诚就以“六经皆史”说揭示了这一实质。所以古代中国在各种学问中以史学最发达，史学在中国也最受朝廷的尊崇，领衔史官的往往是宰相级的人物和最有威望的大儒。古希腊、罗马可以随时随地讨论学问，站在路边演讲，听凭众人围观，因此有人干脆称之为“广场哲学”，而在中国讲史论道则要焚香、叩头、行大礼，主讲者端坐上方，听讲者毕恭毕敬，讲坛犹如神坛。

正因为如此，对治史者要求甚高，首先要有史德，史德中最重要的是坚持历史的真实性，不因统治者的意志和个人的好恶而褒贬扬弃。梁启超说：“史家第一件道德，莫过于真实。”对历史的见解不妨见仁见智，但保持历史事实的真相是治史者的道德操守。史官是被朝廷任命的官员，是国家机器的一部分。听命于朝廷，为君主服务，是史官的职责。但是，史官在信仰上可以从道不从君，道在君之上，不必事事遵循君主的指令，可以有自己的选择，因而对君命有所距离，为此有人不惜献身亡命。所以传统史学虽为御用学术，却有一定的独立性。这独立性在封建社会并没有制度保障，却为道义所标榜，受到读书人的推崇，这是中国史学传统的荣耀。

如今的中国，史学已从学术中心位置边缘化，表现在以下方面：

首先是史学的公信力在下降，降到有史以来最低点，史书失去读者的信赖是史学的一大悲剧，这是当代史学需要深刻反思的问题。改革开放以来，史学在人文社会科学中步履维艰，20 世纪 80 年代流行一句话：“解放的哲学，繁荣的经济，活跃的文学，沉默的史学。”实际情况是，伤痕文学一马当先推动了人们对“十年文革”的反思；哲学界提出“实践是检验真理的唯一标准”，吹响了思想解放的号角；经济学界阐明市场经济理论，推动计划经济的改革。史学较之文经哲三界，明显滞后。记得 20 世纪 80 年代在天津一次会议上有人提出对亚细亚生产方式的怀疑，被告了黑状，遭到批评，其他可想而知，说是沉默的史学，正是少有作为的写照。

史学的沉默是有原因的，因为它遭受的破坏最严重，当社会从前现代向现代转型，文化也随之变迁，当新学科引进和传统学科吐故纳新时，史学没有得到正常的发育，而在转型中一度走向畸途。举例说，“文革”初期大破“四旧”，烧古书，毁文物，史学工作者失去家园，专家学者被打倒，史学界一片凋零。曾几何时，在“批林批孔”运动中，史学又成为最红火的学科，人人都批孔，人人读史书，各种古籍、史学读物层出不穷，出版数量之多，覆盖面之广，空前绝后。正常的社会，并不需要兴起全民学历史的高潮，这一繁荣是不正常的。

几十年来在近代史中最为遗憾的缺失，就是不敢正视历史的真实，以南京大屠杀为例，至今是无人不晓，可三十多年前有人说吗？1958 年出版的《中学历史教师手册》，在大事年表中关于 1937 年只有“日军侵占上海，国民政府迁都重庆”，17 年后 1975 年出版的《新编中国史》年表中关于 1937 年只有“国民政府迁都重庆，南京防御失败”，南京大屠杀这样惊天动地的大事，在历史教科书中只字不提，真相又在哪里？一直到 1979 年承认国民党抗日了，这件事才浮出水面。从 1949 年到 1979 年历史被掩盖了 30 年，误导了两代人，历史学家的良知何在，又有谁来负这历史的责任？有人推断，这是想隐瞒国民党抗日的事实，因为承认南京大屠杀，就要承认南京保卫战，这恰恰是国民党领导的战争。如果真是这样，那真是我们历史学家的悲哀，对民族救亡尚且如此，其他被掩盖的历史真相又有多少？虽然古代史远离现实而幸免这一遭遇，但同为历史学家又何以自处？这不是某一时段的问题，而是对史学公信力的严重损伤，史学界要重建诚信，必须说真话，非有大智大勇不能澄清真相，这就是史学界要面对的现实。

史书的信誉在下降，而戏说历史的各类书籍、讲坛却受到读者的欢迎，越来越兴旺。值得玩味的是作者和内容的变化，在市场上走俏的如《明朝那些事儿》《历史是个什么玩意儿》《一个都不正经》等几乎都是非历史专业作者所撰写的。史学图书的作者从史官、学者，到非专业作家，是述史主体的大变化。这些业余作者之所以拥有专业史家所不能拥有的广大读者群，是因为所述的内容具有颠覆性。从来史家说什么都要有证有据，是史家的意见都要标明，如太史公曰，某某传、注、著等，都是对历史的实说和点评，讲究的是历史真实性和启示性。即使明清时代的讲史带有演义性，但其伦理说教仍然不脱正史的价值。如今不然，讲史中有自说自话的、戏说的、臆说的，在中央电视台讲宋史的宣称自己是在“玩历史”，值得注意的是读者并不在乎什么史实不史实，只要读来解闷、解气就是好！史学本是一门纪实的学科，容不得掺假和矫情，古代一些史家为秉笔直书，送掉性命的大有人在。娱乐渗入这门学科，真可算是娱乐至死了，可死的不是娱乐，而是史学的严肃性和真实性。这是专业史家难以认同而又无可奈何的现象！

对此也要有所理解，对历史的嬉笑怒骂是在特殊环境中的特殊的表述方式，在《明朝那些事儿》中有一处讲到朱元璋，说到他一上台，就来个

“文化大革命”，杀功臣！观众一看就乐了，其实引起读者兴奋的不是朱元璋，而是“文化大革命”，这是因为讲“文革”有禁忌，只能借历史来比喻，如果对“文革”能敞开胸怀来批判，人们也就不稀罕以朱元璋说“文革”了。由此可见，如果言路畅通，读者能随意评头论足，又何须转弯抹角来议政呢？到那时此种讲坛也就火不起来了，求真将再度成为人们读史解惑的追求。学历史的比常人更胜一筹的是，可以以历史的眼光来解读现实中千奇百怪的现象。

二 史学功能在变迁

如今的中国，辉煌一时的史学已经光辉不在，无可奈何花落去，面临的是被解构。所谓解构是史学的主题、宗旨和功能的全变化，由此相应的是写作者和阅读者的身份也相应地有所改变，其变化波及面之大、来势之迅猛，足以颠覆传统史学，这种解构在中国不是第一次，却是规模最大、影响最深远的一次。

最早的史书《尚书》，大都为训诰誓命之词，这是史官用来沟通上帝与天子的对话，史与巫不分，写史的被奉为神人，史书有神谕的性质。尚者，上也，是上帝之书，阅史者主要是天子，只有天子才有资格向臣民宣示，其威权之重，凛然不可冒犯。

春秋时期中国出现第一部编年史《春秋》，这是孔子记录的鲁国兴亡史，史书从此从记神事走向记述人事，《史记》《汉书》都承继这一传统。之后，纪传体、本末体问世，与编年体合称为中国传统史学的三大体裁。这三大体裁使古人对事件和人物的记述更为完整与准确。《资治通鉴》阐明史书的价值在于“穷探治乱之迹，上助圣明之鉴”。一语道破，史书是为帝王提供统治的经验，为一姓王朝服务，史书成为君主、官员、士大夫治国理政的教科书。

20世纪初是中国从前现代向现代社会转型的关键时刻，由梁启超揭橥而起的新史学，提出要努力“使国民察知现代之生活与过去、未来之生活息息相关”。倡导史学的内容要从以帝王为中心，转向国民社会生活史的研究，将平民百姓推向历史的前台，史学研究中心转移是中国史学前所未有的大转型。西方在20世纪末提出社会生活史研究，号称大文化史，成为一大流派，中国早在20世纪初梁启超就已提出这一主题，遗憾的是由于中国革命发展的形势，这一愿望并未真正付诸实现。

新中国成立后确立“以阶级斗争为纲”，史学再次沦为政治的附庸。20世纪史学界叫得最响的口号是“为无产阶级政治服务”，进而又提出“为无产阶级政策服务”。所谓史学的“五朵金花”即历史分期、土地所有制、农民战争、资本主义萌芽、汉民族形成等问题，虽然在学术上是很有价值的，但又都有强烈的政治性，所要阐明的是共产党的基础理论社会发展史，即从原始社会、奴隶社会、封建社会、资本主义社会到共产主义社会的五种社会形态，由此论证无产阶级革命的必然性，这可视为《资治通鉴》的现代版，只是内容从以帝王将相为主变为以农民战争为主。不同意见者如尚钺、傅筑夫、孙祚民都被打成“右派”、反党分子而遭受批判，以政治暴力扼杀了讨论的学术价值。

由于强调为无产阶级政治服务，目的决定方式，其思维习惯、文本表述以及选材取料等手段大同小异，导致内容的枯燥和贫乏化，凡是写农民领袖的几乎千人一面，写到失败处都要带一笔农民局限性云云，从先秦到清末一种格式，上下几千年，皆可挪用，简单化、标签化成为挥之不去的通病。史学界的前辈范文澜、翦伯赞等人对这种倾向都有所批评，但都难以缓解。问题在于为无产阶级政策服务，人人都是螺丝钉或驯服工具。要歌颂农民起义，太平天国就成为热点，“文革”前17年以太平天国文章最多，3000多篇，居各类论文之首。

改革开放后，思想解放运动推动了文化史、社会史的复兴，史学研究突破既定的框架，表现出生气勃勃的活力，以丰富的题材和多向度的视角，刷新了史学的风貌，史书从枯燥无味的说教，变为生动具体的叙事。史学走向民众，促使史学著作从少数人阅读变为大众读物，这是方向性的大转移。

由此可见，史学功能在历史发展的长河中已经发生变化，史学被推崇为神谕，是在神权时代；被认为是《资治通鉴》或政治教科书的，是在皇权时代。代代相承的小农业生产，自给自足的自然经济，前人经验就是后人的轨迹，人们匍匐在祖先的足下，亦步亦趋，事事按祖制办事，间有革新也要打着法祖的旗号，即使至尊至贵的君主发号施令，也得标榜来自祖先的训示。代代相因的社会造就尊祖敬史的社会心态，治国理政只要效法祖先，就能以最小的成本获得最大的凝聚效益，因此有“半部《论语》治天下”一说，不论这句话行得通行不通，都反映小农经济形态中习惯性的思维方式。在这种社会形态中，记载前人业绩的史书自然被奉为经典，遇有重大决策无不要从史书中找依据，维护统治的、夺取政权的、革新的、保守的都要寻找历史依据，在史书上做文章。西汉的统治者崇奉今文《尚书》，篡汉的王莽就抬出古文经；反对新政的司马光效法《春秋》，王安石就攻击《春秋》是“断烂朝报”。士大夫们以史教为楷模，攻经读史，谋求攀升，史书成为政治斗争和跻身仕途的工具。

在封建社会形态中，史官是皇帝的高参，史家在学界有举足轻重的影响。而这一切都被现代化浪潮所冲击，步入全球化时代，社会风貌大变化，过去是站在中国看世界，现在是站在世界看中国，完全是不同的视角。在静态的小农社会，治国理政要寻找历史依据，向后看。现在是信息社会，各种信息如排山倒海般汹涌而来，潮起潮落，瞬息万变，人们对事物的判断和决策不再仰仗史书的教诲，主要是提升对信息的把握度和思辨力。许多是前人从未经历的事件，史事也不足以应付现实的变幻。治国理政不再需要寻章摘故，而是要眼观五洲风云，耳听四海浪涛，历史的参照系降到最低点，即使推崇史书的统治者，也未必接受历史的经验教训。毛泽东通晓历史，饱读经书，出口就有历史典故，可他更多的是为我所用，否则，又何至于发动“文化大革命”？

资政的功能在大幅度地缩减，历史还有何用？历史是现实的过去，现实是历史的发展，人人拥有现实，人人就离不开历史，所以历史是人生、民族、国家的记忆，人们认识历史，如同婴儿来到世界要认识自己的母亲一样，这是不可磨灭的天然血脉。历史与现实分置在不同的时间，有一定的距离，这个距离不是主观的，而是由不同时空界定的，历史和现实这个距离要靠教育作中介，运用历史知识，扩大人们的视野，提高人的思想能力。历史教育不仅给人以知识，更重要的是给人以历史的智慧，这比知识更有力量。所谓鉴往知来，就是通过对往事的鉴别、筛选、提炼、概括，抽象成规律性的认识，给人们以历史的启示，从而更深刻地理解现实、规划未来。历史是通过启示为现实服务，这不是简单的比喻所能发挥的效用。不能把历史局限于爱国主义的教育，还应该成为德育、智育、美育的内容，成为全面提高国民素质教育的重要内容。

重视史学的教育功能，可以改进史学研究工作，既要一如既往地重视对史学的训诂、考证、本末源流的科学层次；更要重视对研究问题的价值、意义的追问，上升为理论的哲学层次。重视表达研究成果的可读性，改变文风，写出具有学术性和通俗性的优良读物，真正把人民创造的历史交还给人民，成为人民解放自己的武器。

史学从神谕性、资政性向教育性转型，从史学对政治的关系来说是弱化了，而从人民的受惠来说，又扩大了史学的服务功能。该弱化的就要弱化，这是时代赋予史学功能的变迁。

历史是民族的记忆，不能忘却，但它的真正价值是在现在和未来。现在流行一句话："让历史告诉未来!"言简意赅地道明了史学的价值所在。要知道史学是经验性的知识，因为是经验性的，自不乏有一定的规则可参照，但由于人、时、地等环境、条件的变化，任何经验又都有局限性，有局限性的经验怎样告诉未来，这要仰仗对历史的解释作出新的贡献。这是现代人的解读，是现实的、鲜活的人的认识，历史本身只是缘由，讲史的不能不反映现代人的需求，这也可视为现代史向过去的延伸。

史学是一门认识世界的学科，它运用特定的社会记忆（历史资料），把已经消失的人物和社会现象再现出来，发掘潜藏在历史表象背后的因果联系。人类社会本是层层相因的有机整体，某些带有实质性的东西不可避免地反复出现，所以古今异时、环境有别的社会现象又具有某种共性，使今人有所参照。所谓鉴往知来，就是通过对往事的鉴别、筛选、提炼、概括，抽象成规律性的认识，以帮助人们深刻地理解现实，科学地预测未来，这是人类更高层次的认知活动。

高速发展的现代社会已拉长了我们与传统的距离，然而永不衰竭的历史长流又无处不在地滋润着我们的生活。史书给人以知识，更授予读者对经验的感悟、体认和敏感，聪明人往往看重悟性，历史智慧就是激发悟性的酵母。所以一些国家或企业的领导班子往往有熟悉历史的智囊人物参与战略研究，使决策具有驾驭势态的历史威力。史学教育在提高人的素质方面有不可替代的功效。

三　社会文化史发展的机遇

史学方向的转移，随着21世纪的到来而愈益突出，早在20世纪末，人们就预言，21世纪是高扬人文精神的世纪。国内从20世纪的"以阶级斗争为纲"，到改革开放后以经济建设为中心，再到新世纪的以人为本，这是史学得以转向的大背景。

应该说的是，新世纪有两种理念为社会文化史的勃兴提供了理论基础，一是生活是历史本体论的命题，二是百姓日用是儒学的经典之教。社会文化史是以生活为中心，对生活方式、大众文化和社会风尚进行统合研究，当前思想史和文化史都向社会生活靠拢，从生活领域中发掘新资源的动向，再次证明社会文化史已跻身人文学科的前沿。

生活，包括衣食住行和休闲在内，是人类赖以生存和发展的基本方式。人因为要生活才形成社会，有生活才有阶级的划分和社会的构成。生产方式的变化，社会的进步，归根结底表现为生活方式的变化，在社会生产和流通的一系列链条上，生活处于目的性的终端，这是生产力发展的动力和目的。说人是社会的本体，无异于说生活是社会的本体。所以生活是人类的第一个历史活动，也是人类永不停息的创造业绩。人的解放离不开生活方式的变革，文明的进化与差异往往表现在吃穿用，吃什么、穿什么、用什么，怎样吃、怎样穿、怎样用等方方面面表现出种种差别，从而发展自己的智慧，创造出不同特质的文化形态和民族传统。所以以人为本，实际上是以生活为本，这对史学来说，意味着重新回到梁启超提出的要使国民知道生活的过去和未来。百年来史学发展中的风风雨雨，又回到 20 世纪初新史学的起点，可这不是简单的回归，而是螺旋式的上升，上升到新台阶。

新台阶，使研究者更上一层楼。生活是个广阔的视野，它涵盖先人的物质生活、精神生活及其社会制度等丰富多彩的内容，这标志中国史学进入第四个转向：从神说为纲、资政为纲、阶级斗争为纲，到以生活为纲。纲举目张，目随纲移，纲变则全变，这是具有颠覆性的大转向。转向即解构，因为建构传统史学大厦的支柱在变化。历史的主体从高高在上的权贵、精英，下到平民百姓，从注视政治、军事、经济大事变，到关注日常生活，不论是对作者抑或读者都是前所未有的大转移。

史学从笔录帝王行事到记述百姓生活，从为帝王统治服务到为民众长智慧，是史学主题和功能的大变化。史学由此失去神圣光环，却大踏步地走上社会化。

这对研究者未必不是幸事！因为随着研究对象的下移，会带来新气象、新问题和新思考。例如对鸦片的社会文化研究，别有一种视角。鸦片是舶来品，在世界各地都有生产和销售，为什么唯独在中国酿成社会公害？由于中国近代史是以鸦片战争为开端，种族主义的义愤，爱国主义的声讨，都指向外国侵略者，几乎成为毋容他议的定论。然而从社会文化研究，却发现自害更甚于他害的现象，有两个论点破解这一问题。一是鸦片在中国经历了从药品、食品到毒品的变化，促使中国人吸毒成瘾的是烟枪的发明，使苦涩的鸦片转化为香甜烟气，引人上瘾，这不是外人而是国人的创造。二是促使吸毒成为国害的是国产烟的种植。中国本不产鸦片，鸦片进口价格高昂，只能在少数富豪中传播，可当政的李鸿章等人认为肥水不流外人田，有钱国人自己赚，提倡在本土种植，这一主张甚至得到一度主张禁烟者的认同，到清末国产烟的产量已是进口烟的 4 倍，因为鸦片对土壤要求不高，易于种植，有好收成，能卖个好价钱，在西北和西南贫困地区成为农民脱贫的方式，由于土产烟是自产、自销、自吸，吸毒者普及到农民，造成民族的大灾难，这是在貌似爱国名义下的祸国行为，是民族的自残，揭示这一现象，是深入认识近代中国沉沦的重要因素。

由于视角不一样可以发现新资料，如在清史笔记中发现有妇女告丈夫婚内强奸的案例，这是现代意识，发生在 300 年前的清代，太稀罕了。但这是孤证，有人认为清人笔记不可信。然而即使查不实，身处 300 年前的人能臆造出这一事例，不也是一种思想的反映吗？这虽是个案，但只要是当时人的言说，就代表一种思潮，即使是微弱的萌动，也是一种趋向。社会文化史就要发掘这类不为人注意的日常行为，窥视当时人的思想状态。

再如明清时代徽州一地所立的节妇烈女的碑坊就有 6000 多座，根据歙县地方志所记，这一地区的节妇烈女多达 6.5 万多人，然而就在这些禁锢最深的地区，明清流行歌曲吴歌却暴露出另一种景象。在清代文人冯梦龙所收集的时调中有一首《偷》，说的是："结识私情弗要慌，捉着子奸情奴自去当，拼得到官双膝馒头跪了从实说，咬钉嚼铁我偷郎。"还有首《小尼姑》云："小尼姑猛想起把偏衫撇下。正青春，年纪小，出什么家？守空门便是活地狱，难禁难架，不各蓄好了青丝发，去嫁个俏冤家。念什么经文也，守什么的寡。"还有《八十婆婆要嫁人》等，这些在正史中绝对见不到的呼声，却活跃在民间社会。那种女性要求自主择偶、不畏众议、不为利诱、敢于走出家门、与情人私奔、坚贞不屈，出了事自己承当的勇气，令人惊叹。只要看看，深锁寺院的尼姑在思春，高龄的老妇要再嫁，这些被禁锢最深的人群，都敢于冒人言之大不讳，为争取爱情，亡命献身。被封建礼教长期压抑的人性，喷薄而出，化为朗朗歌声，传播到乡间里巷，为妇孺童叟津津乐道，这与正史宣扬的节烈观形成强烈的反差。

这些问题并不局限在生活的表象，有的触及传统的伦理价值观。20 世纪60年代出土的明代话本《花关索出身传》说的是，刘关张三结义时，关羽、张飞表示为了跟随刘备成其大事，决心互相杀掉对方的老小，以消除后顾之虑。于是关羽杀了张飞的全家，张飞杀了关羽一家十八口后，不忍心再杀关羽已经怀孕的妻子胡金定，就放了她。后来她生下儿子，叫花关索，从小练就一身好武艺，长大后到荆州寻父，岂知关羽不认，花关索一怒，破口大骂，表示要投奔曹操，捉拿关羽。儿子做到这份儿上，当是不孝之至。这样一个有悖纲常伦理的故事，竟然被编成剧本，有说有唱，在民间流传，还成为墓穴中的殉葬品，这在以孝治国的明代，几乎是令人不可思议的事，但以出土文物雄辩地证明它的存在，这不能不使人耳目一新。

这种景象是不入正史的，可这又是活生生的存在，是与官方意识形态相悖的另一种存在，这说明民间社会并不都受统治阶级意识的控制，蕴藏在民风民俗中的大量资料足以说明，在正史以外，还有另类历史的存在，是真正属于平民的历史。正如郑振铎在《中国俗文学史》中所说："他们表现着另一个社会，另一种人生，另一方面的中国，和正统文学，贵族文学，为帝王所养活着的许多文人学士们所写作的东西里所表现的不同。"

所以传统史学的解构，并不是史学的终结，而是面临转向的新机遇，从开拓新领域中获得新的发展。社会文化史就是从另一个中国发掘形形色色的民众生活，还原历史的本来面目，并以它的特色走向人文学科的前沿。

“碎片化”：新兴史学与方法论困境

李长莉*

史学研究的“碎片化”现象，是近年来引起史学界许多人诟病的一大病症，其意指研究问题细小琐碎，且缺乏整体关联性与普遍意义内涵，因而缺乏意义与价值。这种“碎片化”倾向尤其在近二十多年来新兴的社会史和社会文化史（新文化史）领域表现得最为突出，随着越来越多学人进入这些新兴领域，尤其是刚刚跨入学术门槛的硕士、博士研究生们，纷纷选择具体而微的专题作为初入学术的门径，群相跟进，势成风气，使得这种“碎片化”倾向有愈演愈烈之势。这一现象引起一些学者的忧虑，感到史学研究的学术价值和社会功能将被这种“碎片化”渐行消解，甚至会导致史学学科空洞化、边缘化的危险。看来这种“碎片化”趋势已经成为关系史学命运的一种现象，不能不引起我们的警惕与反省。由于“碎片化”与社会史和社会文化史等新兴史学有较大的关联性，我们由此需要反省的是：新兴史学为何易于走向碎片化？其症结何在？如何矫正？下面试作一探讨。

一　微观研究、“碎片化”与新兴史学的伴生关系

“碎片化”是由微观研究衍生而来，而微观研究的盛行始于20世纪80年代后的史学转向。当时随着改革开放，社会重心由政治运动转向现代化建设，史学界也开始由此前聚焦于革命与政治等宏大主题及“宏大叙事”，转向探究中国社会演变的实态及其根源，由此出现了微观研究的趋向。特别是一些研

* 李长莉，中国社会科学院近代史研究所研究员。

究者致力于探究中国社会的内部结构、文化形态及其演变机制，以求清理中国社会内部走向现代化的社会基础与文化资源，由此社会史、社会文化史相继兴起，成为新兴史学领域。其主要特征是研究重心“下移”，由以往偏重上层的政治事件与人物，转向下层的社会、民众及民间文化。由于这些研究对象都是具体而弥散式存在，要予以把握与分析，需要具体、客观、实证、细致地观察和研究，因而偏向小论题、个案化、深度描述的微观研究盛行，这是新兴史学研究对象转换引起研究方法的自然转变，因而微观研究与社会史、社会文化史等新兴史学有一定的伴生关系。同时，社会史、社会文化史等新史学分支领域的兴起及相伴而生的微观研究盛行，也是史学研究分工细化、趋向深入的学术内部发展的自然要求。西方史学界在此稍前的六七十年代也出现了社会史和新文化史兴起及微观研究盛行的趋向，虽然其产生与中国的社会情境有所不同，但也反映了这种史学学术内部深化的自然流脉。[①] 因而微观研究的兴起具有一定的合理性与推进学术深入的功能。

中国的新兴史学是因应时代需求而兴起的，即回答中国社会的内在结构与文化形态等深层次问题，其微观研究的方法也是为了更有效地承担这一功能。因而所谓微观研究，本应是在这种历史关怀和宏观视野下进行具体化、精细化的探究，求得由具体而见一般的效果。但这种理论上的宏微相济，在研究实践中却不易把握。这是因为社会如汪洋大海，文化又千差万别，民众更是各个不同，社会文化事象都是具体而分散的个别存在，欲对其了解与把握，也必须具体而细微地观察与分析。这种微观研究发展开来，导向研究问题趋于细小，研究方法偏重深描，走向极端便出现脱离整体关联性的“碎片化”偏向，研究题目零星琐碎、七零八落，缺乏内在与外在的关联性，成为游离于历史意义之外的碎片、尘埃，因而失去了历史价值。特别是中国近代距今较近，印刷及报刊发达，社会与文化的遗留史料浩如烟海，给研究者从中寻找小题目提供了广阔空间，因而在近代社会与文化史领域“碎片化”倾向更为突出。需要指出的是，西方在新史学及微观研究流行之下，也出现了“碎片化”趋向，引起学界批评，可见这是新兴史学的一种内生偏向。[②]

---

① 对于中西社会文化史形成发展的异同笔者曾作过比较，参看李长莉《交叉视角与史学范式——中国“社会文化史”的反思与展望》，《学术月刊》2010 年第 4 期。

② 参看〔法〕弗朗索瓦·多斯《碎片化的历史学》，马胜利译，北京大学出版社，2008，第 235 页。

与此同时，近十余年来历史学学术体制的变化也加剧了"碎片化"趋势。从研究生培养制度到学术管理制度及评价机制，忽视史学研究作为综合性学科而需要厚积累、多路径的学术规律，将之与调研型、案例型学科视同一律，实行一刀切的"数字化"管理，片面强调数量，导致研究者不得不追求快出成果、多出成果，无暇多读书思考，无暇进行基础积累，加之从业人员增多与史学资源有限性之间的矛盾，以及专业分工细化的自然趋势，使得一些研究者只得以"填空补漏"式选题方式，向边边角角处寻找小题目，一头钻进狭窄的小胡同，所做研究也难免"碎片化"。

由微观研究而发展到"碎片化"，历史学的学术价值因之而下降，在当今知识爆炸的信息化时代，这类史学研究成果在行内行外的接受度与传播度降低，在社会知识体系中日益边缘化，导致人们对史学价值与功能产生疑问。那么，导致"碎片化"的症结何在呢？

二 "碎片化"症结与新兴史学方法论困境

社会史和社会文化史由于研究对象是社会与民众，具体而细致的微观研究是一种内在要求，但发展到"碎片化"的偏向，以致背离了这些学科本要研究社会结构、文化形态等深层整体问题的目标，说明研究方法上存在弊病。概括而言，新兴史学的"碎片化"表现为以下三种症状。

1. 论题小而微，缺乏大关怀与大问题

历史学是钩沉积淀历史记忆的学科，历史研究的价值在于对以往历史经过一定的科学研究，提供具有一定历史价值并给人们以启迪的历史知识与智慧，而并非事无巨细的全盘复原。因而对于以往浩瀚纷繁的历史现象，需要进行一定的选择、梳理、分析、概括与解释，以说明历史发展主流及时代的重要问题。特别是社会与文化的表现形态是具体事象，大多与历史主题的直接关联度低，而且内容包罗万象，情况千差万别，加之近代遗存史料的海量，这就需要治史者在选择研究题目时，须有历史关怀、时代眼光、整体观念与问题意识，如此才能选择具有历史价值的论题。有的研究者仅仅出于"填空补漏"或猎奇而一味选择边角细小的研究题目，使论题只是特殊、个别、具体、边缘的个案，而缺乏普遍性与一般性意义，成为脱离社会变迁与时代主题、游离于历史主体与主流之外的边角碎屑，因而缺乏历史价值。

2. 论题细碎而零散，缺乏大联系与大序列

历史学以记述并阐释以往社会演变的过程、因缘及其机制为己任，因而治史者的研究论题皆应与这一主题有一定的关联性。社会与文化作为历史变迁的重要方面，虽然是弥散式存在，表面上是大量分散的具体事象，但实际上有一定的内在有机联系，具有一定的整体性与序列性。一些社会文化事象虽然具体而微，但如果置于这种整体性与序列性的关联中，即具有整体之单元或链条之环节的意义，因而具有历史价值。这就需要研究者在选择论题时，需注意与历史主题及普遍性问题的关联性，或与其他相关元素的横向关联，或与相类事象的纵向序列关联，在这种联系之中的小论题才具有意义。而有的研究者缺乏这种联系观点与整体思维，选择的论题只是某种零散、孤立的社会现象，成为游离于历史逻辑之外的孤立零散的碎屑，因而缺乏普遍意义与价值关联，丧失了历史价值。

3. 论题小而平面化，缺乏大理论与大阐释

社会史、社会文化史旨在通过一些普遍而具体的社会文化事象，探究社会的内在结构与文化形态等深层问题。这些深层问题是无形的隐性存在，一些普遍性、典型性的社会文化事象是这些隐性问题的载体和符号，那些看似本身意义微弱的社会文化事象，可能蕴藏着深层结构的密码。因此，社会与文化史研究需要从分析具体社会文化事象入手，深入探究这些具体事象背后的内在逻辑与普遍意义，进而揭示其所反映的深层社会结构与文化形态内涵，这就需要进行一定的逻辑分析、理论概括与阐释。如果所作论题仅止于对某种具体事象的实态描述，一味追求平面化的“深描”与“细述”，即使十分清晰地还原了事物的原貌，其意义仍然微弱，如果没有宏观意义的阐释，揭示其“何以如此”的深层根源及逻辑关系，则只是缺乏意义关联的历史碎片。

上述缺乏问题意识、缺乏联系观点、缺乏理论阐释等症状，导致这类社会与文化论题的内容细微琐碎、平面干瘪，缺乏普遍性、意义内涵与历史价值，造成“碎片化”现象。综观这些症状的成因，反映出研究对象的弥散性与研究方法的不适应所造成的方法论困境。而上述症状皆指向了一种传统“微观实证”的研究方法，沿用这一方法作为研究社会与文化史问题的主要而终极的研究方法，就会导致研究论题意义微弱甚至缺乏意义，这正是造成“碎片化”的根本症结所在。

“微观实证”是历史学一种传统经典研究方法。历史学的首要任务是记述历史原貌，因此通过"实证"而追求"还原真相"，是历史学的基本任务。特别是以往以政治事件与精英人物为中心的历史研究，实证更是主要的研究方法。由于这些历史现象呈现为"显性"的表现形式，因而许多内容通过实证而"还原真相"就具有意义。即使是一些看似微小的细节，由于其在政治主题的链条中具有某种关键或环节意义，通过"微观实证"对其真相的考证与"还原"，就具有历史价值。但是新兴史学的研究对象转向弥散式存在的社会与民众，研究的目标是通过一些表象的社会文化事象，旨在探究隐于其后的社会结构与文化形态等"隐性"的深层问题。而任何单一、具体而表象的社会文化事象所包含的"单位意义"，与政治事件和精英人物对社会影响力的"单位意义"相比都要微弱得多，因此如果只是对这单一而具体的社会文化事象进行具体而细微的实证描述，只是追求将其单纯地"还原真相"，其意义也相当微弱。可见，在政治史等"显性历史"领域里作为主要研究方法的"微观实证"研究法，转而用于以探索社会结构、文化形态等内在而深层的"隐性历史"为目标的新兴史学领域，其效用便有很大局限。在这些领域，通过微观实证而"还原真相"只是研究的起始与基础，而不是全部，更不是终结，单一社会文化事象的"史实真相"只是砖头而不是大厦，因而以"还原真相"为任务的"微观实证"研究法，不能单独作为新兴史学的主要研究方法。如果仍旧延续传统史学而将其作为主要或终极性的研究方法，就难免会掉入"碎片化"的陷阱。

由此表明，相对于传统史学而言，新兴史学不仅是研究领域和研究对象发生改变，同时也要求研究方法作出相应的改变，必须突破传统"微观实证"研究法所形成的困境，从史学方法论上寻求创新，探索适用于新研究对象的新研究方法，这是将新兴史学引向健康发展，矫正"碎片化"偏向的根本途径。

三　矫正"碎片化"的方法论路径："实证"与"建构"

如前所述，社会史与社会文化史等新兴史学的研究对象，不同于以往传统史学所面对的具体显性的事件与人物，而是具体事象背后的隐性、无形、抽象的社会结构与文化形态，这种研究对象的区别，决定了二者的研究方法也应有所不同。适用于前者的主要为"实证"方法，而后者则需要在具体实证研究的基础上，还要加以一定的抽象"建构"，才能描述和展现这些隐性历史领域。所谓“建构”，就是实证研究基础上的理论提升和逻辑概括，“建构”应当是新兴史学的一个重要方法论特征，只有具体实证而没有在此之上的“建构”，不是完整意义上的社会与文化史研究。所以，新兴史学必须引入“建构”方法，以“实证”与“建构”结合、基于实证的“建构”为主要方法，才能趋近研究的对象与目标，也因而从方法论上矫正“碎片化”的弊病。具体而言，这种“实证”与“建构”结合可有以下几种路径：

1. “微观实证”与“宏观联系”相结合

社会与文化史研究需从具体的社会文化事象入手，因而需要一定的微观研究。但不能满足于只是沿用“微观实证”，止步于对细微现象的简单还原，而必须与“宏观联系”这一“建构性”维度相结合。首先，选择研究题目需要从具有历史意义的大问题出发，选择与历史主题相关，并具有一定普遍性、典型性的社会文化事象，题目虽小，但与历史大问题有一定的关联性或同构性，这样做的微观研究才有大的价值。其次，在进行研究时，需要有宏观联系的观点，注意考察此一事象与上下、左右、前后、内外、纵横等各种因素的联系，特别是与大问题的联系，注意考察此一事象在这些联系中的机能与作用。最后，在描述具体事象之时，注意从大问题着眼而对其内涵意义进行深入剖析，以揭示小问题的内在、深层、背后的大意义。如此才能使微观研究以小见大，见微知著，成为阐释大问题的关节点，从而使得微观研究具有宏观意义。

2. 强化联系观点，多做综合性研究

任何社会文化事象都不是孤立存在的，都是处于多种多维的联系之中，具体而分散的社会文化事象，就因这种联系而具有意义，而这种联系需要以“建构思维”来加以把握和展现。一些具有普遍性、典型性的事象，大多与当时的时代主题相联系，甚至自身就是时代主题的内在或深层因素。因而研究这些社会文化事象时，应注意从其与时代主题的联系之中去把握与分析，进行综合性研究。如国家与社会的关系、政府与民间的关系、上层与下层的关系、政治变动与民间社会的关系等。综合性可以是多方面的，或以一个主要问题为中心，综合多角度、多样化的社会文化事象进行研究，或对某一事象从社会、文化、政治、经济诸多层面进行综合研究。综合研究就是把一种事象放在多种联系之中，进行网状研究、辐射性研究或序列性研究，从而使得小问题形成一定的“意义群”“意义丛”或“意义链”，因而具有大的意义。

3. 强化问题意识，多做中观研究

所谓"中观"，是指介乎于宏观与微观之间，既具有比较清晰的独立意义边界，又具有相对完整的制度或符号体系，能够构成基本社会意义的单元，这也是一种"建构性"界定。例如：一些具体的社会制度及其运作如家庭制度、家族制度、婚姻制度、养老制度、村社制度、慈善救济制度等；民间社会的基本元素如民间组织、会馆制度、互助体制、等级秩序等；民间社会的一些普遍状态如生活方式、风俗习惯、信仰系统等；一些隐性无形的中观领域如市民社会、公共领域、共同体、社会网络、话语体系、权力结构、文化建构、社会舆论、民众组织机制、社会动员机制、信息传播机制等。这些中观问题往往是以多种事象组成有形或无形的相对独立的意义群，代表一种具有相对独立意义的社会意象。这些"中观领域"是构成社会和文化的基本单元，是连接社会与民众、国家与社会、个人与社会的纽带及中介，是民间社会的基石，是构成社会肌体的细胞，蕴藏着社会肌体的生存密码。古往今来，许多社会变动的关键问题及症结所在，往往就在于这些中观问题，尤其是作为中国现代化起步的近代史时段，这是急需加强研究的领域。

4. 加强"建构性"思维，力求理论概括与提升

社会与文化史研究涵盖两个领域：一是具体社会文化事象所体现的表象世界，可用"实证"方法进行展现；一是深层结构与形态所体现的意义隐性世界，需要用"建构"方法进行展现。二者互为表里，前者是后者的表现形式，后者是前者的本质内涵。只是对表象世界的单纯描述，而没有对隐性世界的"建构"思维、理论分析与意义阐释，不能称为完整或深入的社会与文化史研究。所谓理论分析与意义阐释，首先需要对历史现象进行逻辑梳理与提炼概括，形成一定的概念与意义体系。由于新兴史学的研究对象与社会学、文化人类学等学科有较大的重合性，因而需要借鉴这些学科的一些理论方法，加以综合运用。事实上，这些学科有些概念工具和理论模型就来源于历史研究。如德国学者哈贝马斯通过对 18 世纪法国、英国和德国等社会生活的考察，提出解释欧洲近代民主化演变的"公共领域"理论，成为超越学科而具有广泛影响力的经典社会理论。虽然由于中国社会及其近代化道路与西方有所不同，这些理论直接用来解释中国情形有所隔膜，但仍不乏有一定的理论启发意义。我们要在汲取中西已有理论的基础上，提出有效解释本土社会演变的理论，形成具有一定普遍意义的地方性知识。中国社会与文化史学的任务，就在于提出深刻阐释中国社会文化本质及其演变机制的理论，首先是要形成对分析中国社会与文化具有解释力的概念工具与中层理论，这是现在最为欠缺的。这就需要我们在研究中增强“建构”思维和理论分析，增强多学科理论素养，致力于理论概括与意义建构，如此才能做出超越学科而具有普遍知识价值的理论创新成果。

上述适应新兴史学并矫正“碎片化”的研究路径和方法，实际上已经有不少业内学者沿着这些路径进行着探索和实践，也取得了一些颇有建树的研究成果。但还有相当多的研究者尚陷于“实证”方法论困境，而缺乏“建构”思维及方法论创新的自觉，“碎片化”的广泛存在即是明证。因而我们需要不断探索适于新兴史学的研究方法，以推进社会史与社会文化史的深入发展。

当今中国社会转型进入深层结构性转换阶段，导致社会问题丛生，各种社会矛盾日趋尖锐，呼唤着解决这些社会问题的本土社会理论。历史学具有在长时段历史变迁中，综合观察和把握本土社会演变机制的学科特性，以社会与文化历史演变为研究对象的新兴史学，应当是产生中国本土社会理论的一个重要基础，有志于此的研究者应当肩负起这一时代责任。

论五四时期的"独身主义"

罗检秋*

五四时期，"独身主义"一词逐渐流行开来，实践独身生活的青年男女也有增多之势。20 世纪 90 年代初，拙作曾注意这一现象。① 近年相关论文主要追溯了知识女性独身论的思想源头。② 笔者以为，五四时期的"独身主义"与精英思想的关系仍待研究。独身主义不能等同于"废婚论"，与近代激进思想的关系不宜高估。它既是一种思想主张，又是复杂的社会现象，这一时潮波及一些知识女性及其他青年男女，其思想背景也较复杂，需从多层面再加研究。

独身现象由来已久

家庭是人类社会的基本元素，是历史发展阶段的必然产物，在较长时间内成为人类生活的主流形态。与此同时，人类社会存在一些非主流的生活方式，如独身、军事化组织或宗教机构。"独身"有广义、狭义之分。五四时期就有人指出："广义的是和一切家族、朋友、亲戚，都断切关系，不通问闻，不相往来"，如出家和尚。"狭义的是专指不结婚而言。其他如社交、事业、行动等，仍和平常人一样。"③ 本文所论仅就狭义而言，即那些

* 罗检秋，中国社会科学院近代史研究所研究员。

① 罗检秋：《女子独身的流行》，《近代中国社会文化变迁录》第三卷，浙江人民出版社，1998，第 305 ~ 307 页。

② 较有影响的论文如张国义的《五四时期知识女性独身论试探》（《福建论坛》2008 年第 4 期），该文认为，知识女性的独身论是康有为《大同书》及无政府主义"废婚毁家"主张的延续。

③ 李宗武：《独身问题之研究》，梅生编《中国妇女问题讨论集》第五册，第 67 页，见《民国丛书第一编》第 18 册，上海新文化书社，1923 年影印版。

本可结婚成家，却因种种原因而坚持不婚者。

独身现象的成因千差万别，比如人的个性、经历、家庭等，但与民族性和文化传统不无关系。中外社会普遍存在因宗教信仰而独身者，此外近世西方“不婚之伟人”亦多。20世纪初年，梁启超注意到西方“哲学家笛卡儿、巴士卡尔、斯宾挪莎、康德、霍布士、陆克、卢梭、边沁、斯宾塞，科学家奈端（牛顿）、斯密亚丹”等，“皆终身独居之人也”，并谓“吾以为欲以不婚率天下，非可也。而早婚与多婚二者之陋俗”则宜革除①。他对极端的婚姻现象均不以为然。反观中国，“不婚之伟人”非常罕见，“多婚”之“伟人”倒是比比皆是，而被迫不婚则是下层社会的常见现象。这在一定程度上反映了中西社会伦理的差异。

中国历代正史的众多人物传记罕见男性独身者（高僧传除外），却有专门的贞女、节妇传。这些固守贞操的独身女性被描述为自觉恪守儒家道德的模范：许多节妇从一而终，含辛茹苦；许多未婚女子以不嫁为贞洁，终身不字。她们的行为既表现出自觉、自愿的特征，又是社会和家庭推助的结果。后者包括儒家对女德的褒扬，政府旌表贞女节妇的制度，佛教及民间宗教关于来世和命运的信仰，父系家庭制度和童年订婚习俗等。②

贞女节妇现象与儒学教化分不开，却是社会环境促成的。汉魏以后，封建政府采取了救济办法，以维持贫穷节妇的生活。明清两代，旌表贞节妇女成为制度。明太祖还诏定对守节者“除免本家差役”。清政府注重旌表贞节，各地官绅也采取了救济措施。有些族规也有类似的规定，如苏州席氏义庄对壮年守节贫妇，亦准给米，如有年幼子女，照口发给，子壮其子停给，孀妇不停。③ 自乾隆以后，在江南一些较富庶地区，地方官绅建立了“恤嫠会”“保节局”。同治年间，朝廷开始建立“全节堂”，收养年30以上的节妇贞女，由政府拨给生活费用。节妇贞女入堂以后，不能无故出堂。最初兴办“全节堂”者为保定府和天津县，后来发展到其他地区，或称“保节堂”“清节堂”“立贞堂”“贞节堂”等，有的州府多达十数个。至

① 梁启超：《自由书·不婚之伟人》，《饮冰室合集》专集之二，中华书局，1989，第88页。

② 近年这方面的研究可参见卢苇菁《矢志不渝：明清时期的贞女现象》，秦立彦译，江苏人民出版社，2012。

③ 《义庄条规》，光绪《席氏世谱·载记》卷12。

1931 年，江苏一省以贞节命名的救济所仍有 19 处，每处数十人、百余人不等。[①] 事实上，进入贞节堂者只是守节妇女的极少部分。同时，清末官绅倡导节烈的努力并未减少。1896 年，上海绅士秦荣光、康逢吉为倡导寡妇自愿守节而创立“保节会”，印发规条数十份，以宣传、推广。江苏各级官吏闻风而动，上海县令黄承暄特令刊印大批示条，由保节会填明节妇身份，贴于门前：“上海县正堂黄示：此系孀妇某氏，自愿守节。闲杂人等，不准闯入，如有匪徒诱逼再醮等情，许保节会董禀究不贷。切切特示。”[②] 直到 1917 年，中华民国政府颁布的《修正褒扬条例施行细则》仍对从一而终、未婚守节乃至自杀殉节的妇女予以褒扬。五四前夕，“天津采访局所采天津七县内贞节妇女，呈请核奖者竟有二百七十余名之多”。[③]

与囿于传统伦理的贞节妇女不同，19 世纪以降，珠江三角洲的番禺、南海、顺德等县出现了新的女性独身群体——自梳女。她们就业于附近的缫丝厂，“家无贫富，女子皆能采桑缫丝，一日所得，多则可七八角，小（少）者亦三四角，乡间生活程度，固不若城市之高，以此自给，卓然有余。彼辈既有所恃，又以嫁人为人间最羞耻之事，于是遂相约不嫁。即为父母所强嫁，亦必不落家。不落家者，嫁后不与丈夫同寝处，越日仍归父母家，与同党姊妹为伴，谓不失落于夫家之意也”。[④] 这些不愿结婚的女子，先是力求自行梳辫为髻，以示终身不婚。如果自梳不成，被父母“强嫁”，则退而成为“不落家”。自梳女通过“自梳”仪式与未婚在家的女青年区别开来，又没有融入已婚的男女之中，而成为游离于正常社群之外的独特群体。自梳女不再居住在父母家里，而是一群女子同在“姑婆屋”中生活，直到终世。

自梳女与传统贞节妇女虽然都是独身，但自梳女不是被动践行“三从四德”的模范，而是主动与传统伦理相背离，不能得到家族社会的认同。不过，自梳女有独立生活的能力和经济依靠，人们只能对其自梳不婚见惯不怪，任其生息。清末民初，珠江三角洲的自梳女人数众多，有的县可达数千之众。

---

① 高迈：《我国贞节堂制度的演变》，《东方杂志》1935 年第 32 卷第 5 号。

② 《保全妇节》，《申报》1896 年 9 月 15 日。

③ 《时评二 · 礼失而求诸野》，《大公报》（天津）1918 年 3 月 22 日。

④ 胡朴安：《中华全国风俗志》（下），河北人民出版社，1986，第 387 页。

中国的独身现象源远流长，有的地区已经相沿成习。贞节妇女和自梳女与儒家伦理的向背不同，但均以洁身自守为立身信条，以婚姻或改嫁为羞耻之事。她们的另类行为根植于社会土壤和文化环境之中，也与思想观念相关，但与近代激进主义尚无明显牵连。进而言之，晚清以降的独身现象及其思想内涵，与康有为等人宣传的“大同”理想、无政府主义并无必然关系。目前没有证据表明，大同思想对近代婚姻新潮产生过实际影响。传统女性洁身自守的观念代代相传，积淀于文化传统之中，影响了近代女性的婚姻心理，从而成为社会生活中的另类。这类现象在五四时期也没有消失。

不同的“独身主义”者

五四前后，有的青年高谈独身主义，甚至“预言二十世纪之社会内，概守独身主义”。声势所及，乃至以思想调和、稳健著称的杜亚泉也说“鄙人颇信其言之将实见（现）”。[①] 在“主义”遍地的五四时期，“独身”俨然成为“主义”，成为新潮青年的时髦。

独身主义的倡导、实践者只是极少数青年男女，但既以“主义”自命，则与默默无闻的独身者略有差异，蕴藏了一定的思想内涵。天津觉悟社的张若名曾是力倡独身主义的新女性。她罗列了独身主义者的种类：第一种人以为“人生的至情，不应施诸一人”，要立于众生之中，永放光芒；第二种人如佛家一样“以独身救全世”；第三种人相信“现在世界上不能发生极平极合式的——知情意三样都合中间还要有一个贯通的精神——婚姻”，所以宁愿“独身以终”；第四种人“眼界太高，一时寻不着佳偶，所以才变成独身主义”；第五种人“有独身癖的”，因为孤独成性，或把婚姻看得极淡；第六种人怕受家庭拖累；第七种人是遇上伤心的境遇，被迫独身；第八种人是为了在社会上做具有牺牲性的事业，不结婚以完全尽瘁于工作。[②] 其实，上述种类有时并非界限分明，如第二、第八种人都是为了牺牲自己以救世，第三、第四种人都只是暂时的独身主义，第五、第六种人的心理也

---

① 恽代英：《结婚问题之研究·“伧父附识”》，《东方杂志》1917 年第 14 卷第 7 号。

② 张若名：《“急先锋”的女子》，《五四时期妇女问题文选》，中国妇女出版社，1981，第 55～56 页。

有相通之处，第一、第七种人虽然处境大异，却未必是真正的独身主义者。张若名自己也认为，第四、第六种人遇上合适的条件，就可能不会独身了。

李宗武也分析了一些人主张独身主义的原因：“一得不到满足自己理想的配偶。二有鉴于别人恶婚姻的痛苦，恐自己也入此漩涡。三恐怕受经济的压迫——恐结婚后家庭负担过重。四以独身当作高洁者。五为避孕妊之苦。六要努力发展自己的能力，不愿受婚姻之累。”① 这里所列一、三、六项与张若名所述完全一致，二、五项的实质内容也与其所列有相同之处。就研究讨论来说，对独身主义的成因条分缕析固属必要，而就践行独身主义的个案来看，其原因可能不止一端，往往兼而有之。

严格来说，上述有些人并非真正的独身主义者：一是所谓因条件所限，暂时怕受家庭拖累而以独身为权宜之计者，一旦条件改善，就会结婚成家。他们主观上不赞同独身生活，只是不得已暂时独身。二是新潮青年在言论中将婚姻与事业对立起来，声称以独身来尽瘁于事业，服务社会。众所周知，天津觉悟社和湖南新民学会的一些成员均声称信仰独身主义，而事实上均无果而终，“独身主义”有时成为婉拒异性的堂皇之词。时过境迁，他们纷纷进入家庭生活。“觉悟”了的张若名如此，天津觉悟社的其他人也不例外。20 世纪出现了一些独身的著名知识女性，而她们早年的感情经历仍是待解之谜，未必一开始就信奉独身主义。因之，事业型的独身主义或许仍不离婚恋主题。

独身主义的思想背景较复杂，张若名、李宗武等人的分析涉及婚姻制度、经济条件、个人信仰、生育观念等诸多方面，而主要与婚姻问题、两性伦理相关，根本上源于改革婚制、女性解放思潮。独身主义流行的关键原因是现在不易求得“一个合于人生真义的婚姻”，而所谓“时髦的自由结婚”，也不易做“思想、感情、意志三种结合”，令人不敢相信。② 李宗武所述一、二项独身原因直接起源于人们对婚姻本质的新认识，与五四精英提倡的爱情婚姻、人格独立完全契合，而其三、五、六项原因也与五四新知识的传播相关，反映了妇女解放思想，即以经济独立、发展个人能力作为妇女解放的途径。卷入独身主义时潮者既有知识青年，又有文化较低的城乡青年。应该指出的是，当时独身生活的主要实践者，不是引人注目的知

① 李宗武：《独身问题之研究》，梅生编《中国妇女问题讨论集》第五册，第 67 ~ 68 页。

② 张若名：《“急先锋”的女子》，《五四时期妇女问题文选》，第 55 页。

识女性，而是默默无闻的青年男女。其中有些接受了新思想，而大多数对新思想一知半解，甚至茫然无知。关于独身主义者的分类，研究者的依据不同，种类自异。独身现象的根本问题是婚姻，而独身主义作为一种信仰，很大程度上基于人们对婚姻问题的主观认知。如果根据独身主义者对婚姻的感知来看，似可作如下区分：

第一种情形是，对个人不幸婚姻的抗争。1916年，上海一位21岁的女青年“通中西文艺”，不愿嫁南市机厂主朱某的侄子为妻，且不听父母劝告，不愿嫁人，“决志修道”。[①] 因不幸婚姻而想独身者不限于女性，还包括男性。比如一位名叫镜影的男青年，在年幼时由父母做主定亲，结婚十五六年了，却与妻子毫无感情，深受不良婚姻之苦，最终下定决心离婚。对于离婚后的打算，自云：“像我尝过这种婚姻痛苦的人，总觉得抱独身主义为好。即或要娶吧，不一定要找受过高等或中等教育的，只要不十分笨；更不一定要找貌美而时髦的，只要不十分丑。最要紧的，就是要性情相合。然而在这种戴假面具的社会里，总不如抱独身主义好。”[②] 婚姻不幸者未必一辈子独身，有的或许只是一时的想法。但五四时期试图以独身来解脱不幸婚姻者确实也不罕见。

第二种情形是，因恐惧婚姻生活而主张独身。一些女青年反感旧婚姻制度，而新的两性关系仍处于建立和完善的过程中，同样不能给她们带来美好憧憬，以致害怕进入婚姻生活。浙江女子师范学生魏瑞芝没有婚姻经历，而其《吾之独身主义观》一文，既尖锐批评旧婚姻不平等的两性关系，又担心新婚姻“眼光不远，目标难准，美满虽有，而不多见。被诱者有之，受骗者有之”。总之，对不和谐的两性关系非常“苦闷”。故她主张独身，其理由即（1）女子出嫁，不能自主。（2）女子常易受男子的欺侮。（3）常常被强迫做不愿意做的事情。（4）夫妇未必都能意气相投，家庭的快乐难期。（5）一有家室，便顾家庭而忘社会。魏女士把独身当成对于男子的自卫手段，视男子为仇敌，不愿意和他结合、组织家庭。[③]

上述两种情形反映了一些青年在接受新思想之后，虽不满旧婚姻状况和婚姻制度，却不能实现恋爱自由、婚姻自主的尴尬处境。当时中国仍然

---

① 《愿为童贞姑娘·独身主义》，《时报》（上海）1916年12月1日。

② 青山：《镜影的婚姻史谭》，《妇女杂志》1923年第9卷8号。

③ 魏瑞芝：《吾之独身主义观》，《妇女杂志》1923年第9卷2号。

是家族社会，女性就业、求学尤其困难，青年男女不可能完全忽视家庭的作用。正如当时人所云：“一方面因亲权的专制，儿子要解散已成的婚约，大概为父母所不愿。”另一方面，一般社会认为，男子要求解除婚约，大概总是女子相貌、性情有缺点，“女家便以为于名誉有亏损，遂非与男子对垒不可了”。[①] 家庭在男女青年的婚姻问题上仍发挥了不小的作用，往往成为婚姻自由的障碍。一些青年女性在个人奋斗经历中，虽可像李超那样拒绝早嫁、冲破家庭阻力外出求学，像天津觉悟社成员张嗣婧那样投身新潮，却因旧家庭的种种压力而病死。这些觉醒了的知识女性，一方面接受了新的思想观念，另一方面却受到传统社会制度和习惯的重重限制。在思想与环境的激烈冲突中，她们不得不走上消极反抗之路。有的人选择了激烈的自杀，一些人选择了较为理智的独身。她们是直接因个人婚姻问题而变成了独身主义者。就思想源头来看，上述两种情形与五四思潮甚至西方思想不无关联，却是现代中国社会环境的直接产物。当时一些人及后来研究者涉及这类现象时，多聚焦于五四思潮及西方女权学说的传播。不过，其中有些论述不免将间接因素视为直接动因，或许有夸大了新思潮作用之嫌。

此外第三种情形是，一些青年以独身生活为时髦。一些女青年并没有经历痛苦的婚姻，却憧憬着独身的乐趣，于是约邀志趣相投者，以独身主义为标志。如1916年底，南京“有富家少女15人，组织一会，曰不嫁会。会中规则，不但以终身不嫁为誓，且禁为种种冶艳之姿态。故其装饰，一以椎鲁质朴为尚”。[②] 1917年春，江阴西门外某女校八名女生也秘密创立“立志不嫁会”，订立章程。“以立志不嫁，终身自主为目的”，规定，“凡会员均有劝人立志不嫁之义务，且有保守本会不使泄漏（露）秘密机关之责任”。“既入会，当不参预人之婚姻事。若私与男子往来，经觉察后，立除其名”。该校校长侦悉此事后，对八名女生大加训诫，谓“男大须娶，女大当嫁，此人伦之天职也。若守不嫁主义，则蔑视己身，沦丧人权，不爱国之甚也。于是该会顿遭取消”。[③] 1919年，上海又出现了女子不婚俱乐部，据报道：

寓居上海八仙桥之女学生蒋某，江苏南通州人，毕业中校，现执

---

① 高山：《婚姻问题的解决难》，《妇女杂志》1923年第9卷8号。
② 《南京之不嫁会》，《时报》（上海）1916年12月13日。
③ 《异哉立志不嫁会》，《时报》（上海）1917年2月25日。

> 教鞭于沪上之某学堂。前日心花怒放，异想天开，发起女子不婚俱乐部，入部年龄资格定章20岁起到40岁止，每年公缴部费六元，得享有部中权利。惟当入部之时，须有部员介绍，且于志愿书中预先填明“誓不婚嫁，如有故违愿，甘罚洋六百元”字据。闻已组织就绪，将于近日开幕，并请名人演说，宣布不婚乐趣。①

这些人多是追求时髦生活的女青年，未必是坚定的独身主义者。她们只是在青春年富之时，享受不婚生活的乐趣。她们并无明确的思想信仰，不要说对当时的激进思想，即使是五四时期妇女解放主张也知之不多。在她们的潜意识中，独身生活正如时装一样，不妨追趋潮流。一旦时装不再新潮，便会迅速将其扔弃一旁。

第四种情形是，社会风俗影响下的独身现象。近代以来，以不婚为理想的宗教性独身主义已经淡出，执著于儒家伦理的贞节妇女也不如以往受到推崇，但与之类似的独身现象并未消失。广东自梳女至民国年间仍不罕见。番禺“女子近来多持不嫁主义，尤好联结闺中腻友彼此赁一屋以藏身，名之曰‘娘子屋’。此等女子专靠绣花织麻度日，父母无权与其议婚。近来冈山乡有12名少女因‘父母逼婚太过’，一起在‘娘子屋’中服毒自杀”。② 这些不嫁女子，与原本流行的自梳女并无不同，显然受当地自梳习俗的影响。这些女性与五四新潮关系不大，基本上是沿袭旧俗。五四时期，极少数以独身为高洁的青年，如朱谦之、杨没累二人那样保持相爱而不同居的“纯洁的爱”，虽声称“独身主义”或“唯情主义”，而潜意识中也许受传统性伦观念的影响。一些女子不愿进入男人的“污浊世界”，其心理或可借用《红楼梦》主角林黛玉的“质本洁来还洁去，强于污淖陷渠沟”一语来描述。

在上述两种情形中，个人婚姻问题的困扰表现得较为间接，世风、习惯成为更直接的决定因素，与新思潮的距离也相对较远。独身主义虽然看起来颇为新潮，其中有些人直接受五四思想的启发，有些则与新思潮没有明显关联。“独身主义”一词的流行，一定程度上反映了新思想在旧社会中掀起的层层波澜。但即使在新潮之中的青年，其思想背景也较为复杂，而不限于近代激进主义。

---

① 《女子不婚俱乐部》，《大公报》（天津）1919年1月9日。

② 《十二女子自杀之奇闻》，《大公报》（天津）1917年1月17日。

并非精英思想

独身主义与无政府主义的婚姻主张看似相近，实则不同。受无政府主义影响，清末民初一些人提出了改革婚姻、家庭制度的激烈主张，有的还提出废除婚姻制度，但“废婚论”或“废婚主义”与独身主义仍然有别。独身主义者基本上拒绝与异性生活，即使与异性交往，也必须以爱情为基础。而“废婚论”者认为：“废止婚姻，为了两性自由结合，不受形式的限制”，“儿童公育”则是第一步办法。[①] 他们主张废除婚制，不过是废除法律和形式对两性关系的约束，并不是否定男女共同生活。[②] “废婚论”的理论依据不一，而与无政府主义的“不婚”“群婚”主张没有大异，也与康有为的“大同”乌托邦具有一致性。借用后世的语言，“废婚论”与享乐主义、性解放没有大异。这种废其名而有其实的群婚理想与独身主义迥然不同。

当然，一些独身主义者追求个性解放、男女平等，不满现有婚制和婚姻状况，与五四思想不无契合之处。同时，提倡独身主义者以女青年为多，一些人视独身为反抗男权压迫和束缚的途径，因此独身主义与女权运动密切相关。张若名认为：从事“女子解放”的人，必须以之为终生事业，有一心一意为大多数女子求解放的志愿。具有这种志愿的人，要有“一点特殊的精神”，“按现在的中国情形说，要打算做‘女子解放’急先锋的人，最合式的还是抱‘独身主义的’”。[③] 独身主义并不是妇女解放运动的目的，但在一些人看来，它有助于从事解放事业。妇女解放非一日可成，头绪纷繁，任务艰巨。在张若名看来，婚姻问题远不如经济独立、“智识供给”重要，如果在“女子解放”事业中太注意解决婚姻问题，则可能本末倒置，分散精力。反之，经济独立、“智识供给”解决了，婚姻问题便会迎刃而解。这种认识提示了独身主义与五四妇女解放思想的内在同一性。

然而，独身主义并非五四思想的原型。五四知识精英虽力倡男女平权、婚恋自由，重视女子教育和独立人格，却不以独身主义为理想和解决途径。独身现象不像自杀那样受新文化人注意和担忧，但独身主义被五四精英否定

---

① 李绰：《婚姻何以当废》，梅生编《中国妇女问题讨论集》第四册，第194页。

② 存统：《废除婚制问题》，梅生编《中国妇女问题讨论集》第四册，第195～199页。

③ 张若名：《“急先锋”的女子》，《五四时期妇女问题文选》，第53页。

则是比较清楚的。陈独秀讨论青年自杀问题时指出："各国政府深恶痛绝的是共产主义和无政府主义，说他们是破灭社会的危险思想；倒是真有两个可以破灭社会的危险思想，他们却不曾看见。这两个思想是什么呢？一个是独身主义（我以为不婚主义和独身主义是两样），一个就是自杀。"[①] 陈独秀没有专论独身主义问题，但不难发现：其一，他明确反对独身主义，指出其对社会有害无益。其二，他认为独身主义不同于无政府主义，较之无政府主义更能使社会破灭。其三，他之所以将独身主义与自杀相提并论，是因为在他看来二者一旦"成了一种普遍的信仰，社会便自然破灭，哪里还有别的现象、别的问题发生呢?"[②] 值得注意的是，陈独秀认为独身主义不同于"不婚主义"。近代"不婚主义"虽无结婚形式，却有两性关系，有儿童公育和社会延续。清末无政府主义者论"不婚之说"云：破除传统的淫贞之说后，"复多设会场旅馆，为男女相聚之所，相爱则合，相恶则离，俾各遂其情"。为了解决生老病死问题，又多办慈善事业，设立产妇院、养病院、娱老院、育婴院、幼稚园等公共事业，不婚之男女平时出其余财资助之，"有事则入居公院"，"使老有所养，壮有所用，幼有所长"。[③] 这种理想显然与五四时期的独身主义不同。后者不仅没有结婚形式，而且没有其内容。因之，独身主义没有儿童公育问题，其生老病死问题仍依赖于原有社会机制来解决。

五四新潮青年中，尽管也有人主张独身主义，但批评的言论也比比皆是。瑟庐等人的专文肯定独身现象与文明程度的提高相适应，现代一些女青年"口中每喜欢说自己要抱独身主义"，虽未必实行，但可见她们对自身地位不满足。"这种举动，可说是对于社会的一种反抗，确系促社会改革的动机。"故独身虽不可取，而"由这种动机而来的独身，我以为却是一种可以乐观的现象"[④]。就此而言，独身主义可谓伴随女权运动而生的必然现象，显然具有积极意义。另一方面，他并不赞同独身主义，认为其毕竟是一种"文明病"，对于女权运动的发展尚非有利无弊，新妇女界"主张独身主义者的增多，仇视男子心理的普遍，已为人人所共见。这种现象，实在是性

---

① 陈独秀：《自杀论——思想变动与青年自杀》，《新青年》1920年第7卷第2号。

② 陈独秀：《自杀论——思想变动与青年自杀》，《新青年》1920年第7卷第2号。

③ 鞠普：《毁家谭》，原载《新世纪》1908年第49期，见张枬、王忍之编《辛亥革命前十年间时论选集》第三册，三联书店，1977，第195页。

④ 瑟庐：《文明与独身》，《中国妇女问题讨论集》第五册，第82页。

与个性冲突的发端，如果不加防遏，将来或许不免与男权专制时代的祸害，没什么轩轾，也是难说的”[①]。因之，在他看来，独身主义的出现不完全是坏事，却不能任其发展。

周建人的看法与此类似。他认为，独身是个人的自由，他人不必妄加批评。有的事业家、学问家一生匆匆忙忙，不知不觉过了独身生活，虽令人惋惜，却不必评论是非。同样，因经历了痛苦的婚恋而自愿独身者也无可厚非。他注意到，近来因女子教育的发展，谋生能力的增强，又接受了新思想，一些女子不满旧家庭制度，以独身的喊声表示对“男子专制旧家庭压迫的反抗”。故独身女子的出现也是社会进化现象。但他认为，独身和结婚在道德上并无高下之分，“恋爱和结婚，并不见有污浊，因此也不能认独身为特别高洁，只是极平常的一件罢了！”他尤其不赞成以独身主义来从事女权运动。认为与其高喊这样的独身主义，“不如把这能力，移作改造家庭”[②]。

显然，独身不是改造旧家庭制度的途径，这种认识在李宗武那里得到了较详尽的阐释。在他看来，独身主义也不利于个人发展：“一般独身者，大概以为不结婚，便可发展个人能力。殊不知其他方面，因此失掉夫妇子女的互助，蔚（慰）籍，娱乐，以及其他一切家庭幸福。殊不知有许多个人事业，须夫妇子女的互助，才能达到目的。固执独身主义者，不知不觉之间，把人生陷于冷酷、岑寂、惨淡、沉默、没趣的境域，或竟因此误视世界上一切对象，都含有恶意；世界上一切运动，都是危险。于是所谓黑暗世界，亦就因此实现了。”因此，青年应积极地改造社会、改造旧家庭，而“独身决不是个人发展的捷径，独身决不是改造社会的良药”[③]。周作人也不赞成以独身来发展个人事业，指出古今的政治家、社会运动家、学者、艺术家“诚然不乏独身者，但其中当还有别的缘故，未必全由于热心事业或学问之故：这些人的成功并不以独身为比例”。他劝告青年“不必以童贞生活为理想”，“亦无故取独身办法之必要，连有志于大事业（但非冒险的）或大学问的人在内”。[④]

---

① 瑟庐：《妇女运动的新倾向》，《妇女杂志》1923 年第 9 卷第 1 期。

② 周建人：《中国女子的觉醒与独身》，《中国妇女问题讨论集》第五册，第 83 ~ 86 页。

③ 李宗武：《独身问题之研究》，《中国妇女问题讨论集》第五册，第 72 ~ 73 页。

④ 周作人：《是一种办法》，原载《京报副刊·妇女周刊》第 8 号，1925 年 2 月。见《周作人集外文》（上集），海南国际新闻出版中心，1995，第 672 页。

某些人信奉独身主义既不是家庭、社会所迫，又非以此来发展个人事业，而完全是因为个人“独身癖”或“以独身当作高洁”。对这种禁欲主义者的另类生活，有的新文化人尚能予以理解或同情，有的则指责其有害无益。刘延陵在《新青年》撰文提倡“伦理的婚姻”，认为男女之欲为“自然之性”，是善德，“生殖传殖之能”是生物界的普遍现象。极端的恋爱自由，犹如有耳有目而淫于声色，固然不妥。而“独身主义塞绝性觉（男女之欲），则更同于挖目割耳。天下有违逆自然之事，则违逆自然孰愈于此！违逆自然而为不善不德，则不善不德孰甚于是！”[①] 在他看来，独身主义不仅有悖自然的人性，而且抛弃了个人对社会的责任，损害人类文明的延续。这种看法不免夸大了独身主义的负面影响，但得到陈独秀的基本认同。他认为，独身主义只有少数贤哲才能做到，一般人则不可行。贤哲行之，尚无大害。而对一般女性，“今不以教育职业先之，猝尔教以放弃为人妻母之责任……岂为社会之福？”[②] 鲁迅更担忧独身主义者自身的心理变态。他批评教育当局管制青年学生的做法是“寡妇主义”，认为“青年应当烂漫，非如他们的阴沉”，青年不要在精神上“未字先寡”。他虽未论及社会上的独身主义，但显然没有视之为正常生活。在他看来，“不得已而过独身生活者，则无论男女，精神上常不免发生变化，有着执拗猜疑阴险的性质者居多”[③]。鲁迅不是针对独身青年，但显然也不赞成独身主义。

男女平等，个性解放，婚恋自由，人格独立，这些都是五四思想的主旋律。它们以不同渠道流播于青年之中，给人们产生了思想上、心理上的空前震动。但五四思想未被青年学生完全准确地接受，当时及后世的一些青年只看到五四思想对传统冲击、对新思想执著的偏激一面，而忽略了五四思想调和传统、立足现实社会的一面。一些改革旧婚制、旧家制的青年也对五四精英思想存在误识，在尚无合适解放途径的条件下，只能以独身作为临时解决途径。故周作人指出：“独身主义，据我想来不是一种主义，只是一种办法。”独身者“只因个人或社会的关系，不得不用这种手段，所以我说是一种办法”[④]。独身主义反映了一些青年接受、实践精英思想过程

---

① 刘延陵：《婚制之过去现在未来》，《新青年》1917 年第 3 卷第 6 号。

② 陈独秀：《婚制之过去现在未来》之“附识”，《新青年》1917 年第 3 卷第 6 号。

③ 鲁迅：《寡妇主义》，《鲁迅全集》第 1 卷，人民文学出版社，1981，第 262～266 页。

④ 周作人：《是一种办法》，《周作人集外文》（上集），第 671 页。

中的变异和误区。这正如近代中国许多“主义”一样，倡导者和实践者自身对其尚缺乏了解，只是人云亦云地借用“主义”一词。

五四“亚文化”

独身主义与儒家道德背道而驰，与五四新文化具有同一性，却不是五四时期的主流文化。不必说独身主义受社会舆论非议，即使在新潮青年中，也不是主流观念。陈鹤琴对江浙学生的调查表明，赞成或有条件赞成独身主义者为数不多。

对于独身主义的看法

意见	理由	人数	百分比
不赞成	因为独身主义会灭绝人类	231	83.7%
	违背生理和心理		
赞成	自由、无家室之累	24	8.7%
	中国人口太多		
	可专心服务社会		
	不能养人		
有条件赞成	看本人的事业如何	21	7.6%
	不能得适当的女子还不如独身		
	恶人不可结婚		
	有传染病不可结婚		
总计		276	100%

资料来源：陈鹤琴：《学生婚姻问题之研究》，《东方杂志》第18卷第6号，1921。

从所答理由来看，276位答卷人当以男性居多。囿于儒家伦理，中国古代男性主动独身者十分罕见，五四以后却明显增多。40年代，钱钟书的小说《围城》深入细致地揭示了男性面对婚姻的复杂心理。现代男性主张独身的原因不一，从择偶因素来看，当时有人认为与男女择偶变化相关：一方面，现代男性“不愿和智识程度相差太远的女子结婚”；另一方面，那些新女性“已从和蔼、温顺、美、爱、富于同情等美德离开，而渐向自慢、倨傲、刚愎、冷酷、忍心这方面去了”。男子成家后，非但不能得着温柔和蔼的安慰，反而引起许多烦闷恶感。同时，现在的新式女子又丧失了俭约的美德，而趋于奢侈，入不敷出，不能不使男子负担、受累，男子“有了这些恐怖，觉得独身生活，到比结婚生活自由安闲得多”。“于是要不独身，也做不到了。”[①] 这种说法大体属于前述“因恐惧婚姻生活而主张独身”者一类，揭示了现代男性赞成独身主义的重要原因。

五四后提倡、讨论独身的青年有男有女，但践行者主要是女性。就性别而论，青年学生对于独身主义的态度存在着差异。1930 年，燕京大学对男女学生的调查再次说明了这一点。

男女大学生对于独身意见的比较

意　见	202 位男生		60 位女生	
	人　数	百分比	人　数	百分比
赞　成	15	7.43%	15	25%
反　对	137	67.82%	45	75%
中　立	43	21.29%		
未　填	7	3.46%		

资料来源：葛家栋：《燕大男生对于婚姻态度之调查》；梁议生：《燕京大学 60 女生之婚姻调查》。[②]

就反对独身的意见来看，男女生差距不大，明确赞成独身者则女生多于男生。这种似乎矛盾的数据可能因为答卷的设计、统计方式不同（男生的答卷列有中立项），但至少可以肯定的是：其一，女生赞成独身的比例明显高于男生。这在一定程度上反映出男女社会地位的差异，女性的婚姻自主、婚恋自由的程度较男子仍低。女性赞成独身的比例之高，反映出社会现实中不平等的两性关系。五四时期，许多女青年虽然接受了新思想，却不能摆脱束缚她们的社会环境，只能选择独身主义。其二，无论男女，独身主义均不是五四以后知识青年的思想主流。换言之，独身只是新青年在旧社会中万不得已的选择。独身主义远非五四新文化的主流，借用当代语言来说，它只是五四新潮中的“亚文化”。

---

① 李宗武：《独身问题之研究》，梅生编《中国妇女问题讨论集》第五册，第 70 ~71 页。

② 李文海主编《民国时期社会调查丛编·婚姻家庭卷》，福建教育出版社，2005，第 39、67 页。

综上所述，五四时期流行一时的“独身主义”是比较复杂的社会现象。其中不乏洁身自守的传统女性，与当时的激进思潮了不相涉；有些人则直接或间接地受五四思潮的影响，融入到女性解放和改革婚制的潮流。这方面，没有证据表明独身主义与康有为的大同思想存在关联，它与无政府主义及“废婚论”也有本质的区别。唯其如此，独身主义也不会随大同乌托邦和无政府主义思潮的低落而消失。独身主义并非五四精英思想的原型，而是其流播过程中的变异，映射出五四思想的间接渗透。它不能得到广泛的社会认同，即使在青年学生中也不例外。事实上，即使到了三四十年代，五四思想虽已深入知识群体，并且广泛流播于市民社会，独身女性仍然不易获得人们的理解或认同。[①] 独身现象是近代中国社会转型过程中的产物，与近代激进思想的关系不宜高估。

---

① 本文完稿后，读到游鉴明女士的《千山我独行？廿世纪前半期中国有关女性独身的言论》（载台北中研院近代史所编《近代中国妇女史研究》第9期，2001年8月），该文没有重点论述五四精英思想与独身主义的关系，但对半个世纪有关女性独身的言论涉及甚广，对三四十年代著名独身女性亦多有罗列。作者注意到，至三四十年代，人们多“以老处女、老姑娘或老小姐等词称呼不婚女性，甚至称不婚是病态或变态现象，与目前称不婚者为单身贵族，实大异其趣”（见第127页）。

民国时期避孕药物的广告

〔韩〕俞莲实*

广告与社会生活之间存在着一种互动的关系，也就是说社会上发生的一些重大事件、热点问题会对广告产生一定的影响，并且在广告中反映出来。因此可以从广告的背后挖掘到许多具体的社会行为与价值取向。民国时期生育节制思想的传播和有关节育医疗服务的推广，给城市居民的生活带来了积极的变化。商人敏锐地掌握这些变化，通过各种媒体极力宣传避孕药品以及节育用具，由此出现了形形色色的节育广告。本文试图通过民国时期避孕药物以及节育医疗服务广告，探讨下面四个问题：（一）就避孕药物广告本身而言，其基本形式为何，避孕药物广告采取何种诉求方式？（二）节育药品的普及和消费程度如何？（三）避孕药物广告所反映出的观念和行为究竟是当时社会中十分普遍的现象，抑或只是小部分人们的想法与做法？（四）避孕药物广告和社会性别问题，尤其避孕广告中所反映的性文化有哪些特征，这对妇女的生活带来什么样的影响？本文将避孕药物和节育医疗服务广告分为中医和西医两大类，对各种广告的具体内容逐一进行考察。然后，又对这些广告陈述中反映出来的生育观念变迁以及城市居民生活的特殊面貌进行分析。

一　中医避孕药物广告

随着避孕知识的传播，各种报纸杂志争相刊登避孕药物的商品广告。山额夫人访华演讲之前避孕药物的广告虽然不多，但并不是一无所有，在

* 俞莲实，韩国国立全南大学史学科 BK21 事业团研究员。

1921年的《申报》广告上，我们可以发现一种避孕丹药，这就是饮和室公司独家创售的“外按停孕金丹”。其广告有两种：

> 例一：为妇女患下述五种病情者必用之圣品：有难产症者；生产已多者；病后尚未复元者；身弱不宜生育者；生育过密者。此丹具有杀菌消毒之功，凡男子偶入花丛，用此金丹可免传染花柳毒之患。详细说文，函索即寄。价目每打十元，每盒五元，试用一元。[①]
>
> 例二：妇女怕屡次生产；生育太繁；多产难产；病候生产；白带症者，请速购用外按停孕金丹，价目每打十元，每盒五元，试用一元。此丹为中西上流仕女最信任之品，每年用此丹而得平安避疾者不下数十万人，但切须认明本公司牌号，以免误购伪品。贵客欲知详细可来函索阅说文一份，自当惊其效用之伟大也。[②]

这两种广告的诉求大致相同，使多产、难产、身体病弱的妇女摆脱生育痛苦，但第二种广告强调“须认明本公司牌号，以免误购伪品”。可见，假冒外按停孕金丹的避孕药品已在市场上流通。外按停孕金丹是一种应用传统避孕配方所制的中药。此药品的效果究竟如何虽然难以得知，但估计传统避孕配方的成分效果可能不是很明显。不过，我们应注意“停孕”的字眼，这意味着外按停孕金丹是一种永久性避孕药，即是有绝育效果的药品。长期服用此药的话，妇女很可能丧失其生育机能，不能再次生育。可实际上，一般避孕药品的效果是有“时间性”的，只在用药的短暂时间内避免受孕，不用时仍能恢复女子的生育机能。因此西方避孕药品的广告多用“时间性”和“女子仍不失其生产之本能”等字眼引人注目，这些话语特意用来修饰西方避孕药品的科学性和专门性，与传统“停孕药”有效地区别开来，在争取广告差别化方面获得优势。

尽管传统避孕方药的权威遭受西方避孕药的重大挑战，可中药商并不袖手旁观，而是积极应付市场需要。中药商尝试制作与女性服用的停孕药相配合的解除避孕方药，使得避孕妇女在希望生育时恢复生育能力。在此方面，瑞华制药公司制造的“节育停孕丹”（后改为节育避孕丹）和“安坤种子丹”

---

① “外按停孕金丹”广告，《申报》1921年3月29日，第9版。

② “外按停孕金丹”广告，《申报》1922年5月16日，第9版。

就是一个典型例子。据该停孕丹广告称，“此丹功能避孕、节育、补血、强身，虽生产过多之妇女，购服此丹一料五元，立即停孕。如一受孕者可服千金截孕丹每月一粒，每粒五元。倘停孕后仍欲受孕者可服安坤种子丹一料四元，即能照常生育。恢复生育功能的药片一起”①。还有一种德法老药方制作的“免育仙丹”和“百补坤道丸”，其广告说：“凡孤阴则不生，独阳则不长，阴阳常和受孕不免，惟身弱多病、生育过多不宜生育偏偏容易受孕，且有难产密切关系，不合于生育须节制其受孕，本医生秘制免育仙丹，性质和平温而不烈，保无妨碍，连服一粒，立即停孕，万应万灵，每盒二元，每料六盒十元。停孕后，如欲使受孕，速服百补坤道丸三匣，每匣五元。”② 又有“节育避孕粉”和“还阳丹”，其广告称：“此粉有节育避孕之功，调经杀菌之效，虽生产素密之妇，服二料立即能停孕而体健如常，日后要受孕者，服还阳丹立能复产，每盒二元，一料四元。”③ 所以服用停孕药物的妇女希望怀孕时，再服“安坤种子丹”“百补坤道丸”“还阳丹”等解除避孕的方药，就能恢复生育能力。由此可以肯定，解除避孕方药的生产，可更加完善传统停孕药的功效，从而使得妇女更放心地使用停孕药。

另外，我们要注意有关“通经药”的广告。对妇女来说怀孕就意味着“月经的停止”，一般妇女不愿意生育时，没有直接说“避孕”“打胎”“流产”之类的话，而非常含蓄地说希望“恢复月事”“通经”。因此，如果有意识地让孕妇服用中医的通经方药就会导致流产，因为通经方药旨在“下淤血，通经脉”。明清江浙中医医籍中“通经方”的种类颇多，其中较为常用的为“通经散”。据明末短篇小说集《贪欢报》第一回《花二嫂巧智认情郎》的故事，用“通经散”而堕胎之法在明末松江府华亭县民间已广泛运用④。可见，妇女用通经药堕胎之法在中国已有悠久的历史。到了近代，

① “节育停孕丹”广告，《申报》1928 年 3 月 26 日，第 9 版。

② “免育仙丹”广告，《申报》1928 年 8 月 8 日，第 19 版。

③ “节育避孕粉”广告，《申报》1928 年 3 月 1 日，第 14 版。

④ 明代后期的短篇小说集《贪欢报》第一回《花二嫂巧智认情郎》，讲了服用“通经散”堕胎的故事。在明末松江府华亭县八团川沙地方，有一个未嫁女子张氏通奸怀孕，本人及其母亲均十分焦急。当地一小户人家主妇花二娘得知此事后对丈夫花二说：“（张氏身孕）想不过是三四个月的光景，何不赎一服‘通经散’，下了此胎？……若是妥当，那（谢金）十两银子都是你的。”花二大以为然，“竟往生药铺中，赎了一服下药”，送至张家。张氏“把药服了，一时间，一阵肚痛，骨碌碌滚将下来，都是血块，后来落下一阵东西，在马桶内了”。（李伯重：《多视角看江南经济史：1250—1850》，三联书店，2003，第 210 页。）

通经方药的生产和销售更商业化，在《申报》上常常出现“万应通经丸”“千金通经丸”“停经敌”等有关通经药的广告。这些广告宣扬“停经数月或干血痨以及生产体虚”的妇女，服用此药之后保证通经、身体健康，并没有直接表达避孕或堕胎功效。然而从利昶西药行的“避孕丸”广告中可知，他们完全把通经药当成避孕丸来推销。据“避孕丸”的广告称：“滋补健身奏效万妥，凡因病停经者保可通经”①，可见，“通经”和“避孕”是互相通用的，有通经效果的药品能够当作避孕药来使用。这种情况，看有关通经的医疗服务广告更加明显，其广告中经常可见“不愿生育，保证通经”，“有孕怕育，保证通经”等叙述。1928 年 8 月 8 日《申报》刊登了三家女科医院的通经治疗广告，万福医院的“通经”“避孕”广告说：“女子停经怕孕，用电疗通经，保险、时速、稳妥，平时避孕方法简单”；上海医社的“女子停经”广告也说，“本社德医博士专治各种女子停经，无论有病或怕生育，均可用打针、手术等法，保证迅速通经”；还有女科专家黄石峰在其广告中说，“妇女生产过多、体虚多病，有孕怕育，不愿生产，先生有祖传秘方，能于一星期间，负责保险通经”②。以上的广告显示，民国时期除了“祖传秘方”的中医通经治疗法之外，西方医学的电疗、打针通经法也在社会上开始运用，并且这些通经法都有避孕、堕胎的功效。我们通过通经药和有关通经的医疗服务广告，可以了解人们追求节育欲望的另一种表述方式，其中反映着人们的生育观和传统中医对妇女身体的控制方式。

随着西方避孕药品的传播，中医的避孕方药受到了强烈的冲击，到了三四十年代中医避孕方药的广告逐渐减少，而西方避孕药物和节育医疗服务广告不断增加。不过，中医的传统甚悠久，市场上仍具有一定的消费层。尤其是民间的各种避孕偏方，长期通过民间俗文化的传播网络，渗透到人们的日常生活当中，人们对传统避孕偏方的信任出乎我们的意料。许多妇女希望使用简便而效果好的避孕药物。中医的避孕方药大半是内服剂，虽然其功效不如西方避孕栓剂，但由于求易的心理和习惯，一般妇女更喜欢用口服的中医避孕药物。相反，西方避孕药物的效果比中药好一点，但大多是外用栓剂，其手续麻烦而中途废弃者比较多。另外，价格方

---

① “精之素”等广告，《申报》1928 年 8 月 31 日，第 14 版。

② “女科医院的通经治疗”广告，《申报》1928 年 8 月 8 日，第 15 版。

面中医的避孕方药稍微便宜，因此经济条件相对落后的城市妇女多用中医的避孕方药。

二 西医避孕药物广告

民国时期流行的避孕药品大部分是从德国和美国进口的产品。较早期进口的是上海职工合作商店所经理的“加布西（Carbozine Tablets）”制育药片。美国节育专家山额夫人在《生育节制法》一书中，介绍美国避孕方法中最通用的“阴道置药法”，其中专门提到“加布西”药片。随着《生育节制法》的发行，“加布西”也在中国有了一定的知名度。由此，上海职工合作商店进口此药品，在 1923 年 3 月开始向中国人出售。为了产品的推销，该商店在“加布西”的广告中特别强调山额夫人名著之《生育节制法》所证明的“加布西”之节育功效，说道（图 1）：

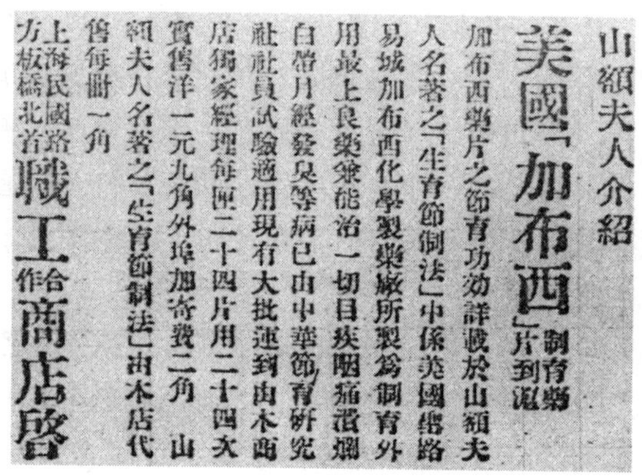

图 1

“加布西”避孕药广告，《时事新报》1923 年 3 月 27 日，第 3 张第 4 版

加布西药片之节育功效，详载于山额夫人名著之《生育节制法》中，系美国圣路易城加布西化学制药厂所制，为制育外用最上良药，兼能治一切目疾、咽痛、溃烂、白带、月经发臭等病，已由中华节育研究社社员试验适用。现有大批运到，由本商店独家经理，每匣二十四片，用二十四次，实售洋一元九角，外埠加寄费二角。山额夫人名

著之《生育节制法》，由本店代售，每册一角[①]。

“加布西”是一种防腐杀菌片，与其他的避孕药物相比，其使用方法非常简单。一般“阴道置药法”中所使用的避孕药品多用可可脂（Cocoa butter）或筋胶（Gelatine）所制，因此油脂性较强，使用起来感觉有些不舒适，并且用完后，一定要灌洗阴道取出残余的油脂以清洁子宫，所以不具备沐浴设备的家庭妇女难以使用其药品。但是，“加布西”不含油脂，可以省去灌洗手续，因此不备冲洗器具的家庭妇女也能简单地使用之。“加布西”药片的使用方法有二：（一）先取一片蘸净水中，等到饱和适当的水分，从水中取出（涂点凡士林也可以），置于阴道。如觉得在子宫内药片没有完全融解太受刺激，则用第二种方法。（二）等到药片饱和水分成糊，然后吸入“阴道注射管”而直接注射到阴道里[②]。虽然“加布西”的使用方法较简单，但其价格每盒为洋一元九角，相当昂贵，因此一般贫民难以使用此药实行避孕。

民国时期有些避孕药片的广告受到有关管理当局的检阅而被取缔。1926年美国医药公司制造的避孕药片“史斑通（SPETON）”的广告便引起了上海卫生局的高度警觉。1926年6月2日，上海卫生局把“史斑通”广告文案的复印件和美国公共卫生局的医务专员兰塞姆医生（Dr. Ransom）关于对此问题的意见书送给美国总领事馆，请求取缔“史斑通”的广告宣传。[③]“史斑通”的广告跟其他避孕药片的广告一样，简单说明了其药片的成分、功效、使用方法，其具体内容为：

临床上可以阻止怀孕的一种有效而且无害的药物，在医生的指导下，可以避孕。史斑通药片取得了医学界的正式批准。它无毒，不包含任何对身体有害的成分。它由纯粹水溶性、无害的化学药品组成，并且它是非腐蚀性的。史斑通药片当正确地存放在密封管内时将长时间保存，并且它将不会污染或者损坏亚麻制品、被单和内衣。它在某

① “美国‘加布西’制育药片到沪”广告，《时事新报》1923年3月27日，第3张第4版。

② 〔美〕山额夫人：《生育节制法》，中华节育研究社译，中华节育研究社刊，1922。

③ 上海市档案馆馆藏号U1—3—3095，“上海公共租界工部局总办处关于美国制药公司避孕药片SPETON的广告事（1926）”，第1页。

种程度上能够抵抗传染性疾病。用法简单，放入阴道后10分钟内就会溶解。不要灌注水或者其他的消毒液，因为这会降低药片的功效。经过一段时间后，当然可以使用喷水器或者灌水注射器冲洗。许多医师向他们的患者推荐使用史斑通药片①。

可见，“史斑通”的制造商是借西方医学界的权威，认证其药片的安全性和与有效性，进而使消费者接受和认可该药片所能实现的安全可靠的“避孕神话”。然而广告塑造的偶像，或者广告中所反映的人们的欲望和想象力总会受国家法律的限制。尤其人们所追究的欲望违背社会的伦理道德，对传统的价值趋向带来某种负面影响时，更是如此。上海公共租界工部局总办处对“史斑通”的广告一事，按照美国的法律规定严格处置②。美国总领事馆考虑到当时上海没有美国的法庭，直接对美国制药公司进行劝告，同时把此事提交给美国检察官来采取适当的行动。美国制药公司收到上海美国总领事馆的警告之后，立即停止了“史斑通”广告传单的发行③。与此同时，上海市卫生局为了防止伤风败俗的淫猥、色情药物广告的泛滥，1929年4月制订了《上海市取缔淫猥药物宣传品暂行规则》，规定：

（一）本市为保护人民健康维持善良风化起见制定本暂行规则，取缔诲淫医药及猥亵器物等宣传品之发行。（二）凡有下列情形之广告等项刊物均在取缔之列：（甲）宣传药物有避孕、打胎、壮阳等之效验者；（乙）宣传医治生殖器病之功能者；（丙）其他医药器物之经卫生局指明禁止者。（三）违背前条之规定而代为刊登之报纸、杂志由本市公安、卫生二局酌量情节依照下列各款分别处分之：（甲）告诫停止刊登；（乙）扣留刊物并得处以20元以下之罚款。（四）违背本暂行规则

① 上海市档案馆馆藏号U1—3—3095，“上海公共租界工部局总办处关于美国制药公司避孕药片SPETON的广告事（1926）”，第3页。

② 1873年美国制定了康斯托克法（Comstock Act）后，任何有关避孕的人、事、物都成为被取缔的对象。经过山额夫人的法律斗争，1936年美国最高法院才允许在医疗领域上实行避孕措施，不过康斯托克法对于一般人的限制，直到1971年此法废除之时才解除。关于康斯托克法的立案过程及山额夫人的法律斗争可参看陈莹芝《玛格丽特桑格与生育控制运动》，台湾辅仁大学历史学研究所硕士学位论文（未刊），2004，第43~45、85~89页。

③ 上海市档案馆馆藏号U1—3—3095，“上海公共租界工部局总办处关于美国制药公司避孕药片SPETON的广告事（1926）”。

第二条之规定不论个人、店铺或医院，由本市公安、卫生二局酌量情节依照下列各款分别处分之：（甲）告诫停止刊登或散布；（乙）处以10元以上20元以下之罚款，并将宣传品及宣传药物没收销毁；（丙）遇有情节重大者移送法院惩治。①

尽管如此，上海卫生局控制避孕药物宣传品的不懈努力，在当时的环境下不可避免地带有时代的局限，难以彻底改良医药市场。1928年金山洋行注册“史斑通（SPETON）”商标并予以销售，甚至其广告词亦没有加以修改，而特别指出“凡是女子不当生产者都可用之，史斑通药片女子避孕之圣品也”②。此外，更强调子宫消毒功能的“史斑通”广告常常出现在《妇女杂志》《女青年》《女子月刊》等著名妇女刊物上，声称为“出类拔萃的制育良药，绝无油脂，非常纯洁，功效确实可靠。用于白带、子宫邻组织炎及腐蚀等症为腔道消毒剂，应验如神”③。

由此不难看出，药商为商利所趋，在广告宣传上过度强化“性”的因素，他们毫无避讳地说“避孕之圣品”“出类拔萃的制育良药”，甚至妇女羞于启齿的子宫疾病也公开说出来。这种情况不仅在避孕药品的广告上出现，其他“壮阳”“补肾保精”的药品广告也是如此。民国时期，在医药广告上频繁出现以性为话题的形形色色广告，有的鼓励生育，有的治疗梅毒、白浊、下疳、肾亏、阳痿、遗精等各种性病，甚至还有色情、淫秽性药品，简直可以说性文化的泛滥。这似乎反映着社会心理上的“性的烦恼”，不少男性忧虑性机能的衰弱，不少女性害怕生育，广告商掌握了社会心理这一特点，进行广告宣传时刺激人们的性欲望，以鼓动产品的消费。可见，在人们的欲望和商业利益面前，法律往往无所作为。

福华西药行所经理的“制育良友”是20年代在上海地区最流行的避孕药品，其广告屡次出现在《申报》《事实新报》等上海的主要报纸上，而且其广告内容更为丰富，把妇女产育中的酸、甜、苦、辣描写得淋漓尽致。

---

① 上海市档案馆馆藏号Q235—1—91，“上海市政府整顿医药品违章广告宣传办法（1935）”，第10页。

② “史斑通”广告，《新医与社会汇刊》第一集（合订本），1928年11月。

③ “史斑通（SPETON）”广告，《妇女杂志》1931年1月1日第17卷第1期，第128页；《女青年》1931年1月第10卷第1期；《女子月刊》1934年11月1日第2卷第11期。

其广告略为五种：

例一：节制生育一事，已成社会之普通运动。世界学者，莫不极力提倡。最近山额夫人来华演讲，举国欢迎若狂。盖欲善种，非节制滥产不可。本行为制育起见，特向德国哈德富医生，订购药锭一种，名“制育良友”，其效用能免女子受孕，兼治白带，并可免男子传染梅毒，且此药锭合有时间性，用时可免受孕，不用时仍能恢复女子天赋之本能。与市上所售之他种停孕药，其性质完全不同。每盒装贮十二枚，售洋一元，每打十元。在中国境内各大药房，凡出售西药店者，均有经售。如贵处就近无从购买，请直向上海法华国民路福华西药行函购，当班寄奉。每盒洋一元，寄费在内。汇兑不通之地，邮票可代。①

例二：德国哈德富医生发明制育良友药锭为环球公认外用避孕最稳妥良药。若妇女生产过多，以致血衰体弱或体虚有难产、流产者，或儿女成群抚育不周不愿再生者，或患白带症者，一经使用诚有不可思议之功效。且若不用时，仍能生育，其优点能常用，不但得强健妇女身心，减轻经济担负，又能增进夫妇间伉俪。故自运华以来名医介绍，全国闻名，真可谓妇孺皆知。②

例三：如何能增进家庭幸福？曰惟用制育良友是也。盖生育繁密，不但于家庭经济担负既重，而女子之身体，亦日益衰颓，且儿女众多，抚育不周，难免顾此失彼，故欲子女养成完全人格、优良学识，以及欲强健妇女身心，免罗难产之危险，减轻家庭之担负等，则不得不节制生育，防止滥产。制育良友为德国哈德富博士所发明，遍销各国，功效卓著，既能免女子受孕，复可治妇女白带，更可预防男子传染梅毒。每盒装贮十二锭，售洋一元。在中国境内，凡经售西药者，均有出售。如贵地就近无从购买，可直向上海国民路九亩地北口，福华西药行函购。每盒一元，六盒五元，一打十元，寄费在内，且当班邮奉。汇兑不通之地，邮票可代。③

例四：最危险的是什么？俗语说：“养个儿女好比一只脚在棺材

① “制育良友”广告，《申报》1923年3月28日，第11版。

② “制育良友”广告，《申报》1928年3月1日，第6版。

③ “制育良友”广告，《时事新报·学灯》第6卷第8册第5号，1923年9月5日，第3版。

里，一只脚在棺材外。”这是表明生产危险的话，所以女子的生命完全悬系于生育的一件事上，可知生育不但是桩痛苦的事情，并且是件最危险的事情。世上不少女子为生育而牺牲，为生育而落终身的残疾。我们要免去这种危险的尝试唯一方法，就是美国山额夫人所主张的节制生育。本药房所经理的德国哈德富医生发明之制育良友，确实能够节制生育，比较用他种节育器具，尤为稳妥灵便，并且药性和平纯正，与市上所售之停孕药，其性质完全不同。每盒装贮十二枚，售洋一元，半打五元，一打十元。外埠邮购寄费在内，邮票十足收用。①

例五：人口问题与节制良友——诸君知道现在的社会问题，如生活程度增高，物质恐慌，失业者众多等等，都是从人口问题发生的吗？中国人以前以四万万众多之人口自夸，谁知却是一桩笑话。因为人口虽多，没有用，不能维持生活，还不是一个多而无用的病夫国。诸君知道欧洲大战为什么发生的？简单一句说，也是人口问题促成的，所以停战后，各国学者有鉴于此，为维持世界之永久和平起见，大倡节制生育主义。最近美国山额夫人来华演讲，陈义明晰。我国各大日报争相转载，妇女杂志、家庭研究等，并特刊专号为之宣传，也可见立论的价值了。不过，诸君不要以为这是有悖于圣人无后之训，须知这实在是至理名言呢。本药行有鉴于此，为应群众之要求起见，特向德国哈德富医生定制“制育良友”一种。此种外用药锭，能免妇女受孕，并治妇女白带，兼可免男子染毒。惟有时间性，用时可免受孕，不用时仍能恢复其生育之本能，实为唯一便利之制育良药。每盒售洋一元，每打十元，邮购寄费在内。如函索样子及说明书者，请惠寄费及药料洋一角。邮票可代。②

五种广告其形式上大致相同，首先介绍药品的发明者，然后说明药品的功效，最后附加药品的价格和收购方式。民国时期西药商常借用权威的名义来做宣传，以医师或药品发明人的学位来号召，制育良友广告即是借助德国哈德富医生的名声提高商品的吸引力，并且常常打着山额夫人的旗号做

① “制育良友”广告，《妇女周报》第42期，1924年7月2日，第8页。

② “人口问题与制育良友”广告，《时事新报·学等》第5卷第2册第10号，1923年2月20日，第3版。

宣传。1925年6月8日的“制育良友”广告上说“由山额夫人提倡节育后，顿悟繁殖为人生之疣累”[①]，足见由山额夫人所倡导的生育节制运动已经得到中国社会的部分认同，因此“制育良友”的药商依靠山额夫人的权威，使消费者接受或认可其商品。之外，说明药品的功效方面，药商特别强调“有时间性”和其使用上的“稳妥灵便”，以告诉消费者“与市上所售之停孕药，其性质完全不同”。这些差别化的商品特点宣传效果，足以让人相信“制育良友”的科学性。至于商品的购买方式，因为避孕是一般妇女难以启齿的问题，她们不太愿意通过面对面的接触购买避孕药品，福华西药行充分掌握妇女的这种心理，提供邮购服务。妇女可以直接向福华西药行函购“制育良友”，不必另付邮费，并且汇兑不通之处可用邮票代之，这使生活在偏僻乡镇的妇女更加容易接触避孕药品。

虽然“制育良友”的五种广告形式大致相同，但其陈述的重点各不相同，分别以“家庭幸福”“妇女的生育危险”“人口问题”为主题，呼吁节育的合理性和必要性。广告不仅具有商业的意义，亦反映出时代的面貌和社会的价值取向，因此有人说广告是社会文化的缩影。如笔者下节所述，生育节制学说传到中国，在社会上引起较大的反响，中国思想界围绕着生育节制问题展开了一场激烈的论争，其焦点是节制生育与妇女解放、性道德、人口、优生问题。这些生育节制的热点话题都在“制育良友”的广告上反映出来，加强了城市大众的节育观念。广告商通过长期的反复宣传，使广告所传达的信息融入人们的记忆，最后在无形中影响到人们的意识形态。所以人们反复接触“制育良友”的广告当中形成某种的节育意识，认为节育是关系到妇女健康、家庭幸福、人口控制的至关重要的问题。人们购买“制育良友”的同时，亦在消费“制育良友”所含的象征和逻辑，把节育意识运用到个人的生活实践上，而形成科学、合理的避孕习惯。

1923年2月20日，福华西药行的经理陈耀华“特禀呈内政部请将该药（制育良友）分解化验”，该药商欲取得卫生局的批准，准备把“制育良友”推销内地[②]。经过福华西药行多方面的广告宣传，城市部分人们接受和认可“制育良友”为节育的圣品。从1923年2月在沪开始出售以来“畅销一时，甚至求过于供”，到1924年4月为止从德国续运到第四批货，可见“制育

① “制育良友”广告，《申报》1925年6月8日，第10版。

② 《节育良友之推销》，《时事新报》1923年2月21日，第3张第2版。

良友”市场上的反应相当良好，已成了上海地区最流行的避孕药品。

鉴于“制育良友”的成功推销，其他药商陆续出售“产儿限制万应避孕球”、“她的友（LADY'S FRIEND）”、“康妥乐（CNOTROL）”、“惟妥节育药片”等避孕栓剂。其中“产儿限制万应避孕球”和“康妥乐”是美国制造的，“她的友”和“惟妥节育药片”是德国制造的。普球西药公司正式销售“产儿限制万应避孕球”之前，把一万盒样品免费赠送给各界使用，由此受到了各界的好评，同时以打折和赠送优待券的方式鼓励消费。其广告称：

> 多子多累古有明训，盖产儿过多，小之足以影响家庭生计，大之足以阻止人种改良，此山额夫人所以有提创产儿限制之举也。本公司前由美国运到万应避孕球一种，功能节制生育，屡试不爽，兼能疗治妇女白带，预防花柳病毒。曾将样品一万盒赠送各界试用，历蒙复函称述，功效联翩不绝，足证此球之确实有效，可无疑义。兹者第二批又复运到，即日廉价发售，以供各界采用。此球每盒内装二十颗，可供二十次，应用每盒实价一元，每打十元。在此廉价期内照实价打八折，并奉赠优待券一张。到货无多，凡抱有多子多累之苦痛者，请及早购用，勿再自贻伊戚也。①

其广告的前端特别强调生育节制和家庭经济、种族改良的问题，可见民国时期优生学的观念已在避孕药品的广告中反映出来。

百昌洋行所经理的“她的友（LADY'S FRIEND）”的广告常出现在《女青年》和《妇女杂志》等著名女性杂志上，其广告称（图2）：

> “她的友”内含杀虫的药剂，并加入不酸化没有刺激性的药材，且给点机械的保护，自然可以困迷精虫，使之与卵子不能接合，由试验中已确实证知各种微生虫皆不能通过此油汁的药片，其他粉质的药片，易使透过精虫，仍归无效，凡女子体弱不宜生育者，赖她的友以避孕万无一失。②

---

① “产儿制限万应避孕球”广告，《申报》1925年12月5日，第13版。

② “她的友（LADY'S FRIEND）”广告，《女青年》1931年2月第10卷第2期，第14页；《妇女杂志》1931年1月1日第17卷第1期，第136页。

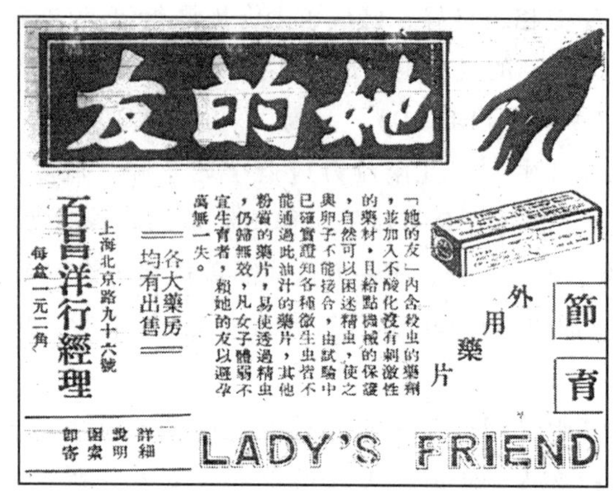

图 2

"她的友"广告，载《妇女杂志》第 17 卷第 1 期，1931 年 1 月 1 日

其另一种广告以《最可靠的节育法》为题刊登于《申报》，以"德国依诺去博士（Dr. Enoch）发明外用避孕栓剂"和"实为化学专家毕生研究之结晶"的话语来强调其药品的科学性和专门性①。华商履瀛西药行经理的"惟妥节育药片（VETO）"也是从德国进口的避孕栓剂，其广告说"经医师指定必须避免生育妇女之惟一灵药"②（图 3）。

天津时代公司所经理的"康妥乐（CNOTROL）"，号称为"国际节育同盟会认为节育最完善之外用药"③。天津时代公司在其发行的《健康生活》和《性科学》两类杂志中极力推销"康妥乐"，读者可以直接向两个杂志社函购。其广告说：

> 康妥乐为世界著名节育专家联合研究之结晶，在国际节育同盟会永久监督之下制造，经 1931 年第七届世界生育节制大会通过认为现代最完善之科学节育男女共同外用特效新药。康妥乐系用最精纯之原料制成，决无刺激性及其他副作用，对于性器官毫无障害，不用时照常

① "最可靠的节育法"广告，《申报》1930 年 3 月 23 日，第 15 版。
② "惟妥节育药片"广告，《健康生活》1938 年 9 月 1 日第 13 卷第 5 期，第 157 页。
③ "康妥乐"广告，《性科学》1936 年 3 月 1 日第 1 卷第 5 期。

生育，并由试验中确实证明，在一般之节育药品中，独有特殊之充分效力。[①]

图 3

《健康生活》第 13 卷第 5 期，1938 年 9 月 1 日

民国时期流行的避孕栓剂大都是女性专用的，其宣传的重点放在“生产过多”“难产”“身体病弱”的妇女，而诉求男性或男女共用的避孕药品几乎微乎甚微。不过“康妥乐”广告的最上端特别提示“科学节育，男女共同外用特效新药”，使男性懂得避孕节育是夫妻双方共同承担的责任。“康妥乐”每盒装 30 片，其价格 1935 年时为 1 元 2 角，到 1937 年略涨为 1 元 5 角。“康妥乐”避孕药品在上海、北京、香港等地均有经销处，与其他的避孕药品以上海为中心推销不同，“康妥乐”是以北平和天津为中心开拓市场，天津神功药房、北平万药房都贩卖它，使得北方地区的人们更容易接触避孕药品。

上述外用避孕栓剂的作用机理基本相同，都是药物在阴道内溶解后，发挥杀死精虫的作用，或者是由药物溶化后在阴道和宫颈处形成油膜或泡沫，使精子失去活动力，从而起到避孕的作用。外用避孕栓剂的优点是使用方便，不影响内分泌和月经，如使用正确，避孕效果也很好。它的缺点是避孕效果维持时间短，一般是一到数个小时。另外，要求在性交前将药物放入阴道的深处，待数分钟药物溶化后才能性交，如果药物没有溶解就开始性交或是在使用药物长时间后进行性交就会影响避孕效果。还有一些妇女在使用后会出现白带增多、阴道瘙痒、轻微的烧灼或疼感。那些患有子宫脱垂、阴道松弛、会阴撕裂、阴道炎及严重宫颈糜烂的妇女则不能使

① “康妥乐”避孕药广告，《性科学》1935 年 12 月 1 日第 1 卷第 2 期。

用外用避孕药。由于这些缺点，许多妇女实际上中途废弃外用避孕栓剂的使用，并没有实现其广告所宣传的科学完善之“避孕传奇”。

除了药锭式的避孕栓剂之外，还有一些避孕药膏的广告。20 年代在《申报》广告中出现了两种避孕药膏，一个是“节育避孕香膏”，其广告称：“此膏功能避毒、杀菌、节制生育，且可疗治一切暗疾，绝无流弊，诚罕有之避孕良药。每盒一元。”① 另一个是“孙氏秘制避孕药膏”，其广告称：

> 此膏系孙氏独家秘制，药物贵重，功效神速，如妇女生育过多有损真元之虞，临产危险甚则性命之忧，备用避孕膏者均能脱离上述危害，并得操纵如意。倘欲恢复生育，停止此膏，仍可重庆弄璋。凡妇人体虚有天癸不调等症，常贴此膏，渐增健康大有不可思议之功用。非市上所售之各种节育药品可同日语也。用法另详说明书，务请各界注意，一试便知，言之不谬也。定价每盒大洋一元，寄费加一邮票九扣。②

虽然我们无法了解这些药膏的成分，但很可能含有醋酸苯汞等杀死精虫和阻止精虫进入子宫腔的化学物质。这些药膏是外用的糊状物，性交前把避孕药膏 5 毫升左右用挤入器注入阴道深部，即可起到避孕的作用。

至于避孕用具，福华西药行经销“男女节育器”，其广告称：“德国制品，质地美软，经久耐用；分男女二种，女用每盒一只，能用二三年之久，仅节育品中最俭便无上之妙品也。用法另详，仿单价目每只一元七角五分；男用每盒六只，为避孕防毒珍品，具决不受孕之功能，每盒价洋九角。外埠当日回件，寄费不加。”③ 另外，百灵药社也经销男女“节育避毒器”，其广告称：“柔韧舒畅不易破坏，非市上所售一用即破者可比，凡欲防免染毒者，怕生男育女者，不可缺少之品也。甲种奇形四角，乙种角半，丙种一角，每元甲三只，乙八只，丙一打，女用七角。”④ 这两类广告中所指的男

① “节育避孕香膏”广告，《申报》1928 年 8 月 13 日，第 14 版。
② “孙氏秘制避孕药膏”广告，《申报》1928 年 3 月 1 日，第 16 版。
③ “男女节育器”广告，《申报》1925 年 6 月 8 日，第 10 版。
④ “节育避毒器”广告，《申报》1928 年 3 月 4 日，第 18 版。

性节育器是以橡皮制造的安全套，当时称之为“如意袋”“橡皮套”“阴茎套”“康特姆（CONDOM）”等不同名称。如意袋本来是为了防止男性在色情场所感染梅毒而制造的防梅品，然而随着节育观念的传播，如意袋被当成有效的避孕手段之一，越来越推而广之了。经销商为了推销其产品，用“柔韧舒畅不易破坏”、“质地美软，经久耐用”话语来描述橡皮如意袋的舒适及安全性。不过实际上，民国时期在市场上流通的橡皮如意袋的质量并不理想，往往缺乏弹性和柔韧性而容易产生紧窄感，并且非常容易破裂、脱落而导致受孕，因此一般男人不太愿意使用橡皮如意袋。尽管如此，在市场上如意袋的销售量逐步增加。据民国时期在上海恒余洋行工作的一位职员的回顾，该药房把如意袋推销给各药房，“每盒为一罗即 144 只，每 3 只装铁盒子，即 48 小盒，每罗大约 10 元左右，生意甚佳，每天能卖出 10 罗以上。散装的如意袋由门店们卷装后出售”①。由此可窥 30 年代上海如意袋的普及程度。福华西药行所经理的另一种女用节育器是子宫帽，或称为阴道隔膜。子宫帽是一种橡胶制作的圆帽状物体，把它放入阴道盖住了宫颈，使精子不能进入子宫腔，从而起到避孕的作用。如使用得法一只可用 1～2 年，因此可以说子宫帽是最低廉、简便而最安全的避孕法之一。可是许多妇女不习惯阴道里插入某种东西，甚至害怕子宫帽滑入子宫里无法取出，故她们宁愿冒险使用不太安全的方法避孕，也不愿使用这种麻烦的隔膜。

二三十年代所售卖的避孕药具与 40 年代售卖的节育用品存在一些差异。二三十年代的节育用品，主要是一些女性专用的停孕丹、避孕栓剂、避孕药膏、子宫帽等，大都是能用数月之久的口服中医避孕方药和西方的外用避孕栓剂或器具。这些药剂或器具有比较多的缺陷，有的使用手续过于麻烦，有的使用时有些疼痛和刺激而对身体造成一些影响，有的避孕效果不那么明显而常导致避孕失败。但到了 40 年代，一些女用节育用品就部分地解决了上述问题，亦在避孕节育技术方面有了很大的进步和提高。

30 年代避孕药品大半是从国外进口的，因进口避孕药物相当昂贵，一般平民难以承受其费用。因此国内一些医疗机构与药厂为了降低避孕药物的价格，致力于国产节育用品的开发与生产。1943 年三星药厂出品“节育

---

① 毛履亨口述，宋钻友整理《一个洋行职员的经历》，《史林》2000 年第 3 期，第 18 页。

灵”口服避孕药，其广告称：“解除妇女多产痛苦，国药制剂，避孕圣品。服法简便每月一次，停止服用恢复受孕，绝不妨碍月经房事，长期饮服节育强身。”[①] 其广告陈述中“国药制剂，避孕圣品”字眼显得十分醒目。还有，从广告图案来看，“节育灵”是一种瓶装的液体药剂（或许是个药锭装），虽然无法得知其功效如何，但其使用方法非常简单，每月只服一次能保持长期的避孕效用。实际上，随着节育运动的推广，30 年代部分医疗机构已经开始自造一些节育药物。如前所述，1937 年中华医学会和上海节育指导所共同开发出节育“泡沫粉”[②]，还有北平博爱医院也制造“避妊片”，向需要节育者提供其药品[③]。但它们是只在部分医疗机构和节育诊所为了医疗目的所提供的专卖品，并非是为了满足市场需求而大量制造的商品。不过，我们可以肯定“节育灵”推销之后，人们可以以相对低廉的价格购买国产避孕药，这为节育需要者提供了更多的方便和实惠。

40 年代，国内妇产科医院开始引进国外避孕节育的新技术，以进一步提高避孕节育与生殖保健水平，满足人们的节育需求。在 40 年代《申报》上，我们经常可以看到妇产科医师和节育诊所的节育医疗服务广告，兹举数例：

例一，政府注册女医师黄爱：

节育福音。四大特色：壹次手术戴上，不戴仍可受孕，不碍房事月经，舒适永久可用。近世节育学理及其方法，不胜枚举，惜类皆利弊兼半，美中不足，鲜能尽满人意，故偾事者不乏其人。最近美国妇科泰斗麦琪医学博士始有 WF 节育器之发明，此器之构造，基于不背妇女生殖系统之一切生理中，而使之绝对不能受孕，同时廓清前人之流弊，戴后毫无感觉，诚节育最新之福音也。政府注册女医师黄爱，诊金挂号三元。[④]（图 4）

例二，节育保健所：

1942 年 6 月 10 日德国妇科专家陈愈衷医师特设节育保健所的广告说：专为体弱多育、因病不宜生育妇女而设，经过二十余次皮下注射

① “节育灵”广告，《申报》1943 年 6 月 2 日，第 2 版。
② 《本会出售节育泡沫粉》，《中华医学杂志》1937 年 1 月第 23 卷第 1 期，第 108 页。
③ “避妊片”广告，《医学卫生旬刊》1933 年 11 月 28 日第 22 期，第 2 版。
④ “节育福音”广告，《申报》1942 年 1 月 19 日，第 3 版。

后，确能终身不再受孕，使身心健康，且无过去安置节育环、子宫帽等或扎输卵管发生易于难取出、经来疼痛、经期延长及精神症状之流弊，一切与平时无异，为近代最新安全可靠特效避孕良法。[①]（图 5）

图 4

《申报》1942 年 1 月 19 日，第 3 版

图 5

《申报》1942 年 6 月 10 日，第 5 版

例三，冯俊英妇产科：

广州侨美夏葛医科大学毕业妇女科女医师冯俊英，施用美国 BCR

① “节育保健所”广告，《申报》1942 年 6 月 10 日，第 5 版。

厂节育环，一次戴上即可避孕，不碍经期。①（图 6）

例四，上海妇科医院：

解决多产痛苦，德国妇科博士主持。本院以无痛手术，解决多产问题，绝对安全，担保毫无痛苦，不碍健康，无须住院，并治（痛经）（不育）（白带）及妇女一切疑难暗病，负责根治。②（图 7）

图 6

《申报》1942 年 1 月 13 日，第 3 版

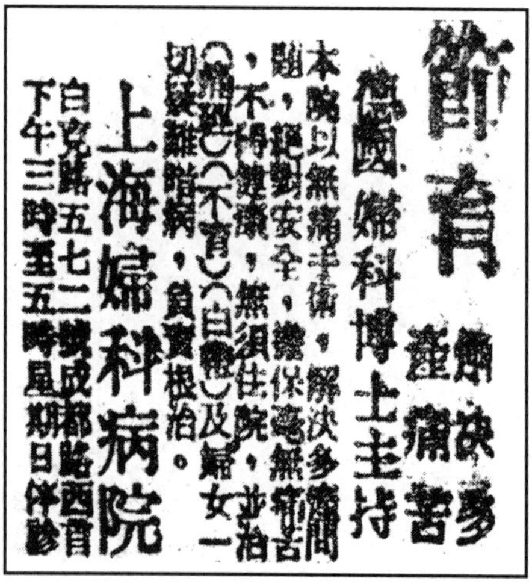

图 7

《申报》1945 年 5 月 15 日，第 1 版

---

① “冯俊英妇产科”广告，《申报》1942 年 1 月 13 日，第 3 版。

② “上海妇科医院”广告，《申报》1945 年 5 月 15 日，第 1 版。

上面的实例显示，当时妇产科医院主要运用节育器、节育环、皮下注射，向希望节育的妇女提供更安全、舒适、方便、长效的避孕措施。当时使用的宫内节育器和节育环大都以金属制成，主要作用是阻止受精卵着床，以达到避孕目的。这种方法的优点是长效安全，一经放入可连续使用5年以上，而且取出节育器后又能立即恢复生育能力，因此到现在许多妇女仍在使用。我们通过上面的节育医疗服务广告可以了解，40年代中国避孕节育技术已经达到较高的水平，同时这些避孕节育措施日益普及和多样化。

40年代，特别是抗日战争结束后，上海医药市场更加混乱无序，美货中大批医药品潮水般地涌入市场，许多西药的伪劣仿造、虚假广告宣传触目惊心。上海特别市卫生局为维护消费者和正派商家的利益，保证医药行业的良性运行，于1947年专门颁布了《上海特别市取缔医药广告暂行规则》。《规则》明确规定，所有医药广告的文字图画，须经过上海卫生局审查核准后才能发布。而且"预防性病或避妊、壮阳、堕胎及其他涉及猥亵足以影响善良风俗者"[①] 都禁止刊登广告。1947年8月，《上海市卫生局医药宣传品管理规则》正式颁布，规定"医药宣传品不得有虚伪夸张猥亵或违背善良风俗的辞句"[②]，因此一些有关性生活产品的广告都被严格禁止。例如，1948年4月13日《真实晚报》刊登香港大中西药行出品的"强肾节育防毒爱神友"广告，其广告称："医学博士罗漪发明，强肾节育防毒两性神药爱神友。本品为毫无刺激性外疗剂，男用能使已经衰退之机能转弱为强。女用维持红额风度青春不老，合用更能防毒避孕增强性感。"[③] 上海卫生局经过审查认为"爱神友"是一种"春药"，足以影响善良风俗，于是查封经销商的邮箱，同时取缔该药的生产销售。[④] 由此可见，40年代医药管理规则的出台确实在医药广告的整顿上起到了一定的作用。随着医药广告管理规定的出台，避孕药品和节育医疗服务的广告逐渐被禁止，1947年以后报纸上越来越难以见到有关节育的广告。

---

① 上海市档案馆馆藏号 S284—1—92，"上海市卫生局等单位颁布的取缔医药广告管理药剂生、修正管理注射器注射针等各项暂行规则（1947）"，第1页。

② 上海市档案馆馆藏号 Q400—1—2859，"上海市卫生局关于取缔违章医药广告（1946）"，第11页。

③ "爱神友"广告，《真实晚报》1948年4月13日。

④ 上海市档案馆馆藏号 Q400—1—2875，"上海卫生局关于取缔爱神友强肾节育防毒药品（1948）"。

三 避孕药物广告的评估

以上我们对民国时期避孕药物和节育医疗服务广告作了一些分析。其广告背后带有广告主与读者之间的互动，前者企图借助广告创造或强化后者的节育意识，读者购买某种避孕药物的同时，也消费其商品所含的象征和逻辑，以便在生活中运用现代的科学方法实施避孕。不过读者也不是完全处于被动的接受地位，避孕药物广告所塑造的“避孕传奇”“避孕神话”是城市部分人节育愿望的浓缩，没有人们的需求不会出现那么多的避孕药物广告。总之，上述的每一则广告都蕴涵了相当深刻的意义，我们可以在其广告的背后挖掘到许多具体的社会行为和价值取向。

民国时期避孕药物及节育医疗服务广告种类甚多，在此简单地列表，见表1：

表1 民国时期避孕药品和节育医疗服务广告分类

<table>
<tr><th>分类</th><th>药 类</th><th>药 名</th><th>药数</th><th>使用法</th></tr>
<tr><td rowspan="4">中药</td><td>停孕丹类</td><td>外按停孕金丹；节育停孕丹；免育仙丹</td><td>3</td><td>口服</td></tr>
<tr><td>避孕粉</td><td>节育避孕粉</td><td>1</td><td>口服</td></tr>
<tr><td>通经药（避孕和堕胎）</td><td>万应通经丸；千金通经丸；停经敌；避孕丸</td><td>4</td><td>口服</td></tr>
<tr><td>通经治疗医院（避孕和堕胎）</td><td>万福医院；上海医社；女科专家黄石峰医院</td><td>3</td><td>治疗</td></tr>
<tr><td rowspan="5">西药</td><td rowspan="2">避孕药片</td><td>加布西；史斑通；制育良友；产儿限制万应避孕球；她的友；康妥乐；惟妥节育药片；爱神友</td><td>8</td><td>外用栓剂（进口）</td></tr>
<tr><td>节育灵</td><td>1</td><td>口服（国产）</td></tr>
<tr><td>避孕药膏</td><td>节育避孕香膏；孙氏秘制避孕药膏</td><td>2</td><td>外用</td></tr>
<tr><td>避孕用具</td><td>橡皮套；子宫帽</td><td>2</td><td>外用工具</td></tr>
<tr><td>避孕手术</td><td>黄爱医院；节育保健所；冯俊英妇产科；上海妇科医院</td><td>4</td><td>治疗；手术</td></tr>
</table>

表1显示，民国时期避孕药品和避孕医疗服务广告甚多，共有28种，其中中药和中医节育医疗服务广告为11种，西药和西医节育医疗服务广告

为17种。考虑到登报的避孕药物广告有限，市场上流通的避孕药物肯定超过28种，可见避孕药物已成为城市居民的常备品。20年代的避孕药品大多是中药，但随着西方医药的引进，避孕药物的种类也更加多样化。三四十年代避孕药物大多是从美国、德国进口的舶来品，进口避孕药通常会注明“本部大药房均有出售”或详列各地的经销处。中医的避孕药物大多是口服的，虽然其避孕效果不如西药，但由于其使用简便，更受下层妇女欢迎。而且，中医的避孕药大半是停孕方药，常常与解除避孕的“还阳丹”“种子丹”配合出售，使得妇女更放心地使用停孕药。相反，西方的避孕药物大半是外用栓剂，因此一定要必备洗具，这对家庭环境受限制的妇女来说是较困难的事，所以一般利用西方避孕栓剂的是经济条件较好的知识妇女。避孕效果方面，当然西方避孕药品比中药好一点，它们一般含有“时间性”，不用时仍然能恢复妇女的生育能力，更具有科学性和专门性。

就避孕药物广告本身而言，广告内容则包括药物名称、要价、购买方式，此外绝大多数的篇幅用来说明节育的合理性和避孕药品的功效。至于避孕药物广告的诉求方式，广告商常采取权威的传播方式做宣传。有的强调祖传秘方，比如“孙氏秘制避孕药膏”广告称“此膏系孙氏独家秘制”；有的以医师或药品发明人的学位来号召，比如“制育良友”广告称“德国哈德富博士发明”，“她的友”广告也称“德国依诺去博士发明”，其他节育医疗服务医院的广告更是如此，比如“上海妇科医院”广告称“德国妇科博士主持”，“冯俊英妇产科”广告称“广州侨美夏葛医科大学毕业妇女科女医师”。它们都是借助医学专家的权威，刺激人们的节育欲望，从而塑造某种“避孕传奇”。还有，民国时期避孕药品广告常常打着山额夫人的旗号，因为山额夫人是提倡生育节制的世界著名人物，她的形象便成了一种文化的象征符号。民国时期人们的记忆当中“山额夫人”这个符号代表着节育的欲望，广告商通过“山额夫人”的形象，一方面唤起社会对节育的记忆而加强节育的欲望，一方面确保其商品的权威性而达到商业目的。

另外，民国时期避孕药物广告中针对男性的广告非常少，只有福华西药行与百灵药社经销的橡皮如意袋，并且其广告往往称为“防毒珍品”“防免染毒”，这表明它既是男性节育器，很多男性也把它当成防毒品在色情场所使用。除了男女共用的“康妥乐”和男性专用的如意袋，其他26种避孕广告的诉求对象都是“生产过密”“体弱多病”“经济贫困”的妇女。例如，上述“外按停孕金丹”是“屡次生产；生育太繁；多产难产；病候生产；白带症者”必用的圣品；“史斑通”广告中称“凡是女子不当生产者都可用之”；再如，1942年“节育保健所”的医疗服务广告也说，“专为体弱多育、因病不宜生育妇女而设”。这意味着民国时期节育用品和节育医疗服务的最主要的需要者是城市已婚妇女。但从另外一个方面可以看出，避孕广告无意中向女性灌输节育是妇女单方的责任。传统的男女性别角色规范在避孕药物广告中重新强化，广告宣传妇女为了增进夫妇间的感情、家庭幸福应该主动地承担节育的责任；城市小家庭的新妇女一定要学会现代的科学的避孕方法，以此控制子女数量而减轻丈夫的负担。这种所谓时尚观念的传播反过来进一步强化了传统的性别意识形态，其中归纳起来不外乎“男主外女主内”的家庭模式、“男主女辅”的工作模式和“男主动女被动”的两性交往模式。总而言之，避孕本来是男女双方共同的“义务”，然而民国时期的避孕药物广告不断地把避孕的责任推到妇女的身上，对男性中心的性文化的建构起到了推波助澜的作用。

那么民国时期节育药物的普及程度如何？我们今天无法确切地知道民国时期节育药物的推销量和消费程度，但从一些报章言论可知，在上海、北平等一些城市里，已有一定的需求。1926年有文章说，“自从美国山格（额）夫人来华后，节制生育运动，可以说是风靡一时。一般学者，在报章、杂志上大鼓吹而特鼓吹；上海各药房从外洋贩进来的节育器具和药片，也大销特销”[①]。在1934年亦有文章说，“空言的反对，结果敌不过实际上的需要。生育节制终于近来比先前流行了。这虽然不能用数字来证明，但从出卖节育器和药品的地方之多和讲节育法的书籍的流行上可以窥见一斑”[②]。然而，从民国时期节育用品的价格来看，不是城市每一个阶层的人们都能够购买避孕药物。民国时期进口避孕栓剂和节育用具的价格相当昂贵，制育良友为“每盒装贮十二枚，售洋一元，每打十元”；产儿限制万应避孕球为“每盒内装二十颗，每盒实价一元，每打十元”；康妥乐为“每盒装三十片，每盒一元五角”；女用子宫帽为“每只一元七角五分”；男用如意袋为“每盒六只，洋九角”。对照当时普通工人家庭的收入状况，我们可

① 谢元范：《关于中山先生论中国人口问题之我见》，《现代评论》1926年2月13日第3卷第62期，第18页。

② 克士：《生育节制打胎和儿童公育》，《东方杂志》1934年11月1日第31卷第21号，第73页。

以更清楚地了解这些价格的意义。1928年上海各业工人每月平均收入，男工从15元到44元，女工从5元到29元，童工从6元到15元不等。[①] 工人家庭的平均每月支出生活费37.86元，其中3/4是食衣住、燃料等必需的费用，1/4是交际、娱乐、教育、卫生、嗜好等杂用。[②] 从当时工人家庭收入和消费标准来看，避孕药物的价格并不便宜，购买一盒避孕药或工具大约就花费掉工人家庭一个月1/5或1/10的收入。并且，妇科医院的避孕节育治疗的门诊费、检查费、手术费都非常昂贵，非一般妇女所能承受。比如，从40年代女医师黄爱为"WF节育器"所做的广告看，要做手术放置宫内节育器，光是诊金挂号费就要3元[③]，如果算上节育器以及手术的费用，虽然无法确定到底要多少钱，但肯定是不小的数目。因此贫困劳工阶级"没有购用节育器具和药品的闲钱"，而能够实行生育节制的"大概多为略有资产，或者实际上并无什么资产而地位上是属于小资产阶级的人"[④]。

那么避孕药物广告所反映出的观念和行为，究竟是当时社会中十分普遍的现象，抑或只是一小部分人们的想法与做法？我们应当承认节育用品广告的频繁出现，确实表明实行节制生育的都市女性人数在增长，然而，不能因此就认为节育已经成为都市女性的一种普遍行为。实际上，民国时期有关生育的广告远远超过避孕药物广告，例如有"妇科降生丹""卢普安女科丸"，上海三元公司的"益母种子珠"，五洲大药房的"月月红""女界宝"，九福公司的"百龄机"等药品广告，它们的诉求重心都是保证不孕妇女生育、生育男孩、多子多孙。[⑤] 这表明当时社会不少人仍秉持着"不孝为三，无后为大""重男轻女""多子多福"的生育观念。这种传统生育观念的影响根深蒂固，社会主流意识形态并没有因为节育思想的传播而有大的改观。有的广告主充分利用这种社会心态，在广告中公开叫板生育节制。上海中西药房所经理"雄寿丸"广告以"制育家的克星"为标题，其广

① 上海市政府社会局编《上海市工人生活程度》，见李文海主编《民国时期社会调查丛编·城市（劳工）生活卷（上）》，福建教育出版社，2005，第341～342页。

② 上海市政府社会局编《上海市工人生活程度》，见李文海主编《民国时期社会调查丛编·城市（劳工）生活卷（上）》，第357页。

③ "节育福音"广告，《申报》1942年1月19日，第3版。

④ 克士：《生育节制打胎和儿童公育》，《东方杂志》1934年11月1日第31卷第21号，第73页。

⑤ 参见蔡朝晖《〈申报〉广告与民国都市女性》，中国社会科学院研究生院博士学位论文（未刊），2005年5月，第45～53页。

告说：

> 大凡一物必有一物制！近自制育论盛倡，希望子息者，又多一恶魔，所以男子之患……肾衰，精冷，阳痿等病……而不及早求治者；适中制育家之下怀：幸而有……中法药房之雄寿丸，滋阴补阳，固本培元，足以补救此等肾部亏弱之病，为唯一的种子灵丹；制育的绝对克星；岂非一物一制吗？[①]（图 8）

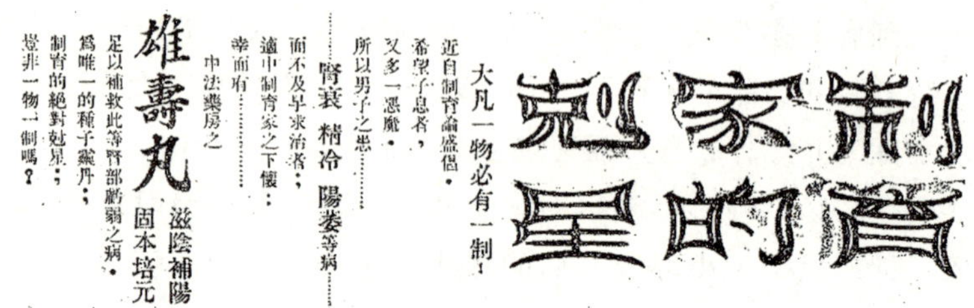

图 8

《申报》1927 年 5 月 4 日，第 9 版

“雄寿丸”的广告明显地反映出社会对生育节制观念的排斥态度。但在另一方面可以看出生育节制观念所引发的思想冲击，使一部分人感到某种焦虑，因此他们把“制育论”当成“恶魔”，极力维护社会主流意识形态。不过，值得一提的是，多育的生育观念和节育观念并不相悖，社会上存在这两方面的要求，两者能毫无冲突地结合在一起。就像在 1942 年“冯俊英妇产科”一起挂出治疗“不孕”和“避孕”广告一样，在医疗和生活层面“生育”和“节育”两者毫不冲突，因此处于不同生活状况和社会地位的人们，按照各自的价值取向而采取不同的行为方式。总之，民国时期节育观念和行为，虽然没有成为社会普遍的现象，但了解节育意义和接受节育思想的人们已经不少，这不仅推动了社会意识形态的多元化，也催生了节育行为在实践层面的发展。

那么避孕药的普及是否将性自由和生育控制权带给妇女？的确，在一

---

① “雄寿丸”广告，《申报》1927 年 5 月 4 日，第 9 版。

定程度上，避孕药消除了妇女对怀孕的恐惧，使妇女能够放松地去追求性爱的乐趣。作为第一个控制生育的医药措施，避孕药改变了妇女的性生活和生育节奏，打开了通向所谓“生命控制时代”的大门，使妇女能够重新规划自身的再生产。所以有人认为避孕药是妇女解放的象征。避孕药的普及虽然使妇女进入一个能够控制生育的新时代，不过妇女却为此付出了沉重的代价：生理和身体上的风险——避孕药会造成神经紧张、内分泌紊乱、月经不调，妇女的身体在药物的控制下逐渐失去自然力和平衡的规律。因避孕导致心理上的压力，避孕是否降低夫妻间的性快感？万一避孕失败是否要受丈夫的指责？因为避孕被划归为女性的责任由女性独自承担，影响妇女的生殖健康和性生活的男女不平等。总之，避孕药品的普及对妇女并没有带来更多的性自由，生育空间的男女性别角色并没有很大的改善。男人仍把生育和避孕的责任推到妇女的身上，“男主动女被动”的两性交往模式依然支配着妇女对避孕和生育的选择。

留日学生的反对山东出兵运动

——以奈良女子大学收藏的校史资料为例

〔日〕杉本史子*

2009年，奈良女子大学迎来了百年校庆。为了纪念100周年，2009年奈良女子大学组织一个研究班进行了一项调查。这个调查叫“帰国留学生のキャリア形成とライフコースに关する調查”（有关归国留学生的职业形成和经历的调查），主要用口述历史的方法来调查毕业留学生的经历。具体来说，研究班的成员采访毕业于奈良女子大学的留学生，倾听她们的经验并留下记录，通过对其内容进行分析，考察奈良女子大学的教学内容和留学生活经验如何影响到她们归国后的生活。与此同时，对校史资料进行调查。进行史料调查的目的在于补充毕业留学生的记忆来完成此次调查。收藏在奈良女子大学图书馆的校史资料保存状态良好，摆放得也很整齐。我们研究班一个月有两三次在该校图书馆的校史资料室调查有关留学生的史料。今年春天，我发现了一套非常珍贵的史料。① 这些史料都跟1927年日本陆军决定向山东省派兵时留学生的动态有密切的关系。其实，首次发现这些史料的不是我们研究班。1971年，当时在奈良女子大学当教授的中冢明先生写了一篇论文。② 但是中冢明先生只论述了奈良女子高等师范学校

---

* 杉本史子，日本立命馆大学讲师。

① 奈良女子大学图书馆所藏的校史资料（编号：十九—21）中国留学生关系书类（关于中国留学生的书籍）。

② 中冢明：《奈良女子高等師範学校の中国人・朝鮮人留学生——とくに中国人留学生の山東出兵反対運動の史料を中心に》（奈良女子高等师范学校的中国、朝鲜留学生——以中国留学生的反对山东出兵运动的史料为中心），《アジア女性交流史研究》（亚洲女性交流史研究）No. 9，1971年4月。

（奈良女子大学的前身）的留学生动态，没有提到其他学校的留学生动态。通过这些史料能看出更为复杂的留日学生内部的动态。下面简单介绍一下这些史料，并加以简单的分析。

一 奈良女子大学的历史沿革和留学生的历史

首先简单地介绍一下奈良女子大学的历史沿革。奈良女子大学创建于1908年，1909年5月开始正式上课。创立时的校名叫奈良女子高等师范学校。为了培养中等教育机关的女教师，日本明治政府建立了两所女子高等师范学校。一所是东京女子高等师范学校，就是现在的御茶水女子大学。另一所就是奈良女子高等师范学校（以下简称奈良女高师）。该校是当时日本最高女子学府之一。第二次世界大战结束以前的日本，在教育方面保守思想特别强，不肯承认女子大学的制度。在中国1924年早已成立国立女子大学。跟中国相比，日本女子高等教育的发展可以说是更慢一步。在日本，第二次世界大战结束以后的1948年才正式制定了女子大学制度。奈良女高师也在1949年升级为奈良女子大学，其名称延续至今。

1910年，奈良女高师首次迎来了5名来自中国的留学生。她们都是旁听生。奈良女高师的教育方针是贤妻良母主义。虽然女子高等师范学校的教育目标是培养中等教育机关的女教师，但是奈良女高师的立场很明确，申明学校培养人才的目的就是为全国各地的学校输送贤妻良母型的女教师。中华民国成立之前，来到日本的女子留学生很少。她们学得很认真，但她们的要求跟奈良女高师的教育方针并不一致。再加上奈良女高师的所有学生都必须在学校住宿。在宿舍里，做饭、打扫、烧洗澡水等所有的日常家务都要学生自己承担，留学生也不例外。当时的留学生都属于上流或中产阶级的闺秀。对她们来说，日常的家务也是件非常辛苦的劳务。她们虽然很努力，但是在生活方面，时常跟日本学生发生文化冲突。1911年辛亥革命爆发，这些留学生都回国了。以后有一段时间，奈良女高师里就没有中国留学生了。

1924年奈良女高师再次开始接收中国留学生。1925年还设置了“特设预科”制度。该制度是针对想上本科的中国留学生进行一年准备教育的留学生制度。“特设预科”的课程，特别注重日语运用能力的提高。当时日本的女校中只有奈良女高师设置了“特设预科”制度。因此，以后中国留学生陆续来到奈良女高师就读。到奈良女高师的课程结束为止，毕业于该校本科班的中国留学生共有 54 名。要是包括“特设预科”班学生的话，将近有一百个中国留学生在奈良女高师就读过。

1925 年，两名中国留学生提出了上本科班的申请。她们都学得很认真，成绩也不错，所以学校就允许她们上本科班继续学习。在奈良女高师的历史上，这两名是第一届本科留学生。她们分别在理科班和文科班开始学习。上理科班的留学生叫王秀英。她日语说得跟日本人一样流利，上本科后成绩也很优秀。学校当局也对她非常信赖，期待着她的学习进步。王秀英刚刚上本科三年级的那一年 5 月，山东出兵事件发生了。

二 日本陆军的第一次山东出兵和留日学生的反对运动

（一）概况

1927 年 5 月，国民革命军要接近北京了。抱有侵略中国野心的日本政府，感到尤其焦躁。于是日本政府以保护侨民为借口，决定向山东省派遣日本陆军。这次出兵的真正目的一方面在于阻止国民革命军的统一中国工作，另一方面援助亲日派的奉天军阀张作霖。5 月 28 日，日本政府发表出兵的声明。在发表声明之前，有关出兵的报道就登在了日本的各大报纸上。在日本学习的中国留学生看到这些报道后对中日两国关系很忧虑。日本政府发表声明后，留日学生马上就开始行动。其中反应最早的是中华留学日本冈山学生会。他们写了反对出兵的书信，寄给在日本各地的留学生，呼吁开展示威运动。奈良女高师的留学生也收到冈山学生会的书信。她们在宿舍和教室里商议了表明反对出兵的方法。商议了整整三天，她们决定，虽然不直接参加示威运动，但要以发送宣言书来表明反对日本政府的态度。6 月 6 日和 7 日，她们以留日奈良女子高等师范学校同窗会的名义把宣言书寄给日本国内的 49 所学校。然而，这些宣言书当中的一张在大阪被日本警察发现。6 月 16 日，奈良县警察来到奈良女高师，进行了搜查。学校当局直到那天为止完全没有注意到这次留学生的行为，所以听到警察的消息后，他们也很惊慌。奈良女高师的教授和宿舍的管理员把所有的中国留学生叫到一起进行调查。他们让留学生把从其他学校收到的书信全部交给他们。这些书信共有 10 封，就是现在奈良女子大学图书馆收藏的史料。下面，来看一下这 10 封信。

（二）中华留学日本冈山学生会

如前所述，听到山东出兵的日本政府声明后，首先开始行动的是中华留学日本冈山学生会。当时，冈山县有很多学校。其中比较有名的是第六高等学校、冈山医科大学、冈山师范学校（都是现在的冈山大学）。中华留学日本冈山学生会很有可能是以在这些学校学习的留学生为中心的学生团体。下面介绍一下他们的书信。

为反对日本出兵举行留日同胞总示威运动商榷书

包藏祸心的日本军阀、日本帝国主义者，竟敢当我们国民革命工作进展顺利的时候，违犯国际公法，侵害我国主权，蔑视我国民全体的意志，想效法吞灭朝鲜、印度的故事，重演援张屠郭出兵的故事，公然大规模地向我国出兵，来破坏我们的革命，遂行他们的野心。我们身处敌境的国民——留日同胞！我们在这危急的关头，还能袖手旁观吗？还不取一个断然坚决的态度吗?!

本会主张为表示我们国民万众一心的精神，誓死反抗的意志，为使帝国主义的日本省悟，撤退发派的军队，抛弃一切帝国主义起见，订于六月十一日（土曜）下午二时，所有在留日本同胞于各地同时一齐举行示威运动（一、捧树旗帜，二、散发传单）。一切准备执行事项，由各处留日学生总会、国民党支部，分别负责办理。特此专函相商对于上项提议。

贵会如表赞同，务请贵会于此信到后二日以内用电报回复（一、事机急迫，所以务请用电报。二、赞成复电，请用一个字的密电「アリ」。）以凭取决（如大多数复电赞成则决定举行）。再行奉告。

中华留学日本冈山学生会　〔该会印〕

五月三十一日

ヲカヤマシモリシタテウハチジュバンチ　アサヒカン
通讯处：冈山市森下町八十番地　旭馆

再者我辈往来文件曾有为日警扣留情事，此次为预防计，务请严密办理。（通信处不在封面明书　来往文件勿为日警所见等）

我们一看就能知道他们的忧虑。大部分留日学生的心情或许跟他们一样。

他们不仅表达了自己的心情，还呼吁其他留学生参加示威运动。他们明示了运动的具体方法。信中还能看得出他们的信曾经被日本警察扣押过。他们又说，示威运动的一切准备工作由留日学生总会和国民党支部分别负责。后来，冈山学生会于6月11日决然实行了示威运动，当时有14名成员还被日本警察逮捕。

（三）中国国民党驻日总支部执行委员会

当时在日本的中国国民党组织有点复杂。国民党和共产党的合作关系比较好的时候，国民党组织也很稳定。国民党总支部设在东京神田北神保町的中华留日基督教青年会馆内。[①] 基督教青年会的建筑有美国做后盾，所以日本警察掌握到他们政治活动的动态后也不敢轻易干涉。[②] 1925年11月，西山会议派在东京西巢鸭设置了新的党支部。当时留在基督教青年会馆的是国民党左派和国民党内的共产党。著名作家夏衍先生也曾在这儿担任过国民党驻日总支部组织部部长。后来随着北伐的进展，新党部的右派也逐渐扩大了势力。1927年4月，“四一二”反革命政变发生后，组织内部分裂更加严重。新党部几次袭击了基督教青年会馆的共产党员，没收文件，还企图要赶走他们。感到危机的国民党左派和国民党内的共产党员准备把总支部机构搬到大阪。但结果不是很顺利。国民党分裂最严重的时候，山东出兵事件发生了。

奈良女子大学保存着中国国民党驻日总支部执行委员会在6月17日写的紧急通告资料。

紧急通告

为通告事。查本党乃实行三民主义之革命政党，以打倒国际帝国主义及军阀为目标，以联俄联共拥护农工为政策，旗帜鲜明，中外共晓。凡属农工商学兵各界之革命分子，均集于本党青天白日之旗帜下，以图完成国民革命之工作，实现新制国家之建设，此本党同志长时期中所共同奋斗之方向者也。故北伐旗张，南北响应，帝国主义与封建

① 小谷一郎：《一九三〇年代中国人日本留学生文学·艺术活动史》第一章第一节、第二节，汲古书院，2010。

② 小野信尔：《五四运动在日本》，汲古书院，2003，第4~5页。

军阀相继倒溃，我全国民众之解放直指顾间事耳。乃不幸党内发生叛徒，致革命中道挫伤，窃据南京一隅僭称中央，啸聚流氓政痞，妄设政府，背党祸国，为陈炯明所不及，屠杀民众，直黄巢辈之所为，我总理数十年惨淡经营之革命政党几覆殁于一旦。言念及斯，痛愤无极，忠实党员应如何体念总理一生革命之精神，继续扫除破坏党国之恶魔？乃近月以来，日本方面亦有不明党义之党员受一般恶谣之宣传，盲从附和，数次捣毁党部，殴伤同志，甘为军阀走狗，尚不知羞，犹复擅名清党图谋不轨，滥发宣言，颠倒黑白，非鹿非马，为鬼为蜮，捏造证据动辄以赤化诬人。迹其居心，无非欲实行破坏，盖可以对南京献媚求荣、发财升官者也。故彼辈叛徒，紊乱党纪，谬言谬行，不胜缕举。小丑跳梁原不足当鸣鼓之攻，桀犬吠尧实足起人除恶之，感“时穷见节义，世乱出忠贞”。当此党义凌夷恶势披猖之际，正吾人爱党救国、伏魔降妖之会，深信各地同志决不致轻信流言，自贻伊戚然，更期见义勇为痛惩奸宄庶以慰。总理英灵于泉下护党国于无穷也，特此通告。

以致

中国国民党驻日总支部执行委员会秘书处

〔该处印〕

六月十七日

从宣扬联俄联共拥护农工的这一点来看，写此通告的人物很明确，肯定是国民党左派或者国民党内的共产党。这个通告一个劲儿地批判国民党右派，尤其是强烈批评蒋介石的“四一二”政变，但关于山东出兵一事却一句也没提。他们不但批判中国国内的政变，还指出在日本也有一些国民党右派在捣乱。1927 年 2 月至 3 月戴季陶来到日本的时候，为了迎接他，很多右派留学生聚集在一起。当山东出兵事件发生时，在日本的国民党两派正在争夺领导权，反对运动时的指示也恐怕是分别发出的。这个通告反映了国民党和共产党的合作关系将要结束之前的危机。

（四）中国国民党驻日东北筹备支部

这个组织跟国民党驻日总支部到底有什么关联，尚不明确，但他们支持冈山学生会的示威运动这一点是可以肯定的。

急告留日全体同胞!!

冈山留日同胞在本月十一日（土曜日）为反对此次日本向我国出兵举行示威游行，乃蛮横成性之日警竟滥行职权妄加干涉，将全体十四人一并拘留并加毒打，蹂躏人权莫此为甚，详细情形现在虽属不明，然而当此危急之时，凡为中国国民之员并稍具热血者，当然不能坐视袖手旁观也是。支部得到消息后即召集紧急会议讨论救济方法，由全体表决实时募捐作经济上之援助，并拍电各处请一致向日政府抗争。

同胞!!! 迅速奋起用最勇敢的决心，一致向日政府要求实时全体放出，这是吾们的责任不能踌躇的。

日本帝国主义者田中军阀借名保护日侨，竟敢派遣大兵于我山东援助万恶奉天军阀，冒干涉内政之大不韪。阻止我国国民革命，自□国际公法，此而可忍孰不可忍，诸君素具爱国热诚，当此千钧一发之秋，务望全体联合起来，向日帝国主义者一致进攻，以维国脉□为□祷我们高呼

打倒日本帝国主义者!

打倒万恶军阀张作霖!

中国国民革命成功万岁!!

中国民族解放万岁!!

中国国民党驻日东北筹备支部启

中华民国十六年六月十二日

从这篇文章能看出冈山学生会按照商榷书实行示威运动，日本警察对他们的运动加以镇压。中国国民党驻日东北筹备支部表明反对出兵的同时，还向全体留学生呼吁要援助冈山学生会的同胞。

（五）山东留日学生同乡会

奈良女子大学的校史资料里面有从同乡会寄来的两封信。一封是山东留日学生同乡会写的宣言书，另一封是奉天留日同乡会写的信。对于山东出兵一事，感到最痛心的莫过于从山东来的留学生。从他们宣言书的内容就能够感受到当时山东人民的紧迫感。

山东留日学生同乡会反对日本出兵宣言

日本政府借口保护侨（民），竟又重演故技，派兵于山东及京津一带，助长我内乱，侵害我主权，觊觎我疆土，犷悍蛮横令人发指。中国未亡，主权尚存，内部战争所以谋政治之统一，求民族之解放，绝不容他国之干涉，如恐危及居留侨商之生命财产，可由交战团体，限令引扬，否则不负损害之责任。凡此载在国际公法，不容忽视。更就山东而言，青岛久已收回胶济铁路，亦属民有，而济南商埠更非外国之租界，任何国家绝无借口之余地。乃日本抱其帝国主义，逞其侵略野心，竟甘冒不韪，悍然出兵，阴存左袒，借图渔利。似此不顾国际之正义，破坏东亚之和平，妨害中国之统一，蔑视中国之独立，是不啻以已亡之朝鲜待我也。是可忍，孰不可忍，吾等一息尚存，誓死反对。除通电全国实行对日经济绝交外，尚望全国同胞一致奋起，共救国难，民国前途实利赖之。

山东留日学生同乡会〔该同乡会印〕叩

（六）奉天留日同乡会

奉天留日同乡会的书信跟其他的有所不同。他们不仅批判山东出兵，还提到旅顺、大连、东北和蒙古的被占领状态。但这篇文章里面，有关国民革命、北伐等词一句也没提到。奉天留日同乡会也许属于国民党以外的势力。尽管如此，他们反对出兵的态度还是很明确的。

日本占据旅顺、大连，实行满蒙殖民，筑路开矿，为所欲为。又借口保护侨民，任意出兵山东，侵犯我主权蹂躏我领土，蔑视我中华之民众，摧残我共和之生灵，以实其蚕食鲊吞之欲壑，而甘为破坏和平之戎首。凡吾同胞莫不痛心疾首，发□指数。事亟矣，国危矣，愿同胞共起，一致反对兄弟哄墙，处〔外?〕御其悔，勿畏□以自弃，勿苟延以残生。□私己见，是作奴隶之动机，蹑□不前，实为亡国之起源，倘□朝鲜印度之□，恐悔□及矣。祖国山川危如累卵，望洋而回顾，不禁叹父老之流离失所。侨居而溯思，已痛嗟同胞之被迫万状，上海之血水未干，而南京之惨剧继起，同胞何辜受此涂毒，推原祸始，何一非日本为之耶，是以应举国一致实行经济绝交，抵制日货，值此千钧一发之时，危在旦夕之际，□同胞、盖兴乎起哉。

奉天留日同乡会

（七）中华民国留日神户高等商业学校同窗会

以上都是在日本各团体发送的宣言书。下面，我们来看一下几所学校的留学生动态。从各地学校寄来的书信共有5封。其中1封信缺后半部，我推测发送人有可能是东京女子高等师范学校的留学生团体，但不能肯定。剩下的4封是神户高等商业学校（现在的神户大学）、明治专业学校（现在的九州工业大学）、东京高等工业学校（现在的东京工业大学）、熊本第五高等学校（现在的熊本大学）4所学校寄来的。

首先我要介绍神户高等商业学校的情况。神户是很久以来许多华人居住的地方，现在仍然是以华人街闻名的城市。神户高等商业学校是神户大学的前身。1927年时，除了从中国来的留学生以外，很多华人子弟也在该校学习。该校留学生内部的动态比较复杂。先看一下他们在神户市内散发的传单。

日本出兵反對宣言書

我等は日本政府の北支出兵に絶對的に反對するものなり、吾人は正義に基き國民革命を起し、内に帝國主義の走狗たる軍閥を誅し、外に帝國主義そのものを驅逐し以て我が中國國民運動の目的を貫徹せんとするものなり。然るに日本政府は今回我が革命の完成の域に達せんとする秋に當りて急に兵を派遣し、之に關しその發せる聲明書に記載せるが如く單なる在外居留民の保護にありとその目的存せりと雖も、是實に日本帝國主義並に一部軍閥輩の用ふる常套的一遁辭に過ざるものにして、かゝる欺瞞的假面に蔭れて、古來幾多の歴史的關係を有し且親密なる兩國民の友誼的感情を無視し、國際公法に反し我國の國賊たる張作霖を援助し我が主權を蹂躙せんとする危險極りなき一大暴擧たるや論を俟たざるなり。我が國民運動たるや實に中華四億民衆の國家的民族的自我覺醒に依る一大喊聲に外ならざるものにして是れ亦世界の大勢たり。日本政府が大局に着眼して百年の大計を樹つるを忘れ徒らにこれが大勢に逆行せんとし、吾人が四億の眞正なる要求に傾聆せんとすることなきは誠に遺憾千萬の至りなり。出兵の理由とする所南京事件の再發及在華僑民の保護の爲に存すと雖も、これは單なる一口實にして例へ北軍の敗兵により一時暴動に遭遇することあるにせよ！然し豫め暫く安全地に避けば何ぞ出兵することを必要とせんや。

日本は我が國民政府の主義とする外國在留民保護に關し、極力保護の誠意及び努力あるにも拘はらず之を無視して全國の公敵たる北方の軍閥—國賊張作霖を援助せんとする策に出でたるは何たる愚擧ぞや。

我が國の革命の成就は世界革命の成功なり、豈中華四億の民衆のみの甦生ならんや、聊かなりとも之を阻止せんと企つるは、恰も大河の流れを止めんとする類の徒にして其の大觀の眼を有せざる又世界人類の解放と正義人道の大義を阻害するの甚しきこと、未だ嘗て斯くの如くあらざりしなり。

願くば賢明なる日本國民諸君よ！

現日本軍閥内閣は單に我が國土に投資したる僅少のブルジョアの利益を擁護の爲に遂に出兵せり！さて送れた兵は誰の子か？巨大な軍費は誰が負擔するのか？冷静に沈思熟考せよ！且つ中華民國は完全なる一國家なり而して侵すべからざる至嚴の主權を有することを記憶せられよ！斯くの如く我が主權を無視して理由なき兵を起すは我が四億の民衆に對する挑戰なり。

願はくば派兵に續くに派兵を以てする暴策を撤回して速に我が國の領土より其の兵器を引込ましめよ。然らずんば吾人は結束して祖國の爲正義の爲人道の爲に悪毒無類の日本帝國主義者及び軍國主義者に對抗して日貨を排斥し經濟絶交をなし永遠に日本を敵と看做す

以上以て哲明なる日本國民の反省を促し並びに公平嚴正なる判斷を仰ぎ且つ日本政府に反對して一臂の力を貸さんことを望む。

中华民国留日神戸高等商业学校同窓会

發行兼編輯印刷人　神戸市籠池通三ノ一〇　許長芳

这张传单是用日语写的。当然也是写给日本人看的。这个宣言书首先表明

了中国留学生的立场。他们明确表示对这次出兵感到非常遗憾，谴责日本的不正当行为。他们还看透了这次出兵是日本军部和资产阶级的阴谋。他们指出，被派遣的士兵也是日本贫困无产阶级的子弟，出兵的经济负担还是扛在无产阶级的肩膀上。他们谴责的对象不是日本的整个国民，而是日本的帝国主义者、军国主义者。最后，他们督促日本国民早日反省，呼吁共同协助反对日本政府的出兵。

从传单的内容来看，他们的立场很明确。可是在散发传单之前，有些不可思议的内讧发生了。6月4日、5日，中华民国留日神户高等商业学校同窗会除名了两名留学生。

下面介绍两封书信。一封信是被除名的学生自己写的。另一封是他朋友写的。先看被除名的学生写的书信。

敬启者：

此次日本违约出兵济南，名则为保护侨民，实等于干涉内政，凡我国人谅□共愤。同学傅葆松（四川人）鉴于时势，曾迭向同窗会提议反抗、磋商对付方法，措辞激昂。乃会长许长芳、副会长左少庞（皆奉天金县）存心叵测，徒争意气，竟不先以国事为念，而反逞其图报手段，利用同乡饱以老拳，强借多数以压个人，妄以强权为公理。同胞同窗之谊云亡，救国爱国之心安在？窃思神户乃华侨聚集之地，吾侪实忝居指导之人，国难当前，不能齐心努力身为众先，而乃阋墙斗狠自居戎首，负同胞之望，遗祖国之羞者，孰有过于此乎？隽远来万里，目击斯状，睹此鹬蚌相争心窃自悲，愤彼豺狼当道羞与为伍，从今以往谨自□申明与留日神户高商中华同窗会脱离关系，凡□会此后行动，一切与隽无涉。谨此申明诸希亮鉴。

留日神户高等商业学生

史垲隽

据这封信所言，当初该同窗会对反对运动采取消极的态度，会议上决定要除名两个态度比较强硬的学生。被除名的史垲隽推测，神户是很多华人居住的地方，由于他们不愿意让日本人的感情受到伤害，所以不敢采取果断的措施。他的推测到底对不对，我不太清楚。但是他特意写信给各地的留学生，是因为要诉说他的爱国行为。这一点是能够理解的。

另一封信是史垲隽的朋友张嘉猷写的。这篇文章太长，有点啰唆，所以下面只引用开头部分。

否认神户高商中华同窗会除名傅保松、
史皑（垲）隽两君宣言的启事

哈哈……看不透并且想不到满铁费生和反动派这样的跳梁，横暴……以至于此——竟把敝同窗会的名义当作私人活动的招牌随便顶在头上！换句话说，敝同窗会自被日本所称“关东州”的奴才所把持，其他的少数分子，概无发言的权利——因为奴性最深的反动分子占其多数，每到开会的时候，它们并不发出通告，就以人数超越半数以上的名义便在什么冷藏室内密谈一下，当作会议的结果，其结果如何，又不宣告大众，如若不信，请看敝同窗会内的复杂关系，便可了解其内幕。

他对该同窗会的措施感到非常愤怒，写信并发给了全国各地的留学生。他指出，该同窗会的某一派很有势力，他们对日本很客气，不敢采取反对出兵运动的果断措施。尤其是会长和副会长的懦弱态度。在书信中他严厉批判了这两个人。虽然如此，如前所述，该同窗会的《日本出兵反对宣言书》是用会长许长芳的名义写的。这张宣言书明确表示了反对日本政府的态度。为什么会发生这样的矛盾？本人推测，当初该同窗会可能是采取了对反对运动消极的态度。后来，听到其他团体的活动，或者听从国民党支部[①]的指示，改变了原来的方针，决定发反对出兵的传单。大多数神户华人在日本从事商业工作，他们很担心与日本人的关系决裂，这也是能够理解的。

（八）中华留日明治专门学校学生同窗会

明治专门学校在日本九州地区的福冈县，是现在的九州工业大学。夏

① 神户市内也有国民党支部。有一位华侨陈根霖先生回忆当时说，华侨青年的大部分是国民党员。山东出兵事件时，他们被日本警察注意上了，还发生了冲突。见安井三吉、陈来幸、过放《阪神大震災と華僑（阪神大地震和华侨）》，神户商科大学、神户大学“阪神大地震和华侨”共同调查报告书，1996，第236页。

衍先生也是该校的毕业生。还有一些人从该校毕业后加入了中国共产党。①这封信从内容上看，共产党派写的可能性比较大。

为日本出兵我国事唤起留日侨胞书

诸君！日本竟又出兵我国矣！我辈若不健忘，犹能忆及前岁郭松龄之事役乎！彼日本帝国主义者，以株守所谓特权为真□，借保护侨民为口实，不惜费巨大之兵力，以与我国民结仇怨，而巩国其傀儡，保障其地位，阴险哉日本帝国也！现今北方军阀已臻殁落之期，行将自毙，若非假外人之手，敢信从有百万之师，难抗国民之意，更以最近形势而言，东则徐州失守，济南不保，西则山陕离异，南则皖豫危急，即根深蒂固之东三省，且将不免由内讧而伏动摇之危机，是则军阀灭亡不远，国民更生有望也！乃彼日本竟欲效郭役之故智，出师济南以及京津，扰阻北阀（伐）军之前进，援助贼寇之横行，其伤我国民感情者事小，侵害国权利者事大也！

况山东一省，日本居留侨民，为数□多，而济南既非属于任何条约之下，又非外国驻兵地，更非租界地，何□出巨众之师，以保护侨民为口实，则司马之心，不问可知。盖彼日本垂涎山东，已非一日，交还青岛，又不甘心，摅〔处?〕廿一条之不能实现，日本国计之无以资存，遂欲乘北军兴之际，狡词夺理，滥施强权，以施其侵略之政策，备其虎狼之野心，呜乎！东三省之国权未复，而山东继之以危！诸君！日本此次出兵，不可以常情度之也！

抑有进者，英俄国交断绝，暗示世界大战之豫兆，若果爆发，则我国终不免为一适宜战场。英帝国末路将至，殖民地之动摇，我国之觉醒，均与以莫大之影响，不假武力，□以解决其国运。故在东方既有新加坡之筑港，又有海陆军之派遣，不惜扰乱世界之和平为彼孤注一掷之计，而日本则军事根据不固，处境最难，猝遭波涛，必至失措，则势不能不以北部中国为其战时之城垒。故□载彼等帝国主义者之协议，南方一任于英，北方一任于日。际此之时，我国民不有觉悟，必为牺牲，此其出兵含有更重大之意义，不仅援

① 夏衍先生 1925 年毕业于明治专门学校。郑汉先先生 1927 年于该校毕业以后，在日本加入中国共产党。《一九三〇年代中国人日本留学生文学·艺术活动史》，第 7、23 页。

助贼寇而已也。

诸君！援助国民革命者是友，扰害国民革命者是仇，日本竟敢在我国“打倒军阀”、“力争自由”之呐喊中，而逞其淫威，出兵我土，挟剔〔?〕我国民，破坏我革命，甚具侵略我之野心，蓄破坏世界和平之意谋。我国民宜亟起反抗，时事急迫，不容缓待，宜速联合，以共图之！

中华留日明治专门学校学生同窗会

这封信不仅对山东出兵一事进行了批判，还提到中国各地被占领地区的一些情况。他们不仅谴责了日本政府，还涉及世界各国帝国主义的问题。

（九）中华留日东京高等工业学校同窗会

东京高等工业学校的传单跟神户高等商业学校的宣言书一样，同样是用日语写的，是写给日本人看的。这篇文章里面包括被压迫民族、被压迫阶级等词汇，所以本人觉得其中有一部分是受到共产党影响的。这篇文章很长。下面引用其中一部分对其进行介绍。

賢明ナル日本國民諸君ニ訴ル

多年此ノ方日支親善中日親善或ハ黄色人種聯盟ト云フ様ナ名義ノ下ニ黄色人種ノ結合提携ノ必要ヲ叫ビ兩國ノ共存共栄ノ利ヲ説キ此レガ目的ニ幾多ノ有志者ガ奔走努カシツヽ居ルノハ蓋シ吾等兩國ハ同文同種唇歯輔□□〔車ノ〕如ク民國アツテ日本存シ日本アツテ中國立ツト云フ密接ナル関係ニアルコトヲ自覚シタカラテアリマス

开头部分，强调中日两国关系的重要性。当时在日本，日本人和中国人都属于亚洲的黄色人种，呼吁共同协力的“黄色人种联盟”标语应该很流行。他们首先利用对方的论点，诉诸日本人的道义。接着，他们提及二十一条、虐杀郭松龄的事件，遣责日本政府的方针。然后，批判此次出兵，揭露了日本出兵的真正目的。

平和ヲ愛スル日本國民諸君ヨ!! 中華民國ノ革命ハ中華國民ノ意

思デアリマス我ガ民國ヲシテ自主的独立的ノ国家ニナラシメルハ共ニ东亜被圧迫諸民族被圧迫諸階級ヲ解放ナラシメルノテアリマス此レ我ガ中華國民ノ自覚デアッテ东亜被圧迫諸民族諸階級ノ渇望スル処デアリマス故ニ我ガ國民的革命運動ヲ妨碍セントスルモノ帝國主義ニセヨ残暴ノ軍閥ニセヨ何レニ対シテモ我々ハ死ヲ賭シデモ除去シザルヲ得ナイノテアリマス

最后，他们向日本人强调国民革命的重要性，呼吁日本国民跟他们一起反对日本政府的方针。其实，他们的努力没有产生什么大的影响。因为当时很多日本人受到媒体的影响，国内民族主义气氛蔓延。有的老百姓比政治家更强烈主张侵占中国大陆。所以日本的老百姓也在一定程度上不能逃避侵害中国的责任。

（十）中华留日熊本第五高等学校同窗会

熊本第五高等学校是在九州地区熊本县的一所名校，是现在的熊本大学。他们写的传单内容简单明了。

革命之曙光危矣!!

国家存亡迫在目前矣!!

愿同胞举国一致奋起舍命抗争，反对日本出兵，打倒帝国主义军阀，对日彻底经济绝交，断其工业原料及食料来源，睹其自薨。祈勿载之空言，一致努力为祝。

中华留日熊本第五高等学校同窗会〔该同窗会印〕

（十一）留日奈良女子高等师范学校同窗会

奈良是历史悠久的古都，不是现代化的大城市。第二次世界大战时，很少遭到空袭。所以在奈良女子大学留下的史料比较完整。关于这次事件，除了留学生写的宣言书以外，还有警察的记录、教授会的会议记录、校长给文部省（相当于中国的教育部）的报告，等等。从这些史料能够看到比较详细的过程。如前所述，奈良女高师的留学生们收到冈山学生会的商榷书是6月1日左右。那年，奈良女高师共有20名中国留学生。这次事件发生时，3 名留学生在中国，剩下的 17 名在校学习。她们收到书信后在音乐教室集合，开了个紧急会议，回到宿舍后继续商量。但是因为她们都用的是汉语，所以跟她们一起生活的日本同学也没注意到她们的行动。这 17 个留学生决定以发送宣言书的方式来表明反对出兵的态度。6 月 5 日，她们在学校油印 50 份宣言书，第二天发送到日本各地的 49 所学校。这些学校都有中国留学生在校学习。我对当时留日学生之间所普及的网络感到非常吃惊。后来，其中一封被日本警察发现，6 月 16 日警察来奈良女高师开始搜查。首先来看一下她们写的宣言书。

此次日本帝国主义破坏国际公法，侵犯我国主权，出兵山东、北京、天津等处，阳为保护侨民，阴则助张以阻革命军前进。当此军阀将临末路、革命已届垂成之际，彼又以其杀郭败冯之故技施之于我革命军，谋制我国统一，扰乱世界和平。如此无理干涉，包藏祸心，欲致中国永沦奴隶地位，以行其侵略之政策，居心如是，吾国民苟不速起反抗作最后之决斗，则朝鲜之覆辙毁鉴不远，望我四万万同胞一致速起，反对日本帝国出兵。谨此宣言希为鉴察。

反对日本出兵

打倒帝国主义

拥护国民政府

国民革命万岁

世界革命万岁

留日奈良女子高等师范学校同窗会启

〔该同窗会印〕

中华民国十六年六月五日

我们能看得出她们受到冈山学生会、明治专门学校等的影响。她们自己也说，写这篇文章时，模仿了其他团体或其他学校的来信。虽然如此，我觉得这篇很简单的文章已包含了她们想传达的内容。奈良女高师同窗会的会长是本科三年级的王秀英。校长和教授准备将她们除名时，代表留学生当翻译的也是她。她先总结在校留学生的意见，后跟校长和教授们说明了以下内容。

> 那封信是参考我们收到的几封信而写的。我们并没有设想所谓赤化。……我们应该作为中华民国的一员为祖国尽力。我们想，现在中国的统一工作逐渐顺利进行。我们认为，贵国的出兵会妨碍到我国的统一工作。因此，为了祖国，为了日中友好，为了世界和平，我们应该反对出兵。我们渴望贵国迅速撤兵。这就是我们写宣言书的理由。①

她们光明正大地提出了自己的意见，主张也很有道理。但，她们避开了有关共产主义的问题。这是因为学校当局最担心的就是共产党的影响。有一个教授也问过她们：“你们知不知道世界革命万岁意味着俄国的共产主义?”她们马上就否认。我觉得她们的回答很巧妙。她们想主张的就主张，而不想让学校当局抱有多余的担心。当翻译的王秀英也是很能干的人物。

原来王秀英自己属于稳健派。留学生当中有强硬派、稳健派，又有消极派。对日本，强硬派主张非得表示反对态度不可。而消极派说，政治运动没意思，作为学生必须要认真学习。② 留学生当中虽然有各种各样的见解，但结果，她们对各自的意见进行归纳后写成宣言书。她们虽然决定避开政治问题，但努力坚持反对出兵的立场。

对此，学校当局是怎么反应的呢？先看校长向她们的训话。

> 你们入学的时候，我已经跟你们讲过。虽然你们是中华民国的学生，但既然入了本校，你们就是本校的学生，以后必须要跟日本学生一样学习。我们学校不允许日本学生参加政治运动。当然作为学生必须要专心学习。……你们爱祖国，想为祖国效力是当然的，我感到欣

---

① 《中華民國ノ宣言書ニツキ取調書》，奈良女子大学图书馆校史资料（编号：十九—22）。
　アノ手紙ハ他ヨリ来タ手紙ヲ参考シテ書イタモノデアッテ　自分等ハ赤化ト云フコトハ全ク考ヘテ居ナカッタコトデアリマス……自分等ハ中華民國人トシテ自國ノ為ニ尽サナケレハナリマセン　而シテ時局ハ今漸次統一ニ進展シツヽアルニ察シ　御国カラ出兵ニナルコトハ　其ノ進展ヲ妨クルモノト信ズルガ故ニ　自国ノ為　又タ日華親善ノ為　世界平和ノ為ニ其ノ出兵ニ反對シナケレハナリマセン　自分等ハ御国ガ速カニ撤兵セラルルコトヲ切望シテ措ク能ハザルモノアリ　茲ニ此ノ宣言ヲ為シタル所以デアリマス

② 《评议会记录》，1927年6月1日，奈良女子大学图书馆校史资料（编号：一—10）。

> 慰。但是你们的方法不对。日本和中华民国应该保持友好关系。你们发送宣言书，有什么效果吗？假如你们事先跟我商量的话，我绝不会让你们犯下这样的错误的。我感到很遗憾。①

看来，校长未能完全理解留学生的主张。但，校长有校长的立场。日本警察到学校搜查，他也一定感到很为难。我觉得他是不得已才用教条式的话来教训她们的。下面介绍一下被警察发现后学校给文部省写的报告。

> 参加此次商议的共有17名。她们平时学习都很认真，而且怀着感激学校的心情，愉快地度过学校生活。我们也推测她们忧虑祖国的情况，但我们职员当中一个人也没想到她们会发送反对出兵的宣言书。……因为她们害怕被其他中国学生说成自己是卖国贼，不得已而同意的学生也不少。她们的文章里虽然包括极为激进的词汇，但只不过是模仿从其他学校来的信所写的，就她们而言，连这些词汇的真正含义也没摸透。②

校长特别强调留学生的消极态度就是为了逃避责任，从学校的立场进行辩解。但是，本人觉得不能据此判断这只不过是校长本人的保身行为。校长和学校当局都不愿意自己学校的留学生受到任何处分。为了庇护她们，校

---

① 《中華民國ノ宣言書ニツキ取調書》，奈良女子大学图书馆校史资料（编号：十九—22）。

入学ノ当初ニ於テ中華民國ノ学生デアッテモ本校ニ入学シタ以上ハ本校生徒デアルカラ、日本ノ学生ト同ジ考デ勉強スルヤウニト話シタ 日本ノ学生ハ政治上ノ事項ニ運動スルコトハ出来ナイコトニナッテアル 勿論学生ハ專心勉学スヘキデアル……諸子ガ自國ヲ愛シ 自國ノ為ニ尽サントスル心掛ハサモアルベキコトデ 嘉スベキコトデアルガ 其ノ方法ヲ謝ッテ居ル 日本ト中華民國トハ親善デナクテハナラヌ 彼ノ如キ宣言ヲ配布シタトテ何ノ効ガアルカ 私ニ相談セシナラバ 此ノ如キ無益ノ間違ハサセナカッタノデアッタ 誠ニ遺憾ナコトデアル

② 《當校在学支那留学生ニ関スル件》，奈良女子大学图书馆校史资料（编号：十九—22）。

此相談ニ預リタル者ハ十七名デアリマス何レモ平素真面目ニ勉強シ感謝ノ念ヲ以テ快ク在学シ居ル状態デアリマシタカラ自國ノ現状ヲ憂ヘ居ルトハ推察シテ居マシタガ出兵反對ノ宣言書ナドヲ發送スルコトハ小官ヲ始メ職員一ノ同想像セザル所デアリマシタ……他ノ同國学生ヨリ非國民ト云ハルヽヲ恐レテ之ニ同意シタル者モ少クナイヤウデアリマス且其文章ハ矯激ナルモコレハ他ヨリ来レル書面ヲ綴合シタルモノニテ其内容ヲスラ十分理解シテ居ラズ

长特意用这些词说明她们当时不得已的情况。果然，在这次事件中奈良女高师一个留学生也没有被除名。与此相反，在其他学校，被逮捕的或者被除名的留学生不少。我觉得这次奈良女高师的措施跟该校的校风有关。该校是女子高等师范学校，为了培养优秀的女教师，该校竭尽全力照顾学生。每到学期末，开教授会议讨论每个学生的成绩。当然，留学生的成绩也被提到议程上。我推测，师生关系很密切，所以舍不得除名优秀的学生。尤其是王秀英，她是第一届本科留学生。假如要惩罚留学生的话，作为留学生代表的她责任最大。学校当局也舍不得她被除名。

后来，王秀英上了四年级。她跟日本学生一起参加教育实习，在附属学校实地讲课。作为留学生，她首次参加教育实习。[①] 1929 年，她终于完成了本科的课程。毕业典礼上，她代表整个毕业生致辞。在奈良女高师的校史上，留学生代表整个毕业生是非常罕见的。[②] 她的致辞是为了纪念第一届本科毕业的留学生。但我觉得学校当局也有表扬她成绩优秀的意图。毕业以后，她上了该校研究生课程，后来又上了广岛文理大学（现在的广岛大学）继续学习理科。

三　后来

1927 年 7 月 15 日，武汉政府也通过了取缔共产党的法案，于是国民党和共产党的合作关系结束了。在日本的国民党组织也完全分裂成两个。共产党员和国民党左派离开青年会馆，独自建立了另外一个组织“社会科学研究会”[③]。

1928 年，日本又决定第二次向山东派兵。留日学生又一次开始反对运动。比如说，陆军士官学校的国民党实行反对运动，结果，共有 25 名学生被除名。[④] 5 月 3 日，济南事件发生，很多留日学生感到愤怒。但这次日本国民党的多数派受蒋介石的指示，不敢采取积极的反对措施。与此相反，中国共产党展开规模较大的运动。他们召开了“留学生大众集会”，组织

① 《评议会记录》，1928 年 12 月 19 日，奈良女子大学图书馆校史资料（编号：——11）。

② 《评议会记录》，1929 年 2 月 26 日，奈良女子大学图书馆校史资料（编号：——11）。

③ 《一九三〇年代中国人日本留学生文学·艺术活动史》，第 21 页。

④ 《读卖新闻》，1928 年 4 月 28 日，朝刊第 7 面。

“反日大同盟”。但结果，共产党的主要人员陆续被日本警察逮捕，强迫归国。他们的组织也受到了很大的打击。①

奈良女高师的留学生也听到了这些消息。但，学校当局自从上次事件发生以后，对留学生的信件加以严厉的检查。从其他团体或学校来的信，几乎都被没收了。② 留学生没办法跟其他学校的留学生联系。济南事件发生时，学校当局也探听留学生的意向。

> 有人问留学生，面临目前的时局，民国学生们对日中关系是怎么想的？王秀英回答说，我们跟以前的民国学生不一样。老师们不用担心。我们当中到现在为止没有人抱着悲观的态度。而且对这样的政治问题感兴趣的学生也没有。③

她的回答虽然周到，但有点悲壮。她们也许认为，只有完成学业，才能够为祖国作贡献。

1928 年，警察组织内部专门为了取缔左派政治思想在日本各国各地设置了特别高等课程。以后，镇压共产主义运动的趋势更加激烈。言论自由也被限制。随着日本社会的变化，奈良女高师当局的态度也强硬起来。在 20 世纪三四十年代的记录当中，看得到有几个留学生以政治思想为理由被除名。在这样的情况下，大多数留学生选择了专心从事学业之路。我们也不能责备她们的选择。1927 年以后的奈良女高师历史中，虽然有个别参加政治运动的留学生，但作为留学生团体参加政治活动的再也没有出现。

四　小结

1927 年 5 月，在日本学习的留学生听到日本政府向山东省派兵的消

---

① 《一九三〇年代中国人日本留学生文学・艺术活动史》，第 27～29 页。

② 《教官会议记录》，1928 年 7 月 4 日，奈良女子大学图书馆校史资料（编号：一—22）。

③ 《教官会议记录》，1928 年 5 月 9 日，奈良女子大学图书馆校史资料（编号：一—22）。

目下ノ時局　日支关係ニツキ民国学生ハ如何ナル考ヲシテオルカ　王秀英ノ言フ所ニヨレハ　従来ノ民國学生トハ異ナリ　御心配ニハ及ヒマセン　民國学生達ハ今ノ処悲観シテ居ル者モナシ　又如左問題ニ興味ヲ有シタル者モナシ　トノコトナリ

息，受到了很大的打击。他们当中的一些人马上就开始了行动。有人发送宣言书，有人呼吁示威运动。然而，他们大部分的活动被日本警察发现，受到了镇压。而且面临国民党和共产党合作关系破裂的危机，他们很难相互协助进行反对运动。这次报告只不过是对史料的整理和介绍，以后要对资料加以详细地分析，查一查其他的史料来补充留日学生历史的一页。

忙碌的妇女：晚清城市富裕阶层妇女的劳动

——以盛宣怀家族为个案的研究

王　燕*

一

“男耕女织”一直是明清以降官方文化推崇备至的性别劳动分工。在这幅田园牧歌似的文化图景中，已婚的男性在农田耕种，妇女在家纺织，借以养育子女、赡养老人，这一组合大大提高了社会的稳定性。男人的劳动维持家庭的生存，而妇女的手工劳动可以决定家庭的兴旺程度。一般来说，中下层妇女参与纺织，上层妇女从事刺绣，妇女的这类生产性劳动受到了长久的推崇，妇女的道德水准和社会地位也和她们是否从事并且是否擅长这类生产性劳动直接挂钩。[①] 对纺织和刺绣一类生产性劳动的关注，由此成了衡量明清妇女劳动能力和道德水准的重要尺度之一。

纺织等生产性劳动被看成“妇女的工作”有其深厚的历史渊源。当官方税收还没有完全以货币代替粮食、棉纱、布匹、丝绸等实物税时，社会各阶层的妇女都需要在家里纺纱、织布，完成税收指标。即使是官宦富贵家庭的妇女，也需要日夜奔忙在织机旁，为朝廷税收作贡献。因此，纺织成为“妇女的工作”和体现妇女美德的劳动。这个衡量标准流行于明清，并没有因为晚清时代的到来而发生根本的变化，甚至在20世纪的现代化转

---

* 王燕，华东师范大学历史系副教授。

① Susan Mann, *Precious Records: Women in China's Long Eighteenth Century*. Stanford, CA: Stanford University Press, 1997, pp. 143–153.

型中都带有这一衡量尺度的印迹。

但是宋以来高度的商业化、城市化的趋向，使女性逐渐被高度商业化的纺织行业边缘化，明清统一使用货币的税收政策又让妇女退出了棉纱、布匹等实物税的生产。[①] 在这种情况下，纺织业不再与所有妇女的日常劳动紧密相连。虽然棉花产地的中下层乡村妇女还在勤奋地参与棉纺织业，城市中的官宦、官商、绅商乃至富裕的商人家庭妇女早已与纺纱、织布分道扬镳。上层妇女的刺绣劳动代替了纺织成为"妇女的工作"。但实际上，刺绣在晚清的富裕阶层妇女中也并不普遍。简而言之，富裕家庭的妇女并不从事"妇女的工作"。她们的日常工作究竟包括哪些劳动？这些劳动是否仍然符合清末的道德评价体系？如果并不符合，那么，我们该怎样评价她们的不受推崇的日常劳动？这些日常劳动对于妇女本人和其家庭的意义如何？评价晚清富裕家庭妇女的劳动时，是否可以跳出"生产性劳动"的框架，把劳动的定义看得更加宽泛些？

清末的道德体系仅仅关注纺织等妇女的生产性劳动，晚清富裕阶层的妇女受到大量的批判，缘于她们远离"妇女的工作"：富裕阶层的妇女整日醉心于描眉、画黛、珠宝、首饰和诗词，"闺门以内恣为奢乐"，"语以纺织之劳而不知"，"语以稼穑之艰而不知"，"日则评珠论翠，夜则别旨分甘"，"略识字者又莫不取盲词曲本为排闷计，致琴挑瑟逗、求凰赚凤之说有以感其逸志，助其淫思"。[②]

考量晚清妇女的劳动时，学术界把目光聚集在几个方面：（1）纺织等"妇女的工作"。李伯重教授早在其研究中证实江南地区的劳动妇女每年在纺织业中所付出的辛劳。[③] （2）田间和野外作业。葛希芝（Hill Gates）教授通过对福建的三个个案研究，证明绝大部分妇女除了生育、抚养子女外，也是重要的家庭经济支柱。[④]她把劳动定义为日常的家务劳动、田间作业和

---

① Francesca Bray, *Technology and Gender: Fabrics of Power in Late Imperial China.* Berkeley, CA: University of California Press, 1997, pp. 237-272.

② 经元善：《论上海创设女学堂之善》，见《经元善集》，华中师范大学出版社，1988，第189页。

③ 李伯重：《"终岁勤动"：夸张还是现实？——十九世纪初松江地区各行业从业人员年工作日数之考察》，《学术月刊》2008年第4期，第136~138页。

④ Hill Gates, "Footloose in Fujian: Economic Correlates of Footbinding," *Comparative Studies in Societies and History.* Vol. 43, No. 1 (Jan. 2001), pp. 130-148.

纺织等可以在家庭内进行的经济活动。（3）其他生产性的手工作业。Bray和曼素恩的研究证实在一些手工业发达的地区，妇女还为家庭提供了其他手工劳动。

但以上研究都主要立足于中国的乡村，并没有涉及城市的妇女和她们的日常生活、经济活动，劳动也无关乎家庭理财、市场投资等劳动。本文重新解读了劳动的含义，不仅仅在于田间劳作、纺织和其他形式的手工业劳动，将劳动的范畴扩展至商业投资和参与家族管理的方方面面。本文认为晚清的中国城市富裕阶层妇女通过她们的劳动，积极参与了社会的进程和变革，并且在社会许可的范围内，利用自己掌握的资源，为自己、为家族，乃至为社会忙碌地劳作着，主要表现在商业投资、掌管家族开支、人事往来和参与社会慈善方面。通过对这几个方面的个案分析，我认为富裕阶层的妇女们的独特管理和投资能力是我们以前一直忽视的。

周绍明（Joseph McDermott）教授在研究曾纪芬的自传年谱时，描述了曾纪芬和她的婆婆张太夫人在太平天国前后的社会动荡中，如何有效地控制整个家族的财政命脉，寻找投资目标，增值家庭财富，甚至为了控制家财发生家庭冲突的故事。周指出：中国的传统家庭结构中，正妻往往被赋予极大的权力，家庭财政命脉往往都控制在她们的手中，甚而至于男性成员都没有权力抵抗这种权威。张太夫人的辛勤最终不仅使得聂家顺利挺过了艰难，也积聚了大量的财富，为子孙的发展打下了良好的基础。[①]

本文通过对晚清最著名的官商——盛宣怀（1844—1916）——家族档案中女眷的信件往来进行个案整理、分析，探讨晚清最后40年里，城市富裕阶层的妇女如何劳动，如何投身于城市化、商业化、现代化的变革之中。她们的劳动如何改变了我们想象的“依赖者”“消费者”和“分利者”形象。如何去理解并判别话语和历史之间的差别，盛宣怀家族的个案提供了理解的桥梁。

二

盛宣怀家族档案中的女眷信件收藏非常丰富，清晰地展现了盛氏家族

---

① Joseph McDermott, “The Chinese Domestic Bursar,” *Ajia bunka kenkyu* 2, 1990.

乃至晚清城市富裕家庭妇女日常生活的方方面面。这些资料记录了盛氏家族的妇女积极参与通商口岸的市场经济活动，并利用自己的人脉关系不仅积累家庭财富，也充裕自己的腰包。盛氏妇女不仅控制着家庭经济命脉，对资本商业化社会也很了解，常常参与股票、期货和房地产买卖。此外，她们还熟悉晚清新媒体——报纸——舆论的作用，并利用报纸来联络其他同阶层的妇女进行社会慈善活动。不可否认，在富裕阶层妇女中间，很难找到她们辛勤打扫、晾晒、下厨，甚至缝补、刺绣等家务和女红活动，这些活动往往都由豢养的或者雇佣的家仆代劳。日常穿着的衣服也不再由家庭内部的妇女缝制，而往往购置于市场。但家务劳动和女红活动的缺失不能简单地理解为富裕阶层妇女劳动的缺失。她们不仅支撑了家庭经济，也积极参与并融入了晚清的现代化和资本市场。

但是，富裕阶层的妇女由于家庭地位的不同，对家庭经济的贡献和与资本市场的融入程度不尽相同。妻和妾之间根深蒂固的地位差别仍然存在，并且成为非常重要的分水岭。正妻的权威和广泛的人际关系都使得她能相对于妾获得更多的资源，更成功地掌控家庭经济，参与市场营利活动。正妻较好的教育背景也使得她们相对更多地接触报纸媒体和现代化的思想。因此，家庭中地位较低的女性继续被边缘化。

在此介绍一下盛宣怀的妻妾。两位正妻均出自同邑。发妻董氏家族为常州望族，其父署江西粮道，自 1878 年嫁入盛家，生育三子三女。① 继妻庄氏与盛家同邑常州，出身名门。庄氏家族在有清一代也是常州望族，其子孙庄存与等为常州学派的重要人物。庄氏大院一直被称为“状元府邸”，与清代众多常州望族通婚，比如常州张氏。也正是这些江南望族在有清一代培养了众多的才女。② 庄氏即出于这样一个有着浓厚才女文化的家族。她婚后也生育了二子一女，不幸一子早夭。③其余侧室和妾室均无确切家世背景。除去两位正妻，盛宣怀还有五房妾室，多育有子女。侧室刁

① 盛宣怀：《愚斋存稿》，《续修四库全书》1571 卷，上海古籍出版社，2002，第 37～38 页。董氏很可能与名臣张惠言的外甥董士锡同族。在武进常熟一带，董氏家族与张氏家族作为当地的望族，多次通婚。因此，董氏家族与同邑的盛氏通婚，也属门当户对。见 Susan Mann, *The Talented Women of the Zhang Family*. Berkeley, CA: University of California Press, 2007, p. 201.

② Susan Mann, 2007, p. 120.

③ 盛宣怀：《愚斋存稿》，第 38 页。

氏颇为受宠，因其贤德，家谱中还为其留有刁夫人传，但其身世仍然模糊不清。

盛宣怀妻妾的主要居住地为上海租界。盛在李鸿章麾下受到重用后，很快在上海租界置地买房居住，发妻董氏并没有立即随往，仍在常州居住了一段时间，曾跟随盛宣怀外任。董氏去世后，其家庭和继妻庄氏则基本上在上海租界居住，甚至较少回到苏州留园。直至辛亥革命以后，盛宣怀遭举国声讨，也是在上海避世，最终走完了人生历程。因此，上海租界的近代城市氛围和江南传统的商业城市环境是本文人物生活的基本背景，也是研究的切入点。

商业投资

盛宣怀的继妻庄德华热衷于商业投资、管理工厂。在众多庄氏与盛宣怀的家信中，庄氏屡次提及她自己正在投资的买卖，比如棉花、纱线、蚕丝乃至稻米。她常常提醒在湖北、天津等地任职的丈夫，要注意当地的棉花、纱线、蚕丝价格，与上海当地的价格比较，如果发现有较大差价，运抵上海有利可图，她便催促丈夫尽快从当地采购并发货，利用盛宣怀在轮船招商局的关系和地位，把采购的原材料从速运到上海，高价卖给上海的纺织工厂。如果她预测上海的原材料还可以卖到更高的价格，就把货物都囤积起来，直到她认为满意了，才卖出去，以获得更大的利润。庄德华对自己的商业投资非常自信，经常在信中向盛宣怀表示自己对市场的熟悉和做生意的熟练，以此让盛宣怀放心，不要过多干预她的投资决定。现存材料显示，1899 年庄德华和盛宣怀的信件往来特别频繁。他们频繁地在信中讨论投资采购价值 4 万元的棉纱的可行性。庄德华一再向盛宣怀表示自己的能力，并要求他尽快运货。不过，她明确提出，由于借贷利息过大，采购的费用需先由盛宣怀垫付，她自己目前无足够资金，等到她赚足了差价后，会把垫付的本金还给盛宣怀，但是，赚得的利润由她自己支配，盛宣怀无权过问。[①] 在盛的回信中，他支持了庄德华的投资意愿，还对她的投资天赋和精明予以赞赏。不过，他提醒庄德华，不要过分地贪婪，期待过高的价

① 盛档第 002466 号："庄畹玉致盛宣怀函"，1899 年 12 月 10 日。德华是盛庄夫人的名，畹玉可能为字。4 万元的价格说明此次采购数量巨大。当时棉花单价 6 元左右，见盛档第 106045-3 号："庄德华致盛宣怀函"，1899 年 1 月 13 日。

格，尽快把货物脱手，盘活资金。[①] 庄德华却常常对盛宣怀的提醒无动于衷，她更多地相信盛宣怀对她的提醒主要出于他不愿意借钱的初衷，而不是真心想要替她排忧解难。

庄德华不仅热衷于买卖纺织工业原材料，对稻米的倒卖也很热衷。盛宣怀在湖北任职时，庄德华通过盛宣怀购买湖北的低价稻米，转而在冰冻后价格高涨时期将稻米长途贩卖到京津地区。[②] 庄德华的公公住在无锡期间，也会帮助她留心无锡地区的稻米价格，并为她安排采购和运送。[③] 不过，投机稻米毕竟比较特殊，它关系到民生口粮。在一个丰收的年份买卖稻米也许无人问津，但在荒年囤积居奇稻米会引起巨大的社会恐慌和不良反响。庄德华一方面特别留心各地的稻米价格，乐于赚取差价；另一方面也关注着社会舆论，警惕在荒年的时候泄露盛家进行稻米倒卖的事实。[④]

庄德华除了投机倒卖原材料和粮食，也进行放贷、股票和房地产买卖。盛宣怀时常提醒庄德华放贷的稳妥性，以此希望她把更多资金投入到风险较少的行业。[⑤] 不过，庄德华对此没有热情回应。相比之下，她买入了不少晚清实业的股票。在晚清，盛宣怀为了近代化企业的兴起，从民间筹募资金，股票成了重要的吸纳资金的方式。庄德华和许多城市富裕家庭的妇女一样，在股市中投入了不少资金。每到年底，就等各公司的分红。[⑥] 庄德华对房地产买卖的热情也很高涨，她曾经看中了愚园的一处贱卖的花园，虽已破旧，但据她估计，还有很大的升值空间，因此，即使资金紧张，她还是坚持将其买下。[⑦] 盛家居住上海期间新买的一处住宅——后来非常著名的斜桥盛家花园，也是由庄德华一手经办、设计并改造的。[⑧] 但是，现存信件往来中并没有关于买田地的记录。估计与盛家和庄德华已经习惯上海租界的生活有关，因此很少关注购买田地事宜。

---

① 盛宣怀：“致妻庄氏家书”，《盛宣怀未刊信稿》，中华书局，1960，第 272 ~ 273、284 页。

② 盛宣怀：“致妻庄氏家书”，第 285 页。

③ 盛档第 002463 号：“庄畹玉致盛宣怀函”，1899 年 10 月 26 日。

④ 盛宣怀：“致妻庄氏家书”，第 287 页。另见盛档第 002463 号：“庄畹玉致盛宣怀函”，1899 年 10 月 26 日。

⑤ 盛宣怀：“致妻庄氏家书”，第 272 页。

⑥ 盛档第 036716 号：“盛庄德华致盛宣怀函”，无确切日期。

⑦ 盛档第 074379 号：“庄畹玉致盛宣怀函”，1900 年 4 月 23 日。

⑧ 盛档第 106043 号：“庄德华致盛宣怀函”，1898 年 12 月 29 日。

庄德华也管理盛家的纺织工厂。华盛纺织厂就是19世纪90年代盛宣怀家族在上海置下的产业。这个工厂名义上归盛宣怀的大儿子盛昌颐经营管理，实际上庄德华在其中扮演了重要的角色。从现存的信件中可以发现，庄德华非常频繁地视察华盛纺织厂，并处处过问华盛的经营状况，对厂内的人事调动等都详加了解。她常常向盛宣怀抱怨说盛的长子盛昌颐烟瘾很重，无法有效地管理公司，很少过问企业的情况，到公司稍作停留就急忙走了，不是出去打麻将、赌博，就是花天酒地，与上海滩上的名妓来往密切。[①] 公司内部员工因为盛昌颐的懈怠而导致腐败，庄德华查清那些破坏公司经营的人员，并告知远在千里之外的盛宣怀。[②] 庄德华有时也将纺织厂为己所用。比如，她在进行棉纱买卖时，若棉纱价格低于她预期的价位，就把棉纱囤积在纺织厂，或者留待公司自用，或者待价高时再次卖出。[③]

盛宣怀家族参与市场投资、公司经营的妇女绝不仅仅是庄德华一人。盛宣怀发妻董氏所出长女盛秋颐也积极参与家族经营和管理。盛秋颐性格倔犟、令人生畏。她嫁入嘉兴姚氏家族后，就凭借盛家的威望和财富力图获得姚家的控制权。她以北京为中心，和自己的丈夫一起经营着几家商铺，包括当铺和钱庄，还向父亲盛宣怀借贷做起了生意。无奈，其夫在庚子之变后由于经商亏损无力还贷，身心憔悴，很快病逝。[④] 盛秋颐在随后的姚氏家族经济纠纷中，极力阻止公公把其夫的店铺划归为家族财产。她多次强调这些产业是她和丈夫多年苦心经营，而且是她把店铺经营得有声有色、赢利颇丰，在其他几间非她直接经营的店铺亏损的状态下，是她的赢利资助了那些亏损的店面。别人无法像她一样使这些产业得到重生。[⑤] 为了能够继续控制这些产业，盛秋颐力邀盛宣怀作为她的保护伞和发言人，在其夫葬礼上派兵丁护送，给她撑足了场面，同时在家庭产业划分时，要求给予她足够的份额。[⑥] 也许是盛秋颐的个性过于刚硬，也许她对待自己的公公过于怠慢，盛宣怀最后满足了她在丈夫葬礼上的颜面，但并没有过多参与姚

① 盛档第106045-3号："庄德华致盛宣怀函"，1899年1月13日。

② 盛档第041847号："庄畹玉致盛宣怀函"，无确切日期。

③ 盛档第002465号："庄畹玉致盛宣怀函"，1899年11月23日。

④ 盛档第046493-2号："盛秋颐丈夫祭文"，1903年11月。

⑤ 盛档第036897号："姚盛秋颐致盛宣怀函"，1903年7月28日。

⑥ 盛档第046568号和第046569号："盛秋颐致盛宣怀函"，1903年11月和1903年12月16日。以及第036895号："姚盛秋颐致盛宣怀函"，1903年8月1日。

氏产业的划分。[①] 强势的盛秋颐最后在姚家的地位一落千丈，缘于她没有自己的子嗣，更缘于她过于生硬的性格。但无疑她对商业的投资和管理充满了热忱。

盛秋颐婚前婚后的信件有很大的区别。婚前，她和父母通信的内容主要局限在问候和索要礼品首饰。而婚后，她把大量的精力放在了经营投资上，除了日常的问候，信件中常常提及她在夫家的经营。作为妻子，显然她的工作中心和未婚时期大不一样了。不过，盛家的亲属信件交换中，也得到这样一种信息：未嫁的女儿有时候也承担着管理和经营的任务。盛宣怀的四女儿盛稺蕙在商量弟媳的合适人选时，就曾经提到某吴家四、五小姐极为能干，上下诸事均为她们打理，只是性情不大好。[②]

经营投资对于妻子来说并不是爱好，更多的是一种生存的需求。在极为富裕的盛家，妻子的经营投资大多成为她们的私人财产，可以自由支配。或者进入下一次投资，或者给自己增添首饰，或者接济自己的亲属，还可以留作社会捐助的资金。而在一个比较清贫的家庭，妻子的精明投资往往可以使家庭得以生存，如果丈夫长年累月离家而没有其他收入来源，妻子的投资收入可以提供家庭最基本的开支，为儿子提供教育经费，甚至成为某个女儿的嫁妆。曾纪芬和婆婆张太夫人的例子就是明证。[③] 这些投资比“女红”所能获得的收入要多，能够帮助家庭相对生活得体面一些。

掌管家族开支

也许很多正妻无法像庄德华那样既有胆量又有精力和才智参与大额的市场投资，但她们无一例外地被赋予了管理职能。正妻在家庭中最主要的一项职权是统筹管理家庭开支。董舜畹，盛宣怀的发妻，虽然没有积极参与市场经营，但仍然掌管着家庭的财政。庄德华对家庭开支的管理更是面面俱到，集中体现在以下几个方面：节日开支、仆佣开支、医疗开支、婚丧嫁娶以及各种意外开支。

首先来看一下盛家的节日开支：1878 年盛家还没有达到 19 世纪 90 年

---

① 盛档第 043945 号：“盛秋颐上盛宣怀禀”。这则信函诉说了盛秋颐被困在姚家的凄苦情形，显见盛宣怀没有完全替她撑腰做主。

② 盛档第 027974 号：“盛稺蕙致盛宣怀函”，1910 年。

③ Joseph McDermott，1990，pp. 272-273.

代那样的鼎盛时期，他们的端午节就花费了纹银300两之多。董舜畹掌管此次节日开销，虽有心节省，却无力减少必要的开支，光是付给仆佣的节日开支就达到了200两。[①] 继妻庄德华嫁入盛家的时候，盛家的财富已经有了大幅的提高，庄德华能够动用的家庭经费就更加可观。此时，庄德华已经随同盛家大部分人员住进了上海租界的盛公馆，因此，亲戚于常州、苏州和上海之间的往来很频繁。尤其是她的公公盛康，虽已年迈，但精力旺盛，经常来往于上海和老宅之间。为了迎接盛康和其余家属，庄德华常常要在租界设宴款待，以庆家庭团圆。这样的宴请不仅需要庄德华付出很大精力安排应对，也需要她挪出足够的费用。部分费用来自她所掌管的家族账户，但也有部分费用出自她自己的腰包。1897年盛康回到上海后的端午节，庄德华在张园为盛康举办了盛大的节日宴席。除了给盛康送去了1600两纹银的月供之外，还自己掏出了1000两，作为节日礼物赠送给了盛康。此外，宴席和席后娱乐的所有费用全部由庄德华筹办。[②] 总数相比1878年那次，肯定是翻了好几倍。

仆佣开支是盛家日常开支中相对小额的一笔，但又是不可缺少的一项。1902年至1903年，盛家的仆佣开支显示，每月支付给仆佣的将近有260两银钱，包括厨子、花匠、茶炉夫、看门、信差、点路灯夫、亲兵、乳母、各房女佣、裁缝、看坟人，乃至各房各人的贴身家丁。这260两银钱基本属于稳定的薪金支出，由盛家的外账房发放。[③] 具体庄德华是否参与外账房的管理，暂时不得而知。不过，以她作为继妻的崇高地位和她的性格，对这笔薪金的发放她应当非常了解。除此之外，盛家还常常有额外的钱给仆佣。比如，前面提到的过节的时候，女主人通常都会大方地向仆人们发点过节的红包，以示庆祝。另外在特殊的场合和环境下，也会向仆佣们发点赏钱。盛秋颐就曾经在她丈夫的葬礼后给她父亲派过来撑场面的帮忙之人都分了赏银。[④] 由于盛宣怀常年驻守在外，庄德华就时常派遣贴身家丁从租界往驻守地运送美食、鲜果、衣物、家具等，并传送信件。[⑤] 这些额外往来的船

① 盛档第117550-3号："盛董氏致盛宣怀函"，1878年6月19日。

② 盛档第036124号："盛庄德华致盛宣怀函"，1897年6月。

③ 盛档第034905号："各差官及男女家人辛工单"，1902~1903，具体日期不详。

④ 盛档第046518号："盛秋颐致盛宣怀、盛夫人函"，1903年。

⑤ 盛档第069294号："庄畹玉致盛宣怀电"，1904年，具体日期不详。

票、食宿、电报乃至赏钱开支全由庄德华自己管理。

医疗开支在盛家虽然不如仆佣开支那么规则，但耗费很大。正妻要时刻关注家里是否有人生病，并想方设法表达安慰。董舜畹缠绵于卧榻十多年，看病求医问药几成家常。尤其在她生育第二个孩子以后，家里除了雇佣的一名郎中外，问遍了各地郎中，她本人几乎日日喝药并食用人参。[①] 庄德华虽然身体强健一些，但她的医疗开支可能更加惊人。庄德华时常储备人参和燕窝，她购买的人参价格昂贵，但质量不够好，庄德华还因此常常抱怨人参的品质差，价格过于昂贵。[②] 这些人参或者自己食用，或者托家丁送给盛宣怀，还经常得备着送给盛康，以示孝心；家族里的其他妻妾病了，她也得考虑到，给病人送去人参以示宽慰；有时别房的妻妾会来讨要，庄德华也得备好，以维持良好的家庭关系。[③]

婚丧嫁娶的开支在盛家更是巨大，妇女在类似仪式上的管理权限也相当大。无论是哪房的事情，作为正妻的庄德华责无旁贷，负责礼品赠送、费用管理和人事安排。例如，盛宣怀的大儿子昌颐喜得头胎男丁，庄德华预备了衣物和金饰；同时，盛宣怀的二女儿盛筱颐要嫁入冯家，庄德华自备了绸缎、棉绸、洋布等衣服六十件，外加帽饰和金银首饰，准备剃头之礼。恰在此时，三女儿六七个月内就要生产，她又得预备新的礼品和适当的问候。[④] 如果庄德华作为一家的女主人无法履行职责，那么长媳就代替她全盘负责。1911 年底，正值王朝崩溃的前夜，盛宣怀和庄德华在北京密切关注政治风雨的方向，上海租界的家里却要举行一场婚礼。柳姨太的女儿盛静颐出嫁，庄德华身处京城，无法顾及。所以一切事宜都由长媳做主，包括衣物、木器、银器、绣花物，等等，即使盛静颐的亲生母亲柳氏也不得越权，凡事都要获得长媳同意。[⑤] 可能除去各房自备的礼物外，婚礼费用主要来自盛家的统一账户，而不是各房的私房钱。据现存信件透露，一副婚礼所用的头面饰品就达到上万两白银。[⑥] 婚礼过程中，盛家已经出嫁的四女儿盛稺蕙由于深得宠爱，与父母关系亲密，另外，作为邵家正妻的她也

① 盛档第 117550-3 号："盛董氏致盛宣怀函"，1878 年 6 月 19 日。

② 盛档第 002465 号："庄畹玉致盛宣怀函"，1899 年 11 月 23 日。

③ 盛档第 002462 号："庄畹玉致盛宣怀函"，1899 年 11 月 24 日。

④ 盛档第 036122 号："盛庄德华致盛宣怀函"，1897 年 6 月。

⑤ 盛档第 103750-3 号："盛稺蕙致盛宣怀函"，无确切日期，当为 1911 年。

⑥ 盛档第 103750-1 号："盛柳氏致盛宣怀函"，无确切日期，当为 1911 年。

有管理的经验，所以也参与了筹备，主要辅助其嫂，并向在京城的父母写信汇报筹备情况。

另外一些额外开支也主要是由正妻负责。庄德华在上海租界为盛家购房并设计草图、动工建造乃至最后搬家，所有开支都由她经手。由于人口众多，造屋还得考虑到男丁将来的结婚成家问题，为每一个现有的家庭成员尤其是男丁的未来设计，不得不增造许多房间，费用也随之上升。庄德华还特别在设计的时候请了最好的风水先生，将现代的设施如自来火、水等都考虑建造到新房子里去。为此，她不惜银钱，把华盛纺织厂赚的利润都用到了造屋上。[①] 虽然对造屋这样的大事不惜费钱，对电费等费用她却提倡节省。看着家里的自来火费用居高不下，她建议还是费用分摊到各房头上，能有效防止浪费。[②]

人事往来

人事往来可以说是正妻最重要的一项工作。由于她们一般出身名门，如官宦家庭、绅商家庭等，有众多的人际网络可以利用，所以她们也尽全力应用好自己的人际关系，为自己和家庭谋利益。她们常常通过写信、走亲戚等机会获得最新的消息，提供给自己的母族或者夫族，借以维持或者提高家族的地位，至少可以减免灾祸。妾在人际关系网络上的弱势也是她们被边缘化的一个重要因素，相对于正妻，她们无法在自己的血缘家族中找到有效的靠山，因此无法利用这类关系为自己的夫族谋得利益，也无法确立自己的强势地位。

庄德华嫁入富可敌国的盛家使得她在旧邑庄氏家族中的地位日益巩固，她也因此认为自己有必要为庄氏的繁荣谋最大的福利。在她看来，她的家族兴盛在于她的弟弟能获得有前途的职业。因此，她多次写信让盛宣怀在他的近代化公司企业里为庄清华谋个好差使，以致盛宣怀颇有微词。庄德华指责盛宣怀对谋差使一事拖拖拉拉，不顾盛的怨言，催促他尽快办成。[③] 庄德华也利用盛氏家族的显赫地位结交了不少日本友人，在风雨飘摇的

① 盛档第 106043 号：“庄德华致盛宣怀函”，1898 年 12 月 29 日。

② 盛档第 106043 号：“庄德华致盛宣怀函”，1898 年 12 月 29 日。

③ 盛档第 106050 号：“庄德华致盛宣怀函”，1898 年 12 月 6 日；第 106049-1 号：“庄德华致盛宣怀函”，1898 年 12 月 19 日。

1911年底，她把东洋友人请到盛氏在租界的住所居住，并向外界表明产业属于日本人，结果盛氏一族逃过了被抢劫的噩运。[①]

盛家的女儿们出嫁后，她们的盛氏血脉就已经使得她们在夫家的地位很崇高了。她们几乎每个人都懂得好好利用这层关系，为自己和婚后的家庭谋求福利。盛宣怀的大女儿盛秋颐嫁入姚家后，积极建立自己的人际网络，努力通过这种联系巩固自己和丈夫的地位。在其夫突然病逝前，她就利用盛宣怀的宠爱来寻求更好的机遇，或者为她丈夫争取到足够的商业资金。其夫一次就获得了十多万两白银的贷款，完全得益于盛秋颐的请求。[②]她丈夫去世后，葬礼派亲兵来助等安排也都处处彰显了她盛家长女的气势，[③] 墓穴的风水也是请了长期被盛家雇佣的风水先生来定夺。[④] 她在嘉兴缺少现金处理善后的时候，要求她父亲赶紧给她转账2000元，很快她的要求又得到了满足。[⑤]

盛稺蕙嫁入邵家后，也与盛家保持着密切的联系。她多次请求父亲对她同在京城的丈夫多加管教，以避免他整日流连于赌博、挟妓，不思进取，甚至被骗。所以她请求父亲同意让她丈夫搬到盛宣怀在京城的寓所，好时时加以管教。此外，日日陪伴盛宣怀还能增加其夫的见识，为日后仕途发展打下基础。[⑥] 盛稺蕙还把其夫的堂兄弟推荐给盛宣怀，此人在长江下游地区做煤炭生意，人又老实可靠，希望可以通过盛宣怀的关系获得物美价廉的煤炭。[⑦] 除了为自己丈夫谋求利益之外，盛稺蕙也替自己的母亲一族谋求福利。作为极为受宠的侧室刁玉蓉唯一的女儿，她本人在盛家也颇受宠爱。但自她生母去世后，她已经成为显赫的盛家和地位低下的刁家唯一的联系。因此，她向她父亲多次请求给她的舅舅寻一份好差事。[⑧]

人际关系网络的运用对地位下降或衰微的家族来说至关重要，在相对地位高和低的家族之间架起沟通的桥梁是富裕阶层的妇女们最重要的职责

① 盛档第072906号："庄德华致盛宣怀函"，1911年11月。
② 盛档第046493-2号："盛秋颐丈夫祭文"，1903年11月。
③ 盛档第046503号："盛秋颐致盛宣怀函"，1903年9月1日。
④ 盛档第046569号："盛秋颐致盛宣怀函"，1903年12月16日。
⑤ 盛档第046510号："盛秋颐致盛宣怀盛夫人函"，无确切日期，大约在1903年。
⑥ 盛档第027469号："盛稺蕙致盛宣怀函"，1910年9月22日。
⑦ 盛档第029785-2号："盛稺蕙致盛宣怀函"，1911年。
⑧ 盛档第027471号："邵盛稺蕙致盛宣怀函"，无确切日期。

之一。当然，妾也可以从中获益，不过主要是通过丈夫的宠爱来获取她们扶持自己家族的资源。

然而，若反过来要利用自己的人脉维持地位较高的家族的利益，妾相比于正妻往往缺少足够的资源。正妻的官僚、官商、绅商背景使得她们有足够的人脉反馈信息给地位较高的家族，获取更大的利益或者避免灾祸。

盛秋颐和她的丈夫居住京城期间，四处结交其夫的亲戚朋友，包括一些旗人，以获得最新的皇宫内部的消息。她打听皇太后的吃穿喜好，建议盛宣怀若有礼品贡献给皇太后和皇室贵族，她可以帮着准备礼品。① 她还打听政治风波的及时消息，并通过书信尽快反馈给盛宣怀，好让盛宣怀作出决策。袁世凯被劾多条罪状后，盛秋颐尽快给盛宣怀消息，并建议他可以在此危难之际出头，获得更大的信任。②

总而言之，积极建立人际网络是妇女们必不可少的工作，这些联络不仅有利于不同的家族在乱世中寻求各自生存的途径，也巩固加强了她们自身的地位。庄德华不仅在庄氏家族颇有地位，连其母亲都经常低三下四向她求助；她还凭借着男性亲戚的帮忙投资市场，赚了不少钱供自己使用，在盛氏家族中也成了一个强势人物。

参与社会慈善

富裕妇女参与社会慈善已经有很长久的历史，但晚清的富裕妇女慈善事业却有其独特之处：利用新媒体——报纸——的力量展现慈善捐助的全部程序；而且妇女不再将慈善捐助的善款交由男性家属来处理，而是直接在报纸上号召捐助，并通过妇女间的自行组织进行慈善事业。这些慈善活动主要集中在赈灾和教育事业，尤其是晚清的女性教育。1897 年的女学兴起和中国女学堂的建立应当说是晚清富裕妇女利用报纸参与社会慈善活动的重要里程碑。

1897 年，经元善和一群维新人士开始号召中国女性接受现代化的教育。上海租界内的中西名媛都被邀请参加会议，商讨中国女学堂的成立事宜，并发布《女学报》。当年的 12 月 9 日《新闻报》就列出了全部参加会议的中西名媛名单，其中包括盛太太庄德华、盛家的闺秀们，还有长媳。其他

---

① 盛档第 046493-1 号："盛秋颐致盛宣怀函"，1903 年 11 月 4 日。

② 盛档第 46492 号："盛秋颐致盛宣怀函"，1903 年 9 月 11 日。

还包括前上海道台的太太，经元善的妻妾、女儿和儿媳以及梁启超的太太李端蕙等近百人。[①] 尽管经元善是会议组织者，但这些晚清名媛很热情地自愿参与到了这项社会活动中。事后《女学报》的问世也都是名媛们自行组织编辑出版的。[②] 事实上，媒体的宣传大大推动了晚清女学的兴起，名列其中的名媛们也成了激励其他妇女效仿的楷模。全国各地的妇女都写信、寄诗词、捐赠银钱给女学事业和女学堂。这些文章和诗词又被刊登在《新闻报》和其他一些著名媒体上，引起了更大的共鸣。[③]

此后，富裕阶层的妇女通过报纸自行组织社会慈善事业的活动就大大增加了。从盛家的现存档案可以看到，庄德华的这类活动全都发生在晚清最后 10 年。1906 年，庄德华与吕海寰的太太吕李氏以及其他几位命妇联名登报为江苏赈灾，向女界募集善款和粮食，并把捐助妇女的姓氏和捐款额都罗列其上，以为女界榜样。[④] 1907 年，一女士潘韵芳来信劝捐，庄德华不仅认捐，而且还特意发布了一条正式的复函。函中提到江苏水灾严重，尸气弥漫，人多倒毙，百姓食观音粉度日。在此苦难情形下，即使花界也慷慨演唱集资助赈，庄德华更是义不容辞。随即她又赞扬了一些女性慈善组织如“女子国民义捐会”“北京中国妇人会”“普仁慈善会”等。[⑤] 紧接着江苏赈灾，桐城吴芝瑛又开始在媒体上为安徽水灾寻求赈济。庄德华再次成为索捐的重要对象。这次她有所顾忌，坦言自己刚刚借给别人几千银两，而且刚参加了江苏赈灾，拿不出捐款，不过她还是赞扬了吴芝瑛的行为。[⑥] 1908 年，她又收到了蒋嘉芳女士要兴建一所女学堂的劝捐书，说如果她同意捐助，会在报纸上刊登她的名字。庄德华在回复中简要比较了中国女学和日本女学，并称赞了蒋的热情和毅力，最后决定捐出 100 元作为经费。[⑦]

不可否认，庄德华参与晚清社会慈善活动的热情并不很高，她每次捐

---

① 夏晓虹：《中西合璧的教育理想》，《晚清女性与近代生活》，北京大学出版社，2004，第 33 页。

② Nanxiu Qian, “Revitalizing the Xianyuan (Worthy Ladies) Tradition: Women in the 1898 Reforms,” *Modern China* 29, No. 4 (2003), pp. 400 & 402 & 412-422.

③ 夏晓虹：《中西合璧的教育理想》，第 8 ~ 9 页。

④ 盛档第 043703 号：“广募中国女界捐助灾区粮食公启”，1906。

⑤ 盛档第 042244-1 号：“盛庄德华复潘韵芳函”，1907 年 5 月 10 日。

⑥ 盛档第 050543-2 号：“庄德华复吴芝瑛、沈章兰函”，1907 年 6 月 16 日。

⑦ 盛档第 073797 号：“庄德华致蒋嘉芳函”，1908 年 2 月。

出的款项也远比不上她的一些金银饰品的消费。不过，鉴于她的地位和名望，她所收到的索捐要求多，可以肯定地说，她的捐款总额也不是一个小数目。而且，这些妇女利用新媒体参与社会慈善活动有力地推动了晚清以至民国妇女对社会活动的积极性，并且形成了一种非常有效的方式，将慈善的原因、过程和结果呈现在市民面前。

盛宣怀家族虽然只是一个个案分析，但它具有一定的代表性。曾纪芬的《崇德老人自订年谱》不仅记录了她的性格倔犟的婆婆和她自己管理家族的辛劳，也间接提到了自己的母亲欧阳夫人的辛勤持家。① 包括她后来重新编订的《聂氏重编家政学》，认同了下田歌子对母亲和妻子角色的设想，把大量管理的职能交给了妇女，因为这些职能如“家庭表率”“理财”“养老”“治病”“卫生”“交际”“仆婢”等与曾纪芬所熟知的中国妇女在家庭中的职责异曲同工。②

盛清之前的妇女和晚清时期一样，被赋予了种种家庭管理的职能。她们的劳动一直存在。《红楼梦》中有关王熙凤和贾探春掌管大观园的描写，反映出中国的富裕阶层妇女所身处的复杂背景和她们参与家庭管理的深入程度。应当说：上至皇宫下至乡村，家族全部财产乃至一草一木，以及所有的人际关系网络，俱由妇女参与管理、协调。晚清盛宣怀家族的个案不过是更进一步把妇女放在晚清城市化的商业社会背景下，来探讨她们的劳动，即投资、管理并参与社会救助的新方式。当然，晚清有其独特之处，尤其是上海租界的中西文化融合的背景。近代企业制度的建立、新文化传媒的应用，乃至全球化带来的资讯和商业在通商口岸的繁荣或许更加激发了富裕妇女家庭理财的欲望；动荡的社会和普遍贫困化的士族家庭增加了人际关系网络铺设的重要性；西方文化的开放性也加快了女性自主参与社会活动的步伐。

三

通过对盛宣怀家族的个案分析，可以看出富裕阶层妇女的劳动主要集

---

① 曾纪芬：《崇德老人自订年谱》，见《曾宝荪回忆录》，岳麓书社，1986，第 11～17 页。

② 黄湘金：《从“江湖之远”到“庙堂之高”——下田歌子〈家政学〉在中国》，《山西师大学报》（社会科学版）2007 年第 5 期，第 90 页。

中在非手工劳动层面的脑力劳动。但这些脑力劳动被边缘化的原因在于其目的不是为了公众和民族的福利，而是偏向于个人、家庭和家族的私利。于是，以梁启超为代表的晚清近代话语就选择了这样两种方式来忽略富裕妇女的劳动：（1）完全否认妇女参与劳动，完全仰赖男性的劳动创造，称为“分利者”，梁启超把妇女基本划分为这一类“不劳力而分利者”[①]；（2）为“私”利的劳动被等同于无形。不为“公”的财富和利益劳动，即为“分利者”[②]。而“分利”其中的一个含义就包括对财富的瓜分和消耗，与“消费”紧密联系在一起，造成妇女尤其是有钱有闲的富裕阶层的妇女皆为“消费者”的现象。

同时，随着商品在租界的愈加丰富，尤其是针对妇女的商品广告铺天盖地，以及20世纪30年代“摩登女郎”现象的兴起，[③] 城市妇女越发被想象成了“消费者”和“分利者”的同义词，民国时甚至形成了本文开篇提到的男性为“生产者”和女性为“消费者”的二元对立。即使是城市中忙碌的家庭主妇也被冠以“消费者”的名称，大部分的商品销售竞争都围绕着她们，因为她们虽然不同于“摩登女郎”的疯狂消费，是“理性”的妇女，却仍然要为建立一个温馨、现代的家庭进行理性的消费。[④] “消费者”的形象在民国时期已经成了城市妇女形象的定式。她们所承载的家庭劳动和管理职能则被忽略了、边缘化了、遗忘了，最后干脆消失了。

新中国成立以来对妇女劳动的重新解读更是边缘化了家庭内部的劳动，把“公”“私”的二元对立近代话语推向了高潮。它把对“国家”“民族”“党”的劳动看成对“公”的劳动，一种值得维护并提倡的劳动。同时，家庭仍然被当作自然的社会细胞，女性也就因其所谓的“生理特征”被自然

---

① 梁启超：《论生利分利》，《梁启超全集》，第698页。

② 梁启超：《论生利分利》，第699页。梁启超没有把妇女归为“劳力而仍分利者”，但是他认为奴婢等为了主人的私利劳动的人，仍然属于“分利者”范畴。因此，逻辑上推理，妇女的家庭劳动也不会被归为“生利”。

③ Tani Barlow, “*Buying In: Advertising and the Sexy Modern Girl Icon in Shanghai in the 1920s and 1930s*,” pp. 288–316. Also see Madeleine Y. Dong, “*Who Is Afraid of the Chinese Modern Girl*,” pp. 194–219. Both in The Modern Girl around the World: Consumption, Modernity, and Globalization, edited by Alys Eve Weinbaum, *Modern Girl Around the World Research Group. Durham*, NC: Duke University Press, 2008.

④ Susan Glosser, *Chinese Visions of Family and State*, 1915–1953. Berkeley, CA: University of California Press, 2003, pp. 158–159.

捆绑于家庭的劳作。[①] 提倡对“公”的劳动同时将女性捆绑于“私”的领域造成了众多劳动妇女的双重负担。贺萧和韩启澜早在20世纪80年代研究新中国的城市妇女劳动状况时，就精辟地提出：中国妇女需要完成两个最重要的角色——母亲和工人。[②] 农村也同样，劳动模范的基本要素不仅包含了在“公”的领域内的才干，也暗含了“私”的领域内的责任和义务。[③] 但这种“私”的领域内的责任和义务得不到国家的认同与赞扬，它从传统社会延伸过来，又被现代科学“证明”其科学性和合理性，成为默认的“女性的劳动”。新中国成立以来这种普遍被边缘化的又被默认为“女性的劳动”的家庭劳动价值观使人难以正确评价明清、晚清、近代乃至当代妇女在家庭中的劳动价值。

盛宣怀家族的个案研究为我们开启了重新审视劳动的内涵、劳动价值观以及“公”“私”领域近代化的窗口。

---

① Harriet Evans, *Women and Sexuality in China*: *Dominant Discourses of Female Sexuality and Gender since* 1949. Cambridge, UK: Polity Press, 1997, pp. 121-123.

② Gail Hershatter and Emily Honig, *Personal Voices*: *Chinese Women in the* 1980's. Stanford, CA: Stanford University Press, 1988, p. 243.

③ 如果劳动模范只在“公”的领域显示了才干，而没有尽到对家庭的责任，那么她将受到家庭和村民的谴责，甚而至于影响她在“公”领域内的威信。参见 Gail Hershatter, “Local Meanings of Gender and Work in Rural Shaanxi in the 1950s”, In *Re-Drawing Boundaries*: *Work*, *Households*, *and Gender in China*, edited by Barbara Entwisle and Gail E. Henderson (Berkeley, CA: University of California Press, 2000), p. 91. 另见 Gail Hershatter, “Virtue at Work: Rural Shaanxi Women Remember The 1950s”, In *Gender in Motion*: *Divisions of Labor and Cultural Change in Late Imperial and Modern China*, edited by Bryna Goodman and Wendy Larson. Lanham, MD: The Roman & Little field Publishing Group, 2005, pp. 312, 316 & 323.

娜拉出走以后

——论民国时期女性职业与家事问题

余华林*

易卜生经典剧作《玩偶之家》的女主角“娜拉”自五四初期被介绍到中国之后，一度成为近代中国新女性的典型形象。“娜拉”在走出家庭、步入社会以后，能否在社会上立足，最终是否还会因经济问题被迫回到家庭，这是当时人最为关心的问题，也是当代研究者最为注意的方面。① 实际上对于娜拉出走以后的命运，我们还可以从另一个角度提问：“娜拉”们走出家庭、步入社会以后，对其当时及以后的家庭生活有什么样的影响？本文即以此为切入点探讨民国时期女性在职业与家庭中的两难抉择。

一　“娜拉”的呼声——男女平等与妇女职业问题的出现

在传统的中国社会里，中上阶层女性多“困守闺中不自由”②，她们所遵守的规约是“外言不入阃，内言不出阃”，“男子治外，女子治内”。女子的家庭角色被定位为“相夫教子”的“贤妻良母”，所谓“妇者，服也，服于家事，事人者也”③。《女诫》《列女传》之类的书则将这一观念具体化、

---

* 余华林，首都师范大学历史学院副教授。

① 当代的研究论著包括许慧琦《“娜拉”在中国：新女性形象的塑造及其演变（1900—1930）》，台北：鸿柏印刷事业有限公司，2003；阿巍：《娜拉出走以后究竟怎样——读〈顾准文集〉》，《探索与争鸣》1995年第6期；林贤治：《娜拉：出走或归来》，《鲁迅研究月刊》2000年第1期；等等。

② 潘梦蕉：《女子歌四章》，《女子世界》第2卷第6期，1907年6月。

③ 陈立撰，吴则虞点校《白虎通疏证》卷十，《嫁娶》，中华书局，1994，第491页。

规范化、道德化。尽管有学者认为在中国传统社会，“男外女内”“男主女从”的家庭模式只是上层统治者提倡的理想型模式。而在民间实际生活中，还存在着另一种“男女协作”“并立共作”的生活伦理。只是由于生产资料所有权归男性所有，所以妇女摆脱不了根本上的依附性。[①] 但无论如何，“男外女内”的确是社会主流价值观念。直到1940年，有人在对昆明市妇女职业的调查中发现，有的人家“还觉得女人在外谋生是一种可耻的事，总以为是她家里很窘迫，才会如此。有时还会受着别人很严重的批评，彼此都不愿为人看轻，因此大家都以此为戒，不让女子出去做事”[②]。

明清以来，有识之士就已开始反思、批判男女间的不平等[③]。1903年出版的著作《女界钟》，运用近代生理学的知识，系统论证了男女平等问题。这是第一部全面、系统论证男女应当平等的著作，影响深远，五四时期许多作品在论证这一命题时，都沿袭了其观点和论证方法。因此，熊月之先生认为：“五四时期关于女权方面的实践与理论，与晚清时期是一脉相承。就理论而言，在男女平等（包括人格平等、经济平等、政治平等）、婚姻、女子教育、男女社交等方面，五四时期并不比晚清提供更多的东西。”[④] 熊先生的这一说法充分肯定了《女界钟》的理论贡献，是值得我们重视的。但是我认为五四时期的妇女解放理论比晚清时期还是有本质上的进步。五四时期人们创造了一个崭新的女性形象——“娜拉”，将男女平等放在个性解放的角度来论证，发出“女人是人”的呼声，这是此前所没有的。

1918年6月胡适和他的学生罗家伦合作翻译的《娜拉》，发表于新文化运动时期最重要的刊物《新青年》第4卷第6号上，标志着新文化时代的一个崭新的女性形象的出场。娜拉所代表的精神要领，可以用剧本里的一段对话予以说明。在娜拉的丈夫郝尔茂企图阻止她出走，批评她把自己“最神圣的责任”扔下时，娜拉勇敢地表达了自己的核心观念：

---

① 李长莉：《家庭夫妇伦理近代变迁的民间基础》，《福建论坛》（人文社会科学版）2002年第5期；李长莉：《从晚清上海看女性家庭角色的近代变迁》，张国刚主编《家庭史研究的新视野》，三联书店，2004，第401～422页。

② 萧庆萱：《昆明市妇女职业及生活调查》，西南联合大学学生毕业论文，1940，第90页。

③ 参见陈东原《中国妇女生活史》，上海书店，1984，第247～257页；滕新才《明朝中后期男女平等观念的萌动》，《妇女研究论丛》1995年第3期。

④ 熊月之：《晚清上海：女权主义实践与理论》，《学术月刊》2003年第11期。

娜：你以为我的神圣的责任是什么？

郝：还用我说吗？可不是你对于你的丈夫和对于你的儿女的责任吗？

娜：我还有别的责任同这些一样的神圣。

郝：没有的，你说的那些是什么？

娜：我对于我自己的责任。

郝：第一要紧的，你是人家的妻子，又是人家的母亲。

娜：这种话我如今都不信了。我相信第一要紧的，我是一个人，同你一样的人。无论如何，我总得努力做一个人。我知道多数人都同你一样说法；我知道书上也是那样说。但是从今以后，我不能信服多数人的话，也不能信服书上的话，一切的事，我总得自己想想看，总得我自己明白懂得。[①]

或许女作家庐隐的一句话也可以作为"娜拉精神"的注脚："今后妇女的出路，就是打破家庭的藩篱到社会上去，逃出傀儡家庭，去过人类应有的生活，不仅仅作个女人，还要作人。"[②] 当时到处上演《娜拉》，高喊着女子"不做玩物""要人格""要自由"的呼声，并有许多妇女以行动勇敢地冲破了旧有的藩篱。风气所及，使那些"士大夫""道德家"也只能向隅叹息[③]。将女性视为可独立于家庭、丈夫与儿女之外的个人，"启示妇女到社会去，脱离'傀儡家庭'和男子的奴隶"[④]，是《娜拉》带给中国女性最强烈的冲击。对于"娜拉精神"的影响力，有人说"我国早期的妇女运动，就是由这班'娜拉型'的觉悟妇女在主持推进的"[⑤]，或者认为"妇女运动的主义，就是所谓'妇人亦人'的'娜拉主义'"[⑥]。著名学者舒芜先生也说过，新文化运动中提出的妇女问题，"其实就是妇女的人格独立、人身自主、人权平等的问题，就是'人的发现'推广应用于妇女身上，发现了

① 易卜生著，胡适、罗家伦译《娜拉》，《新青年》第4卷第6号，1918年6月。

② 庐隐：《今后妇女的出路》，钱虹编《庐隐选集》上，第31页。

③ 参见陈素《五四与妇女解放运动》，《五四运动回忆录》（下），第1020页。

④ 旅冈：《漫话"娜拉年"与"戏剧年"》，《申报》1935年12月27日。

⑤ 孟如：《中国的娜拉》，《东方杂志》第31卷第15号，1934年8月。

⑥ 曾琦：《妇女问题的由来》，《妇女杂志》第8卷第7号，1922年7月。

‘妇女也是人’，妇女发现了‘我也是人’，由此而生的种种问题”[①]。

五四以后，“女人是人”的呼声更加响亮：“要知男女同为人类，同是做一个人，各自有其各自存在的目的；男子不是为女子而存在，女子也不是为男子而存在。男子若要求女子做贤母良妻，就是不承认女子人格的独立。因为女子并不是为要做男子的妻或母而存在，实有其自己存在的目的——就是做一个人。”[②] 此时的学者继续探讨晚清时期人们就在思考的问题，即男女不平等的根源和实现平等的途径。与前一时期一样，也有人将男女不平等的根源归结为男女生理和心理特征的不同[③]，但这种说法早在《女界钟》里就已遭到驳斥，此后从生理特征上证明男女并无差异的文字更是比比皆是[④]，有人甚至断言，认为女子体力不如男子而主张“女子治内”的论调，“可说毫无理由毫无根据了”[⑤]。

除此以外，五四时期也有人认为妇女解放的关键在于教育、经济独立等方面，可参见表1：

表1 “女子解放从哪里做起”见解统计表

见解＼作者	胡适	胡汉民	廖仲恺	茜玉	刘大白	戴季陶	沈仲九	沈玄庐	朱执信	查光佛	李汉俊	合计
从实行解放做起	√						√					2
教育		√		√		√		√				4
经济独立		√		√							√	3
女子自力的解放			√									1
废（改组）家庭				√	√					√		3
解决男女分工问题									√			1
从男子解放做起										√		1
人格的尊重								√			√	2

资料来源：吕芳上：《革命之再起：中国国民党改组前对新思潮的响应（1914—1924）》，台北：中研院近代史研究所，1989，第437页。转引自李晓蓉《五四前后女性知识分子的女性意识》，博士学位论文（未发表），台湾高雄师范大学，2001，第148页。

① 舒芜编录《女性的发现——知堂妇女论类抄》，文化艺术出版社，1990，第4页。

② 韶先：《人格上男女平等的我见》，《妇女杂志》第7卷第11号，1921年11月。

③ 例见艾国英《两性情绪倾向及学力的比较研究》，《妇女文化》（重庆）第1卷第5期，1946年5月；张耀翔《男女性的差别》，《晨报副刊》1923年2月11～13日；等等。

④ 参见罗家伦《妇女解放》，《新潮》第2卷第1号，1919年10月30日；黄日蔡《何故不许女子平等?》，《少年中国》第1卷第4期，1919年10月15日。

⑤ 孙铁欧：《中国妇女职业问题之研究》，《妇女共鸣》第2卷第8期，1933年8月。

李汉俊曾将当时人们的见解分成两派：第三阶级（似乎以资产者为主体）认为，“女子在政治上、法律上、教育上、职业上和男子不平等”是女子受压迫的原因；而第四阶级（以无产者为主体）则认为，“女子在经济上失了独立”是女子受压迫的原因。他支持后者的观点，认为“女子在政治上、法律上、教育上、职业上和男子不平等”，不是“女子堕到现在地位”的原因，反是“女子堕到现在地位”的结果，真正的原因是“女子在经济上失了独立”①。这里明显能看出社会主义（马克思主义）对其观念的影响，恩格斯就曾经说过：“只要妇女仍然被排除于社会的生产劳动之外而只限于从事家庭的私人劳动，那么妇女的解放，妇女同男子的平等，现在和将来都是不可能的。妇女的解放，只有在妇女可以大量地、社会规模地参加生产，而家务劳动只占她们极少的工夫的时候，才有可能。”② 在唯物史观的影响下，人们很容易得出如下的结论：中国妇女的依附性是由于妇女没有独立的经济能力所致。因为照唯物史观的看法，“一切精神的变动，都是由于物质变动——由精神发动的种种现象，都是由于受了经济变动的影响”。所以妇女问题虽多，倘若不能把妇女经济问题解决，那么其他什么“社交公开”“婚姻自由”等，就都是空谈了！③

这种“唯经济论”在五四时期的思想界是相当普遍的，例如陈独秀就认为：“现代生活，以经济为之命脉，而个人独立主义，乃为经济学生产之大则，其影响遂及于伦理学。”④ 其他持这种看法的人还有很多。⑤ 1923 年 12 月 26 日，鲁迅先生在北京女子高等师范学校文艺会上作了题为《娜拉走后怎样》的演讲，其中推测娜拉的出路只有两条：“不是堕落，就是回

---

① 李汉俊：《女子怎样才能得到经济独立》，《五四时期妇女问题文选》，三联书店，1981，第 301～302 页。原文载 1921 年 8 月 17 日上海《民国日报》副刊《妇女评论》。

② 恩格斯：《家庭、私有制和国家的起源》，《马克思恩格斯选集》第 4 卷，人民出版社，1995，第 162 页。

③ 陈问涛：《提倡独立性的女子职业》，《妇女杂志》第 7 卷第 8 号，1921 年 8 月。

④ 陈独秀：《孔子之道与现代生活》，《五四时期妇女问题文选》，第 101 页。原文载《新青年》第 2 卷第 4 号，1916 年 12 月。

⑤ 参见黄新吾《妇女经济独立问题》，《妇女杂志》第 7 卷第 11 号，1921 年 11 月；曾琦《妇女问题的由来》，《妇女杂志》第 8 卷第 7 号，1922 年 7 月；Y. D.《职业与妇女》，《妇女杂志》第 7 卷第 11 号，1921 年 11 月；问梅《社会生活与家庭生活》，《妇女杂志》第 10 卷第 6 号，1924 年 6 月。

来。”原因很简单，“她除了觉醒的心以外，还带了什么去？……她还须更富有，提包里有准备，直白地说，就是要有钱”[1]。他还曾经断言，“一切女子，倘不得到和男子同等的经济权，我以为所有好名目，就都是空话”[2]。茅盾甚至将家庭服务与经济独立直接对立起来，认为正是有了家庭服务，妇女才没有经济独立，而经济不独立，便是妇女地位、人格低下的原因，是妇女被压制的原因。“所以妇女运动的第一句Motto（座右铭——笔者按）便是经济独立。”[3] 还有人将经济独立与婚姻自由联系起来，认为经济独立也是实现婚姻自由的前提条件。因为如果没有谋生的技能，没有养活自己的能力，妇女就只能依靠父母兄长的供养，最后受他们的支配，不可能得到结婚的自由。婚后也只能依靠丈夫才能生存，又哪有离婚的自由。如果妇女有了职业，有了独立的能力，那么不但结婚可以由自己做主，而且能够摆脱不良的婚姻，恢复自己的人格。由此看来，“职业真是婚姻自由的第一个条件了”[4]！至此，要求妇女走出狭小的家庭空间，步入广阔职场的呼声已经相当高涨了。

能够看到妇女受压迫的经济要素，比单纯的生理差异说当然是要深刻得多了。从费孝通的著作中，我们可以看出妇女经济地位的提高，确实有助于其家庭地位和社会地位的提高。[5] 但是，所谓妇女的职业问题，在当时并不仅仅是“妇女是否应该参与职业”的问题，从当时的实际情况来看，下层妇女由于家庭经济所迫，投身社会、挣钱糊口已经是风向所趋，似乎已毋庸讨论；更重要的是妇女投入职场以后男女的家庭分工与社会分工是否平等的问题。

二 “家事天职”对“娜拉精神”的消解

尽管“女人是人”的呼声在五四时期已经响起，并且得到了一部分人的响应，但是并未在社会各个阶层中得以普及，它在向下传播的过程中，

---

① 参见鲁迅《娜拉走后怎样》，《鲁迅全集》第1卷，第158~159页。

② 鲁迅：《关于妇女解放》，《鲁迅全集》第4卷，第598页。

③ 茅盾（署名Y. P.）：《家庭服务与经济独立》，《妇女杂志》第6卷第5号，1920年5月。

④ Y. D.：《职业与妇女》，《妇女杂志》第7卷第11号，1921年11月。

⑤ 费孝通：《江村经济——中国农民的生活》，第165页。

更是遇到了强大的思想抵抗。民国时期，尤其是在五四新文化运动以后，在报纸杂志上公然反对妇女解放的言辞已不多见，但仍能零星看到。1943年在《妇女共鸣》上，还有人打着妇女解放的幌子大肆提倡三从四德[①]，其他如反对男女同校、社交公开，提倡贞节的言论，也时不时出来兴风作浪。只是由于自晚清以来，人们对传统纲常礼教进行了持续的批判，仍然以充满封建色彩的三从四德为号召，显然已没有足够的说服力和宣传市场。于是很多人开始对传统道德观念进行全新的阐释，在妇女“个性”的宣传热潮下，将妇女“贤妻良母”的传统角色定位，与国家、社会的发展相联系，在一种新式的情境下强调妇女的“母性天职”和“家事天职”，以此反对妇女走出家庭、就职于社会。[②]

民国时期，同养育儿童的母职一样，处理家政也被很多人看作是女性的天职，有人说，“女子的唯一天职，是处置家政，如同烹饪啊、缝纫啊、教育子女啊、管理奴婢啊……都是在家政范围之内。要组织一完满的家庭，必须有善治家政的妻子”[③]。他们将家政归为女子天职的主要理由无非是女子生理和心理的特点，以及处治家事对于民族国家发展的重要意义。有人着重从前一方面来论述，认为“家政本不一定该归妻管理，夫也有同样的责任。但是从生理学和心理学讲，家政最好由做妻的去管理。因为女子的心思较男子精密，体力较男子衰弱，户外工作除特别适合女子做的外，终不能如男子做的有效率”[④]。还有人更为详细地从心理和生理两个角度来阐明家事之于妇女比职业更为适宜。他认为女子的心理大体上都是优柔、忍耐、谨细、娴雅的，善治琐碎细事而且富于感情，因此烹饪、缝纫、养育、调治、簿记等家事很适合妇女。另一方面，职业中除去少数如教师、看护妇等种类较适宜女性外，大概都需要有刚毅果敢的精神、冷静敏锐的头脑来处理，如航海、航空、农、工、商业等，这些职业比较适宜于男性。从生理上讲，女子身材短小，力气不如男子，家事大抵都不太粗重，适宜女性来做。而其他社会职业却大

---

① 漆承一：《谈今日的“三从”“四德”》，《妇女共鸣》第12卷第4期，1943年4月。

② 关于“母性天职”对“娜拉精神”的消解可参见拙作《20世纪二、三十年代“新贤妻良母主义”论析》（《人文杂志》2007年第3期），此不赘述，仅论“家事天职”对“娜拉精神”的消解。

③ 王宪煦：《婚姻的研究》，《妇女杂志》第14卷第7号，1928年7月。

④ 宋孝璠：《妻的责任》，《妇女杂志》第15卷第10号，1929年10月。

都需要有力气，“此女子不适于职业而适于家事的自然趋势”[①]。有人则侧重从后一方面来论述，认为“家庭是社会和国家的成分。家庭的良否，和社会及国家有直接的关系。欲求社会及国家的健全，必先改良其家庭。欲改良其家庭，则现代的女子就非肩担她的家事不可了”[②]！与前文所提及的“母职”论述一样，他们也把家庭看作是社会的单位，所以妇女管理家庭的事务，就是管理社会上一部分的事务；妇女们管理家庭经济的出入，就是管理社会一部分经济的出入。因此，“管理社会一部分的事务，不是作社会的事业么？不是尽那社会的一员的责任么？”[③] 这样看来，妻子的工作就不是为一家或一人而做，乃是为全社会、全人类而做，所以“妻”的责任非常重大[④]。

针对一些新式妇女不愿料理家务的情况，有些人表达了强烈的不满。如一署名汪如干的作者说他有几个表妹，都在初级中学读书，她们学业成绩都很好，只是平日对于家事丝毫不愿过问，这似乎不能不说是她们的缺憾。“女子如果皆像她们，我敢说中国女子进化虽到极点，也只也（是）些贵族的女子罢了！离着真正进化的途径很远哩！”[⑤] 有一位女士也希望女青年们不要将家事教育置之不顾，“要晓得照现在的社会情形，不能废除家庭，家庭里种种的事情，我们做女子的，不能不负一点责任”[⑥]。另一位署名孙公常的读者在《妇女杂志》通信栏中质问道：“现在要请问：究竟一家里面的事务，负主妇责任的妇女，是不是可以放弃不管？她们自以为是新妇女，可以这样放弃根本责任，但她们放弃的根本责任是不是要男子去担负？如果这样，那么，解放了几个女子，反缚住了几个男子，这岂不很可笑吗？总括一句，真正的新妇女，是不是可以放弃家庭责任？！”[⑦] “妇女对家庭应该尽一点责任”，或者说

---

① 江滂：《职业与家事哪一种更适宜于女子》（三），《妇女杂志》第 10 卷第 9 号，1924 年 9 月。1924 年《妇女杂志》组织了一期讨论会，主题即为“职业与家事哪一种更适宜于女子”。在讨论中 K. C. 也持类似的看法，见第五篇讨论文章。

② 韩兴绂：《职业与家事哪一种更适宜于女子》（四），《妇女杂志》第 10 卷第 9 号，1924 年 9 月。

③ 范隅：《妇女的家庭工作》，《妇女杂志》第 10 卷第 6 号，1924 年 6 月。

④ 宋孝璠：《妻的责任》，《妇女杂志》第 15 卷第 10 号，1929 年 10 月。

⑤ 汪如干：《谁愿意学习家事呢》，《妇女杂志》第 12 卷第 9 号，1926 年 9 月。

⑥ 华觉我：《女学生的家事教育》，《妇女杂志》第 8 卷第 1 号，1922 年 1 月。

⑦ 孙公常、章锡琛：《新妇女家庭服务问题的讨论》，《妇女杂志》第 8 卷第 5 号，1922 年 5 月。

“主妇不能对家庭事务放任不管”，这些言论听起来都振振有词，也似乎很有道理，但是“一点责任”究竟是多少责任，为什么主妇放弃的责任男子不能去承担？他们在讲“一点责任”的时候，往往是把全部的家庭事务都放到妇女的肩上，这和传统社会的做法并无二致。所以章锡琛在回答孙公常时指出，他将家事当作妇女的根本责任，似乎还不脱旧式的“男治外女治内”的见解①。

出于对不理家事的新女性的不满，有人进而对当时的女子教育也进行了指责，认为女子教育应该注重家事教育。在五四以前，有许多女校都专设家事的科目，学习烹饪等技艺。五四以后的几年间，受新文化熏陶的人们要求把“家事教育问题，完全推翻”②。对此，有人明确反对，主张应该把优生学、卫生学、家政学作为女子必修的学科③，他们以为如果对这些学问“置诸不顾”，会导致家人“纵佚无度”，家族“伴奂无纪”，那么她们的学问“恐非其家人之学问”④。这样的言论不免让人感到奇怪：难道女子求学只是为了家人和家族？

1934 年，身为杰出新女性代表之一的刘王立明，著文详细阐发妇女的家事教育问题。在文中，她首先强调了家事教育的重要性，认为在现代社会，为了加快工作效率，人们对所从事的职业往往要有先期的准备。女子的为妻为母也是一种职业，不过它是间接性的职业，所以要想把这个妻职及母职发扬光大，也就必须在结婚以前受相当的家事教育。她将家事教育提到了至上的高度，认为“良好国民的产生，理想社会的实现，以及女子经济的独立，将全部或一部，唯此是赖”。

接下来刘王立明对自近代以来的女子教育表示了强烈的不满，认为女孩们没有进学校以前，在家里的时候，在她们母亲的指导下，总是要学习洒扫、应对、缝纫、烹饪、抚婴、教子这些为妻为母的基本知识的。可是一进了学校，她们就没有机会学习这些科目了，学校所给予她们的只是些“不关平日生活”的 a、b、c、d，几何学，月亮与潮水的关系，及 H_2O 是

① 孙公常、章锡琛：《新妇女家庭服务问题的讨论》，《妇女杂志》第 8 卷第 5 号，1922 年 5 月。

② 华觉我女士：《女学生的家事教育》，《妇女杂志》第 8 卷第 1 号，1922 年 1 月。

③ 参见许地山《现行婚制之错误与男女关系之将来》，《社会学界》第 1 卷，1927 年。

④ 王三：《妇女之天职》，《妇女杂志》第 1 卷第 2 号，1915 年 2 月。

水等这类“新知识”。这班女子既然“不学无术”，虽然做了主妇，因为缺乏家事训练，对日常家事的处理就显得处处捉襟见肘，不知道一升米要放多少水，如何用最低廉的布匹制作出美丽的衣服，如何使污泥里长出些香美的花树来。至于那些女人应有的更重要的基本的知识——保婴及教子——她们就更是缺乏了。她认为女子教育的这些缺失，导致了自女子教育创办40多年来，国人的家庭生活比以前没有多少改进，社会的罪恶没有比以前减少，甚至整个的国家，无日无时不在风雨飘摇之中。“这些悲哀的现象，虽有很多原因从中作祟，而女子教育制度的不良，不能不负起一大部分的责任。”她甚至认为要复兴民族，女子教育就必须经过一番改革，急需改革的就是将大多数的女子高中改为职业专门学校，而家政学校的设立更是刻不容缓。在家政学校里的课程至少须有家庭管理、家庭卫生、家庭美术、家庭经济、保婴学、家庭工艺、食物研究、家庭园艺、儿童训练、家庭问题十门①。

刘王立明将国家、社会和民族的各种问题都归罪于女子教育，尤其是女子家事教育，其论述逻辑实在是牵强得近乎荒诞。虽然她强调家事教育不仅要培养贤妻良母，改善家庭生活，同时也要猛勇地推进女子职业，但是在行文中她却根本没有论述家事教育是如何推进女子职业的。难怪“家事教育论”在当时就引起了人们的警惕，被视为“老调重弹”：“我考虑这个问题——女子家事教育问题，最初的一个感觉，就是非常熟悉……仔细一回忆，才想起，原来这是一个陈旧的老调，远在抗战以前，纳粹魔寇希特勒就喊过这种主张的口号了。当‘妇女回家庭去’的声浪传播到中国来了以后，立刻就殃及妇女，‘机关里裁撤女职员’，‘提倡实施家事教育’，‘反对已婚妇女就职’等五光十色的花样，都应声而起。”该作者认为教育的意义有两方面：一是发展个人能力，启示个人的高尚生活；一是增进社会效率，促进社会的文化。家事教育作为一种为适应家庭的需要而实施的教育，最大的目的在于造就家事人才，训练女子“依赖寄生的生活”的精神，阻止女子自营自立生活的发展。借贤妻良母的美名，鼓励女子做家庭的寄生虫、社会的废物，实在毫无高尚之可言，与教育的意义相去甚远。因此他得出结论：“(1) 建设不需要家事教育；(2) 家事教育有

---

① 刘王立明：《家事专门化的探讨》，《东方杂志》第31卷第17号，1934年9月。

损于建国。"[①]

说家事教育有损于建国，不免有夸大其词的嫌疑，实则在学校或家庭里学习一些处理日常事务的基本知识，还是必要的。问题的关键在于，难道只有妇女才应该学习这些知识吗？家事教育为什么只对女子开设？遗憾的是，我们看到民国时期人们对家事天职、家事教育的批判，都只是从妇女方面立论，论证家事是不是妇女天职，或者妇女应不应该接受家事教育，没有人进一步论证男人同样有处理家务的天职，男人同样需要接受家事教育。而且，"家事天职论"虽然也遭到了一些人的批评，但是与时人屡屡将贤妻良母跟封建思想、封建伦理相联系不同，我们很少见到有人将家事问题与"封建"两个字联系起来，尽管家事的含义其实远比母职广泛。或许这也正反映了当时很多人在心理上是能够接受"家事天职"论的。在多数人心中，妇女从事家事以外的社会职业和治理家事是并行不悖的。例如有人主张女子应该先做好家事，再考虑出外就业，"女子最好先将家政料理完美，为社会建筑一个坚固美好的基础，然后再出其所学，从事其他服务社会的工作"[②]；又有人主张女子在未组织家庭之前，应尽可到社会上承担各种的职务，但成了家庭以后，只要"在经济上不发生困难的，自应以家事为重"[③]；还有人主张女子一方面固然应当切实地担负起治家的责任，但是也不妨在社会中有相当的职业，"日间到社会去工作，晚间回家整理家务"[④]。

这种让妇女家事、职业两不误的心态，在民国城市社会具有相当的普遍性。我们在很多资料和调查统计中发现，大多数知识青年都已经支持妻子（或未来的妻子）到社会上就业。例如在甘南引的调查中，有71%的青年赞同妻子到社会上去服务（见表2）；在周叔昭的调查中，有81.84%的男青年和84.44%的女青年都反对"已婚妇应专门从事家务，绝不参与外事"的观点（见表3）。

① 徐慧：《弹一曲女子教育上底旧调——关于家事教育问题》，《妇女月刊》（重庆）第3卷第5期，1944年4月。

② 宋孝璠：《妻的责任》，《妇女杂志》第15卷第10号，1929年10月。

③ 徐学文：《职业与家事那一种更适宜于女子》（七），《妇女杂志》第10卷第9号，1924年9月。

④ 莫湮：《中国妇女到那里去》，《东方杂志》第33卷第17号，1936年9月。

表 2 你愿你的妻子在社会上服务么?

	愿	不 愿	愿而不能	随 便	不 答	总 计
已 婚	235	53	94		15	397
未订未婚	258	31		13	11	313
已订未婚	102	13	7		8	130
总 数	595	97	101	13	34	840[a]
百 分 数	71	11	12	2	4	100

资料来源：甘南引：《中国青年婚姻问题调查》，《社会学杂志》第 2 卷第 2 ~ 3 期合刊，1924 年 6 月。

说明：[a] 原文为 480，有误，现改正。

表 3 已婚妇应专门从事家务，绝不参与外事

	男		女	
	人 数	百分数	人 数	百分数
赞 成	19	13.29	4	0.88
不赞成	117	81.81	383	84.54
未 详	7	4.90	66	14.56
总 数	143	100	453	99.98

资料来源：周叔昭：《家庭问题的调查——与潘光旦先生的调查比较》，《社会问题》第 1 卷第 4 期，1931 年 1 月。

但是这些知识青年在支持妻子到社会就职的同时，并不放弃对妻子治理家务的要求，由此形成要求妻子担负“服务社会兼理家”双重责任的主张。1923 年《妇女杂志》组织了一次“我之理想的配偶”征文活动，在全部 156 篇征文（《妇女杂志》只刊登了其中的 60 篇，应征者以学生为最多，学校教职员次之）中，男子（共 129 人）在配偶选择标准中对妻子才能的要求是：要求能独立谋生者 49 人，占 37.98%；要求能操家政者 42 人，占 32.56%。男子要求妻子能操家政及教养子女的人数，与要求妻子谋独立生活者相差无几，“可见多数男子仍主张以女子为家庭的主体”。大多数人的意见还认为“一般的女子，治家的才能，应该比男子略优（男子也不可不具备一点），同时也不可不具有必要时独立生活的能力。但女子既尽了治家的任务，经济的任务，当然不能不归男子担负的”①。1927 年《新女性》杂

① 瑟庐：《现代青年男女配偶选择的倾向》，《妇女杂志》第 9 卷第 11 号，1923 年 11 月。

志曾根据“为妻为母与尽力社会及学问是否并行不悖”这个问题，以《现代女子的苦闷问题》为题，向社会各界征稿。编者表示：“究竟女子应该抛弃了为妻为母的责任而专心攻究学问，改造社会？还是不妨把学问和社会事业暂时置为缓图而注重良妻贤母的责任？或者另有一种调和这冲突的办法？这实在是目前最重大的问题。”① 在22篇征文中，多数人的意见是这两种情形可以并行不悖。1935年1月，《妇女旬刊》以“中国妇女应上哪儿跑”为主题，向全国知名之士普遍寄发征求意见函。在40余位回函者中，多数人也同样倾向于“家庭与职业应该同时顾到”的折中看法，如郁达夫、陈小蝭、罗家伦、易家钺（易君左）都是持这一意见。②

统计材料也能证明这一点。在1928年对燕京大学202名男生的调查中，已婚的42人中，妻子在家治理家务的有34人，真正在社会上就职的妻子只有4人（见表4）。28位已订婚者中对方现在在家的只有7人，在学校读书的有20人。但是这28位男青年希望婚后妻子专职理家的有12人，占总数的42.86%；要求妻子服务社会兼理家的有4人，占14.29%；而要求对方婚后服务社会的则只有5人，占17.86%（见表5）。在132位未订婚者中，要求对方婚后服务社会的有44人，占总数的33.33%；要求专职理家的仍有36人，占27.27%；要求服务社会兼理家的有35人，占26.52%（见表6）。

表4 （已婚42人中）对方职业分类

职业类别	人数	百分数
理家	34	80.95
教员	4	9.53
念书	2	4.76
未填	2	4.76
总数	42	100.00

① 《现代女子的苦闷问题》，《新女性》第2卷第1号，1927年1月。

② 参见《中国妇女应上哪儿跑》第一、三、五、八篇征文，载《妇女旬刊》第19卷第1号（总第631号），1935年1月1日。

表 5 （已订婚 28 人中）对对方职业意见

对方现在工作			婚后对方职业意见		
工　　作	人数	百分数	意　　见	人数	百分数
在学校	20	71.43	理　　家	12	42.86
在　　家	7	25.00	服务社会	5	17.86
未　　填	1	3.57	服务社会兼理家	4	14.29
			随她意	4	14.29
			未　　填	3	10.70
总　　数	28	100	总　　数	28	100.00

表 6 （未订婚 132 人中）对婚后对方职业意见

意　　见	人　数	百分数
服务社会	44	33.33
理　　家	36	27.27
服务社会兼理家	35	26.52
由她志趣而定	14	10.61
随环境而定	3	2.27
总　　数	132	100.00

资料来源：葛家栋：《燕大男生对于婚姻态度之调查》，《社会学界》第 4 卷，1930 年。

值得注意的是，当时不少教育界、政治界的杰出妇女，对于妇女的出路问题，也多持“服务社会兼理家”的态度，这从黄寄萍访问当时妇女界的先进人物所编纂的《新女性讲话》可得其端倪。以张默君（中国同盟会会员，曾任上海神州女校校长、中国妇女协会副委员长、国民政府立法委员，中国妇女参政运动领袖之一）为例，她认为所谓贤妻良母，“诚为古今中外社会中不可缺少之主张”[①]。潘公展的夫人唐冠玉认为服务社会的女子，应“规定时间服务社会，但仍须规定时间整理家务，不可偏废”，并将“新贤妻良母”当作民族复兴运动中妇女们应有的道德标准[②]。身为中华妇女节制会会长的刘王立明也明确表示她“主张新贤妻良母，不能放弃家庭的责

① 《张默君女士论妇女问题》，黄寄萍编《新女性讲话》，联华出版社，1937，第 3 页。

② 《唐冠玉女士论新贤妻良母》，黄寄萍编《新女性讲话》，第 31～32 页。

任，即使有余力为社会服务，在生产之后，必须重新分配时间，要是把家政委诸婢仆，那是绝大的损失”①。她本人还曾被誉为新时代妇女的典型，赞扬她“一方面热心社会事业，一方面并不放弃家政的管理，对于女界的福利，对于丈夫和儿女的幸福，同时能够兼顾”②。正如有论者在1946年所指出的：“治理家政的一件事，至今还是普遍被人承认着是女子唯一的责任。因此，尽管你是如何的在交际场中和丈夫或朋友出双入对，然而等到回进家庭，你断不能抛弃自身应有的责任。尽管你在社会上干着什么事业，你一踏进家门，儿女牵衣，家事纷繁，又在你脑海中盘据（踞）着。的确，现阶段的妇女，无时无刻不在双重以上责任里过活。”③ 这种“双重责任的生活”，使民国时期妇女面临着事业或家庭的两难选择。

三 家务或职业：“娜拉”们的两难选择

叶圣陶小说《倪焕之》中所塑造的金佩璋，可谓自觉退回家庭的新女性的文学典型。金佩璋在小学毕业后，坚持报考女子师范学校，想要做一番事业，要靠事业自立。她还有强烈的独立自存的向往：“女人嫁人就是依靠人，依靠人只有苦趣，很少快乐。而且，就是那些‘家事’也够叫人心烦意乱。从这里，自然而然发生了独立自存的想望。”与倪焕之结婚之初，他们曾引以为傲的闺房之乐是商量自编国文教本的计划。但当金佩璋一怀孕，从妻子向母亲过渡时，她的思想就完全转变了。她的兴趣全放在了为孩子准备价廉物美的衣物，不再想看书了，也不再想继续教师生涯：“照我现在的感觉，恐怕要同书籍长久地分手了！小东西一出生，什么都得给他操心。而这个心就是看书的那个心，移在这边，当然要放弃那边。”“我的教师生涯怕完毕了！……从前往往耻笑前班的同学，学的是师范，做的是妻子。现在轮到自己了；我已做了你的妻子，还能做什么别的呢！”这样的转变对倪焕之来说，等于“有一个妻子，但失去了一个恋人，一个同志！”④

---

① 《刘王立明访问记》，黄寄萍编《新女性讲话》，第27页。

② 俞洽成：《家庭访问记：刘王立明女士》，《申报》1934年6月21日。

③ 陈绍钲：《建国阶段中妇女应有的认识和动向》，《时代妇女》（季刊）第3期，1946年8月。

④ 叶圣陶：《倪焕之》，叶至善、叶至美、叶至诚编《叶圣陶集》第三卷，江苏教育出版社，1987，第56、172、173页。

这类女性形象不仅仅是小说中的刻画，正如当时人所说："在事实上，许多意志薄弱的娜拉在社会上混过一回之后，便即回到家庭中了。就是一般随波逐流的娜拉，也都以家庭为最后的寄生处，而把社会看为暂时过渡的娱乐场所的。"①

如果说金佩璋表现出了妇女在心理上对传统角色的自然回归，那么更多的女性呈现给我们的，则是一种在既定的生活模式中"欲为而不可为、无可为"的困惑苦闷的心态。其实多数受过新教育的妇女，还是愿意在结了婚以后，仍然继续从事社会职业的。可是在事实上，有许多受过高等教育的妇女，在结了婚以后却只能困守家庭。造成这种现象的原因，简括地说来大概有两个，一是已婚的妇女不容易找到职业机会；二是抚育儿童与从事职业有一定的冲突，有许多已婚的妇女虽然明白地认识到职业对于她们的重要，可是，为了要在家里抚育孩子，她们不得不牺牲自己的职业。②瑟庐曾著文指出中国的妇女往往第一个小孩还没有断乳，第二个早已受孕了。这样继续着，直到为母的生理作用停止时为止，中间除了妊娠、分娩、保抱、提携、哺乳、衣食种种的麻烦以外，还有疾病的忧愁、夭殇的悲戚，不但受尽了身体上无限的辛劳，更受尽了种种精神上说不尽的苦痛。"试问，象这样的毕生鞠躬尽瘁，专做那生儿育女的机器，还有受教育的机会，服务社会的余裕，经济独立的可能吗？"③

职业与家事并存的要求，让职业女性所要面对的不仅有劳苦的工作，还有繁重的家务。当时的一首打油诗就诙谐地概括出此类女性的无奈："深夜归家来，就向床上倒，学习是需要，精神够不到。"④ 由于民国时期托儿所等公共育婴机构刚刚出现，绝大多数的妇女不得不面对一面要工作，一面又要料理家务、照顾孩子的窘境。当然，我们也可以找出家庭与职业兼顾得很好的例子。但是要想过上完美的"双重责任的生活"，中产阶级以上的妇女在用人的帮助下，尚有几分实现的可能。贫困的妇女家中没有仆佣，白天劳累了一天，晚上还要回家整理家务，是不大容易做到的。即使做得

---

① 孟如：《中国的娜拉》，《东方杂志》第 31 卷第 15 号，1934 年 8 月。

② 姚贤慧：《妇女职业与儿童幸福》，《东方杂志》第 34 卷第 13 号，1937 年 7 月。

③ 瑟庐：《产儿制限与中国》，《妇女杂志》第 8 卷第 6 号，1922 年 6 月。

④ 《请看今日的妇女，究竟解放了没有？——生活展览会资料》，《妇女》（上海）第 3 卷第 12 号，1949 年 3 月。

到，也将使她们陷入极度繁重的工作中，因此有人说主张妇女承担双重责任的人，“往往只是注意到上层阶级的妇女，而根本忽视了一般非富有的妇女的实际问题”①。更多的妇女不得不在职业与家庭生活中痛苦地选择：“家庭妇女们究竟是就业好？还是在家育儿好？这确是当前一个严重的社会问题。”②

由于深受中国传统文化的影响，很多女性（包括受过教育的新女性）的家庭意识都非常浓厚。为了照顾家庭，她们只能牺牲自己的就业机会，留在家里当专职太太。在1928年对燕京大学42位已婚男生的调查中，妻子受过教育的有35人，占总数的83.33%，但是婚后妻子在外就业的只有4人，专职“理家”的却有34人，占总数的80.95%，受教育的人数与理家的人数几乎相等。③ 同样在1942年进行的一项100对夫妇的调查中，妻子受过各等教育的共94人，而婚后没有职业的却至少有40人（还有21人职业未详），也就是说至少有40%的知识女性婚后的唯一“职业”就是整理家务。尽管从数据来看，此次调查显示有60%左右的妇女在婚后仍参与了职业或者家务以外的活动，这个比例还是比较高的，但是调查者提醒读者：“事实上受过教育的已婚妇女有职业或家务外的活动者仍极少数，这次调查之结果，却有职业之已婚妇女人数较多，其原因是有职业或有家务外活动之妇女对社会调查之认识较深，较少拒绝填写这些调查表，所以收集得（来）的结果不免是职业的已婚妇女人数较多。”④

对于被迫选择退回家庭，许多新式女性也是相当痛心的。例如张秦碧如，一位受过中等以上教育的新女性，在其学生时代，也很喜欢做公众的事情，常被推举为学生团体的领袖。但是结婚以后，由于家务的拖累，其要为社会服务的抱负，就一天天消磨下去了。她对此感到既痛心又无奈：

> 儿女接一连二的生育，大哭小喊，把尿喂奶，弄得你头昏脑胀；油盐酱醋，戚友往来，叫你忙得不亦乐乎。先生，在这种情况之下，

---

① 莫湮：《中国妇女到哪里去》，《东方杂志》第33卷第17号，1936年9月。

② 左玖瑜：《女子从业和托儿所——一个职业妇女的呼吁》，《妇女月刊》（重庆）第3卷第2期，1943年8月。

③ 葛家栋：《燕大男生对于婚姻态度之调查》，《社会学界》第4卷，1930年。

④ 邝文宝：《妇女婚姻生活调查》，西南联合大学学生毕业论文，1942，第42页。

你纵有天大的志向，也会消磨得无影无踪。这是我最感到痛心的一件事！……繁杂的家务像一条链子，成群的儿女像一把铁锁，把你缠住锁住，使你动弹不得。①

一位曾有远大理想和抱负的新女性胡桂芬，更真切地记载了婚后的她，为了理想和抱负，如何在家庭生活与社会生活之间作出痛苦抉择的情形：

在学校里读书的时候，我曾经有过一番抱负，一种理想，就是在任何阻碍压力之下，决不做丈夫的寄生虫，但婚后的现实，将我这一些期望，打击得支离破碎了！孩子接二连三的（生）下来，使我五六年来的全部时间，都花费在喂乳换尿布的琐事上去了！当我第一次伸出一双空手，向丈夫要家用的时候，我的内心直发抖，这一种被养育被占有的屈辱的感觉，一直绵延了三天，但我总（终）于被我的丈夫和孩子所羁留住，在乳瓶尿布前，停留下来了！……六年的长时期，并没有把我的抱负和理想完全消灭掉，在大宝已经七岁，二宝已经五岁，三宝已经三岁的时候，我觉得无须再要加添孩子，而可以将我自己献身给社会了！在几月忍心的说服和劝导中，我获得了我丈夫的同意，在一个医生处，将我的输卵管结扎了！……现在我将一切的家事，都让给用人处理，而将自己的全心全意，放在我的职业上……②

为了选择社会生活而不得不接受节育手术，不能说是惊世骇俗之举，在当时却也不多见。还有大批的未婚女子，因为生活的鞭策，只好把“职业”和“结婚”悲惨地对立起来，她们要想不失业，就只有不结婚，放弃婚姻生活和家庭生活，选择独身。③ 邓颖超曾回忆说她在参与“觉悟社”活动的时候，“对婚姻抱着一种悲观厌恶的想法：在那个年代，一个妇女结了婚，一生就完了。所以在我上学的时候，路上遇到结婚的花轿，觉得这个

① 张秦碧如：《怎样劝导家庭妇女》，《上海妇女》第1卷第7期，1938年7月。

② 梅妮：《我们怎样兼顾职业和家务——集体意见》，《妇女》（上海）第3卷第9号，1948年12月。

③ 关于当时独身思潮的具体情况，请参见游鉴明《千山我独行？廿世纪前半期中国有关女性独身的言论》，台湾《近代中国妇女史研究》第9期，2001年8月；刘正刚、乔素玲《近代中国女性的独身现象》，《史学月刊》2001年第3期。

妇女完了，当时就没有考虑结婚的问题”①。萧乾也曾回忆称：“早在三十年代我在燕京大学读书时，就注意到那里的女教授大都是独身的（冰心是仅有或不多见的一个例外）。原来妇女一结婚，立刻就丧失教书的资格。那时协和医院的护士学校有一项极不近人情的规定，学员不但在学习期间，甚至毕业后若干年内也不许结婚，否则立即取消护士资格。”②

1928 年有人对当时著名的女子高等学府“金陵女大”进行了调查，结果显示，该校 1919～1927 年毕业生计 105 人，结婚成家者仅 17 人，占总数的 16%③。另据 1949 年 3 月上海《妇女》杂志所做的调查，上海的市府女职员总共有 528 人，其中教育程度为国外留学 4%，大学毕业 15%，大学肄业 12%，中学毕业 40%，中学肄业 20%，小学 9%。年龄统计为 20 岁以下 1.9%，20～30 岁 45.6%，30～40 岁 33.3%，41～50 岁 15%，51～60 岁 4.2%。婚姻状况为已婚者占 24.5%，未婚者多达 75.5%。④ 虽然金陵女大的毕业生和上海市府女职员中肯定有一些是刚刚毕业或参加工作，还不到结婚的年龄，但是近十年的女大学生只有 17 人结婚，年龄 20 岁以上的女职员占到了 98.1%，而成婚者却只有 24.5%，这样的结婚率也有些过低了。

这些舍弃了家庭生活的妇女们，即使获得了事业上的成就（肯定不是每个独身者都能在事业上有所成就），她们真能获得内心的幸福感吗？对于这种心理感受，当时的女性并没有在报章杂志上著文予以深入揭示，却在民国女作家的笔下得到生动的刻画。

凌叔华在小说《绮霞》中，讲述了一个女性为了成全理想而舍弃爱情和家庭的故事。小说女主人公绮霞拉得一手好琴，婚后全身心倾注到了家务中，荒废了琴业。后来在朋友的激励以及“音乐家也可以说是给社会造幸福的一员”的心理暗示下，她又重新开始练琴。但是由于拉琴疏懒了家务，招致了婆婆的不满，引发了家庭的冷战和混乱，她痛苦地意识到：“想组织幸福的家庭，一定不可继续拉琴，想音乐的成功必须暂时脱却家庭的

---

① 邓颖超：《从西花厅海棠花忆起（1988 年 4 月）》，《新华月报》1997 年第 7 期。

② 萧乾：《从“娜拉出走以后怎么办”至今》，《中国青年》1982 年第 11 期。

③ 参见江文汉、鲁学瀛、徐先佑《学生婚姻问题》，《妇女杂志》第 15 卷第 12 号，1929 年 12 月。这一数据同样可见于静菊女士《大学毕业生之出嫁者》，《生活周刊》第 4 卷第 25 期，1929 年 5 月 19 日。

④ 《请看今日的妇女，究竟解放了没有？——生活展览会资料》，《妇女》（上海）第 3 卷第 12 号，1949 年 3 月。

牵挂。”于是她决定离开家庭，追求自己的理想。在离家的时候，她给丈夫写了一封信，陈述了自己心理上的斗争以及追求理想的坚决态度：

> 为了家庭的幸福，我曾几次立意抛弃我的琴，但是每次都失败了，我的勇气不给我用了。经过多少次苦思与焦虑，实在找不出两全的方法。昨夜忽然想到了：爱你的日子还长着呢，如若此时不去学琴，将来便没有希望了。这是我暂时离开家庭的原因。
>
> 向来我们的相敬相爱是彼此深知的，你一定不会疑惑我，有别的心思吧？可是，我想这几年家里或者还得有个女人照应照应，老太太跟前也不能没人服侍，那末，请你破除成见，再娶一位夫人，当我死了或休了都可以。
>
> 以前我同你论过一个理智强的女子，不应当结婚。因为幸福的家庭，大都由感情培养成的。有许多的地方，完全是因了感情牺牲一切成就的。不幸有些理智强的女子也有富足的情感！我的音乐没有成就前，我决不会回家。请你不要找我，若为了我出走添你思虑焦急，更添我的不安了。①

待她从欧洲深造 4 年，学成归来、梦想实现之时，爱人已别有怀抱。②离开深爱的丈夫，抛弃幸福的家庭，独自追求社会价值的实现，这样的决定带来的一定是心理上无尽的痛苦。而且绮霞在离开之前，已经预见到这个幸福的家庭已经不可能再属于她。由此可以想象，作出这样的决定需要多么大的毅力和勇气。这个故事尽管是虚构的，但它生动地反映了当时部分知识女性在面临事业与家庭的冲突时的艰难抉择，体现了作者凌叔华对现实问题的敏锐观察和深入思考。看完这个故事，读者可能会产生这样的疑问：绮霞的决定究竟值不值得？优美的琴声和学生的赞许似乎说明作家

---

① 见凌叔华《绮霞》，《凌叔华文集》，北京燕山出版社，1998，第 64 ~ 78 页。原文载 1927 年 7 月 30 日至 1927 年 8 月 6 日《现代评论》第 6 卷第 138、139 期。

② 当时有一部叫《新闺怨》的电影，讲述了一个类似《绮霞》的故事。一个在音乐专门学校里毕业的女孩和她的男同学结婚了，并很快有了孩子，从此陷入整理家务和养育孩子的杂务中。为了争取经济和人格的独立，她将孩子交给用人，自己去赴职了。结果，由于用人的不经意，孩子得了急性肺炎而死，丈夫则与他的女同学感情亲密，她悲愤已极，服药自杀。[参见慧明编《“新闺怨”》，《妇女》（上海）第 3 卷第 2 期，1948 年 5 月 15 日。]

对这一人生抉择的肯定，但在小说的后半段，作者对绮霞心理活动的刻画远不如前半段那么细腻入神，让人无法把握当事人绮霞的微妙心理。

从人类的本性来说，家庭作为男女两性合作的基本方式，也是人生不可偏废的一翼，家庭的缺失可能意味着人生的不完整。对于女性而言，为婚姻而牺牲事业和为事业而牺牲婚姻都不是理想的人生归宿。陈衡哲的小说《洛绮思的问题》就明确地表现了女性舍弃家庭后的失落感、孤寂感。洛绮思为了实现做哲学家的梦想而与自己的导师订婚后又解约了，她说："结婚的一件事，实是女子的一个大问题。你们男子结了婚，至多不过加上一点经济上的负担，于你们的学问事业，是没有什么妨害的。至于女子结婚以后，情形便不同了，家务的主持，儿童的教育及保护，哪样是别人能代劳的？"洛绮思为了学业割断恋情、放弃婚姻，但在学业上取得巨大成就后，却常常被一个有"家"的梦——梦中有丈夫、孩子与和谐的家庭景象——所搅扰，她切实地感到现实生活的孤寂。"她此时才明白她生命中所缺的是什么了。名誉吗？成功吗？学术和事业吗？不错，这些都是可爱的，都是伟大的，但它们在生命之中另有它们的位置。它们或者能把灵魂上升至青天，但它们总不能润得灵魂的干燥和枯焦。"① 通过绮霞和洛绮思的故事，人们会不由自主地去思考这些问题：为什么事业和家庭，对于妇女而言只能是个单选题？怎样才能平衡家庭和事业之间的关系？虽然和前面提到的新女性一样，近代女作家和她们笔下的女性都强烈地感受到家庭与事业之间的矛盾及其带来的痛苦，但是对绮霞和洛绮思同一选择不同心态的描写，仍表现出她们对家庭与事业孰轻孰重态度的游移，因而也无法回答我们上面的两个问题。当然，我们不应该期望这两篇小说能够给我们一个明确的答案，因为对这两个问题的解答，一直是近代国人的不懈探求。

---

① 陈衡哲：《洛绮思的问题》，《小雨点》，商务印书馆，1936。另可参见乐铄《易识的叛逆与解放话语——现代妇女文学中的独身题材》，《郑州大学学报》1994 年第 6 期。

走向中国私密的历史

——杨绛及其作品

〔美〕方哲升*

Yang Jiang (1911—) is a writer whose progressive Confucian way of life ended with beginning of the Sino-Japanese War (1937—1945), but who survived both the war and the following decades of political storms, and who has told her story in a series of essays ongoing since the end of the Cultural Revolution.① My examination of five of these essays emphasizes the close association between biography, autobiography and portraits, a generic feature of Chinese writing that helps Yang Jiang express the formative value placed on personal attachments developed in the bourgeois domestic space of a progressive Chinese home in China's Republican era (1911—1937).② As the history of intimacy in China continues to be written, Yang Jiang's story and others like hers deserve further examination in order to evaluate the prospects for a critical public sphere in China that might develop according to the model laid out by Jürgen Habermas.③

---

* 方哲升，Jesse Field，美国明尼苏达大学博士。

① See, for example Kong Qingmao's hagiographic account in his 1998 Critical Biography of Yang Jiang as well as Lin Meizhu's dissertation "La Figure de l'intellectuel chez Yang Jiang". Although it is outside the scope of this essay to discuss the iconic status Yang Jiang has attained among mainstream readers, we note that Yang Jiang was the subject of a China Central Television talk show on June 16, 2010. Every member of the audience claimed to have read Yang Jiang's personal essays and have been left with a variety of deep impressions.

② In this sense, my essay is an answer to Lauren Berlant's call for "more attempts to bring to expression the ways attachments make worlds and world-changing fantasies". (288)

③ This essay makes tentative use of the historical narrative from *The Structural Transformation of the Public Sphere* 43–51. For a call to apply this work to the Chinese situation, see Rowe, especially p. 327, note 7.

Biographical Portraits and the Chinese Essay

The end of the Cultural Revolution gave way to a torrent of fiction, poetry and prose that represented at once a turn away from social realism towards subjective literary forms,[①] the re-development of a modern, competitive market for literature,[②] and a surge of themes concerning the traumas of China's 20th century and the response these traumas demanded. Among the responses identified in current literary history is a group of "humanists", usually associated with anti-Communist, pro-individualist, pro-Western sentiments.[③] Yang Jiang's values align roughly with this camp, though her concern for social justice and fairness qualifies and gives nuance to her brand of individualism, as we shall see below.

What I habitually call Yang Jiang's "story" is not a unified text, but a fragmented series of personal essays that have been Yang Jiang's main literary practice since the end of the Cultural Revolution.[④] Many dozens of these essays appeared first in literary journals and then in collected volumes, with a heavy concentration in the late 1980s and early 1990s. Yang Jiang's output in this period is far from unusual, even for a person of her advanced age. The essay form she applies, known in Chinese as *sanwen*, has all along been of great importance in transmitting and creating the themes, motifs, and rhetoric of Chinese writing.[⑤]

---

① For an overview of this phenomenon, see Jin.

② For an overview of this phenomenon, see Kong.

③ On the culture debates of the 1980s and 1990s and the role of the "humanists", see for example the first chapter of McGrath.

④ Yang Jiang's other post-Cultural Revolution work includes a translation of *Don Quixote* (1978), her only novel, *Baptism* (which she published at the age of 76, in 1987), a translation of Plato's *Phaedo* (2002), and a volume of oral history together with her friend Wu Xuezhao.

⑤ The *sanwen* essay form is defined briefly in Pollard xi; the Chinese tradition would allow as *sanwen* practically any prose writing, distinct from poetry, and excluding fiction. Charles Laughlin has given us the most complete investigation of modern *sanwen* before the Cultural Revolution with his two studies *Chinese Reportage* and *The Literature of Leisure*, covering the social justice and individualist perspectives that characterize various traditions of *sanwen*. My contention, to be argued for elsewhere, is that after the Cultural Revolution, formerly opposed social justice and individualist perspectives are now once again intertwined, as they were in the great age of prose writing, the Song dynasty (960—1279).

Still, there are few accounts of the evolution of the essay in China after the Cultural Revolution, and none that have explained in detail just how the essay serves the needs of a reading public that grapples to develop bourgeois individualist subjects while at the same time inheriting something of value from the communitarian and social justice movements of the 1940s through the end of the Cultural Revolution. ① In what follows, I will be considering Yang Jiang's 1980s essays on her family and home life, 1911—1937. What emerges is a portrait of socially-conscious bourgeois individualist household—what I call a "progressive Confucian" household. I hope to give some sense of what makes Yang Jiang's portrait eminently literary, both in the sense that it participates in China great conversation on service and subjectivity, but also for its whole-hearted interest in the practices of literature and reading. Viewing the essays as a collection, we can see for the first time how Yang Jiang brings to life the construction and destruction of her Republican-era Suzhou home, and how this home becomes the site of the virtues that would sustain literary intellectuals through the traumas of war and political oppression.

Remembering a Father, Re-Constructing a Home: Yang Yinhang (1878—1945)

"Remembering My Father" (*Huiyi wo de fuqin*, 1993)② is the story of a

---

① One account from China that is now available in English gives that essay writing underwent a deep crisis of scope and purpose around 1986, but that essay writing flourished in the increasingly marketized literature world during the 1990s, expanding particularly quickly as a popular form. See Hong 420—434. Chinese readers see *sanwen* in the newspaper, on the internet, and in cheap paperback book form, just as American readers have come to see creative nonfiction in our market. Memorials and short portraits, the forms of essay examined here, are all quite popular.

② Collected in *About to Drink the Tea* (1987), but first published in *Dangdai* magazine in 1983. Yang Jiang worked on this essay over the entire decade of the 1980s, expanding the text with each new published version. I use the text from her *Collected Works* (2004, volume 2, 59—115), which comes with all-new primary source supplements, including an old newspaper article describing her father's failed attempt to defend the independent judiciary in Republican China (110—115), and a eulogy by a friend of her father's with whom he exchanged philological commentaries on classical Chinese poetry (109—110).

late Qing man who strove to reconcile his social conscience with his sense of individuality, often to his deep frustration. This memorial essay on Yang Yinhang (1878—1945) is also a stage for Yang Jiang to recreate her old home and to connect the motifs of home, family and literature in nostalgic recollection of a bourgeois, non-revolutionary way of life.

"Remembering My Father" begins like a traditional Chinese biography, building up an identity of a significant figure by stating concisely his origins and his accomplishments:

> My father Yang Yinhang (1878—1945), courtesy name Butang, penname the Old Gardener (Lao Bu), also known as Hutou, was a man of Wuxi, Jiangsu province. In 1895 he was admitted to Beiyang University Hall (which at the time was called Tianjin Hall of Chinese and Western Learning). In 1897 he transferred to Nanyang University, and in 1899 went from Nanyang to study abroad in Japan, where he enrolled in Waseda University. Upon return to China, because he had called for revolution, the Qing court issued a warrant for his arrest. He borrowed a sum of money and went abroad once again, first returning to Waseda University in Japan where he obtained a degree, and then to America for study there. I was born after Father returned from America, his fourth daughter. At that time, my father was no longer of the "radical party" that called for revolution. After the Xinhai Revolution [of 1911], he took office in the Republican government. He became a "mad knight" who protected the "democratic rule of law," because he was only a justice for a provincial level high court. He had sentenced a local tyrant to death for the crime of murder to maintain the independence of the judiciary, which caused him to lock horns with the provincial governor and the prime minister, both of whom acted to protect the local tyrant, until Yuan Shikai hired him. In Beijing he was no more than an Examining Judge of the High Court of Beijing, but he allowed a case of an agency director (now called a ministry director) who had embezzled a large sum of money to move forward, and even sent officials from the Examination Ministry to the agency director's private quarters to search for evidence. The intervention of many high-level

> ministers had no effect; the director of the judiciary requested that the President intervene, and this he did by suspending the Head Examiner and the examining official seeking evidence. *The Romance of the Republic* (*Minguo yanyi*) brings up this affair, saying that a certain Yang was not in the wrong and that it was one office protecting another. Based on my understanding, my father's "dreams of establishing a constitution" were dashed even before he resigned his office. ① (Collected Works 61-2)

The official tone of the biography up to this point reflects Yang Jiang's intention to make an authoritative statement to the academy, which had, after the Cultural Revolution, taken a new interest in Yang Yinhang's career, and particularly wanted to understand why he had abandoned the project of revolution. (61) But already in this paragraph, Yang Jiang has bent the rules of official biographical prose, first by inserting her own birth into the account of his professional achievements, and second by inserting two literary motifs. By calling her father a "mad knight", Yang Jiang calls on the figure of Don Quixote, complete with the sense that Yang Yinhang's old-fashioned "chivalric" values made him a hopeless opponent of radicalism and corruption alike. By referencing a popular 1929 historical romance that makes an adventure story out of the fall of the Qing dynasty and the establishment of the Republic, Yang Jiang further affirms her father's status as a minor cultural hero to a bourgeois readership. ② Immediately following this, Yang Jiang takes a significantly more personal tone, opening up a second story line to her essay. This is the story of her own emerging consciousness in a progressive Confucian household:

> I say "based on my understanding", because I have not come across

---

① All translations from the Chinese are my own.

② *Romance of the Republic* by Cai Dongfan (蔡东藩) is still in print, and the text is freely available online. Habermas would probably say that the historical romance answers to the needs of a bourgeois reading public in pursuit of education both for the service of the nation and for the cultivation of the self. Cf. *Structural Transformation*, p. 43 on the trajectory of the psychological novel in England and on the continent.

any evidence. When I was at my parents' side, I didn't try much to understand all that I heard. Some things I just heard from others. There were also things that Father told me, but at the time I only half-understood, and forgot them as soon as I heard. Still other things I understood when I heard my parents talking about them.

My mother Tang Xu'an was also from Wuxi. My parents were like old friends. We children, from when we were little until we grew up, never heard them fight even once. Old-fashioned husbands and wives who didn't fight were common, but on the woman's side there would be a deep grievance in their hearts. There wouldn't be much shared language between husband and wife. My parents, however, could talk to each other about anything. They were the same age. They were married in 1898. At the time, my father was still a student. From their conversations you could hear old stories about father's school days. They often used nicknames instead of real names, and they regularly spoke using classical allusions — the allusions probably referred to current events of interest. But we children listened and didn't ask. "The adults are talking. 'Ol' littles' (a Wuxi colloquialism for 'children') mustn't interrupt." They would talk a lot: about the past, about the present and future, about themselves, about their friends and relatives, about funny things, hateful things, things that angered them... Sometimes they teased, sometimes they sighed from stress, sometimes they were introspective, and sometimes they summarized their own experiences. Theirs was a lifelong conversation, just like a river. To hear it was like reading *Les Caractères* by Jean de la Bruyère. They'd stop and then continue, and at the time I'd listen without much attention. My understanding was the accumulated half-understanding that comes from many years of listening without much attention. After my father left his official position he became a lawyer. He would narrate to Mother in close detail each case he handled: the motives, the parties involved, and so on and so forth. The two of them would analyze and discuss it together. Those cases could have served as lively supplements to *Les Caractères*. Just when my own understanding began to become clear, I myself can't exactly distinguish clearly. (62-3)

The almost Proustian attention to early memories of life in the home contrasts starkly with the essay's opening. The concise, nostalgic setting of an intimate space places a strong emphasis on the attachment between fully-formed individuals in a marriage that attempts to remain "old fashioned" even as it strives for honesty and direct communication. The attachment proves crucial to the child Yang Jiang, for it supplies her with an endless stream of information about the world outside the home. The motif of writing appears again here with *Les Caractères*, a surprising and illuminating choice of book that compares her parents' conversations to highly crafted and often cruelly satirical portraits la Bruyère made of members of the court of Louis XIV. ① Yang Jiang's memory is of her parents as specific subjectivities, well informed and open with each other, that form a wellspring of rational-critical public conversation of private persons. ②A major ingredient of this streaming public knowledge is Yang Yinhang's domestic analysis of his legal cases; he brings his work home and speaks freely on it with his wife.

Thus, this biographical essay has two protagonists, a father and a daughter. The central tension of the father's plot concerns his continuing attempts to have a meaningful life, while the main concern of the daughter's autobiographical exploration is the formation of her own bourgeois, humanist values through her own "half-understood" attachment to her father. It is an intimate attachment figured repeatedly with motifs of domestic space, writing, and storytelling. We learn that Yang Yinhang comes from a long line of poor students who became minor officials. We learn that Yang never really wanted to be a lawyer, that in fact he prefers restoring his Ming dynasty home and garden, collecting rare plants, preparing his own philological commentaries to traditional Chinese poems, and, secretly, writing short essays on society and culture for the newspaper. ③ His passion for private, undifferentiated time influenced Yang Jiang in her own time of

---

① Cf. a review of the French text by A. M. Withers in the *Modern Language Journal*, December 1945: 723-4.

② Cf. Habermas 43.

③ He habitually hid these essays from his family, but they appeared in book form in 1992 as *Selected Writings of the Old Gardener*, with a preface by Yang Jiang. See *Collected Works* 86, note 1.

crisis as a young person in the early 1930s, giving her the support she needed to decide to study literature.

But Yang Jiang would not have readers believe that her father was unconcerned with society. In her eyes his reconstruction and reinvention of the Suzhou home was a complex negotiation of his own interests and the interests of the community. For example, the main hall of the home at the time of purchase was an 18-room tenement that Yang Jiang reports housing "20 or 30 families". That her father effectively evicted these tenants when he purchased the property is something Yang Jiang touches only lightly on, by wondering what happened to them. When she visits the home — now given over to the state — again in the 1950s, it was once again divided into housing for many families. There is an implicit accusation to be made in this, that the hall was too big for one family. Indeed, the explicit accusation was made explicit in the 1930s when a classmate of Yang Jiang's, a member of the Communist Party, visits the home. Yang Jiang didn't respond to the communist student's accusations at the time, but lets her readership know that the student simply did not understand that her father had no surplus wealth. This home was not symbolic of wealth but of attachments. Her father as head of the clan paid for the education and living expenses of his own family, his two sisters, his parents, and various extended family members. So his big house symbolizes family attachments and the head of clan status. Further, he depleted his own savings to renovate a property that nobody wanted, restoring the gardens, ordering new furniture, and completely reconstructing the interior of the main hall. Thus Yang Yinhang was sponsoring the preservation of local culture; he was reinventing the Ming home. Again, Yang Jiang applies a writing motif to illustrate this in a vivid way: he investigates the property's original owner, a local cultural hero known as Grandmaster Xu, who in the 17th century had helped peacefully unravel a rebellion instigated by the famously evil eunuch ruler Wei Zhongxian (81). Yang rededicates his home as the Peace Xu Hall (Anxu Tang) to honor the original owner and claim ownership himself.

In all of Yang Jiang's essays on formative attachments, the autumn of 1937, when the Japanese invaded and occupied Shanghai and the entire surrounding region, symbolizes the crisis moment of the story — this is the case even though

Yang Jiang was not in China at the time, and so must rely on what her family told her later. The flight of neighbors, friends, and servants broke many of Yang Jiang's childhood attachments. The death Yang Jiang's mother and the destruction of the family's Suzhou home were traumatic experiences that made her life before the war into complex, often symbolic memories. From the perspective of social change, 1937 marks the steep decline in the possibility for the consolidation of bourgeois households like the Yang home. But in Yang Jiang's version of the story, the bourgeois family manages to survive, albeit badly damaged. In the climactic scene of the essay, the Yang family has taken refuge in Xiangshan, an outer suburb of Suzhou. There, Yang Jiang's mother contracted malaria.

> Mother's illness grew serious; she gasped shallowly for breath. Father and Big Sister planned to stay with the patient until the very end. Baby Sister was only 15 years old, so father ordered her to retreat with her two aunts. But Baby Sister would not consent to leave, so she stayed too. The night before Xiangshan was occupied, my mother passed away. Father had already exchanged several bags of white rice for a coffin. The next day, the three of them placed Mother into the coffin. Searching through the pouring rain, they found someone who could send the coffin on to a borrowed burial ground. Over there was where our own country's military was in retreat, so Mother's coffin passed right through the troops. Struggling to think of solutions on the spot, my father asked someone to erect a small shelter over the coffin on the burial ground. According to what Big Sister told me, Father cried noiselessly out there in the wasteland as he wrote the characters of his own name everywhere he could find a potential surface: on the coffin, on the tiles, on the bricks, on the trees around there, on the flagstones set into the ground. These were meant to be a link left behind in the fighting, for if he left Mother without doing so he would never find her again. Then, he had no other choice but to put aside his partner, in good times and bad, of the past 40 years, take up his two daughters, and flee for their lives back into Shanghai. (99)

The motif of writing, now long associated with Yang Jiang's home and family, is once more very apparent, though this time it signifies the idea of a "link left behind". The image is a striking one, reminiscent of ritual writing on surfaces with magical purpose. It also drives into the foreground Yang Jiang's own memorial practice, so many years later, in writing of these events. Events like the 1937 death of her mother and flight of her family are treated almost every time Yang Jiang puts pen to paper; perhaps the repetition re-enacts the survival of the bourgeois family structure, making it a form of "magical thinking".① Indeed, throughout Yang Jiang's writing, she asks what China would be like if elements of her old home had survived. In her conclusion here, Yang Jiang wonders aloud whether her father, if he had survived past 1945, would have found a place for himself in the "New China" after 1949. He would have been proud of China's progress, she concludes, but "a man like my father would probably have been beaten to death by the Red Guards". Her message is clear: now that the Red Guards themselves are all gone, the time to remember, and reinvent, her father has arrived.

An Incomplete Woman: "Remembering Third Aunt"

Remarkably, Yang Yinhang's younger sister Yang Yinyu (1884—1939) is a minor cultural figure in China as well, though her role is of villain rather than hero. Yang Yinyu is best known for her role as the principal of Beijing Women's Normal University in 1925, when she suppressed a student movement at the school and so became the target of popular attacks from a variety of writers, including even Lu Xun.② Prompted once again for a biographical essay by historical researchers (116), Yang Jiang complies. The result is "Remembering Third Aunt", a less-than-successful attempt to humanize a woman Yang Jiang always disliked for her selfishness, inconstancy, inconsiderateness, and cruelty to children and animals. Worst of all were Yang Yinyu's systematic attempts to

---

① My tentative comments here are inspired by Lockhurst.

② For an overview of the events of 1925 at Women's Normal University, see Ma 210.

cultivate public attachments without investing in private attachments, as when she invited school officials to the Yang household for dinner without giving notice to Yang Jiang's mother, who was only with difficulty able to prepare an acceptable environment for the guests. Throughout this essay, which Yang Jiang herself calls a "supplement" to her portrait of her father, Yang Jiang must remind herself that Yang Yinyu is a lonely and disturbed woman who has been traumatized, both by her unfortunate first marriage and by a study abroad experience that left her more ambitious than competent:

> As far as I can see, she threw off the shackles of feudalism, and had no intention of being a worthy wife and good mother (*xian qi liang mu*) . She put her whole mind onto society, expecting she could achieve something this way. When she came home from America, she was principle of Women's Normal University, and was probably confident that she would be able to achieve something. But she had buried her head in books for many years outside China, and had not seen the wave of revolution internal to China. She could not understand the forces of the times, and she couldn't see clearly the position she herself was in. And now she is an "ancient person": many people bring her up to curse her, but very few remember really knew her. (133)

If there is any lasting value to this portrait, it is in the inverse-portrait it provides of a "worthy wife and good mother" (*xian qi liang mu*), an old trope of exemplary feminine virtue which Yang Jiang habitually endorses, and even sets as goal for herself in post-war China. ① Yang Jiang's mother Tang Xu'an, emerges once again as a third character, a kind of idealized exemplar of everything Yang Yinyu was not: selfless, constant, considerate, loving, and above all mistress of her household. Tang Xu'an is figured in all of the essays examined here as a

① In the essay "Criticism Assembly" (*Kongsu da hui*) in *Memoires Decousus* 64, Yang Jiang recalls how her goal of being a "worthy wife and good mother" was undermined by the first of many political rectification campaigns to sweep China beginning in 1951.

managerial mind, with a vision of the home as a place where family members and domestic staff exist in harmony.

Service and the Bourgeois Home

As we have seen in "Remembering My Father", Tang Xu'an was Yang Yinhang's partner in creating rational-critical public conversation at home. She was also master of the house, and thus of the servants of the household. My concern in the following two short essays on servants is with the way Yang Jiang presents the domestic space as a refuge full of the tropes of an ethics of social fairness.

A sympathetic portrait of a servant, a portrait that in fact affirms service in modern life, is already a near-violation of revolutionary practice. The usual interpretation of 1942 Mao's "Talks on Art and Literature at Yan'an" would condemn such a theme from the outset for not promoting class consciousness or class struggle in the form of a criticism of service as an institution. And yet, in both "Zhao Peirong and Qiang Yingxiong" and "Lucky and Nimble", Yang Jiang does give sympathetic portraits. ① What is at stake in this representation of service is its role in a bourgeois house that is concerned with fairness and helping others.

Moreover, it is in these very brief, incisive portraits of servants that Yang Jiang is at her best as a writer. Yang Jiang begins "Zhao Peirong and 'Strong Leader'" with a typically active, theatrical scene that brings to life the biographical subject with very few words: Whenever Zhao Peirong lifted a telephone receiver, whether he was taking a call or dialing out, he always had to introduce himself first.

> "I am the gatekeeper of the Yang household of Temple Lane. My name is Zhao Peirong. That's '*Zhao*' ("趙"); '*Zhao*' spelled with a '*xiao*' (肖) and a '*zou*' (走)."

---

① "Zhao Peirong and 'Strong Leader'" (Zhao Peirong yu Qiang Yingxiong, 1990, 53-57) and "Lucky and Nimble" (Afu yu Aling, 1990, 57-61) are both collected in *Mémoires Décousus*; I have not yet determined if they were previously published in literary journals.

> To this day his voice is still in my ears... He was in his fifties, thin, and of medium build. His back was slightly hunched, and his face was long and narrow. Hanging off the sides of his mouth was one of those mustaches in the shape of a *ba* (八), the strokes of the *ba* trailing off in a downward hang. He walked with the slow steps of an old person, or a scholar. When he spoke, his mouth always carried a certain smile, the lips pursed as if he were about to make an apology. And then he would always begin by saying "*Zhege, zhege...*" (this, this...), which with his Antown accent came out as "*Guoge, shige...*" (53-54)

Yang Jiang feels no compunctions against caricature, for the features exaggerated are the features that are most memorable. Language is brought to bear here as a tremendously various motif, from Zhao's habitual explanation of surname, to the shape of his mustache, to his strong accent, which marks his origins in a small, impoverished village. Humor helps delineate Zhao's liminal position in domestic time and space: he is the perfect figure of a late Qing commoner adjusting to early modernity by taking up a role that makes him, in some sense, part of a household, although something less than kin. Yang Jiang's father gets angry when he hears Old Zhao introducing himself yet again to a telephone receiver. The children were much amused, however, laughing as they listened to the familiar sounds "*Zhao xiao zou, Zhao xiao zou*". (54)

Humorous caricature successfully evokes the feeling of a child for domestic space and the attachments of space. Old Zhao was a strange little part of Yang Jiang's world, one who stood for a firm set of values. He was a literate man from the small village of Antown:

> Who said himself that he'd been a teacher in a traditional village school, that he'd taught the *Appreciation of Ancient Writing* (*Gu wen guan zhi*), and also said that he'd taught monks to read sutras in a temple. His calligraphy was coarse, but very orthodox. He would copy out sutras for people using a red brush... When the maid came back from buying vegetables, she would sit in the gateway and ask him to write out the invoice. He had many novels

> with tiny, densely-packed lines of print, like *The Biography of Jigong* (*Jigong zhuan*), *The Biography of Judge Bao* (*Bao gong zhuan*), and *Tales of Yue* (*Shuo Yue*). In his spare time he'd doff his glasses and read. (55)

Yang Jiang continues to describe Zhao using the motif of the written word. Here, as elsewhere, books tag specific aspects of the biographical subject's identity. The first title Yang Jiang mentions is an eighteenth-century educational anthology; such a work fixes Zhao as something of a relic. His leisure reading, too, tells us something about him. Each of the cheap popular novels Yang Jiang remembers him to have read feature a different cultural hero associated with one or more popular traditional virtues: Jigong helped the poor and punished the wicked, Judge Bao was an incorruptible judge who would prosecute the culprit even if he was a relative of the emperor, and Yue Fei was a celebrated martyr who died fighting foreign invaders. ①In the booklist, Old Zhao is filled out as not only a relic of the past, but one who might possibly hold to romantic notions of social justice and fairness. It's even likely that he may have been a Boxer. ②

But Yang Jiang does not endorse any of Zhao Peirong's values unequivocally. There is the sense throughout that Zhao is something of a fool, and though literate, perhaps mediocre in his learning. Zhao enjoyed telling his own life story, but Yang Jiang, characteristically, is only half-sympathetic. She does not quite believe everything he says. Zhao says he has four sons and that "the one he liked the least" was an official. He also often told how had been adopted because his birth parents were too poor to care for him. His original surname was "Qiang" ("Strong") and his original given name was, he said, "Yingxiong" ("Hero"). This is just too much for Yang Jiang and her siblings. "We suspected

---

① For a fascinating and broad introduction to Jigong, see Shahar. Shahar 90—111 discusses the Jigong figure in 17th century fiction. On Judge Bao, Idema provides translations and detailed discussion. For the Yue Fei figure, see Liu.

② Shahar 176 alludes to the connections between these cultural heroes and the Boxer Rebellion, 1898—1901. For another ex-Boxer with a strong sense of social justice through cultural heroes, see Lao She's portrait of Cousin Fuhai, *Beneath the Red Banner* 48-55.

he was ashamed of his own cowardice and so wished he were a hero. So, copying fiction writers of a the romantic school, he drew himself as a hero while facing a mirror." (55)

This doubtful attitude sets up a fuller endorsement of Zhao, and his values, in a fairly subtle way. Near the end of the short essay we learn that Zhao left the family in 1937 just before the Japanese occupied Suzhou. Yang Jiang was studying abroad at the time, but recalls speaking to her father about the incident. "Did Peirong really have a son who was an official?" she asked. And her father said yes, that son was a county magistrate — of a small county. On the eve of the invasion, that son sent someone to take Zhao and move him to safety. The essay actually slips at this point into the voice of the writing Yang Jiang. She revisits the time of her past by re-opening the case of Zhao's identity. How many of his stories were true after all? Was it possible Zhao really did once carry the name "Strong Hero"? She doesn't make a final verdict on this, but she does conclude, "Probably romantic stories are all based on true stories from the real world. Moreover, the most ordinary people may feel the most extraordinary things". (56)

Yang Jiang's choice to remember her family's servants opens up an at first skeptical, but ultimately instructive attachment she feels for a man who lived and worked in her old home. By remembering him as a caricature composed of literary motifs, she honors the Confucian social sensibility that gave his life meaning, and she hints at the diversity of attachments in her progressive, yet very much Confucian, home.

Yang Jiang's nostalgic caricature of Gatekeeper Zhao adds tremendous depth to her ongoing reconstruction of this complex household. Quite in contrast to early Chinese modernists who denigrated Confucian patriarchal structure for its exploitation of rural labor, Yang Jiang shows us how a traditionalist agent of social justice could gain a position that gave him access to the mistress of the house. The two then became a team: Zhao would bring needy individuals to her attention, and Tang Xu'an would find them a place in the home. Yang Jiang records how this works in a follow-up essay to her piece on Old Zhao, "Lucky and Nimble" (*Afu*, *Aling*, 1990).

Zhao first brings a small, malnourished child who has been orphaned several times over. After explaining the child's background to Yang Jiang's mother, he pleads to her to "Do a good deed":

> "Take him in and give him something to eat. Have him do odd jobs. Okay?" And so he [the child] came to our home. Because he'd had a bitter fate, Mother gave him the name "Lucky", using the character for good fortune to prevent further misfortune. (58)

The portrait of "Nimble" begins much the same way. Zhao brings a thick-set village woman who wears a dark wool coat even though it is blistering hot that day. The woman is mentally disabled. Her husband has forced her out of his home because she can't complete housework and she has even killed her own child out of negligence. This time the children, copying their mother, name the woman "Nimble" (*Aling*). These names "Lucky" and "Nimble" reflect an intention to remold both characters in their new home. In Chinese, the names also come with the diminutive prefix "a" (*Afu*, *Aling*), which reflects the erection of a familiar, though not quite kinship, relationship.

Once at the Yang house, Lucky and Nimble's circumstances begins to improve. Lucky helps Gatekeeper Zhao and begins to learn a trade — woodworking — with the encouragement of Yang Jiang's father. Nimble learns to empty the chamber pots each day and also to sweep the floor and do other household tasks. Yang Jiang takes care to mention that Lucky and Nimble each have their own dreams, and that this motivates them to better themselves. In the end, both were improved. Lucky grew up and negotiated an uxorilocal marriage. Nimble's husband retrieved her before the Japanese invasion; by then she was talkative and competent at housework. "Her face had become rosy and bright; her whole person was completely unlike before, when she was so dull and wooden." (59-60) In each of these minor portraits, what emerges is the power of the home itself to bring out the wholeness of a person, even a newcomers who are poor, orphaned or disabled. This ethic of service would be a lifelong preoccupation with Yang Jiang, especially after 1949, when she struggles to combine her pre-1937 sense of social responsibility, rooted as it is in the figure of the progressive Confucian household, with the revolutionary sensibility of people's justice. This explains why in later essays, we often find Yang Jiang reflecting on housekeepers, cooks and other servants she employed in the Communist period, even during the Cultural Revolution. ①

A Complete Woman: "On Yang Bi"

Yang Jiang's vision of the domestic space as the site of formative attachments receives its fullest celebration in the memorial essay to her baby sister, "On Yang Bi" (*Ji Yang Bi*). ② The essay is narrative of growth and overcoming artfully patched out of motifs of childhood experience. Yang Bi's entire life span (1922—1968), contained as it is within the first two thirds Yang Jiang's life, appears as an entirety, which offers to Yang Jiang an opportunity to shift back and forth in time, creating a biography that regularly returns to Yang Bi's childhood in Suzhou to explain her accomplishments as an adult in war and post-war era China. Yang Jiang marshals her memory of Yang Bi's life to affirm the values of her family's progressive Confucianism against the destruction of human attachments that for her most characterizes the political storms of post-war China.

As the youngest child, Yang Bi received special care and attention from all other members of the family, and so inevitably became "delicate" (*jiao*). "For one, her constitution was delicate, and for another, her health was delicate." There was nothing to be done about Yang Bi's health, which would always be delicate, but her "constitution" was another matter. Seventh Sister (Aqi), Yang Bi's immediate elder and closest intimate, attacks the problem of her sister's "delicacy" with what in Wuxi is called "Drawin' Ol' L'il" (*yin lao xiao*), the

---

① Portraits of these servants appear in "Granny Lin," "Old Wang" and "__'s 'Free Love,'" which I discuss elsewhere.

② Dated September 1990, and first published in *Dushu* magazine in 1991; I use the text collected in *Memoires Decousus* 61. I would like to note that this is a particularly popular essay online, with a Google of over 15, 000. It is both a popular sentimental piece and an official biography of a celebrated translator, anthologized in writings about translation and translators.

time-honored practice of teasing the child:

> Aqi liked to draw... In just a few strokes she did a portrait of Abi... As Aqi painted, she recited some words.
>
> First she painted two deeply convex brows, saying "Squashed are her brows".
>
> Then she painted two eyes with tips facing upwards, "With *yu* ("wings" in Wuxi dialect) for the corners of her eyes".
>
> Then she painted a little round circle, "A little circle for her nose".
>
> Then a big, wide mouth, open in laughter, "So wide is her mouth".
>
> Then she drew around these an egg-shaped head with a child's hair, "Face like a duck egg".
>
> She added two round ears, "Big and round, her ears".
>
> Abi took a great interest in this caricature. She picked it up and looked at it closely. Thinking it did indeed quite resemble her, she let out a "Waaaa" and began to cry. We all laughed and laughed.
>
> Later on each time Aqi drew "Squashed are her brows, with wings for the corners of her eyes...", before she came to "Face like a duck egg", Abi would start crying. After that, she'd cry before Aqi got to "A little circle for her nose". This caricature just got more inspired each time she drew it. Everybody enjoyed and admired it. On time Abi huffed and puffed but managed to keep herself from crying. Seeing Aqi getting to "Face like a duck egg", she snatched up the brush, added many dots to the face, and said herself, "Face like a preserved egg!" She meant those eggs covered with chaff and mud over their shells. And then she laughed with all of us. This was Yang Bi's great victory. She killed off her delicacy, and she gained a sense of humor. (64—65)

"On Yang Bi" deals with Yang Bi's survival of the traumas of war, successful academic career, and her death in the early period of the Cultural Revolution, but its representative anecdote of overcoming is located in the pre-1937 Yang household, which is proven to be a formative site of the growth of the person. In this progressive Confucian home, the caricature is a family tradition, one we have seen at work when Yang Yinhang brings home rational-critical public conversation figured as supplements to *Les Caracteres*, when Yang Jiang draws Gatekeeper Zhao, and now when Aqi challenges her little sisters delicacy with full family approval. The caricature is a nudge from the family, but it is only a nudge. Yang Bi has to find the inner strength to push back on her own. In the process, she gains a whole newness of personhood. No longer so needy as she once was, Yang Bi immediately seems to have found her own native talents at reading, writing and mimicry (she does a great Stan Laurel), which were later to make her a great translator. ①

Her bonds to the family were affirmed in the 1937 crisis, when she refused to leave her dying mother's side. Later, during and after the War, she became the "hub" of the family, young enough to engage with her siblings' children, energetic enough to keep up correspondence with everyone, and pleasant enough that everyone liked her company. Her general affability made her a much more social person than the other Yangs, which was a boon to her academic career. Her talent as a translator earned her a professorship at Fudan University in the early 1950s despite politically dubious attachments to foreign colleagues, attachments she steadfastly reserved to renounce, even in the Cultural Revolution.

Yang Jiang's representation of the political movements of the early 1950s through the end of the Cultural Revolution is a study in the perplexity over her concern for trying to be an active participant in the New China while at the same time holding on to the attachments she formed before the war. She particularly celebrates Yang Bi's stubborn refusal to dissolve old attachments, something Yang Jiang was not able to do herself. ② Yang Bi was not perplexed, because for her the necessity to defend her attachments to friends and family told her all she need to

---

① Yang Bi is the translator of *Castle Rackrent* (1800) by Maria Edgeworth, and, most famously, *Vanity Fair* (1847-48) by William Makepeace Thackeray. Both titles were suggestions from Yang Jiang's husband, Qian Zhongshu. (69-70)

② See for example, "Memorial to Professor Winter" (*Jinian Wende Xiansheng*, 1987), Yang Jiang's elegiac lament for her friendship with the Englishman Robert Winter which she broke off under political pressure during the "Three Antis" Movement of the early 1950s.

know to decline the opportunity to "reform" herself at any point from the 1950s onward. She would have none of it. To demonstrate how this exemplary virtue is rooted in formative experiences in the pre-1937 Yang home, Yang Jiang figures her sister's death in 1968 as the stubborn opposition of a child that knows what she wants:

> To gain "clean" status, the revolutionary masses wanted her to explain her work with the International Labor Bureau (during the War). She wrote several explanations. One evening, she went to sleep and didn't wake up again. She really reminded me of when she was little and didn't want wash her face, calling out over and over "*Tao tao tao tao tao*!" ("Flee flee flee flee flee!"). Her two little feet hurried off, but she was always captured by Mother. This time she wasn't captured. She'd made a clean, dexterous break for it. (73)

By staging Yang Bi's death as power faced down by a toddler, Yang Jiang re-enacts Yang Bi's "victory" as a child who gains her sense of herself through the intimate attachments of a bourgeois home. Yang Bi's close resemblance to Amy March from *Little Women* is no coincidence, as this was a beloved book read by all the children (65), along with Chinese domestic dramas including stories from Yuan drama and the novel *Dream of the Red Chamber* (66)①. Similarly, the highly characteristic sentimental tone that infuses this piece contains the motifs of literature serving a progressive Confucian sense of attachment, from Tennyson's "Sweet and Low" (62) to Li Bai's "The Road to Shu is Hard" (66). For Yang Jiang, the important legacy of Yang Bi is the message that a life filled with dignity and meaning is an interweaving of reading and writing, personal growth, and a strident defense of those attachments that help advance reading and personal growth. Further, the system of literary motifs that appears in Yang Jiang's essays always directs us back to the growth of self and attachments in tandem in a

① For an analysis of how the characters in *Dream of the Red Chamber* are themselves sensitive to their own resemblance to characters in Yuan drama, see Waltner.

bourgeois household which, or so Habermas tells us, could have helped in the development of a critical public sphere, had it been allowed to develop. The 1937 Sino-Japanese War, the subsequent Chinese Civil War, and the political movements following may have ended this possibility for a time, but as Yang Jiang and her large readership allow us to glimpse, the needs of a bourgeois readership have appeared again, and are often directed at China's own intimate histories.

The content of Yang Jiang's essays take on four major themes: memories of life before 1937, memories of life during from 1937 Anti-Japanese War up until the first political campaigns in the 1950s, memories of the political campaigns of the 1950s to the end of the Cultural Revolution, and finally memories of life since 1980. This essay has examined the first stage of Yang Jiang's story to see how she emphasizes a particular kind of home life, writing of herself and members of the household in terms of their intimate attachments to each other. "Remembering My Father" celebrates how Yang Yinhang built the Yang home as a place where progressive values could take root in a home with a modified system of Confucian family relations. "Remembering Third Aunt" laments that Yang Yinhang's sister Yang Yinyu was not as able to combine the two value systems as well as her brother. Essays on the servants of the household celebrate the social mission of the household. Finally, a tribute to Yang Jiang's sister locates the capacity of a person to change for the better in formative experiences within the family.

In her keynote address opening the 2010 IABA meeting, Nancy K. Miller remarked upon the narrowing of narratives in contemporary American writing, saying "We've lost our ability to tolerate pain and live in historical time"① . In contemporary Chinese writing, a similar such loss is often represented by the figure of Old Lady Meng, who in the Buddhist mythos hands the newly dead a cup of tea that makes them lose all memory of the lives they once had. In the 1983 preface to Yang Jiang's essay collection About to Drink the Tea (*Jiang yin cha*), Yang Jiang combines the figure of the Old Lady Meng and the figure of the new marketized and modernized China in the state-of-the-art new "Big Sister Meng's

① June 28, 2010.

Teahouse", which comes complete with television rooms for the dead to see their lives play out one last time. But whether the souls decide to watch the television or not, they must eventually drink the tea. Yang Jiang tells us that she knows that "private affairs brought along can never be taken across", and so she had better put them in order. (58—9) So far we have seen her putting in order her most formative values with no comment on their potential for reinvention. Yang Jiang is neither optimistic that her childhood memories of a progressive Confucianism could be antidotes to contemporary alienation, nor is she certain that they have passed away forever. Despite this overt ambiguity, however, it occurs to me that the very visible gap between what once was and what is now supplies its potential to reinvent. I think perhaps this is the true power of an auto/biographical archive.

WORKS CITED

Berlant, Lauren. "Intimacy: A Special Issue," *Critical Inquiry* 24, No. 2 (Winter 1998): 281-288.

Miguel de Cervantes Saavedra. *Don Quixote*. Translated by Yang Jiang. Beijing: Renmin wenxue press, 1978.

Cai Dongfan. *Romance of the Republic*. http://www.chinese-e-book.com/lsxs/c/caidongfan/mgyy/index.html. Chinese-e-book.com. Web. 25 June 2010.

Edgeworth, Maria. *Castle Rackrent*. Trans. by Yang Bi. Shanghai: Pingming press, 1954.

Habermas, Jürgen. *The Structural Transformation of the Public Sphere: An Inquiry into a Category of Bourgeois Society*. Cambridge: MIT Press, 1989.

Hong Zicheng. *A History of Contemporary Chinese Literature*. Trans. by Michael C. Day. Leiden; Boston: Brill, 2007.

Idema, Wilt. *Judge Bao and the Rule of Law: Eight Ballad-Stories from the Period* 1250—1450. Singapore: World Scientific, 2010.

Jin, Siyan. "Subjective Writing in Contemporary Chinese Literature: The 'I' has taken over from the 'we' omnipresent until the late 1970s" Trans. by Peter Brown. *China Perspectives* 54 (July-August 2004). http://chinaperspectives.revues.org/document3032.html. Web. 24 June 2010.

Kong, Shuyu. *Consuming Literature: Best Sellers and the Commercialization of Literary Production in Contemporary China.* Stanford Calif. : Stanford University Press, 2005.

Kong Qingmao. Critical Biography of Yang Jiang. In *Yang Jiang: A Critical Biography.* Beijing: Huaxia press, 1998.

Lao, She. *Beneath the Red Banner.* Beijing: Panda Books; Chinese Literature Distributed by China Publications Centre, 1982.

Laughlin, Charles A.. *Chinese Reportage: The Aesthetics of Historical Experience.* Durham: Duke University Press, 2002.

Laughlin, Charles A.. *The Literature of Leisure and Chinese Modernity.* Honolulu: University of Hawai'i Press, 2008.

Liu, James T. C.. "Yueh Fei (1103-1141) and China's Heritage of Loyalty," *The Journal of Asian Studies.* Vol. 31, No. 2 (Feb., 1972), pp. 291—297.

Liu, Meizhu. "La Figure de l'intellectuel chez Yang Jiang," Diss. Institut National des Langues et Civilisations Orientales, 2005.

Lockhurst, Roger. "Reflections on Joan Didion's The Year of Magical Thinking," *New Formations* 67 (2009), 91-100.

Ma, Yuxin. *Women Journalists and Feminism in China*, 1898—1937. Amherst N. Y. : Cambria Press, 2010.

McGrath, Jason. *Postsocialist Modernity: Chinese Cinema, Literature, and Criticism in the Market Age.* Stanford: Stanford University Press, 2008.

Plato Feiduo (Phaedo). Trans. by Yang Jiang. Shenyang: Liaoning renmin press, 2000.

Pollard, David E.. *The Chinese Essay.* New York: Columbia University Press, 2000.

Rowe, William. "The Public Sphere in Modern China," *Modern China* 16, No. 3 (1990): 309—329.

Shahar, Meir. *Crazy Ji: Chinese Religion and Popular Literature.* Cambridge: Harvard University Asia Center, 1998.

Thackeray, William. *Makepeace.* Trans. by Yang Bi. Beijing: Renmin wenxue press, 1957.

Waltner, Ann. "On Not Becoming a Heroine: Lin Daiyu and Cui Ying-ying," *Signs*, 15. 1 (1989): 61—78.

Withers, A. M.. "Review: Les Caractères, ou Les Moeurs de ce Siècle by Jean de la Bruyère," *The Modern Language Journal* 29, No. 8 (December 1945): 723-724.

Wu, Xuezhao. *Listening to Yang Jiang Talk of the Past.* Beijing: Sanlian shudian, 2008.

Yang Jiang. *About to Drink the Tea.* Hong Kong: Sanlian shudian, 1987.

Yang Jiang. *Baptism.* Trans. by Judith Amory. Hong Kong: Hong Kong University

Press, 2007.

Collected Works of Yang Jiang. Beijing: Renmin wenxue press, 2004.

Mémoires Décousus. Guangzhou: Huacheng press, 1992.

Mémoires Décousus. French trans. by Angel Pino and Isabelle Rabut. Paris: C. Bourgeois, 1997.

"Yang Jiang's one and only television appearance". www.douban.com/group/topic/11994469/. Douban.com. 16 June 2010. Web. 24 June 2010.

Yang Yinhang. *Selected Writings of the Old Gardener*. Wuhan: Changjiang wenyi press, 1993.

从《女性改造》杂志看日中两国的女性观

〔日〕前山加奈子*

一 《女性改造》创刊的背景

《女性改造》是1922年10月改造社创刊，1924年11月停刊，而从1946年6月到1951年再度刊行，这篇论文即是论述从1922年到1924年这段时期的。

20世纪一二十年代日本工会运动发展很快。随着工人运动的进展，组织了农民工会等群众运动。在家族形成一体的斗争中，很多妇女也参加各种运动。同时，“职业妇女”“劳动妇女”增多，社会的女性意识发生了变化。

这段时期在日本思想史上被称为“大正民主”，是各界寻求变革，尝试新社会思潮的时代。同时这个时期来自中国的留学生很多。他们也容易受到日本新思潮的影响。

当时在言论界，《太阳》（柏拉图公司）、《中央公论》（中央公论公司），以及也在此期间创刊的《改造》（改造公司）等作为综合杂志引导着日本的新思想。而妇女所处的环境也处于新旧交替的阶段。

因此那些综合杂志在时代的要求下编辑了女性特集号。《太阳》1913年6月的19卷9号刊载了《近来之妇女问题》特集，《中央公论》1913年7月的28卷9号作为《妇女问题号》临时增刊，《改造》在1922年7月号有专题《妇女运动的新倾向》。

* 前山加奈子，日本骏河台大学教授。

各女性特集号得到好评并提高了销售额，而且在新的时代潮流中，各综合杂志发行出版社竞相创刊女性版。

《中央公论》1916 年 1 月发表《妇人公论》，向文化水平比较高的妇女提出各种各样的问题，这些问题保持着长久的生命力，到现在仍为人们关注。

1922 年 5 月，柏拉图公司的《女性》创刊了。[①] 这个杂志“浓墨重彩地反映‘日本现代主义’的潮流”，“从欧美传来的现代性的生活、合理主义和风俗解放运动，迅速被引入并传播开来”。

改造社 1922 年 10 月“改造”的女性版《女性改造》创刊以后，把受到高等教育的知识女性作为读者对象，开展了以女性的解放为目标的左派的言论活动。

如果试着比较两国的妇女刊物的创刊状况的话，日本最初出版的女性杂志是在 1884 年（明治十七年）创刊的《女学新志》，不过，那是由意图发展女子教育、提高妇女地位的男性有识之士创办的。在中国，第一个妇女刊物是 1898 年一些妇女为主张女子教育的振兴和妇女权利的伸张而创刊的《女学报》。[②]

二 《女性改造》刊载的与中国女性关联的著述

参照表 1《女性改造》上的“中国及中国女性相关的著述”。

表 1 《女性改造》誌上の中国及び中国女性関連の著述

（《女性改造》杂志上的中国及与中国女性相关的著述）

序号	卷・号	发行年（大正年）月日	表　题	执笔者姓名
1	1・1	1922 年（十一）10 月 1 日	支那に於ける女権主義と女性改造運動（中国女权运动与女性改造运动）	ドラ・ラッセル

① “雑誌‘女性’と中山太陽堂およびプラトン社について”“雑誌‘女性’第 48 巻”日本図書センター、1993 年 9 月，p. 7

② 拙論“一九二〇年初頭における日本と中国の女性定期刊行物ー呉覚農が紹介・論争した女性運動論からみるー”付録“日本と中国の女性定期刊行物創刊年表‘1885 年—1926 年’”“駿河台大学論叢”第 42 号，2011 年。

续表

序号	卷・号	发行年（大正年）月日	表　题	执笔者姓名
2	2・1	1923年（十二）1月1日	支那の音楽とその曲調（中国之音乐及其曲调）	村田孜郎
3	2・2	1923年（十二）2月1日	創作ハルピンの一夜（小説）（创作哈尔滨一夜，小说）	南部修太郎
4	2・6	1923年（十二）6月1日	家政に無関心な支那の主婦（对家政不关心的中国主妇）	太田宇之助
5	3・2	1924年（十三）2月1日	外国婦人の職業及副業状態　刺繍に堪能な支那婦人（外国妇女的职业及副业状态——善于刺绣的中国妇女）	田村松枝
6	3・2	1924年（十三）2月1日	萬璞女史に会ふの記—支那女子参政権運動の一片影（记与万璞女史之会面——中国女性参政权运动的一个缩影）	南部修太郎
7	3・5	1924年（十三）5月1日	新旧支那婦人界の近況—大家族主義より自由主義へ（新旧中国妇女界之近况——从大家族主义到自由主义）	宫野千代
8	3・11	1924年（十三）11月1日	支那といふ国（一个称作中国的国家）	殷汝耕
9	3・11	1924年（十三）11月1日	ドン底生活の台湾婦人（生活在社会底层的台湾妇女）	蔡素女

《女性改造》全卷内，有关邻国中国的文章仅有9篇，并且这其中有关中国妇女并由日本人执笔的不过4篇。不能从这仅有的4篇断言当时的日本人怎么看中国妇女，不过，能窥视大体的观点。

杂志上介绍的中国妇女，是当时的中产阶级以上的家庭主妇，接触新思潮、在家庭内也尝试新的生活方式的妇女，女性参政权运动家等。

从中国女性史看这个时期的话，接受了五四新文化运动的新思想而觉醒的青年男女开始主张女子教育、女性参政、高等教育男女平等升学、男女交际和婚姻自由等。

虽然《女性改造》杂志中与中国妇女关联的著述极少，不过，仅有的著述还是能概观这些状况。可是一般认为从这些著述来看，中国妇女运动史上被特别关注的女工的实际情况和运动、有关中国共产党的女性运动的方针等信息则没有得到。

三 从《女性改造》翻成中文介绍的与妇女关联的著述

参照表2“从《女性改造》翻成中文的著述”。

表2 从《女性改造》翻成中文的著述

	《女性改造》卷·号	发行年（大正年）月日	表 题	执笔者姓名	翻译题名	译者	登载杂志名·卷·号/期	发行年月
1	1·1	1922年（十一）10月1日	支那に於ける女権主義と女性改造運動	ドラ・ラッセル	罗素夫人的中国女权运动观	Y. D	《时事新报》副刊《现代妇女》第16期	1923年2月
					中国的女权主义及女性改造运动（英国罗素夫人著）	云鹤	《妇女杂志》第九卷1号（妇女运动号）	1923年1月
2	1·1	1922年（十一）10月1日	無産階級の婦人運動	山川菊荣	无产阶级的妇女运动	祁森焕	《妇女杂志》第九卷1号（妇女运动号）	1923年1月
3	1·2	1922年（十一）10月1日	黎明期の第一声—ゴドヰン夫人ウオルストンクラフトを憶ふ	厨川白村	忆伏尔斯顿克拉夫脱女士	施存统	《妇女杂志》第九卷1号（妇女运动号）	1923年1月
4	1·2	1922年（十一）10月1日	法律道徳の欠陥のみ	宫本英雄	论寡妇再嫁日本（宫本英雄著）	Y. D.	《妇女杂志》第八卷12号（贞操问题的讨论）	1922年12月
5	1·2	1922年（十一）10月1日	回教国の婦人問題	山川菊荣	回教国的妇女问题	易闲	《妇女杂志》第九卷1号（妇女运动号）	1923年1月
6	2·6	1923年（十二）6月1日	女性の建設的生活と性の道徳	长谷川如是闲	女性之建设的生活与性的道德	无竞	《妇女杂志》第九卷10号	1923年10月
7	2·7	1923年（十二）7月1日	第三インタナショナルと其婦人部	山川菊荣	世界妇女状况：第三国际及妇女部	光亮	《妇女杂志》第九卷9号	1923年9月
8	3·1	1924年（十三）1月1日	春（童話劇）	竹久梦二	春（童话剧）日本竹久梦二作	Y. D.	《妇女杂志》第十一卷1号（新性道德号）	1925年1月

续表

	《女性改造》卷・号	发行年（大正年）月日	表　题	执笔者姓名	翻译题名	译者	登载杂志名・卷・号/期	发行年月
9	3・2	1924年（十三）2月1日	女権より人権へ	河田嗣郎	从女权到人权	无竞	《妇女杂志》第十卷3号 pp. 502-508	1924年3月
10	3・2	1924年（十三）2月1日	萬璞女史に会ふの記—支那女子参政権運動の一片影	南部修太郎	日本小说家的万璞女士会见记（南部修太郎原著）	Y. D.	《妇女杂志》第十卷3号	1924年3月
11	3・6	1924年（十三）6月1日	婦人解放論の浅薄さ	生田长江	妇女解放论的浅薄	无竞	《妇女杂志》第十卷11号	1924年10月
12	3・7	1924年（十三）7月1日	最近米国婦人界	市川房枝	美国妇女运动的左右翼	无竞	《妇女杂志》第十卷10号	1924年10月
13	3・10	1924年（十三）10月1日	婦人非解放論の浅薄さ—生田長江氏の婦人論を評す	山川菊荣	妇女非解放论的浅薄（评生田长江氏的妇女论）	无竞	《妇女杂志》第十卷11号	1924年11月
14	3・11	1924年（十三）11月1日	山川菊栄夫人への反駁—「婦人非解放論の浅薄さ」について	生田长江	驳妇女非解放论的浅薄（呈山川菊荣夫人）	无竞	《妇女杂志》第十一卷2号	1925年2月
					驳妇女非解放论的浅薄（呈山川菊荣夫人）（续）	无竞	《妇女杂志》第十一卷3号	1925年3月

截至目前，发现了15篇从《女性改造》翻译后在中国妇女刊物上刊载的著述。这些内容反映的是当时日本的社会和言论思想界的状况。

前已述，当时有代表性的妇女杂志，有理论性强的强硬派的《女性改造》，有既具有大众性又吸引读者、主张提高妇女地位的《妇人公论》，以及时髦的《女性》等。

这些妇女杂志不仅仅向日本妇女提供了新的信息，而且向经历了五四运动的中国留学生们展示着新的社会性别观。

因为在当时的中国，上海、天津等大城市已有面向妇女的出版物出版，被新的思想激发了的留学生们超出自己专攻的领域，从日本的妇女杂志上一篇接一篇地翻译日文著述，并投稿到祖国的报纸杂志上。

在当时的中国，《妇女评论》《妇女声》《现代妇女》《妇女周报》《妇女杂志》《新女性》等刊物，向女学生和革新的男性知识分子提供了女性主义和社会性别意识的新思潮。[①]

因此，有日本留学或日语学习经历的有革新精神的青年中，产生了李达、陈望道、夏丏尊、章锡琛、吴觉农、沈雁冰、周建人、任白涛等一批编辑和执笔者[②]。

四 日中两国间妇女观的比较分析

《女性改造》的执笔者以及读者，不但有受到过高等教育、文化高的妇女，而且有"改造"的执笔阵容和男性读者。它的内容由当时日本最前列左派的言论展开。因此，对中国留学生来说，肯定刺激了他们的求知欲。

在当时的日本，《女性改造》的理论水平非其他刊物可比。

具体地看，根据社会主义理论考察分析女性问题的山川菊荣（1890—1980）[③] 的著述大量被翻译成中文。山川的文章在其他日本杂志上也大量地发表，所以在当时的《妇女杂志》（上海商务印书馆）等妇女刊物上可以见到她的名字。

从以上的分析能够理解，留学生们打算从怎样的视角抓住社会妇女的问题。

在日本国内新旧婚姻和家庭、家族观念混杂中，有各种各样的个人的和社会的问题出现，被媒体关注。尤其是新的婚姻观和家庭、家族观，肯定特别能引起留学生的好奇心和同感。

即使没有具体介绍评论女工运动的内容，日本的执笔者还是抓住了新旧掺杂的中国妇女界进入了新时代的事实。

---

① "女性定期刊行物からみた'婦女雜誌'——近現代中国のジェンダー文化を考える一助として"村田雄二郎編"'婦女雜誌'からみる近代中国女性"研文出版、2005年。

② 李達は1913～1918東京帝国大学留学，陳望道は1915～1919早稲田大学法学部留学，夏丏尊は1905～1907東京高等工業学校留学，任白濤は1916～1921留学，呉覚農は1919～1922日本茶業試験場実習留学，章錫琛、沈雁冰、周建人は日本語を習得。

③ 山川菊荣，作为主轴开展女性劳动运动的社会主义女性运动、女性解放的理论家。

太平洋战争前后对日和平工作的变迁

殷志强*

本文以考察太平洋战争爆发前后，在敌后根据地进行的中日两国人民共同参与的对敌和平工作之变迁为课题。

"二战"，对于全人类来说都是一场无法忘怀的灾难和梦魇。为了尽早结束这场由德、意、日法西斯发起的旷日持久的世界级战争，向往正义与和平的人民结成了反法西斯同盟，构建一条联合战线，在世界各地发起对法西斯军国主义的无情打击。而在中国战场，除了对日本军国主义进行军事打击之外，还出现了史上罕见的被侵略国家和侵略国的反战人士（主要是以日俘为主的反战同盟）携手合作，通过和平手段，用正义和情感感化敌人，从心理上瓦解敌人的战略措施，这就是所谓的太平洋战争期间的"和平工作"。

关于反战同盟的活动，中日学者已经做出相当多的研究积累①。但是，

---

* 殷志强，首都师范大学历史学院讲师。

① 比较具有代表性研究的有，王庭岳：《抗战大后方的日人反战运动》，《文史杂志》1989 年第 4 期，将反战同盟的反战运动分为形成期、有组织地开展期以及最后瓦解期三个阶段，对其组织结构和人员构成以及基本活动进行了较为详尽的介绍。黄义祥：《抗战时期在华日本人的反战宣传活动》，《广东社会科学》1995 年第 4 期，从政策变化的角度阐述了抗战时期反战同盟如何在共产党领导下进行宣传活动的历史经过。于景森：《抗战时期党的对敌宣传工作及其经验》，《党史博采》1995 年第 12 期，对党的对敌宣传工作进行了历史性的考察，总结了各个阶段的成功经验与失败教训。牛淑萍：《山东抗日根据地日人反战活动述论》，《烟台师范学院学报》（哲学社会版）1999 年第 2 期，详细介绍了反战同盟山东支部的反战活动。杜玉芳：《鹿地亘与国统区的在华日人反战活动》，《石油大学学报》（社会科学版）第 20 卷第 4 期，2004 年 8 月，主要考察了鹿地亘领带下的国统区的反战同盟总部的活动。杜玉芳：《野坂参三与中国解放区的日人反战活动》，《理论月刊》2005 年第 2 期，考察了在日本领导人野坂参三领导下的延安工农学校的基本情况。赵晓洋：《从反战同盟到日军 46 人集体暴动》，《党史博览》2007 年第 6 期，全面系统地介绍了鄂豫边区的反战同盟 （转下页注）

这些研究主要侧重于从整体上对反战同盟的活动以及其历史意义进行分析评价，缺乏对这一活动前期因经验不足而存在各种缺陷的系统性总结。特别是太平洋战争爆发前后，八路军与反战同盟的和平工作经历了几次比较大的思想和组织上的转变，这些问题有必要进一步深入探讨。

因此，本文利用一些“和平工作”当事人的回忆，解读日本情报机构所收集的1941年左右的反战同盟的宣传资料，考察中共领导下的对敌“和平工作”经历了怎样的变迁以及分析在大量日本人参与之后对此工作产生了怎样的影响。

一 抗战初期的和平工作

抗战伊始，面对拥有飞机、大炮、坦克等先进装备的日军，共产党从战略高度提出只有士兵才是战争最根本的保证，如果士兵不能服从命令，那么这些先进武器也就如同废铜烂铁。① 但是在实际战斗中却发现日本士兵比想象的要“英勇”很多，表现出顽强的战斗精神。比如在平型关战役中，虽然八路军奋勇抗战，导致日军大败，死伤数千，但是即使是负伤严重的日本士兵也依然顽强抵抗，直至血刃到最后一刻。难道日本兵真的这么英勇吗？战斗结束后，清理战场时发现了很多日本士兵留下的书信日记，其中流露出很多思念家乡、想念妻儿的情感以及对死亡的恐惧，可见很多士兵只是在国家法令迫使下出征，缺乏积极的战斗精神。对此，115师师长林彪就总结道“敌人即使败退负伤还依然持枪抵抗，这绝不是说明他们有多勇敢，而是担心成为我军俘虏之后会遭虐待和杀害”②。基于这个最根本的出发点，为了瓦解敌人、团结一切可以团结的力量建立最广泛的统一战线，

（接上页注①）第五支队的反战活动。日本学者主要以回忆录和资料为主，比如鹿地亘主编的『火の如く風の如く』（講談社，1959）、『反戦資料』（同成社，1964）、『日本兵士の反戦運動』（同成社，1982）全11卷等，研究主要有集结于『日中戦争下における日本人の反戦活動』（青木書店，1999）中的一系列论文。

① 防衛研修所戦史班『無形戦力思想関係資料第二号——支那事変ニ於ケル支那側思想工作ノ状況』JACAR Ref. C11110754900 支那事変の経験に基づく無形戦力思想見解資料（案）昭和十五年9月（0381画像目）。

② 防衛研修所戦史班『無形戦力思想関係資料第二号——支那事変ニ於ケル支那側思想工作ノ状況』JACAR Ref. C11110754900 支那事変の経験に基づく無形戦力思想見解資料（案）昭和十五年9月（0382画像目）。

中共领导人提出人道主义的俘虏政策。可以说，八路军的对日俘优待政策是在战斗中依靠实际的战争经验作出的科学总结，而平型关战役是这一政策应用于中日战场的开始。此后，八路军政治部制定政治工作条例，明确规定将“瓦解敌军的政治工作”作为三大政治工作之一。此后的政策制定过程正如很多研究中所提到的，中共抗战初期的俘虏政策主要体现在“两个文件一个命令”中，即1937年9月25日发布的《告日本陆海军士兵书》《八路军告日本士兵书》① 以及1937年10月25日由朱德、彭德怀联名签署的《中国国民革命军第八路军总指挥部命令》②。其中，基本确立了区分对待日本军阀和普通士兵、不杀和优待俘虏、精心医治伤者、自由放任归国等原则。同时，在战争中注重用日语对日本兵喊话，传达对日军俘虏不加伤害、反而优待的原则，终于在11月4日正太线南方广阳战斗中得以生擒第一名日军俘虏。③ 这就是被115师343旅参谋长陈士榘俘虏的日军第20师团第79联队辎重兵军曹加藤幸夫。④

不过，尽管八路军实行了如此优惠的政策，但是整体而言在抗战初期的效果却并不明显，在最初的两年里，“日军没有一个投诚的，华北也没有一个伪军反正的”⑤，俘虏的日军数量也比较有限。其原因除了抗战初期日军在整个战争形势上占据优势之外，大概还有以下几个方面的因素。

第一，经过军部的反复洗脑，日本军人形成了宁死不降的俘虏观，普遍将俘虏看成不仅是自己，同时也是战友、上司以及家族的奇耻大辱。

关于日军之俘虏观，秦郁彦的《日军俘虏观念的形成》（《军事史学》1992年9月第11号）对此进行了初步探讨。山田朗在此基础上，围绕关于俘虏对内对外双重基准的变迁，将明治时代至太平洋战争期间日军俘虏观的演变过程大体分为三个阶段。第一个阶段，明治维新到日俄战争期间为对外优待、对内容忍。第二阶段，日俄战争至“一战”期间为对外优待、

---

① 井上久士「中国共産党・八路軍の捕虜政策の確立」（藤原彰・姫田光義編『日中戦争下における日本人の反戦活動』，青木書店，1999年9月），34頁。

② 黄义祥：《抗战时期在华日本人的反战宣传活动》，《广东社会科学》1995年第4期，第23页。

③ 防衛研修所戦史班『無形戦力思想関係資料第二号——支那事変ニ於ケル支那側思想工作ノ状況』JACAR Ref. C11110754900 支那事変の経験に基づく無形戦力思想見解資料（案）昭和十五年9月（0382画像目）。

④ 陈人康口述《一生紧随毛泽东——回忆我的父亲陈士榘》，人民出版社，2007，第98页。

⑤ 于景森：《抗战时期党的对敌宣传工作及其经验》，《党史博采》1995年第12期，第21页。

对内开始倾向否定。第三阶段，“一战”至太平洋战争期间对外冷遇、对内否定。[①] 为了强化军队的凝聚力，防止出现逃兵，军部不仅不断向士兵灌输俘虏的“耻辱”，而且反复强调八路军的“残忍”，把共产党军队赤化和妖魔化，从而达到让士兵宁死不降的目的。

此后，随着中日战争的长期化，日本逐渐陷入了持久战的泥潭。大量动员造成士兵素质低下，进而不断出现一些残暴的行为，造成军纪颓废，士气低下的情绪也不断蔓延。为了改变这种不利形势，1941 年 1 月 8 日，日本军部以东条英机的名义发布了《战阵训》，其中第八条珍惜名誉的第一节写道“生不受虏囚之耻辱，死勿留罪祸之污名”，第一次将日军中流行的绝对不能变成俘虏的潜规则明文化。[②] 由此可见，针对八路军的俘虏政策，日本军部也采取对应措施，强化对士兵的思想统制，防止军队思想变化，要求士兵在被俘之前必须自决，为此还专门设置军法会议对逃兵、投降等行为进行处罚，从而在一定程度上导致投诚士兵数量的减少。

第二，日语不通，交流不便。

在平型关战役之前，八路军觉得完全有自信俘虏几千名日军，但是开战后遭遇到敌人的顽强抵抗，即使是在被我军包围没有退路的前提之下。依据国内的经验，八路军占据有利地势用中文对日军大声喊话“我军不打你们”。由于语言不通，日军害怕被俘虏而顽强抵抗，从而造成很大的伤亡。甚至有卫生兵靠近受伤士兵为其疗伤时遭到杀害，也有被收容的士兵因为言语不通而感到不安，最终自杀。[③] 面对这种情况，八路军采取的措施是将俘虏政策的基本内容写成九条简单的口号，然后翻译成日语并要求士兵背诵，但因为当时教员严重不足而无法全面推广。根据某师的经验，先培训小队长以上的干部，小队长再教班长，班长再教士兵[④]，采取这种逐层

---

① 山田朗「日本軍の捕虜観—捕虜否定思想の形成と展開」（藤原彰・姫田光義編『日中戦争下中国における日本人の反戦活動』，青木書店），24 頁。

② 山田朗「日本軍の捕虜観—捕虜否定思想の形成と展開」（藤原彰・姫田光義編『日中戦争下中国における日本人の反戦活動』，青木書店），30 頁。

③ 防衛研修所戦史班『無形戦力思想関係資料第二号——支那事変ニ於ケル支那側思想工作ノ状況』JACAR Ref. C11110754900 支那事変の経験に基づく無形戦力思想見解資料（案）昭和十五年 9 月（0400 画像目）。

④ 防衛研修所戦史班『無形戦力思想関係資料第二号——支那事変ニ於ケル支那側思想工作ノ状況』JACAR Ref. C11110754900 支那事変の経験に基づく無形戦力思想見解資料（案）昭和十五年 9 月（0396 画像目）。

教授的方法来弥补日语教员的不足。另外，以八路军总司令朱德的名义发布用中日两种语言做成的特别通行证[①]（图 1），在日军驻防地或所到之处广泛散发，取得提高优待俘虏政策宣传效果的同时也能让有意投诚之日军能比较顺利地联络到八路军。不过这些措施都不能从根本上解决语言的障碍问题。对此，1940 年 6 月八路军政治部颁布《对敌伪宣传工作的指示》，其中明确指出过去对日宣传工作效果不理想主要是因为宣传品使用文字不是自然流畅的日语，而是中国式的日语，同时还有语法错误。其次应该更多地贴近日本士兵的情绪和心情进行宣传。[②] 随后，有留日经验的王学文和

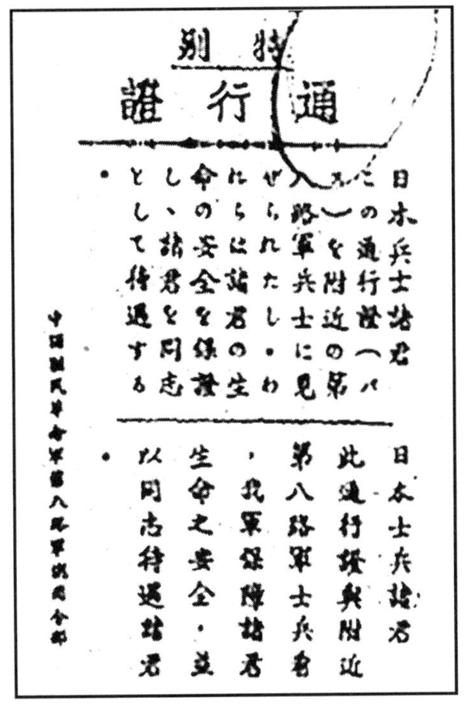
特別
通行證
日本兵士諸君
この通行證（パス）を附近の第八路軍兵士に見せられたし・われらは諸君の生命の安全を保證し、諸君を同志として待遇する・
日本士兵諸君
此通行證與附近第八路軍士兵看，我軍保障諸君生命之安全，並以同志待遇諸君・
中國國民革命軍第八路軍總司令部

图 1　以八路军总司令朱德名义发布的特别通行证

① 「中共側新聞伝単等送附ノ件 2」JACAR Ref. B02032461900（0311 画像目）大東亜戦争関係一件/情報蒐集関係/北京情報（A. 7. 0）（アジア資料センター）。

② 《六大以来党内秘密文件》（下），人民出版社，1981 年 2 月，第 321 页。

李初梨分别被提拔成政治部敌工部部长和副部长[①]，加之野坂参三的来华以及杉本一夫等人的加盟，在很大程度上解决了和日本俘虏沟通的语言问题。

第三，重视政治宣传而轻视对日本士兵的心理掌控。

1942 年 5 月，刘铁男在回顾晋察冀支部成立一年以来的经验和教训时指出："过去的宣传品过分政治化和原则化，具有非常浓厚的中国色彩……"如果宣传不能适应日本的国情、打动日本士兵的心，只会适得其反。"比如写诗，不管写的如何精炼，如果由不能理解日军心理的人来写，写出来的诗再翻译成日语，其结果还不如不会写诗的日本人写的东西能抓住日本兵的心。此外，饱含情感撰写极富煽动性的宣传品时，如果用中文写出来再翻译，同样也会感觉变味。"不仅是文字材料，即便是最常用的给日本士兵送的慰问袋，如果不注意细节，不但不能收买人心，反而会招致反感。"不明白慰问袋的大小就随意送出，会让对方感到不愉快甚至觉得受到侮辱，另外在袋子上画樱花或日本妇女画的时候，如果不了解日本人的穿着和风俗，缺乏仔细的研究，同样会被对方嘲笑和蔑视。"[②] 以至于后来晋察冀支部在制作慰问袋时，即便是动员中国美术家作画，也必须安排日本人在场"监督"，因为这些美术家们往往将过着贫苦生活的士兵的妻子画成妓女般妖艳，或者将男人的服装穿戴在女人身上，或者将富士山画上关西的情景，这些不协调的地方闹出很多笑话。[③]

第四，没能及时在部队推广以及得到普通民众的理解。

虽然优待俘虏作为一项命令和政策在全军范围内宣传与推广，但是在实际操作中尚未完全渗透到部队下层。由于有些人对此政策的理解存在误区，有些地方对多数俘虏予以处决。[④] 还有的士兵，认为日本士兵过去对中国人烧杀抢掠，如今变成俘虏，不杀他就不错了，为什么还要优待呢？因此主张对俘虏采取报复措施。这样的事例其实正好成为日本军部的反面宣

---

① 井上久士「中国共産党・八路軍の捕虜政策の確立」（藤原彰・姫田光義編『日中戦争下における日本人の反戦活動』，青木書店，1999 年 9 月），42 頁。

② 太平洋戦史研究会，太平洋戦史資料（六），『華北における日本兵の反戦活動（一）』（1974 年）45 頁。

③ 太平洋戦史研究会，太平洋戦史資料（六），『華北における日本兵の反戦活動（二）』（1974 年）42 頁。

④ 防衛研修所戦史班『無形戦力思想関係資料第二号——支那事変ニ於ケル支那側思想工作ノ状況』JACAR Ref. C11110754900 支那事変の経験に基づく無形戦力思想見解資料（案）昭和十五年 9 月（0391 画像目）。

传材料，他们利用某些被八路军处决的日俘进行放大宣传，欺骗和愚弄士兵，增加其对被俘的恐惧，大大降低了宣传的效果。

此外，宽容的俘虏政策，不仅在部队中短期内没有得到很好的理解和推行，而且对普通民众而言，也是一项一时难以接受的政策。面对践踏乡土、屠杀亲友的日本俘虏兵，深仇大恨可想而知。比如八路军押送一批俘虏经过某城之际，民众群情激愤要求杀害俘虏，不得已只能临时增派卫兵。虽然最终将俘虏平安送达目的地，但是通过这个事件可以看出抗战初期普通民众对优待俘虏政策的不理解。[①]

二 太平洋战争爆发后的“和平工作”

太平洋战争爆发前夕，因“和平工作”迟迟无法打开局面，八路军开始调整宣传思路并对人事组织进行调整。根据刘国霖的回忆，1938 年前后负责对敌宣传工作的是以刘型为科长的敌军工作科，隶属于八路军总政治部宣传部。不过刘型虽精于对国民党之政治工作，却苦于缺乏对日军的了解且不懂日语，从而导致对日工作无法得到实质性的开展。1939 年下半年开始，随着中日战争的持久化，对敌工作的重要性也越发显现，敌工科升格为总政治部下面的敌军工作部，曾经担任过野战政治部敌军工作部部长的台湾人蔡前被委任为部长，不过很快王学文（京都帝国大学河上肇的弟子）接替蔡前担任部长一职[②]，仅仅半年时间内，敌军工作部部长经历三任人员的调整。由此可见，虽然当时对日宣传工作日益受到高层重视，但是由于缺乏适当的领导人，整体而言处于一个比较动荡的阶段，因此也无法有组织、有秩序地运行。

不过这一情况在 1940 年 3 月日本共产党组织领导人野坂参三（先化名林哲，后以冈野进为名公开活动）经由莫斯科秘密来华担任敌工部顾问后得以转变。野坂抵达延安不久，便提议设立日本人民反战同盟延安支部，

① 防防衛研修所戦史班『無形戦力思想関係資料第二号——支那事変ニ於ケル支那側思想工作ノ状況』JACAR Ref. C11110754900 支那事変の経験に基づく無形戦力思想見解資料（案）昭和十五年 9 月（0399 画像目）。

② 「劉国霖さんへのインタビュー」（藤原彰・姫田光義編『日中戦争下における日本人の反戦活動』，青木書店，1999 年 9 月），246 頁。

1940 年 7 月 7 日该支部正式成立，成为解放区的第一个反战同盟支部。[①] 同时，中宣部颁发了《关于充实和健全各级宣传部门的组织及工作的决定》，纠正党内“重组织轻宣传”的错误思想倾向，规定具体的宣传内容，建立健全各级宣传结构。[②] 其中最有成效的就是教育和改造日军俘虏。1940 年 6 月，八路军总政治部做出对俘虏工作的指示，指出“对新俘虏的改造，可利用旧俘虏去进行，应有长期的渐进的教育计划”[③]。同年 10 月，根据“以俘虏改造俘虏”的指示，建立“日本工农学校”，这成为日后反战同盟培养反战斗士的摇篮。很多战俘在这里接受再教育和改造，从而经历从战俘到反战干部的转变，在对敌宣传的实际工作中解决了很多具体问题，从日本人的角度提出很多建设性建议，这些都极大地促进了八路军“和平工作”的开展。因此到 1944 年，总政治部甚至发出《关于敌军工作的指示》，指出今后敌军工作可以放手让新成立的日本人民解放联盟去组织，而各级政治部门只居于方针的领导和解决实际困难的地位。[④] 下面就通过具体的事例来分析日本反战同盟究竟是如何推动对敌“和平工作”的开展。

（一）晋察冀支部的传单宣传

日本觉醒同盟和反战同盟的日常活动除了政治学习之外，最重视的就是制作向日军散发的传单。主要是一些反战题材的口号、短文以及诗歌等，很多都是一些能打动人心的好作品。不过如此优质的作品并不是一开始就有的。在抗战初期，比如 1938 年、1939 年的题材大多是“打倒日本帝国主义”“打倒日本法西斯”“国际被压迫人们的精神解放”等左翼色彩非常强

① 关于反战同盟的组织与变迁，最早有 1938 年 12 月鹿地亘在桂林建立的“在华日本人民反战同盟”西南支部，1939 年 11 月杉本一夫在山西省辽县建立的在华日人“觉醒联盟”。此后 1940 年 7 月鹿地亘在重庆建立反战同盟总部，而解放区在延安支部的影响下，截止到 1942 年 8 月，先后成立反战同盟 5 个支部，即冀中支部、晋察冀支部、山东支部、淮北支部和苏北支部，包括觉醒联盟在各地的支部，一共有 10 个支部。1942 年 8 月，在野坂参三的领导下于延安召开了“华北日本士兵代表大会”和“华北日人反战团代表大会”，最终达成决议，为了便于统一领导和协调行动，将觉醒同盟各支部均改名为反战同盟，反战组织进入一个快速发展时期。1944 年以来，由于抗战形势逐渐明朗化，为了将反战和战后日本国内的解放事业相衔接，于 4 月成立日本人民解放联盟。详细参考杜玉芳《野坂参三与中国解放区的日人反战运动》，《理论月刊》2005 年第 2 期。

② 于景森：《抗战时期党的对敌宣传工作及其经验》，《党史博采》1995 年第 12 期，第 21 页。

③ 黄义祥：《抗战时期在华日本人的反战宣传活动》，《广东社会科学》第 4 期，第 23 页。

④ 于景森：《抗战时期党的对敌宣传工作及其经验》，《党史博采》1995 年第 12 期，第 22 页。

烈的东西。比如小林重一在《国际爱情》一文中写道："对于帝国主义战争要坚决反对、消灭和打倒。如今像我们这样成立反战同盟支部与八路军密切携手，共同促进阶级压迫下的日本劳苦大众的觉醒，使其尽早脱离苦境。"① 这样的话语虽然在加强国内团结振奋抗战精神上能起到一定作用，但是对于被严重洗脑的"皇军"来说，和八路军携手反日的行为估计一时难以接受。

另外，下面这两段文字出自同一张传单，前者比较形象地描述了因为大量的战争动员造成日本国内民不聊生的情景，尚能发人深省。后一张虽然辛辣地刻画了出征士兵最后可能裹尸还乡的画面，但是其语气过于调侃，就像前面提到的那样，反而容易招致日本士兵的反感。

> 由于此次事变，每天平均 1600 万日元成为灰烬。为了抵抗饥饿，国民被倒立起来，即使这样也是饥饿难耐。（この事変で毎日平均一千六百万円も灰になってゆる。国民は逆立にさせられて腹のへるのを防止してゆるがやはり腹はへる。）
>
> 最近战场是罐头总动员。鲑鱼、关东煮、鳗鱼、鲨鱼等等被做成罐头，最后自己是不是也会变成罐头返回家乡呢？啊！（最近戦地はカンツメのオンパレート。鮭、オデン、うなぎ、鮫等々、最後に自分もカンツメになって帰還するか。あ！）②

不过，也不能完全说此期间的宣传就毫无效果，根据日本宪兵队向军部汇报的资料，截止到 1939 年，共查获八路军散发的反战文书大概有 220 种，这些文书很多被日本士兵所看到或持有。虽然被调查的士兵大多数表示仅仅做个纪念或者以怀着好奇心来解释为什么持有这些文书，但是日本宪兵队还是担心这些反战的教育材料会在不知不觉中对士兵的心理产生影响。比如有士兵写道，"在前线经历长时间行军感觉非常疲劳，在某个村落休息之时看到村落里散乱着的反战反军的传单和招贴画，顿时觉得

---

① 「中共側新聞伝単等送附ノ件 2」JACAR Ref. B02032461600（0213 画像目）大東亜戦争関係一件/情報蒐集関係/北京情報（A. 7. 0）（アジア資料センター）。

② 「中共側新聞伝単等送附ノ件 2」JACAR Ref. B02032461600（0203 画像目）大東亜戦争関係一件/情報蒐集関係/北京情報（A. 7. 0）（アジア資料センター）。

战争似乎很愚昧”。[①] 可见，对该士兵而言，长时间的战争疲劳取代了战争的亢奋，因为过度劳累而开始对这场战争产生自嘲。也有士兵“看到抗日招贴画，似乎写的很好啊”或者“共产党如今为了搅乱日军的后方而散发种种传单，不少人对此产生共鸣”[②] 开始慢慢认同反战宣传的内容。更有甚者，有士兵反问道“东洋和平建设和战争有什么关系？抹杀一个个尊贵的生命何谓和平？不战争也不流血制造出来的和平才是真正的和平”[③]，开始从根本上反思日军所宣扬的大东亚解放战争不过是一个骗局而已。不过总体而言，当时的宪兵还是认为大部分的士兵从根本上还是思想牢固的。

1942 年以后，八路军对敌宣传工作进一步作出调整，晋冀鲁豫根据地的敌军工作放弃左翼教条主义，开始摸索新的出路。比如针对日本士兵所不满的问题仔细调查研究，尊重士兵的心情，提炼口号的文字，避免使用刺激日本士兵的左翼性语言，而使用以诸如“禁止打耳光”等日常生活随手拈来的话语为主的口号，政治性的问题则等待其变成俘虏以后再慢慢教育。[④]

此外，通过日本国内新闻报道材料的整理，用具体的数据或事实向士兵传递更多军部试图隐瞒的国内疲敝之真相。比如 1942 年 3 月 21 日发行的《日军之友》刊登的《日本的军费和国民负担》一文，用详尽的数据分析了战争给日本国民带来的灾难。“1941 年发行 400 亿公债，相当于平均每个人要负担 540 元，伴随各种苛捐杂税以及物价高涨的是国民失业、破产、疾病及死亡，完全像是生活在地狱一般。”[⑤] 7 月 1 日发行的《日军之友》刊登了《日本妇女的生活》，真实描述了当时 3550 万名妇女在后方辛勤劳作而

---

① 防衛研修所戦史班『無形戦力思想関係資料第四号——支那事変ニ於ケル軍人軍属ノ思想ニ影響ヲ及セル諸因ノ観察』JACAR Ref. C11110756600 支那事変の経験に基づく無形戦力思想見解資料（案）昭和十五年9月（0554 画像目）。

② 防衛研修所戦史班『無形戦力思想関係資料第四号——支那事変ニ於ケル軍人軍属ノ思想ニ影響ヲ及セル諸因ノ観察』JACAR Ref. C11110756600 支那事変の経験に基づく無形戦力思想見解資料（案）昭和十五年9月（0555-0556 画像目）。

③ 防衛研修所戦史班『無形戦力思想関係資料第四号——支那事変ニ於ケル軍人軍属ノ思想ニ影響ヲ及セル諸因ノ観察』JACAR Ref. C11110756600 支那事変の経験に基づく無形戦力思想見解資料（案）昭和十五年9月（0555-0559 画像目）。

④ 劉国霖さんへのインタビュー」（藤原彰・姫田光義編『日中戦争下における日本人の反戦活動』，青木書店，1999 年 9 月），275 ~276 頁。

⑤「中共側新聞伝単等送附ノ件 2」JACAR Ref. B02032461700（0256 画像目）大東亜戦争関係一件/情報蒐集関係/北京情報（A. 7. 0）（アジア資料センター）。

不得食的艰苦以及翘首盼望丈夫回归的那份孤独和寂寞。同刊《街头实话》的作者是一个肺炎患者，通过对他本人求医经历的描述，再现了当时横滨街头物资奇缺的局面[①]。《前进月刊》3月号刊载了《想起妈妈的容颜》[②]一文，作者回忆了战前和母亲在一起的幸福时光之后，语锋一转描写在战地思恋母亲的心情，想象在国内统制之下母亲肯定已经两鬓斑白，而自己却不知何日才能与母亲重逢，非常形象地表达对母亲的思念，催人泪下。

诸如此类的宣传极大地刺痛了日本士兵的心，对动摇日军军心起到很大的作用。当然这也引起了日军宪兵队的格外注意，他们认为国内环境的不安定、留守家人生活的困难最易挑动出征将士敏感的神经，因此他们对于八路军的这类宣传也是极力防范。

（二）在生活细节上打动日本士兵的心

抗战初期虽然提出明确的优待俘虏政策，但是由于前述之原因，一直不能收到比较明确的效果。一般而言，很多日本士兵即便是当了俘虏，由于本身的羞耻感以及对八路军的不信任，刚开始都会表现出比较强烈的抵触。比如中村在被俘之初，只想到死和逃走，对八路军士兵采取反抗态度。当时八路军不太会日语，只会简单地说优待俘虏之类的话。而且虽然说是优待，结果却端来高粱让他吃。中村非常愤怒地说："这能吃吗，这是什么优待？日本人只在米饭上加上鸡蛋和肉才吃。"然后八路军又给他端上二三十个鸡蛋。不过中村反而以为八路军把他当傻瓜，因此更加愤怒。[③] 可见，很多俘虏一开始都是抱着破罐子破摔的念头做出很多非理性的行为，但是其实只要用心去感化，还是可以改变他们的想法的。比如中村后来就是看见八路军战士偷偷给他缝补衣服而潸然泪下。作为第一批加入八路军的俘虏杉本一夫接触过很多日军俘虏，他也回忆道："据其他俘虏的说法，似乎大多数人都花了3年左右才改变想法。大概主要是因为日军教育

① 「中共側新聞伝単等送附ノ件2」JACAR Ref. B02032461300（0131画像目）大東亜戦争関係一件/情報蒐集関係/北京情報（A.7.0）（アジア資料センター）。

② 「中共側新聞伝単等送附ノ件2」JACAR Ref. B02032462300（0435画像目）大東亜戦争関係一件/情報蒐集関係/北京情報（A.7.0）（アジア資料センター）。

③ 「中村善太郎さんへのインタビュー」（藤原彰・姫田光義編『日中戦争下における日本人の反戦活動』，青木書店，1999年9月），123頁。

的彻底性以及对日本家人、亲戚的思念强烈，其中军人特别是将校就更加缓慢”。[1] 不过尽管如此，大凡进入工农学校的日本俘虏，在八路军以及反战同盟的感化下，最终大部分都改变了想法，投身反战事业，因此反过来促使反战同盟的规模越来越大，由最初觉醒同盟的 3 人到 1945 年工农学校一共培养了宣传干部 600 多名。[2] 下面就探讨一下反战同盟是如何感化日本士兵的心的。

1942 年 8 月 29 日，经过连续两周的讨论之后，华北日本兵代表大会和日本人反战团体代表大会不仅在组织上统一了反战同盟，而且确定了今后对敌工作的中心任务。即迅速将工作中心转移到宣传日本士兵对物质和精神上的各种痛苦、不满以及要求改善上来，并进一步引导他们为了贯彻自己的要求发动各种斗争。会议一共在军队的物质生活、军纪、精神教育、军事行动、通信、休假、政治活动、职业保障、兵役制度以及家庭生活等广泛的领域内提出 228 项要求，将宣传日本士兵的日常生活状况及其改善作为今后工作的重点。[3] 试图通过这些宣传说明这场战争以及日本军队的本质，启发日本士兵的阶级意识，促使其厌战和反战。

在 1944 年召开的宣传工作座谈会上，晋察冀支部的负责人谈道：“1942 年夏，在延安召开的士兵大会和反战同盟大会讨论并通过了《日本士兵要求书》[4]，其中确定的方针成为了我们宣传的理论基础。基于这些方针，我们的宣传内容和方法发生了划时代的变化。更加注重对日军内部实际状况的研究，基于士兵切身感受的不满、不平及要求进行宣传。与此同时，用活生生的实例鼓励一般士兵，告诫他们为了实现自己的要求就必须团结一致和长官进行交涉……因此，要是我们的宣传能让士兵的心情、感情和要求完全一致的话就一定能取得很大的效果。”[5]

为什么将关注日本士兵的生活作为重点？因为反战同盟经过仔细的调

---

① 「前田光繁さんへのインタビュー」（藤原彰・姫田光義編『日中戦争下における日本人の反戦活動』，青木書店，1999 年 9 月），107 頁。

② 于景森：《抗战时期党的对敌宣传工作及其经验》，《党史博采》1995 年第 12 期，第 21 页。

③ 太平洋戦史研究会，太平洋戦史資料（六），『華北における日本兵の反戦活動（一）』（1974 年）63 頁。

④ 详细内容参见「日本兵士の要求書」全文，太平洋戦史資料（六），『華北における日本兵の反戦活動（一）』（1974 年）72 ~ 92 頁。

⑤ 太平洋戦史研究会，太平洋戦史資料（六），『華北における日本兵の反戦活動（二）』（1974 年）62 頁。

查和研究分析发现，随着战争的持久化，特别是太平洋战争以来，在物质的供应上相比战争初期下降非常明显。比如，就食物而言，在主食方面，战争初期虽按规定是七成白米三成小麦，但实际上基本全部吃的是白米，到1938年逐渐开始按规定加入小麦，后来不仅质量下降，数量也减少，高粱、大豆等变成主食。此外，在战争初期，每日基本能供应香烟、糖果、罐头等，酒基本上一周两合（一合为0.1升），夏天还能提供汽水和啤酒。但是1939年之后就逐渐减少了，到1943年只能在头痛的时候才能偶尔喝几口，香烟也不是日本产而变成朝鲜、“满洲”以及中国的代替品。纸笔、信封、内裤、手巾、肥皂、牙膏、牙刷等日常生活用品在战争初期基本一个月发一次，但是到了1940年以后，发放次数减少了一半，到1943年，手巾、肥皂等只能高价购买。慰问袋在战争初期，由于全国民众战争热情高涨，踊跃支持前线战事，不仅数量多，达到一年8~12次，而且里面的东西很好，不过1940年之后，数量逐渐减少，里面也基本装着旧报纸、杂志以及海带等。① 和战争初期的奢华生活相比，太平洋战争之后的日本士兵逐渐连吃饱肚子也成了问题，士兵的不满情绪也日渐高涨。因此，通过关心士兵的生活，尽可能地在宣传中让士兵得到实惠，实际上就抓住了士兵的心。

在日本士兵生活质量日益下降的同时，延安的反战同盟战士们过着怎样的生活呢？据中村善太郎的回忆，当年在延安的生活并不那么清苦，食物全部由边区政府提供，每个月还有3元的零花钱，相当于军队中队长级别的待遇。在后来的大生产运动中，作为工农学校的学员不仅不需要参与繁重的集体劳动，而且自己生产的物品可以自由支配，甚至可以将剩余的粮食和土豆等卖给食堂。尽管后来边区的物价也上涨很多，但是工农学校的生活还是比较宽裕，周六的晚上还能去喝二两小酒。②

大和田廉也在晚年回忆了延安时代的生活。“当时，日本人都能每月领取3元的零花钱。听说一般士兵是1元，师团也才3元，中央委员5元。领到零花钱之后还不时能去延安的街头喝一杯。此外还能领取香烟、毛巾、

① 太平洋戦史研究会，太平洋戦史資料（六），『華北における日本兵の反戦活動（二）』(1974年) 33~34頁。

② 「中村善太郎さんへのインタビュー」（藤原彰・姫田光義編『日中戦争下における日本人の反戦活動』，青木書店，1999年9月），131頁。

袜子、衣料等日用品。虽然主食以小米为主，但日本人一周能吃一次馒头和乌冬面，有时候还能吃上肉和饺子。而一般中国庶民则只能吃小米饭、水煮南瓜、炒大麦粉等，用的盐也是矿盐。”①

尽管这样的生活条件算不上很好，但是也基本达到了部队干部的待遇，相比普通的中国民众，已经相当“奢侈”了。八路军对延安工农学员生活上的优待，实际上是用活生生的例子在向日本士兵证明，当八路军的俘虏要比当日本军部的士兵好，从而促使更多士兵追求自己生活的自由。

另外，一改过去重形式轻细节的作风，在和日本士兵交往时更加注重对日本文化的理解，更加关注日本士兵的心情，用一些简单的细节感化和打动他们，不单纯为了宣传而宣传。

比如送给日本兵的慰问袋，在反战同盟的指导下，取得了非常好的效果。前面提到由于一开始对日本习俗和文化的不理解，八路军给日军赠送慰问袋宣传反而适得其反。后来在反战同盟的指导下，按照日本的习惯每年元旦和盂兰盆节时给碉堡中的士兵赠送慰问袋，通过这种方式和日本士兵取得交流机会并成为朋友，从而为其他工作（比如电话、呼喊、通话、传单等）赢取契机。每次做慰问袋都要煞费苦心，用很长的时间讨论里面放什么样的东西才能让士兵们高兴，慰问袋的款式怎么做才能吸引人的注意力，怎么送才能切实送到士兵手中，等等。比如太行支部起初每次都在袋中装很多粮食、酒、果子等，但是后来有些将校吓唬说里面有毒而换成士兵们喜欢的日用品和娱乐品，结果得到一致好评，从而在各支部中推广。比如晋西北支部送毛巾和手绢，而晋察冀支部送袜子和半截短裤。到1943年，为了防止将校没收，甚至取消了在物品上写反战同盟的名称和口号，也不往里面塞反战和革命的传单，取而代之的是暗示厌战的歌本、漫画以及骰子、扑克牌、纸牌（かるた，一种日本纸牌）等娱乐品，这些物品能长期使用，每次玩的时候都能让他们想起八路军和反战同盟。同时在袋子的外面写上“御慰问袋”四个字并在周围画上图画，晋察冀和太行支部在袋子后面画上美少女的样子，获得极大的成功。②

---

① 「大和田廉さへのインタビュー」（藤原彰・姫田光義編『日中戦争下における日本人の反戦活動』，青木書店，1999年9月），138頁。

② 太平洋戦史研究会，太平洋戦史資料（六），『華北における日本兵の反戦活動（二）』（1974年）41～42頁。

三 小结

本文通过对太平洋战争爆发前后敌后根据地所进行的对日“和平工作”变迁的考察，探讨了八路军对日俘政策的变迁以及初期未能取得良好效果的四方面原因。随着抗日同盟支部的成立及分化组合，对敌“和平工作”作出思路上的调整。大量日本人的加入不仅弥补了八路军在宣传上的语言劣势，而且更能从文化心理上打动日本士兵，从而提高和平宣传的效果。八路军主动放弃“左倾”思想的束缚，更加务实地探索宣传的新思路，注重调查研究，用事实说话，从而不仅在道义上，而且在道理上提高自身宣传的说服力，为和平工作的顺利开展铺平了道路。对日本俘虏的优待、重用，乃至放手让其自我管理的做法体现了八路军和反战同盟之间真正实现了携手合作，这也是和平工作取得胜利的又一关键。

当然，随着俘虏人数的增加，一些人怀着不良目的混进了革命队伍，比如日军宪兵队安插的间谍以及一些无法改造的根深蒂固的顽固分子，对这些问题今后将继续探讨。

20世纪30年代电影在上海

——以上海与京城比较为中心*

〔韩〕李浩贤**

一 序

日本人开的书店，法式的面包店，俄罗斯人开的芭蕾舞学校，不同国籍人出入的咖啡馆……这就是近代上海作为一个华丽都市的生动写照。不仅全国各地的人聚集到上海，不同国家的人也来到这里。上海几乎每条街上都有兑换外币的地方，那时的上海，借其繁华吸引了大批人来到这里淘金。这一时期，具体是在中华人民共和国成立之前，巅峰时期则是20世纪20年代末到抗日战争爆发之前这段时间。在这一时期，南京国民政府刚刚开始行使其中央政府的职能，这段时间也是国民党与共产党从分裂到对立，关系最紧张的时期。同时在这期间，还发生了日本侵占东北的“九一八”事变，对上海实施的“一·二八”事变，使得中国国内反日情绪高涨。

这就是上海的多重面孔，多重性格……同时这里还存在着众多的政治暗流和不同的政见。特别是参与过五四运动的人，强烈要求对中国的传统文化进行全面的重新定义，并在20世纪30年代，推动社会开始去关心文化启蒙。五四运动家们重新整合自身的势力，以图进行新的启蒙运动。特别

---

* “京城”为韩国首都首尔在殖民地时期的名称。本稿涉及的背景是殖民地时期，因此在这里使用“京城”这个称呼。同时，副标题中所提到的“上海与京城比较”并不是全面比较，而是为了突出上海电影的性格而选取一部分特定内容进行比较。

** 李浩贤，韩国仁荷大学校BK21东亚韩国学事业团研究员。

是左翼人士以文学为中心，于 30 年代初创建左联，并积极地推动文化启蒙，振兴教育。这其中，电影也不无例外地取得了长足发展。

电影是最符合大上海身份的媒体。知识分子们注意到，作为近代具有代表性的视觉媒体，电影可以很自然地将近代的西欧塑造成大家向往的对象。这种情况，在当时的殖民城市——韩国的京城也一样上演着。同上海相比，京城的电影发展时间和电影市场规模存在着巨大差异，但人民对电影的反应却是非常相似的。特别是从 20 世纪 20 年代中叶到 30 年代中期，两国对电影的关注程度可以说到了鼎盛时期。两国都开始认真审视电影文化带来的冲击，并积极进行应对。

应对主要是针对好莱坞电影的，就是以当代社会认识为基础来加深对电影的理解。当时的电影在很多时候都是由帝国主义所创造，并从一开始就附带了众多资本主义特点而诞生的艺术。它必须以高技术和资本投入为依托，在制作过程中必须以追求利润为目的。但电影同时在那个时代也被用来当作批判社会的代表性工具。所以，很多电影人认为电影可以揭露社会的阴暗面，可以影响广大群众，可以使社会发生巨大变化。正是具有这些特点，也使得很多电影人为追求更多的利润而投身到娱乐电影的制作之中。①

正因为电影具有这种特点，无论是统治当局还是被统治阶层都看到了电影对民众的这种巨大影响力，他们对殖民地和半殖民地时代电影的理解，也定义成了“抵抗与统治”。也就是说大家把这种情况理解为统治当局通过审查手段所进行的“统治”和为了批判社会而不断地去制作电影。

但是，对殖民地与殖民地时期的电影，我们用二分法进行分类可行吗？特别是在 20 世纪 30 年代前后，两国都纷纷制作了大批左翼电影，并风行一时。可左翼电影为什么能在那种殖民地半殖民地社会表现得如此活跃？本文就此问题，以上海电影为中心，深刻剖析 20 世纪 30 年代的上海社会。为此，还通过与韩国京城进行比较，力图将这一特征塑造得更为鲜明。但由于对此研究并不是特别深入，所以在此需事先声明本文只是试论式的研究。

---

① 最近在韩国，名为《洪炉》的电影取得了巨大的社会效应，甚至使得电影中所反映的实际在现实生活中被重新调查。

二　上海电影市场的繁荣

1895 年 12 月 28 日，卢米埃兄弟在法国的一家地下沙龙里成功地完成了全世界首次电影放映。第二年即 1896 年，上海《申报》登载了 8 月 11 日在徐园的又一村放映名为《西洋影戏》的电影广告。在韩国，我们也可以从《皇城新闻》中找到第一份电影上映广告。“东门内电器会社机械厂里，除星期天及阴雨天之外，每日下午 8 点到 10 点上映活动写真，具备大韩及欧美各国生命都市各种剧场绝胜光景。许人料金，铜货十钱。”

那么电影正式走入普通人的生活究竟始于何时呢？1933 年《申报》上登载了一篇报道，之后，这个外国人的名字逐渐为人所知。他叫苏马斯，是一个西班牙人，他是首位在上海设立电影院的人。他第一次到上海是在 1903 年左右。当时为了看他放映的“西洋镜”，每人需要交 30 文钱，如想再看就还要交钱。后来他的事业越来越成功，干脆就在乍浦路建立了独立的电影院，这就是现在的虹口大戏院。这是出现在上海的第一家电影院。

另外，撰写了《中国电影发展史》的程季华叙述道：1897 年 7 月美国电影商人 Youngson 来到上海，开始在天华茶园和奇园、同庆茶园等地放映电影。最初在天华茶园上映的时候，“连续十几天”为大家展示了来自美国的“比事实更奥妙、生灵活现的”活动写真，这是好莱坞电影与上海渊源的开始。同时还有美国人直接拍摄上海的情景。1898 年爱迪生公司派遣摄影技师到全世界拍摄世界各地风景，在上海拍摄了《上海警察》《上海街头》。1901 年，美国 Warwick 公司的摄影师 Joseph Rosentha 拍摄了“满是行人的街道，街道上的步行者。黄包车夫、骑自行车的欧洲女人、印度警察和两名德国官员”的《上海南京路》。

综合以上事实——尽管不乏一些其他说法——我们可以推测到 19 世纪末 20 世纪初上海人与京城人已经与外国电影邂逅了。

随着电影的登场，不但影片本身，华丽的电影院也迅速地作为新型时髦事物开始装点城市。不但如此，还引入好莱坞模式，将电影院分为首映馆、重映馆、三流电影馆来运营。其中首映馆一般放映好莱坞电影，中国本土的电影主要在重映馆放映。尽管有一些变动，大致上电影票的价格是一楼前排为 6 角、后排为 1 元，二楼前排 2 元、后排 1 元 5 角。当时有名的京剧名角的演出票价格为 1 元 4 角，地方剧沪剧演出最高票价为 4 角，比较而言，首映电影馆的电影票价格并不便宜。首映馆不但外观华丽，在入口处还有穿着整齐的侍者提供服务，可以在舒适的环境里欣赏电影。而且还提供中、英文说明书，引进有声电影后，考虑到中国观众还配备了译意风。在华丽的西方文明风靡的上海，买一张昂贵的电影票在首映电影馆看电影，这足以满足某些人强调自己是“城市人”“上海人”的欲望和虚荣心。

结果，上海的电影风潮直接带来了电影制作公司和电影数量的增加，从 20 世纪 20 年代末期起，每年都要平均上映 50 ~ 60 部电影。据《申报》资料显示：“1921 年到 1930 年之间成立了 164 家电影公司，其中有 53 家电影公司出品了电影，仅在 1929 年一年中就上映了 50 多部电影。”而中国电影业达到顶峰的 1933 年则有 66 部片子上映。但是，上映的电影中并不包括因为审查而受到禁止上映处分的作品，因此应该说实际制作的电影数量要远远超过上映的电影数量。据不完全统计，《国片年谱》中讲到，当时中国拍摄的电影在 1924 年是 16 部，1925 年是 59 部，1926 年是 86 部，1929 年为 111 部，从 1921 年到 1931 年的 10 年间，上海各电影公司拍摄的影片数量达到了 650 部。一部分没有得到中央的放映许可的电影也在东南亚地区作为华侨们的消遣品上映了。据报道称：“如果当地中央政权不禁止上映的话，中国电影无论在何地都受到广泛欢迎。据说东南亚每个港口都有两家电影院专门放映中国电影，每 4 天就换新片。”因此，即使没通过审查的影片也以非公开的形式在电影市场上流通，电影市场的繁荣使得电影制作公司不必担心生计问题，它作为一种稳定的大众性需求带动了电影的风潮。

那么，实际上“消费”这些电影的观众的规模又是怎样的呢？也就是说实际上去看电影的人数有多少呢？现在并没有记述详细统计数据的资料。但是，我们可以根据当时电影院座位数量和电影上映次数来大致推断一下当时观众的数量。

据《申报》报道：1930 年全国共有 239 家电影院，116990 余个座位。1927 年电影院及座位数量各为 106 家和 68500 多个，3 年之内增长了 70%。上海事变之前，上海共有电影院 53 家，占全国电影院总数的 1/4。如果所有电影院每天上映 3 场，每场能确保平均 50% 的上座率的话，上海电影院每天大约有 45000 名的观众，那么可以说 1 年之中大约有 1600 余万名的观众来电影院观看电影。

不过不管怎样，这种电影市场的扩大其实是受了好莱坞电影的影响。初期以欧洲电影为主的外国电影在第一次世界大战之后情况有所改变，好莱坞电影的风头压倒了其他外国电影。因此从20年代中期到30年代，好莱坞电影占据了绝对优势。因为好莱坞电影人气高涨，对好莱坞电影感兴趣的观众逐渐增多。当时电影中展现的欧美风景及他们的生活方式刺激了上海人的好奇心。他们热衷于模仿这些，使得电影中人物的服装和发型变得流行。有些观众为了全盘效仿电影中登场的最新服饰，甚至会带着自己的裁缝去电影院看电影。上海的观众们因为追逐流行而为好莱坞电影深深倾倒。

事实上，从20世纪20年代后期开始，美国为拓展其电影市场，就开始在全世界范围内对好莱坞电影进行市场调查，收集相关的资料。比如说，美国商务部海外贸易局专门设立了电影处，于1927年开始对世界各国电影市场进行调查并形成报告；这其中第一份报告就是关于中国电影市场的。而且从20年代中期开始，美国的八大电影公司就都在上海设立了办事处，直接处理与电影相关的业务。

若如上所述，好莱坞电影如此风行的原因是什么呢？从美国的资料报告上来看，好莱坞电影多是大团圆式的结局，非常符合中国人的口味，所以与别的国家的电影相比，更容易得到中国人的认同。同时，对中国人兴趣的分析报告中说："中国观众所喜欢的电影正经历着从武侠电影向西部牛仔片转变的这一过程……而以三角恋爱关系和家庭矛盾为题材的电影，与中国人的伦理道德观念相违背，因此并不受中国人的欢迎。"报告中同时又说："一般言情片和历史片，特别是喜剧和童星主演的电影在中国大受欢迎。"

而且，报告提及了为什么中国人也喜欢看外国电影。报告是这么来描述中国人看外国电影的原因的。第一，外国电影的整体质量比中国电影要高；第二，是直接观察外国的机会；第三，和中国各地各具特点一样，通过电影可以看到欧美各国不同的特点；第四，外国在妇女儿童题材电影的制作方面更胜一筹。

另一方面，《申报》（1932年11月24日）的报道曾提到，每年有数十部外国电影进入中国，大量的收入流入了外国人的腰包，这个数字虽然没有被统计，但肯定是惊人的，也是众所周知的。而且谁都知道，在学校里，大家对学习汉语越来越没兴趣，但与之相反的是，英语正受到大家的追捧。当时的中学生基本都具备了一定的英语读写能力，而且为了表现得时髦，都纷纷穿起了西服。当时的上海人，穿着西服，即使英语说得不好，但都能说上几句“洋泾浜”味的英语。那时几乎所有的东西都是模仿外国的，很多人都说正是好莱坞电影掀起了当时的“崇洋风潮”。

借着这种风潮，当时以上海为主的中国电影市场中，好莱坞电影所占的比重是相当大的。根据中国商务部门的统计，在 1929 年，中国一共上映了约 450 部电影，其中 90% 产自好莱坞。比如 1933 年，中国一共制作了 89 部电影，而进口电影却达 421 部之多，其中有 309 部来自好莱坞，占总进口量的 73% 。1934 年，中国电影产量缩减到 84 部，进口电影 407 部，好莱坞电影增加到了 345 部，占总进口量的 84.8% 。

当然，从数值上体现出的对中国电影市场的绝对占领，并不代表好莱坞电影在进军中国市场的过程中就一帆风顺。从报告上来看，在中国进行电影普及时曾经历了以下几种困难：第一，中国政局不稳，战乱频频，给电影普及带来了重重困难；第二，中国交通基础落后，很多地方不通公路，电影只局限于大城市中，根本普及不到乡村；第三，由于中国人喜欢好莱坞电影，使得与中国电影形成了对立；第四，中国大众收入低，这对电影消费产生了负面影响。

不仅如此，电影发行方式方面，中国电影院业主与美国商人间也频频发生冲突。电影发行存在两种方式，一种是分账制，一种是包账制。美国制片商喜爱的是分账制，这可以让美国制片商通过租赁胶片，根据票房来分得 30% ~70% 。电影院在与制片商签约后，电影放映次数不能超过事先的规定。一般一部电影先放映 3 ~5 天，如果上座率超过 45% ，会继续延长放映天数。同时电影院还要支付一定的广告费用，而且海报的成本费用也要由电影院来承担。由于条件过于苛刻，中国的电影院提出要一次性收购电影放映权和发行权，但这并不容易，因为一直紧抓影片分配和上映时间的美国制片商们不会轻易放弃自己的权力。因此，当时很多中国影院都联合起来，一起抵制好莱坞电影。

在韩国的京城，好莱坞电影的影响完全覆盖了电影市场。其实，当时好莱坞电影在韩国市场所占的比重远远超过了日本市场。当时，韩国上映的电影中有 40% 来自好莱坞，无论是观看好莱坞电影的观众人数，还是胶片的租赁件数，都超过了日本。据美国驻京城总领馆 1934 年 8 月的统计数据显示，美国电影已经完全掌握了韩国院线，有 62% 的电影院在放映好莱坞电影。京城的主要剧场中，一半以上放映外国电影，其中主要是好莱坞电影，上映的次数是其他国家所有电影放映次数的 5 倍以上。当时，京城的电影上映数值与上海是无法相比的，在第四节将谈到统治阶级的统治，即审查制度的实施，与好莱坞电影强大的影响力是有关的。

我们先通过对上海和京城的比较，来观察一下电影全盛时期作品能够反映出社会现实的原因和特色。

三 上海电影的制作与风行

1905 年，京剧演员谭鑫培表演的京剧片段被北京丰泰照相馆拍摄下来，这成为中国史上第一部电影（谭鑫培饰黄忠）。虽然这个“第一”产生在北京，但是论及真正的电影制作，随后的上海要比北京开展得更为广泛。从今天的观众角度来看，当时的电影不过是在展现一些京剧名角如谭鑫培或者梅兰芳等的精湛技巧。从内容上来看，这些早期“电影”也是些主题受到了极大限制、仅仅可被称为“舞台艺术的技术性再现”的作品。

另外，早期电影行业的相关从业人员也大都是一些早期从事文明戏表演的演员。当时最具代表性的电影公司明星影片公司虽然从长远的角度出发，设立了明星影戏学校，开始有计划地培养专业演员，但处在专业演员还未出现的电影行业起步期，电影演员的缺口自然不可避免地只能由早期文明戏的演员来填补。

从 20 世纪 20 年代末开始，一些留学归国的学生开始慢慢加入到电影这一行业当中。并且由于电影剧本的创作也大都由当时流行的鸳鸯蝴蝶派文人担纲，因此才子佳人类的通俗小说占据了电影剧本的相当一部分市场。除此之外，改写自欧洲文学作品的电影、在好莱坞大行其道的侦探类电影、根据当时引起社会轰动效应的事件改编而成的电影也都陆续被呈现在观众面前，其中我们要特别一提的是武侠类电影的流行。当时在明星影片公司制作的电影当中，观众反响最热烈的作品就是 1928 年拍摄的武侠电影《火烧红莲寺》。当时 50 多家电影公司在 1928 ~ 1931 年，总共拍摄了 400 部电影，其中武侠电影就有 250 部之多，武侠电影在当时中国的流行程度由此可见一斑。与此同时，一部分控诉封建传统生活方式的电影也逐渐开始被电影公司搬上了银幕。当中，最具代表性的要数张石川、郑正秋创办的上海新民公司拍摄的《难夫难妻》（1913 年）了。新民公司解散后，张石川又筹资在徐家汇设立了幻仙影片公司，拍摄了由同名文明戏改编的《黑籍冤魂》。这部由张石川亲自导演并出任主演的影片主要讲述了主人公由于吸食鸦片而荡尽家财的故事，是一部典型的反映社会现实问题的影片。Stefan Kramer 曾评价该片是中国电影史上重要的转折点。在这部影片当中，被儒教传统和当时大众娱乐指向的艺术共同视为禁忌的社会批判意识首次被导演引入到了电影的创作中，具有里程碑式的意义。

说到韩国电影的诞生，我们一般会提到 1919 年 10 月 27 日金陶山导演的作品《义理的仇讨》。不过，与其说这部作品是一部纯粹的电影，倒不如说它是 1910 年新派剧达到全盛期并逐渐走向衰落时，为了挽回颓势，人们将其与当时颇具人气的活动电影相结合后在剧场上映的产物。换句话说，这时的电影就是话剧和电影相结合产生的“连锁剧”。在之后的 3 年中，类似的电影上映了 15 部左右，在这些影片当中，值得一提的是《月下的盟誓》（1923 年）和《国境》两部作品。《月下的盟誓》是当时朝鲜总督府递信局以民智启蒙为目的出资拍摄的启蒙普及类电影。可以说，20 世纪 20 年代初的电影并不是我们现在所说的一般民众日常生活中接触到的大众媒体，而是朝鲜总督府等机构，抑或是少数资本家出于公共卫生防疫宣传等公益、启蒙性目的而运用的工具。除了所谓的“卫生启蒙类电影”之外，还有“鼓励储蓄类”“电力宣传类”“普及纳税观念类”等类型的电影也纷纷进入当时韩国民众的视线当中。

随着之后 1923 年日本人拍摄的《春香传》和 1924 年朴承弼制作的《蔷花红莲传》所获得的意外成功，韩国进入了一个“滥作时代”。个人制作的电影以及大大小小的电影公司如雨后春笋般出现在了当时的韩国。这一时期的电影制作在表面上看来已经具备了十足的活力。20 年代中期，随着罗云奎的杰作《阿里郎》（Arirang，1926 年）的诞生，韩国电影的发展也迎来了第一个高峰。罗云奎的《阿里郎》将主人公荣进设定为一个疯子，通过对这一形象的刻画，间接表达了对被扭曲的现实的彻底的反抗心理，从而流露出对殖民地社会的批判精神。

《阿里郎》问世以后的 20 世纪 20 年代中期，韩国的电影也迎来了一个发展的转折点。顺应时代的变化，韩国电影也以新的倾向和表现方式，完成了质的转变。这一质的转换体现在两个方面：一方面是以《阿里郎》为发端的、被称作民族电影的罗云奎的创造活动；另一方面是随着社会主义思想在韩国的传播，在韩国国内文化艺术界产生深远影响的新思想的登场。后者的代表则是卡普（KAFF）的活动。

卡普（朝鲜无产阶级艺术家同盟）开展的电影运动是在 1927 年朝鲜电

影艺术协会成立后开始的。早期创始人当中有李庆孙、金乙汉、安钟和、金永八等，随后尹基鼎、林和、金幽影、徐光霁等人也加入了进来。他们站在阶级的立场上，设立了专注于发展无产阶级艺术的研究班，开始致力于电影运动理论的确立。之后，随着当时担任协会主管的安钟和等一部分会员离开该组织，它成为一个完全由朝鲜无产阶级艺术同盟会员构成的组织，并拍摄了第一部电影《流浪》。随后，尹基鼎、林和、徐光霁、金幽影等于 1929 年 12 月成立了立足于阶级斗争的团体新兴电影艺术家同盟，与当时现有的电影人团体赞映会形成了对立。韩国的电影界也因此陷入了尖锐的思想对立时期。

不过，就当时这些组织的活动来看，比起电影作品（《流浪》《昏街》《暗路》《火轮》《地下村》等 5 部），卡普更倾向于用新的思想和伦理主导电影理论和评论，从而使得包含电影制作及技术等在内的韩国电影界整体都受到了非常大的影响。尤其值得一提的是，当时韩国报纸杂志上的电影理论和作品分析这一板块，除去少数人，其余的可以说已经被卡普成员们全部占据了，从中我们便可以看出当时卡普是如何主导着韩国电影发展的。卡普成员发表的文章内容大都是些电影理论和批评、有关电影制作的评论和讨论以及实践的运动论，他们就电影的职能和性格、电影本质等许多问题，与当时的其他电影人发生了尖锐的对立和激烈的论争。

比起韩国，中国的电影评论要开展得更加积极，并且左翼电影在流通领域也获得了非常大的成功。特别是在 1931 年日本制造“九一八”事变、1932 年又制造了上海事变之后，上海社会霎时间被反帝的情绪所笼罩，就在这时，率先在文学界崛起的左翼文艺界组织也自然而然地进入了电影领域，积极开展起左翼电影的制作。

首先，文学界经过一连串的论争，终于在上海成立了“中国左翼作家联盟”。1 年后，“中国左翼戏剧家联盟”也诞生了。同年 10 月，中国左翼文化总同盟形成，并开始了左翼文化运动的开展。此外，电影组织“中国电影文化协会”于 1933 年 2 月 9 日成立后，批判过去中国电影界的活动，分析中国电影的现状，并就如何展开电影文化运动展开了广泛的讨论。

伴随着左翼文艺组织的先后成立以及与电影有关的各种议论的登场，之前纷纷在上海成立的电影公司也迎来了新的变化。由于“一·二八”上海事变和激烈的同业竞争，电影公司经过一轮轮的淘汰和合并之后，数量缩减到了 20 多家，曾一度达到 39 家的电影院当中也有 16 家纷纷倒闭。曾位于虹口和闸北的摄影场地也都化作了一片片废墟，就连当时现存的电影公司也面临财政困难这一问题。为了迎合时代的变化和观众的喜好，电影公司希望能够制作出全新类型的电影，左翼知识分子就在这时开始被电影公司大量起用。

明星影片公司拍摄的第一部影片是由夏衍创作剧本、程步高负责导演的电影《狂流》(1933 年)。影片以 20 世纪 30 年代长江的洪灾为素材，描述了在此背景下展开的农民与地主之间的种种矛盾。随后明星拍摄的电影是根据茅盾的作品改编而成的《春蚕》。从这时起，根据新文化运动时期的文学作品改编而成的电影开始陆续出现在了之前被鸳鸯蝴蝶派占据的电影界。之后，明星影片公司又出品了《铁板红泪录》《上海二十四小时》《脂粉市场》《女性的呐喊》《姊妹花》《香草美人》《盐潮》《时代的儿女》等以城市与农村、女性问题为题材的社会问题作品。1936 年以后，公司在现有的袁牧之、应云卫基础之上，又吸纳了沈西苓、赵丹、白杨等人，拍摄了《压岁钱》《十字街头》《马路天使》等电影。

如果说明星是依靠左翼人士的积极引进来尝试变化的话，那联华则是从一开始就在罗明佑新的电影制作方法的领导下来制作左翼电影。罗明佑通过国产电影复兴计划来抵制宣传迷信危害社会风气的国产电影，普及具有社会教育性的电影，并团结电影人抵抗外来文化和经济侵略，积极培养电影人才，扩展海外市场，提高电影人的生活福利等，同时提出了“复兴国片、改造国片”的口号并努力实现电影事业的革新。此外，联华在全国各地拥有 7 大摄影棚，到 1934 年所拥有的剧场达到 106 家，成为全国最大的集电影制作、发行和上映为一体的电影公司。

联华的第一部电影是由孙瑜导演的《故都春梦》，当时影片的宣传广告是“复兴国片之革命军，对抗舶来影片之先锋队，北京军阀时代之燃犀录，我国家庭之照妖镜”。这部电影对旧社会的阴暗面进行了深刻的描写，实现了中国电影表现手法上的一大革新。1933 年 1 年间联华制作了 22 部电影，其中不乏《三个摩登女性》《天命》《城市之夜》《都会的早晨》《母性之光》《小玩意》等优秀作品，次年继续推出了《渔光曲》《大路》《神女》《天伦》等作品，从而迎来了联华电影事业的鼎盛期。

无论是夏衍还是田汉，他们除了参与明星和联华的电影事业外，还曾参与艺华影业有限公司（以下简称“艺华”）剧本委员会一同制作了《民族生存》《中国海的愤怒》《逃亡》等具有抗日色彩的作品。并在共产党员司徒慧敏的帮助下参与电通影片公司（以下简称“电通”）的电影制作，于1934年、1935年出品了《桃李劫》《风云儿女》《自由神》《都市风光》等左翼转向型的电影。

这种电影倾向的转变并不仅仅局限在一部分电影之中。1933年洪深进行影评时说：“1933年出品的电影总计66篇。由于电影制作人员和资本的短缺导致数量并不算多。但从这66篇电影却能明显看出当时的主流。首先，非常明显地表现了当时帝国主义对我们民族的威胁以及民族内部大范围的反帝倾向。虽然受到各方面的制约，今年的这种反帝素材的影片仍然超过10部。如纪录片《东北义勇军血战史》、披露帝国主义经济侵略性的《小玩意》《香草美人》《天明》《争夺》等都在今年上映。其次是反封建的作品。今年这种类型的作品取得很大的成功……具有披露性的作品在这一年中占相当大的比例，一些作品性不是很强的作品也有意无意地渗入一些披露性的色彩。”

虽然大部分的观众仍然喜欢好莱坞电影，但是，另外一部分人随着社会的变化，民族主义的兴起，逐渐关注起社会批判类的电影。

另外，如果从电影素材方面分析，就会注意到此时上映的为数不少的女性电影。当然，电影和女性的素材在现在也出现在很多方面。但纵观电影史，电影与女性的主题如果主要研究“女性”侧面，则会在电影刚刚兴盛起来的时期，从中国电影中的女性发掘出一些不同侧面的女性素材。

数据显示，1927年至1931年，中国电影种类主要分为古典（历史剧）电影、武侠（鬼神）电影等。女性电影相对来说处于非主要位置，5年间仅上映40余部，占全部电影上映总量的1/6。这40余部电影中，明星影片公司拍摄的作品占到了一半。对此，无法忽视的一位导演便是郑正秋。郑正秋导演拍摄的电影占明星影片公司产出电影的一半以上。

进入1930年，可以看到中国电影的拍摄数量呈迅速增长的态势。但是，这个时期更重要的是，中国电影不仅在量上，而且在质上也出现了变化。女性电影也自然被这股潮流带动。各电影公司在1932年至1934年间共制作了60余部女性电影，并逐渐在深度和广度上都开始制作与以前完全不同的作品。因为，中国电影经过“九一八”事变以及上海事变后，左派电影制作逐渐活跃起来，同时这种电影被民众所欢迎的情况也对女性电影产生了影响。

当然，并不是所有的女性电影都与之前的电影差别巨大。当时，作为制作电影最多的公司之一，明星影片公司的作品中，《失恋》（张石川导演），《琵琶春怨》（李萍倩导演），《道德宝鉴》（王献斋、高梨痕导演），《春水情波》（郑正秋编剧、导演），《现代一女性》（艾霞编剧，李萍倩导演），《姊妹的悲剧》（胡萍编剧，高梨痕、王吉亭导演），《残春》（姚苏凤编剧，张石川导演），《香草美人》（马文源、洪深编剧，陈铿然导演）等仍然执著于讲述封建制度中的女性问题。例如《琵琶春怨》描述的是封建制度下年轻寡妇的孤单。《春水情波》讲述了一个留学归来的纯真少女，被主人家的公子玩弄后抛弃，她生下的孩子也无辜的死去。除此之外，天一电影公司拍摄的电影《飞絮》与《飘零》描写了封建男尊女卑观念、残忍的童养媳制度、地主以及社长对女性的玩弄等，女主人公因为这些丑恶的习俗最终死去。仅有少数电影可以打破电影中经常套用的鸳鸯蝴蝶派女性电影的传统桥段，如三角关系、女性的堕落、才子佳人等模式。

这样的作品有 1933 年出品的《三个摩登女性》（田汉编剧，卜万苍导演）、《脂粉市场》（夏衍编剧、导演）、《姊妹花》（郑正秋编导），以及 1934 年、1935 年出品的《新女性》（孙师毅编剧，蔡楚生导演）、《女人》（史东山编剧、导演）、《桃李劫》（袁牧之、应云卫编剧，应云卫导演）、《神女》（吴永刚编剧、导演）等，这些作品受到了评论家和观众的好评。这些作品中，虽然也有以牺牲在封建恶制度下的女人作为前提的情况，但与之前不同的是并没有把她们牺牲的原因归结为“恶人”，而是引导人们问责社会。即使电影没有提出解决的办法，也会描写女性追求独立的情节。这的确是女性电影的进步。于是，在中国电影中一直作为弱者的“女性”，作为牺牲者、被资本家榨取者的身份发生了转变，这也在另一面为我们展示了新女性的风貌。

20 世纪 30 年代，战后社会的变化带来了两国电影在制作数量上的差异，但是基于众多社会认识，电影制作与电影批评以统一的姿态出现，认识于是统一了。对于电影的认识，以及左派电影制作和批评的研究，可以从 20 世纪 30 年代上海电影的意义来把握，同时通过这些意义也可以管窥上海的社会性格。

四　对上海电影的管制及好莱坞电影

随着“九一八”事变和“一·二八”事变的发生，反帝浪潮也空前高涨，左翼文艺运动也越来越活跃，初期电影人对有关电影本质问题即“什么是所谓的电影”的探索也转变为对电影商业性及娱乐性的排斥。这种论调在认可商业性即电影这门艺术骨子里的特性的同时，也指责了由于过度强调资本主义特色而带来的弊端，认为强调电影的“左翼以及社会主义特性”才是问题的解决方案。对于电影的作用，郑正秋反对模糊的“教化社会说”，主张所谓的“三反注意”，即反帝、反资、反封建。与此同时还提出了抵制美国电影、标榜苏联电影的主张。

另外，舒湮将电影的历史分为三期，尤其是对于现代电影，认为其目的“原则上是为资产阶级服务的”，并且“向世界60亿观众宣传的是战争和宗教”。中国电影“在电影史仅有20余年的中国，实际上是帝国主义文化侵略的工具”，“‘一·二八’事变后一方面电影界出现了新的电影，另一方面电影公司跃身成为大企业”。因此对于电影的方向性“应该排斥国际资本主义左右中国市场局面的出现，并且驱除阻碍电影产业发展的封建势力”，“（未来的电影）不应该是仅仅取代好莱坞的电影，理论上的实践更为重要，因为电影是意识教育、启蒙的手段”，“在新的电影文化中，（电影）承担着提高及启蒙精神文化的重大任务”，“将电影的任务归结为‘教育’、‘启蒙’”。左翼电影人代表之一的田汉在《申报》的采访中表示，“最近中国的电影吸引了知识人的眼球，这是个非常好的现象，这说明了中国电影在很自然地与时代同步前进。同时电影作为有力的教育手段得到了大家的认可”。

如上高度评价电影教育性价值的电影人于1932年7月8日组织成立了“中国教育电影协会”。在由蔡元培主办的创立大会上，他表示“虽然电影是一种娱乐，从教育的角度看实际上发挥着重大的影响。对于坏的电影，比如淫乱、荒唐的电影应禁止上映，这也是必须重新审查电影的原因所在”。为了鼓励好的电影，每年都举办中国电影大会。

但是较为有趣的是，中国电影大会是国民党的右派代表陈立夫建议举办的，而大会上得奖的电影则大部分是左翼的作品。陈立夫在第一届教育电影协会执行委员会召开时，建议全国各电影制作公司向协会推荐两部自身比较优秀的作品，在电影上映的同时进行公开投票，对得票最多的电影将进行奖励，于是对各个电影制作公司发送材料，要求其推荐好的电影作品。当时比较有代表性的电影公司联华电影公司、明星电影公司及天一电影公司分别向协会推荐了《城市之夜》《都会的早晨》《自由之花》《狂流》

《战地二孤女》和《生机》。

通过此大会，具有代表性的左翼电影被选为优秀电影。比如第一届中国电影大会的审查在 1933 年 5 月 5 日中国教育电影协会第二届年会时得以进行。审查结果，夏衍、程步高编剧，程步高执导的《狂流》获得了二等奖。第二届大会为 1934 年 5 月中国教育电影协会举办第三届年会时进行的“第二届国产电影大会”。审查结果为郑正秋编导的流行电影《姊妹花》获得了一等奖。中国电影第三届大会的审查评价于 1936 年 5 月 3 日举办的电影协会第五届年会上进行，分别通过了 5 月 18 日的第一阶段选举和 6 月 2 日、3 日两天的“中央”七大机关代表（中国教育电影协会主要人士）的第二阶段的选举，评出了共产党员田汉编剧、卜万苍执导的“左翼电影”《凯歌》为一等奖。另外，1933 年 10 月中国教育电影协会第二期第四届商务委员会会议上，将蔡元培提议写成的纲领性文件《电影事业之出路》中的《都市的早晨》选定为中国教育电影的标本。作为中国电影的代表性作品，左翼电影为何会被选定呢？这与左翼人士在影评界的积极活动有关。这将在后文叙述。

左翼电影本身的制作并不是一帆风顺的。1927 年以后左翼在上海的活动是非常艰难的。1930 年以前，国民党警察在租界是无权逮捕人的，但是 1931 年陈立夫来到上海以后，与上海租界工部局签署了秘密协定，国民党在租界如必须逮捕人时，只要向工部局通报便可一起逮捕，甚至还有左翼人士被绑架逮捕的情况。

除此之外，当时还有检阅制度。1930 年 11 月国民政府颁布了《电影检查法》，第二年的 2 月 25 日，教育、内政两部门组织了电影检查委员会。初期检查的对象主要为武侠电影和好莱坞电影。1933 年 9 月组织成立了中央宣传委员会、电影事业指导委员会，陈果夫、陈立夫、张道藩等任常务委员，贺衷寒等任委员，其任务为“指导全国的电影产业”。其下设有电影剧本审查委员会，对电影检查委员会的活动进行指导。但是以 CC 派为首的右翼对检阅制度存在很大的不满。由于当时检阅制度自身不具备具体的条项，留有很多恣意解释的余地，他们便“因为种种私情的缠绕，不断使有左翼倾向的电影得到通过”。检阅委员会“对有左翼倾向的电影进行了严格的防御。事前多次分析后进行严格警告，事后严格检阅后不能有丝毫的疏忽。严重的禁止上映，轻则进行修改或删除，于是因为碍于私情而使电影通过的事例没有发生过”，话虽如此，但是 1934 年 2 月 20 日，决定对《电影检查法》进行修改，5 月 10 日立法院修订的《电影检查法》得以通过，原来“教育、宣传部组织的”电影检查委员会被改订为“担任行政院”，全部人员留任，每周举行一次会议，执行电影检阅。与以前的检阅工作相比明显严格了许多，甚至如果检阅需要，还可以动员警察权。

除了检阅，还可以通过直接的行动对电影公司进行管制。例如，1933 年 11 月 12 日国民党特务部所属的 30 余名人员袭击了艺华电影公司，进行了放火，即所谓的艺华袭击事件。此次事件发端于当年 10 月在上海举行的宋庆龄主持的反帝代表大会。作为艺华电影公司实际资本投资者的严春堂在田汉的主张下招待了英法的左翼代表，并举办了宴会，上海电影界的重要人物都出席了此次宴会，一时成为举世瞩目的焦点。结果这样的活动刺激了国民党。事件之后，国民党发布警告文，禁止在上海的各个电影院上映“以‘中国电影节中共同志会’名义的，田汉（陈瑜）、沈端先（蔡叔馨、丁谦之）、卜万苍、金焰等执导编辑主演的鼓吹阶级斗争和贫富对立的反动电影，如果违反，必以暴力手段加以对应，像艺华一样绝不姑息”。

一方面，共产党内部电影小组的活动也并不那么顺坦。因为当时中国共产党从李立三到王明走过渡的极“左”路线，整体呈现反对杜月笙和明月电影公司的关系以及共产党进入资本家经营的公司的氛围。夏衍也在其回忆录中谈到当时电影参与时遇到的困难，指责“左倾教条主义”的影响。但是即使如此，在共产党组织内部瞿秋白的支持下电影小组的活动得以进行。“瞿秋白向我们分析了当时所处的环境，万一我们写的系列电影市场不好（买票不振）或者在检阅中未能通过，资本家就不给我们工作，所以主张必须和资本家协力。”瞿秋白在共产党内部也是一位对文艺理论产生了相当大影响的人物。即使和王明的立场不同，但由于他在共产党内部担当文委，所以使电影小组的活动理所当然得以进行，并使小组成员与电影界人物的人脉得以扩展，将自己的电影制作成剧集。当时左翼电影《民族生存》是以鸦片商闻名的严春堂的艺华电影公司的作品，因此在 1933 年的《时报》上出现了“共产党员和鸦片商牵起了手”的报道。但是这类事情也是在征求了瞿秋白的意见后，经过了和“文委”的商议进行的决定，当然一部分反对也无可避免。结果，左翼电影的制作，比起彻底的政治理念，依附社会政况的执行者和人际关系才得以进行。

这种情况在与国民党的关系中也同样显现了出来。比起影评界左翼人士的活动及政治理念，更依附于“关系”。以陈立夫为中心的新闻人“CC

派”的《晨报》，其副刊“每日电影”便是左翼评论家们的代表性评论平台。对此夏衍表示，“我们虽然改名换姓进入明城电影公司，由于左翼的作用越来越突出，国民党特务不可能不知道”。当时国民党文教负责人潘公展知道此事实以后，对明城电影公司进行了施压。首先阻断了其银行的借贷进行威胁，如果不赶走左派，就不再对其进行借贷。之后潘公展和明城公司的周剑云协商国民党人来担任剧本的顾问，这个人便是姚苏凤。“我们当然不同意，因为他来了的话，我们就得走”，但是当时（共产党内的）电影小组组织的王尘无和唐纳都和姚苏凤很熟，建议即使一起工作也无妨，于是大家同意了周剑云的要求。“出乎意料，姚苏凤第一次参加剧本会议时，表示绝不干涉我们写的剧本，并且愿与我们成为朋友。而且为了让我们相信，竟然同意《晨报》的‘每日电影’的编辑活动由王尘无主管也无妨，而且绝无食言，之后姚苏凤和我们的合作关系一直延续了下来，‘每日电影’一直由王尘无担任编辑。我和郑伯奇翻译了苏联人著述的‘电影导演论’等，得以刊载在了《晨报》上。”

与此同时，韩国的管制即检阅问题如何呢？事实上，20 世纪 20 年代中期以后开始有生机的电影界因为 1931 年的“九一八”事变，导致了殖民当局统治的更加强化，电影制作甚至电影界遭遇了全面的后退期。前面提到的 KAFF 的活动虽以电影评论为主进行，但并没有大到可以引起殖民当局的注意，引起殖民当局注意的反而是好莱坞电影。

有意思的是直到 30 年代初总督府对好莱坞电影的牵制并不显眼。20 年代因为对儿童产生的恶劣影响曾有过对好莱坞电影的批判，这在日本和韩国都印证了有必要制定“活动照片胶卷检阅规则”，但是直到 1934 年才对以好莱坞电影为首的外来电影的上映进行立法限制。这可能是因为 30 年代中期以后日本市场逐渐意识到了韩国具备的重要性之大，也有可能是因为对当时“九一八”事变以后好莱坞电影传播的自由主义和个人主义价值观有必要进行管制的意识的觉醒。1920 年的好莱坞电影进口实质上阻断了左派在电影上的影响力，如若不是以展示体制导入的 30 年代中期的进口限制，很难想象可以抵制其支配韩国电影的影响力。

但是好莱坞的影响力不仅在理念上，而且在经济层面上也成为殖民当局的关心对象。东京和京城所载的日本、韩国好莱坞电影配销商们在1926～1936 年申请检阅并审批上映了总共 7376 部长篇电影，其中 6737 部是好莱坞电影，美国之外国家的电影有 639 部。并且经检阅的非长篇电影（史实广告宣传电影）共合计9404部，其中90%以上都是好莱坞电影。当时的检阅费取决于电影的长度，例如在日本申请检阅时，1000米长度电影的申请费为16.66日元，约合8美元。2400米长度的长篇电影的检阅费为39.98日元，约合19美元。对同一电影的复印本规定只收原作检阅费的40%。环球公司、Fox、派拉蒙等电影公司为了在不同地区同时上映，一部电影通常制作成多部复件申请检阅。与中央检阅委员会相比，记录有各地方检阅新闻或实时内容的胶卷每3米征收1钱的检阅费。考虑到在日本本土审查检阅时花费的金钱上的负担，财政上较稳定的，尤其是战胜了世界经济危机的电影公司从日本配销了很多部电影并得以进行上映。

但是，朝鲜总督部检阅局对在韩国进行检阅的电影只征收相当于日本检阅费用的50%~60%，在韩国申请检阅时，原作胶卷时每米征收1钱，复本时每米0.5钱。如此低廉的检阅费一直沿用至30年代中期。朝鲜总督府在1935年4月1日到1936年3月31日征收到的电影手续费就有29568日元，占当时10年征收到的手续费总额的11%。尤其是给经过检阅的国内外电影盖上正式图章，对一部电影同时有多个复本的情况也同样适用。上映许可书中明示了许可的上映时间和上映次数，未得到上映许可的电影必须经过重新编辑，在同一个警察署重新上交检阅费后，接受再检阅。对同一电影的多次检阅可以多次征收检阅费，检阅过程也越来越严格，这也成为朝鲜总督府主要的收入来源。

在中国也产生了如上所述的好莱坞电影和检阅的关系。但是其意义是不同的。初期中国的检阅大约从第一次世界大战结束时好莱坞的侦探剧引入到中国开始，对国内电影的批判，主要发生于教育界和工商业界。但是1928年和1929年虽然有国民党的检阅机构，但真正意义上的电影法规制定正是因为好莱坞电影才得以进行。

20世纪初的好莱坞电影便开始了对中国（人）的描写，尤其是美国国内唐人街的特色文化及面貌吸引了好莱坞电影制作人的注目。但是问题在于电影对中国（人）的描写往往呈现出奇怪的现象：性交易的颓废、鸦片买卖进行的窝巢等负面的描写。对此类电影中国人早就表达了不满。其中最有爆发力的电影当然是《不怕死》。

以此事件为契机，南京政府于1930年11月3日正式制定了《电影检查法》，《电影检查法》规定“无论是在国外还是国内制作的电影，如若不能通过检阅，则无法上映”（第1条），“有损中国民族尊严的电影不得上映”

（第 2 条第 1 款）。不久还组织成立了全国性的电影检阅机构“电影检查委员会”，1934 年此组织名字改为“中央电影检查委员会”，原本负责教育部和内务部的组织由国民党中央宣传委员会来负责。当时该委员会主任委员罗刚表示，《电影检查法》和委员会的主要人物之一便是“注意观察有损和侮辱中国国体的外国电影”。

他们的活动也比以前理所当然地积极起来。比如 1932 年名为《东方即西方》（East is West）的电影展示的是中国的妇女买卖，因其台词中有有辱中国革命的内容便责令其“马上对整体内容进行修改消除。同时要求其制作公司环球电影公司进行道歉，如若不然，便警告其禁止所有影片的上映”。此外，1936 年的《小明珠》由于未得到中央电影检查委员会发行的许可证便在《上海新闻报》上登载广告，因此缴纳了 3000 元的罚金，1936 年派拉蒙公司也因在无许可证的前提下上映了相关新闻而遭受了 60 元的罚金。中国观众的愤怒转换成了政府立场的依法提议。

结果，所谓的电影检阅管制虽然具有抵御本国电影中的政治性理念的意图，分析其原因却并不简单，正是（半）殖民地时期中国和韩国对好莱坞电影的制裁、利用以及电影检阅的作用。

五　结论

如果说近代是赋予五感中的视觉以重要性的时期的话，那就可以说电影是近代出现的最好的媒体。从西方传来的电影给中国人民带来了“新鲜感”，随之，大都市出现了一幅叫做“电影观赏”的风俗图。许广平在《鲁迅先生的外出》中就曾记述鲁迅抽出空闲，以“冲入敌人阵营”似的速度去电影院。电影事业以大都市为中心掀起一股疾风，而其中心当然是在上海。电影制作公司和专门放映电影的电影院相继登场，电影制作急速增加，20 世纪 30 年代电影非常流行，这一时期甚至可以称为“中国电影第一黄金期”。

就在享受黄金期的 20 世纪 30 年代初，发生了“九一八”事变、“一·二八”事变。随着反帝热情的高涨，左翼文化运动拉开帷幕，而电影制作也受其影响。左翼电影人通过制作揭露中国人民所处的黑暗的社会现实的电影，向电影观众传达自己的信息，随着社会的变化，电影制作者也改变制作方针，在电影制作、剧本、评论等多方面给左翼电影人提供活动空间。

但是，左翼电影的制作和左翼电影人的活动怎么可能顺利进行呢？实际上，30 年代初，在日本发动全面侵华之前，国民党和共产党处于尖锐的对立期，因为国民党对电影的审核以及对电影公司的镇压和共产党内部严重的极“左”倾等因素，左翼电影的制作并不顺坦。但是，与根源于反帝、民族主义热情的政治理念相比，在实际社会活动中，发挥更大作用的是私人关系以及执行者的立场。一些左翼电影评论家之所以能够活动在国民党右派“CC 系列”的报纸《晨报》的副刊“每日电影”上，其原因是他们和国民党员姚苏凤私人关系比较亲密。与极“左”的党政策相反，共产党员电影人能够活动在资本家乃至鸦片商人运营的电影公司里，却是因为文艺负责人瞿秋白的个人影响。

特别值得注意的是，在“中国教育电影协会”上，因为国民党右派陈立夫的建议才召开了“中国电影大会”，也就是通过这次大会，左翼电影才被评为好电影，并受到奖励。当时具有代表性的左翼电影《狂流》《姊妹花》《凯歌》等占据了“中国电影大会”的一、二等奖，而且蔡元培在《电影事业之出路》里，称赞左翼电影《都市的早晨》为中国教育电影的表范。

另一方面，作为支配权力“统治”的审查制度也不能单纯地被理解为对本国电影的镇压。比如说，国民党的《电影管制法》在 20 世纪 30 年代已初具形态，其目的虽然在于抑制阻碍自己统治的电影和批评的影响力，但还存在着另外一个方面，那就是应对好莱坞电影。管制法产生的契机其实在于制裁好莱坞电影对中国的侮辱性描述，这是刺激上海人意识的一种措施，这种措施也出现在日本殖民势力强权统治韩国的事例中。

最终，在（半）殖民地社会，社会在一个关系网里运行，而这个关系网并不能简单地描述为强权和反抗，它是一个由多种权力或集团组成的，它们相互关系的变化引导着社会的变革。笔者认为这种现象同样存在于现在，所以，一些相信电影在提供视觉享受的娱乐功能外还存在着引导社会变革力量的人们仍然在坚持不懈地制作电影。可以说这就是电影一个具有史料价值的属性——通过它来了解社会。

20世纪20、30年代北京民族风格近代建筑思想的历史考察

宋卫忠*

当前，北京市正致力于建设世界城市。作为世界城市，不仅要对全球的政治、经济有重要的影响力，而且在文化方面也必须拥有联合国教科文组织认定的历史及文化遗产和高素质的文化设施。在城市文化建设方面，《北京城市总体规划（2004—2020）》指出，"弘扬历史文化，保护历史文化名城风貌，形成传统文化与现代文明交相辉映、具有高度包容性、多元化的世界文化名城，提高国际影响力"；"贯彻尊重城市历史和城市文化的原则。把握社会主义先进文化的前进方向，保护古都的历史文化价值，弘扬和培育民族精神，全面展示北京的文化内涵，形成融历史文化和现代文明为一体的城市风格和城市魅力"。[①] 为此，北京市特别将重点保护北京市域范围内各个历史时期珍贵的文物古迹、优秀近现代建筑、历史文化保护区、旧城整体和传统风貌特色、风景名胜及其环境，作为继承和发扬北京优秀的历史文化传统的重要工作。

在展现城市风格与城市魅力方面，城市建筑具有无可取代的重要地位。建筑是城市政治、经济、文化的重要载体，也是城市文化的重要组成部分。它可以透视一个城市的文明发展程度，也在城市的文明、文化建设中发挥着潜移默化的作用。要成为世界城市，北京在不遗余力推进历史文化名城的保护工作的同时，还要不断建设在国际上影响重大的建筑，使之成为北京现代文明的标志。在学习世界先进建筑技术与观念的同时，从中国传统

---

* 宋卫忠，首都师范大学历史学院副教授。

① http://www.cityup.org/news/urbanplan/20070903/31211.shtml.

文化中汲取营养，弘扬民族精神，让两者有机结合，是城市发展规划的要求，也是北京当代建筑跻身世界建筑先进行列的必要条件。历史上，北京也曾在建筑的现代性和民族性方面开展了不少有益的尝试，借鉴前人的经验教训，对我们仍然具有积极意义。本文拟对近代时期北京城市建设过程中民族风格与新式建筑相融合的历史进行简要的论述，以供读者参考。

进入近代以来，随着西方势力的不断扩张以及洋务运动的影响，西洋建筑在北京逐渐发展成为建筑的主流。特别是庚子事变后，在新政的影响下，西方近代建筑在北京得以迅速发展。不仅外国人的使馆、教堂、银行，连清朝政府和民间绅商也大量建造洋式楼房。当时，“人民仿佛受一种刺激，官民一心，力事改良。官工如各处部院，皆拆旧建新，私工如商铺之房，有将大金门面拆去，改建洋式者，诸如此类”[①]。一如梁思成所评价的那样，“‘洋式楼房’，‘洋式门面’，如雨后春笋，酝酿出光宣以来建筑界的大混乱”[②]。民国时期，北京城内各式各样的新式——洋式建筑更是不断增加。西洋建筑形式与北京的整体建筑环境并不协调，使城市风貌出现了中西杂陈的混乱状况。即使是西方学者也对这种混乱提出了强烈批评。瑞典学者喜仁龙把他在北京所看到的东交民巷使馆区的建筑称为“倨傲的新客”，而且评论说：“唯有洋式或半洋式的新式建筑……像一个个傲慢的不速之客，破坏了整幅图面的和谐，蔑视着城墙的庇护……而且这些建筑的数量正在迅速增加着。”[③]

然而，正是在这洋风劲吹的当口，一种试图将西方近代建筑与中国传统建筑风格相结合的尝试也在悄然进行，并在20世纪20、30年代发展成为“古典复兴式”而流行一时。在北京早期建筑中，一些中国自主的建筑如西直门外的“农事试验场”大门和清陆军部南楼，在一定程度上也体现出中西融合的特点。陆军部南楼由中国技师沈琪设计，建筑为两层砖木结构，正中凸起一城堡形钟楼，周围外廊，入口处为铁罩棚。整体风格受英国折中主义影响，清水灰砖墙面，券柱上布满砖雕，又多是中国传统的花纹。但这并不是一种自觉的设计，而是中国工匠习惯传统工艺，对西洋的装饰

---

① 王荫槐：《北平木业谭》，北平市木业同业公会，1935年10月版。

② 梁思成：《建筑设计参考图集序》，见《梁思成文集》（二），中国建筑工业出版社，1991，第227页。

③ 〔瑞典〕喜仁龙：《北京的城墙和城门》，北京燕山出版社，1985，第87页。

图案比较陌生而导致的结果。

真正有意识的尝试，则是从外国教会的教堂、学校和医院等建筑开始的，如 1907 年在佟麟阁路的中华圣公会救主堂。这所教堂是英国圣公会传教士建立的，其建筑风格特异，教堂的建筑平面是常见的双十字形，屋顶为中国传统的硬山顶，教堂大门开设在南侧山墙上，双十字平面的两个交叉处各自建有一个八角形的亭子作为教堂的钟楼，门前竖有石碑。此后，一些教学医院和学校也采用了这种设计方式，比较有代表性的有协和医学堂的教学楼和医院，辅仁大学新楼等。其中，协和医学堂耗费巨资，其建设方指出，“新校和医院的建筑质量要求达到最高标准，例如砖、琉璃瓦、木料都是特制和高标准的；结构是独特的，外表采取中式，以与故宫媲美，内部则采取西式，使工作方便”。其建筑总的看来中国古式宫殿特征相当显著。但总体布局过于局促，庭院狭小，比例失当；单体建筑中现代与古代手法结合得也颇生硬，古式做法权衡错误之处很多，设计水平还处于探索的初级阶段。此后，西方建筑设计师还设计了燕京大学、北平图书馆等建筑，基本上都是以中国传统的宫殿式外形出现的钢筋混凝土建筑，但在设计水平和平面布局方面有了很大的提高。特别是燕京大学校园，1920 年由美国建筑师墨菲做规划及建筑设计，中国建筑师吕彦直 1921 年后参加设计工作。主要建筑有校门，办公楼，图书馆，科学实验楼，体育馆，南、北阁，水塔和男、女生宿舍等，全部为清官式建筑风格。建筑物大分散、小集中，各组群布置在旧日园林水面（未名湖）山丘周围。主轴线为东西向，前（西）面是校门及教学办公区，后部是体育场馆，东、西为学生宿舍，临湖为校长住所。各组群大都为三合院式，总体疏朗，局部尺度适宜，与自然地形地貌结合紧凑。建筑物多为二三层，尺度选择得当，造型庄重又不失亲切感。主要建筑物用灰瓦红柱，石造台基，浅黄墙面，檐下有斗栱梁枋，施以彩画；次要建筑则取民居园林形式，一座高耸的水塔处理为八角密檐式塔。总的来看，中国古典形制掌握得比较熟练，权衡基本正确，细部符合规矩，是这一时期中国古典风格运用得最好的作品之一。

在外国建筑师不断尝试的同时，中国建筑师也开始作为一支独立的力量，对民族风格的新式建筑展开了探索，并取得了重大的成就。他们对西方建筑师简单模拟中国宫殿式风格进行了超越，创造出另外类型与风格的中国传统特色浓郁的新式建筑。其中尤以杨廷宝设计的交通银行和梁思成设计的仁立地毯公司建筑为代表。交通银行建筑是 1930 年杨廷宝设计的，

1931年建成。临街（西河沿）立面四层，其余三层。砖混结构，水刷石饰面，花岗石贴面基座。正立面构图隐含传统石牌坊形式，顶部施斗栱琉璃檐及灰塑大片云团。门窗上加琉璃门罩、雀替。营业大厅做天花藻井、隔扇栏杆，绘有彩画。正面以外为红砖墙面，女儿墙水刷石装饰，点缀中国式花纹。仁立地毯公司王府井铺面是1931年梁思成设计的，工程由技师关颂坚主持。它是在一个不足20米的临街面上改建造三层楼的店面。开间划分为五间三段，正中三间为橱窗，用八角柱、一斗三升及人字拱，仿自天龙山隋代石窟；二、三层用青砖砌出唐宋勾片栏杆式样；女儿墙顶部安装清式琉璃脊和大吻。室内有磨砖台度，柱间出挑插拱，额枋上绘宋式彩画。两个入口墙面又以水刷石装饰。手法、式样很多，但毫不牵强紊乱，表现出作者纯熟的构图技巧和深厚的古建筑修养。①

北京近代中国民族风格建筑的尝试，不是偶然的，它与近代中国的政治、文化发展具有密切的关系，也是中国建筑和北京地区建筑发展的必然结果。

这种建筑风格的诞生，是与近代中国的政治密切相关的，近代中国的政治对其产生发挥了很大的影响。它之所以在20世纪初年能够出现，是与中国人民不断加强的反侵略斗争直接相关的。西方教会率先尝试，就是在中国强大的反洋教的浪潮冲击下，为了减少中国人民对西方宗教、文化侵略的抵制情绪，贯彻罗马教廷的“本土化”的要求。一些教会人士主张，建筑“被采用的样式应模仿中国样式，融和地域特征而又不失使用上的方便，应努力建设少一些‘外国味’的建筑群”②，避免过度的西洋风格引发中国人的不满。而燕京大学校长司徒雷登则更明确指出，采用这种中国式风格的校园，“校舍本身就象征着我们的办学目的，也就是要保存中国最优秀的文化遗产……肯定有助于加深学生对这个学校及其国际主义理想的感情”③。从中我们可以比较清楚地看出之所以建造此类建筑，在冠冕堂皇的一些借口之后，其根本目的还是要培养学生在认同校园的同时，认同西方列强的“国际主义理想”。虽然外国人在兴建中国固有形式建筑的时候，并没有发扬光大中国民族文化的意图，但是对中国兴办民族形式建筑却产生

① 参见张复合《北京近代建筑史》，清华大学出版社，2004，第290~293页。

② 转见赖德霖《“科学性”与“民族性”》，《建筑师》1995年12月第62期，第54页。

③ 司徒雷登：《在华五十年——司徒雷登回忆录》，北京出版社，1982，第51~52页。

了一定的影响。张君劢指出："近来吾国校舍已渐不模仿欧式而复归于吾国之宫殿式矣。凡此西人之好恶，原不足以定吾族文化之高下，然吾国美术，彼既视为神品，吾等为子孙者，奈何反不知爱重乎？"[①]

当然，中国民族风格近代建筑风格在 20 世纪 20、30 年代的流行，与国民政府的提倡是分不开的。1928 年，国民政府完成了形式上的统一。1929 年，国民政府制订了南京《首都计划》和上海《市中心区域规划》，明确提出政府建筑必须采用民族风格的形式。《首都计划》对于"建筑形式之选择"作了明确规定："要以采用中国固有之形式为最宜，而公署及公共建筑尤当尽量采用。"又如，"政治区之建筑，宜尽量采用中国固有之形式，凡古代宫殿之优点，务当一一施用"。这份计划还对采用中国固有形式的建筑风格作出了解释，认为采用此种建筑风格的理由有四个，"所以发扬光大本国固有之文化也"，"颜色之配用最为悦目也"，"光线空气最为充足也"，"具有伸缩之作用利于分期建造也"。[②] 南京政府的提倡与推行，自然对北京的公共建筑具有直接影响，故而多采用这种传统复兴式样。

这种建筑风格的流行，也是中国近代社会文化思潮推动的结果。甲午战争以后，北京近代建筑的发展，在一定区域和一定程度上改变了历史古城的建筑风貌，也对人们头脑中的传统建筑观念产生了相当大的冲击。尽管其中既有对旧建筑理念破灭的追思，又有对欧风劲吹之下北京的半殖民地半封建建筑形态的不满；有陈腐保守的思想的膨胀，又有洋风盛行下的清醒反思，最终目的截然不同，但在强调建筑的民族性方面，保守与开明人士却形成了难得的统一。进入 20 世纪，人们在关注建筑的坚固、卫生、适用的同时，对建筑所代表的民族文化的认识更加深刻。1907 年，严复指出中国美术"自建筑、雕塑、绘画、音乐之伦，虽与雅典发源不同，而先代教化之崇深，精神寄托之优美，析而观之，皆有以裨补西人所不及者……然则先进礼乐固不宜付诸悠悠，而转取异邦人所唾弃者（意指近世建筑）宝贵而崇大之，亦已明矣。言次于建筑、绘画，所历指者尤多，复不足以尽喻也"[③]。反映出严复对中国日益洋化的建筑状况、传统建筑不断衰败现状的不满。蔡元培也是一向反对对本国文化妄自菲薄的文化态度，

---

① 张君劢：《明日之中国文化》，见《张君劢集》，群言出版社，1993，第 191 页。

② 国都设计技术专员办事处编《首都计划》，1929。

③ 王栻编《严复集》第二册，中华书局，1981，第 85 页。

这在其建筑思想上也有明显表示，他认为："我国建筑，既不如埃及式之阔大，亦不类峨特式之高骞，而秩序谨严，配置精巧，为吾族数千年来守礼法尚实际之精神所表示焉。"[①] 他还一一列举了中国建筑各种类型的优点，以具体的内容证明中国建筑并非一无是处，应该珍惜其具有的文化和艺术价值。鲁迅认为："美术云者，即以思理美化天物之谓。苟合于此，则无问外状若何，咸得谓之美术；如雕塑，绘画，文章，建筑，音乐皆是也。"[②] 梁启超也指出："爱美是人类的天性，美术是人类文化的结晶。所以凡看一国文化的高低，可以由他的美术表现出来。美术世界所公认的为图画、雕刻、建筑三种。"[③] 到了30年代，关于建筑的艺术性和文化性的论述变得更加清楚和明了。当时有人撰文说："建筑是科学和艺术的结合，也是文化的代表作。"[④] 还有人更加细致地说明，"建筑是时代、环境和民族性的结晶……我们看到历史上各种民族所遗留下来的住宅、王宫、庙堂，以及城垒等，无处不表现其固有的精神，这种遗留下来的建筑，永远为各种民族的盛衰、思想之变迁，以及文化的改进等，作一个有力的铁证"[⑤]。"尝考各国建筑之作风，恒受气候、地理、历史、政治、宗教之影响，故由建筑作风之趋向，每每可知其国势之兴替、文化之昌落，他如民气、风俗、物产等，亦可随之查得无遗。是以建筑事业，极为重要，不特直接关系个人幸福，亦且间接关系民族盛衰。"[⑥] 既然建筑代表了一个国家和民族的文化精神，那么在中国，创造带有中国民族色彩的建筑也就毫无疑问了。

这种建筑风格的流行，也是中国传统建筑的缺陷与人们的社会心理共同作用的产物。近代建筑形式的不断传播和发展，新旧建筑形式的对比，使人们对传统建筑在功能、结构以及卫生条件方面不足的认识越来越深刻，迫切要求实行改革。有人批评旧式建筑在功用上不科学，"旧式住宅，则地铺土砖，阴湿极点，高顶椽屋，光线不足。夏暑无通风之法，冬寒无使暖之器具，均为病疫之原，而床椅桌凳，均不顾安适。至若厨厕水火之卫生

① 蔡元培：《华工学校讲义》，见《蔡元培文集》第二卷，第454页。

② 鲁迅：《拟播布美术意见书》，见《鲁迅全集》第8册，人民文学出版社，第19页。

③ 梁启超：《书法指导》，见《饮冰室专集》卷102。

④ 黄钟琳：《建筑原理与品质述要》，《建筑月刊》第一卷第8、9期合订本，1933年8月。

⑤ 孙宗文：《从建筑艺术说到希腊神庙》，《申报》1935年7月9日。

⑥ 张至刚：《吾人对于建筑业应有之认识》，《中国建筑》第一卷第4期，1933年10月。

设备，更置之度外矣”[①]。很显然，旧式的建筑由于其存在功能上的严重缺陷，已经不能满足人们的普遍要求，建筑近代化对于整个社会来说是一个普遍的要求和不可避免的趋势了。完全保守中国传统的建筑是不可能了，但是全盘采用西方建筑的风格与形式也一样不能被社会所接受。尽管中国国内兴建了较多的近代建筑，近代建筑已经发展成中国建筑的主流，但是由于中国的近代建筑形式是随着西方殖民主义的侵略而传入的，这种建筑体系的先进性、科学性与它们的野蛮的传播方式之间存在着极大的矛盾，人们对其先进、科学的一面很赞赏，但是对其同时俱来的侵略的一面却是不能接受，因为在它们身上直接映射出了外族侵略和民族耻辱。这种情况在近代初期就明显地存在，它并没有因为近代西式建筑形式的广泛传播乃至成为中国建筑的主流而有所削弱，五四以后依然相当程度地存在于中国社会各个阶层的思想中。即使是一些出洋留学，对西式建筑比较熟悉的人，回国后这种心理仍然没能冲淡。比如，梁实秋在青岛的时候，对青岛的各种感觉都不错，但对原德国提督的官邸印象却不是太好，“这座建筑物，尽管相当雄伟，不给人以愉快的印象，因为它带给我们耻辱的回忆”。同样，他对北京西洋色彩最浓重的东交民巷也持相同的态度，认为只有“二流子”才会往里面钻，真正的北京人宁可绕着破旧的城墙根遛弯儿，也不稀罕东交民巷的外国风情。[②] 因此，要避免传统中国建筑在坚固、适用、卫生等方面的不足，又要回避让人不快的纯西洋风格，这样的传统风格加新式功用的建筑，必然成为人们的选择。

这种建筑风格的流行，中国建筑师队伍的成长壮大也是必要条件之一。长期以来，外国建筑师垄断了中国的近代建筑市场，将各式各样的西洋建筑引进到包括北京在内的中国各地。由于外国设计师对于中国文化的陌生，即使有设计具有中国民族风格的近代新式建筑的想法，也只能十分生硬地将二者捆绑在一起，难以实现二者的有机结合。20 世纪初年开始，中国第一代建筑师陆续从海外留学归来。他们在西方国家所受的建筑教育基本上属于学院派教育体系，这种教育体系忽视建筑的功能性、技术性、经济性，致力于历史样式的延续和模仿，使中国建筑师能够比较容易地走上在建筑

---

① 过元熙：《新中国建筑之商榷》，《建筑月刊》1934 年 6 月。

② 参见梁实秋《忆青岛》，见《梁实秋散文》第四册，中国广播电视出版社，1989，第 250 页。

设计过程中采用传统艺术形式的道路。

自回国以后，他们中的一些人对完全模仿西洋式建筑就持不赞成态度。中国第一部近代建筑学著作《建筑新法》的作者在批评国内建筑只是抄袭西洋建筑的皮毛，对近代建筑的内在科学性一无所知的同时，也指出“凡取法外人，贵得其神似，然后斟酌我国之习惯，而会其通，斯为尽善。若夫枝枝节节，徒摹其形似，而不审其用意所在，非效法之善者也”①。自觉地将中国的具体情况与近代建筑相结合，可以说是很有见地的。此后，随着中国建筑师参与的建筑活动不断增多，他们的建筑设计思想也不断走向成熟，努力探索将中国民族风格与西方现代建筑科技相结合，成为他们的重要活动之一。参与燕京大学设计与施工的著名建筑师吕彦直指出：“中国之建筑式，亦世界中建筑式之一也……故中国之建筑式为重要之国粹，有保存发展之必要。”② 既然建筑代表一国的文化，那么在学习西方建筑的同时，必须要体现自己的特色，所以反对模仿抄袭外国建筑形式也就成为一种自然的逻辑。不少人主张创造本民族的建筑形式，对全盘引进西式建筑持反对态度。“从各种建筑物上，可觇某地域内的文化程度，经济能力，以及宗教、气候、地质等的状况。也因此各地有各地的个性，决不是全凭摹仿所能合宜。”③ 基于这种认识，发扬中国固有艺术形式，结合近代科学技术，创造新的民族建筑形式，成为当时中国建筑师的共识。中国建筑师学会以“融合东西建筑学之特长，以发扬吾国建筑物固有之色彩”④ 为使命，上海市建筑协会以“赓续东方建筑之余荫，以新的学理，参融于旧有建筑方法，以西洋物质文明，发扬我国固有文艺之真精神，以创造适应时代要求之建筑形式”⑤ 为己任。而在北平的中国营造学会，更是以研究中国传统建筑文化为己任。30 年代以后，随着中国社会的变化，中国建筑师在处理中国建筑风格方面实践经验的增多，加上这一时期现代主义建筑思潮的影响，中国固有形式建筑的主导方向开始有所转变，逐步摆脱宫殿式建筑在实用和经济上的困境，一种被称为“简朴实用式略带中国色彩”建筑样式

① 张锳绪：《建筑新法》序。

② 吕彦直：《规划首都都市区图案大纲草案》，见《首都计划》，国都设计技术专员办事处编，1929。

③ 黄钟琳：《建筑物新的趋向》，《建筑月刊》第一卷第 1、2 期合刊，1933。

④ 赵深：《〈中国建筑〉发刊词》，《中国建筑》创刊号，1933 年 11 月。

⑤ 《上海市建筑协会成立大会宣言》，《建筑月刊》创刊号，1932 年 11 月。

取代宫殿式，发展成为“中国固有形式”建筑的主要做法。上述的交通银行和仁立地毯公司的建筑，就是其中的佼佼者。特别是仁立地毯公司，建筑一成，立刻受到社会的赞许。《中国建筑》杂志专门发表介绍文章，并称赞道：“就全部看来在这小小的铺面上，处处都显出建筑师曾费过一番思索。……在这仿清宫殿式建筑风气全盛时期，这种适当的采用古代建筑部分，使合于近代建筑材料和方法，实为别开生面的一种试验，也是中国式建筑新辟的途径了。”①

这一期间，北京近代中国民族风格的建筑的尝试是中国社会和中国建筑发展的必然产物，翻开了中国建筑史的宝贵一页。尽管在中国固有建筑形式的尝试过程中出现了许多缺点和不足，但是这毕竟是中国人探索中国自己的建筑发展道路的起步，其积极性的一面还是不能而且是不应该否定的。其流行与后来的淡出，均可以给我们很多的经验与教训，将为我们创造当代北京在全世界有重大影响的中国风格建筑提供有益的帮助。

---

① 石麟炳：《北平仁立公司增建铺面》，《中国建筑》第二卷第1期，1934年1月。

1958～1963年伤寒疫情流布及成因分析

——以河北省为例

王　胜*

新中国成立后，一些严重影响民众健康与生命的重大疾病在新中国成立初期已基本得到控制，但20世纪50年代末60年代初，“大跃进”运动导致的人口聚集规模过大、流动过于频繁，却人为地助长了疫病的发展。1958年以后伤寒疫情在全国多个省市连年爆发就是一个典型的例子。[①] 关于这次伤寒疫情，除李洪河的《新中国的疫病流行与社会应对（1949—1959）》一书略有提及外，尚未见到专门的相关研究。当时，河北是华北地区伤寒病情最严重的一个省份，也是全国伤寒发病最多的省份之一，故而笔者以之为个案，对这一疫情的流布及其成因作一梳理和分析。

伤寒（本文伤寒病特指肠伤寒，型别包括伤寒、副伤寒，其中，副伤寒又有甲、乙、丙三种类型。为行文方便，本文将其统称为伤寒），是由伤寒杆菌引起的急性肠道传染病，属于国家法定的乙类传染病。感染伤寒后会出现持续性发烧、头痛、不适、厌食、相对性心律减慢、脾脏肿大，身躯出现红疹、咳嗽，成年人较常见有便秘或腹泻，淋巴组织病变，若不治疗，会造成小肠出血或穿孔。副伤寒之症状较轻，死亡率也较低。伤寒病人及带菌者都是传染源，病源随粪、尿、呕吐物等排出体外，直接或间接污染水或食物，引起疾病传播。苍蝇也是传播媒介之一。伤寒一年四季均可发病，但以夏秋季为多。病后常可获得持久免疫力。本病属中医温病学

---

* 王胜，河北省社会科学院助理研究员。

① 当时流行的肠道传染病包括痢疾、肠炎和伤寒等。伤寒发病率居第三位，但其因病情较重、病程长，严重性占首位，故受到高度重视。

中"湿温"的范畴。其潜伏期长短因感染病菌多寡而不同，一般为一周至三周。副伤寒潜伏期为一天至十天。

一　疫情也跃进：伤寒流布状况

20世纪40年代初，伤寒曾肆虐于河北各地，因处于战争期间，其情不详。新中国成立后，随着基层医疗卫生机构的建立，疫情报告制度也随之产生。初期由于报告制度极不完善，统计数字可靠性较差。1953年省卫生防疫站建立后，疫情报告制度执行情况好转。1953～1957年，河北省平均年报县份占总县份的73%，全省伤寒发病数居16种主要传染病的第7位，发病率在10万分之1.3～7.33。

此间伤寒疫势的详细统计资料较少，笔者仅找到一份1955年肠胃传染病防治工作总结。是年河北全省伤寒发病1236例，死亡25人，病死率为2.02%。与1954年同期相比，发病增高36.48%，病死率增高0.56%。其中石家庄、天津、保定、唐山和邯郸5个专区发病数分别为393例、295例、150例、117例和102例。[①] 由于病例基数相对较高，"大跃进"开始后，上述专区仍是伤寒疫情较为严重的地区。

其实，伤寒发病率从1955年就已经开始悄然增长，到1957年，全省发病人数已经上升到3086例，发病率由1955年的10万分之3.50上涨到10万分之7.73。[②] 只是由于病例相对较少，一般为散在发生，没有引起相关部门的注意。同年12月27日，毛泽东在《中国农村的社会主义高潮》序言中写道："中国工业化的规模和速度，科学、文化、教育、卫生等项事业的发展的规模和速度已经不能完全按照原来所想的那样子去做了，这些都应当适当地扩大和加快。"[③] 可惜，卫生事业扩大和加快的步伐远远没有跟上疫情发展的规模和速度。

"大跃进"运动兴起后，由于各级领导部门对建立人民公社后群众生

---

① 河北省卫生防疫站：《河北省1955年肠胃传染病防治工作总结》，河北省档案馆藏（以下档案未注明馆藏地者均为该馆馆藏），档案号1028-1-146。

② 河北省卫生防疫站：《河北省近年来伤寒、副伤寒流行规律与防治对策中几个问题的探讨（初稿）》，1963年3月12日，档案号1028-1-211。

③ 毛泽东：《中国农村的社会主义高潮》序言，1955年12月27日，载《健康报》1956年1月13日。

产、生活集体化的新形势认识不足，忽视卫生工作，1958 年 9 月，伤寒疫情开始大面积流行，随后几年中，出现三次流行高峰。

第一次高峰：1958 年，伴随着生产“大跃进”，伤寒疫情也出现“大跃进”态势。

1958 年，河北省伤寒病人自 8 月开始增加，10 月达最高峰，12 月基本停止流行，共发病 48626 例，死亡 1439 例。这次伤寒流行面积广，传播快，是新中国成立以来最严重的一次，流行面积达全省总市县数的 94%。其中天津专区最为严重，至 11 月初，全区 30 个县市 2291 个村有伤寒流行，发病人数达 15234 人。[①] 当时漏报现象非常严重，比如安国县报告无 1 例伤寒，但经省爱卫会和省防疫站调查后，发现仅博野 1 个公社就有伤寒病人 100 余名。安国第一中学（在安国）一处就有患者 243 人，二中（在博野）也发病 150 余人。因此，1958 年河北省伤寒发病情况实际要比 48626 例高得多。[②]

由于此次疫情爆发突然、来势凶猛，各地卫生部门均无准备，治疗不及时、不彻底，导致死亡率较高，并留下大批带菌者，为随后几年伤寒流行埋下了隐患。

为防止疫情卷土重来，1959 年 3 月，全省卫生行政会议专题讨论了全省伤寒防治工作计划，进一步明确了防治伤寒的重要性，确定以防治伤寒为夏秋冬除害灭病的中心内容，全力以赴控制发生流行，随后两年伤寒发病人数减少，1960 年下降到 21417 例。

第二次高峰：1961 年，困难时期伤寒病乘虚而入。

1961 年，“低指标、瓜菜代”导致营养性疾病泛滥，民众体质普遍较弱，免疫力低下，原本呈下降趋势的伤寒疫情又乘虚而入，发病人数猛增，发病面积、发展速度都大大超过前两年，而且不断出现较大的爆发流行。浮肿、小儿营养不良等病和伤寒等肠道传染病相互交加，情况更为严重。

据不完全统计，在 1961 年 1 ~ 7 月非流行期，全省就已经有 44 个县市共发生伤寒 2510 例，比上年同期增多 1575 例。进入 8 月以后，伤寒疫情以

---

① 河北省爱国卫生运动委员会津专工作组：《关于扑灭伤寒病除四害讲卫生工作总结报告》，档案号 1027-2-512。

② 河北省爱国卫生运动委员会、河北省卫生防疫站：《关于 1958 年河北省伤寒、副伤寒流行情况的报告》，1959 年 8 月 30 日，档案号 1027-2-512。

每旬数千例的速度发展。沧州专区疫情最严重，仅 9 月 1 日到 5 日就新发病 964 名，新死 17 名。[①] 是年全省发病 36000 余人，死亡人数也比上年高出 1 倍多。

1962 年，随着“调整、巩固、充实、提高”八字方针的提出，国民经济进入恢复期，民众的生活水平有所提高。是年初，河北省卫生厅在总结以往伤寒防治经验的基础上，提出了“全面安排、抓好重点、及早下手、贯彻全年”的防治原则，预防成效较为显著，全省发病 21303 例，总发病率为 10 万分之 49.14，接近 1960 年的发病程度。各地区发病强度有明显改变，邢台、唐山、石家庄等专区分别下降 76.2%、71.3% 和 69%。

第三次高峰：1963 年，水灾过后的再次爆发流行。

1963 年夏季，河北中南部遭受特大水灾，洪水淹没了灾区大部分房屋。灾民生活困难，居住拥挤，疫情趁势扩大蔓延，又出现了大量新疫村。而大水围村，灾民与外界联系困难，更延误了防治的时机。

新河县自 1958 年由岗南水库传入伤寒后，遗留下大批带菌者和易感人群，此后年年有伤寒发生和流行。经过几年的防治，到 1962 年，疫情基本得到控制，无流行村（10 例以上为流行）出现，全县全年发病 39 例，分散在 18 个生产大队。1963 年 1 月仅有上年遗留的现患 2 例，2~8 月无 1 例新患发生。8 月上旬该县遭受水灾，洪水围村两月之久，93.7% 的房屋倒塌，家禽、家畜尸体随水横流，各村污水坑连成一片。灾民居住拥挤，风餐露宿，生活条件、环境卫生极度恶化。因为没有厕所，到处大小便，苍蝇大量滋生，更使传染机会增多。上述原因使伤寒疫情卷土重来，全县共发病 2105 例，波及 118 个大队，占全县 172 个大队的 63%，其中 60 个社队呈爆发流行（40 例以上），发病最多的两个大队病例高达百人以上。其他大队发病亦较多，呈大面积散在发生。由于灾后生活困难，饮食难以保障，且成年患者还要忙于灾后重建，故复发病例亦高于往年，全县复发 135 例。[②]

邯郸专区鸡泽县军寨村新中国成立以来从未出现伤寒病例，亦无伤寒疫苗注射史。1963 年 8 月初连降暴雨，全村 66% 的房屋倒塌，洪水围村 80

① 河北省爱国卫生运动委员会办公室：《疫情简报》（第 11 期），1961 年 9 月 11 日，档案号 1028-1-108。

② 新河县卫生防疫站：《关于 1963 年伤寒发病及防治情况的总结报告》，1963 年 12 月 30 日，档案号 1028-1-214。

余天。水灾后出现高烧病人，被误诊为疟疾和感冒，累计发病 97 例。由于居住拥挤，家庭续发感染病例达到患病总数的 42.5%。[①] 10 月 9 日北京医疗队到达以后，才开始进行防治。该村复发病例高达 37.66%，有 1 例患者竟复发 4 次。

“大灾之后必有大疫”的悲剧在河北省多数受灾地区重新上演，全年仅伤寒病例就有 44864 人，接近 1958 年的发病程度。此外，灾后钩端螺旋体病、痢疾、肠炎等疾病亦大量发生，各种并发症的出现又使死亡率大大上升，刚刚摆脱三年困难时期的民众重又陷入水深火热之中。

二 伤寒流行规律与特点

为掌握伤寒病的发病规律和特点，1961 年秋，在学习了《毛泽东论调查研究》之后，河北省卫生防疫站开始对献县、沧县、元氏等伤寒流行严重的地区进行调查分析。为更广泛地摸清全省伤寒流行规律，在 1962 年春组织了邯郸、邢台、石家庄、沧州、保定、张家口、承德 7 个专区卫生防疫站，结合防治工作，进行了较为广泛的调查。为了对照“面”上调查的结果，省卫生防疫站还在 1962 年用了 6 个月的时间对清苑县 5 年来伤寒、副伤寒的发生流行进行了深入的研究分析，以期达到点面对照，更深入、全面了解全省伤寒疫情的特点，有针对性地采取防治措施。

综合省、各专区、县卫生防疫站对 1958 ~ 1962 年伤寒疫情发展的调查结果，可以发现，伤寒病的发生和流行具有如下几个特点：

第一，伤寒病的型别、传染源和传染途径。河北省流行的主要是伤寒，其次为副伤寒乙，副伤寒甲和丙所占比例甚小。传染源主要是历年伤寒患者和带菌者。传染途径有四种，日常生活接触型、水型、蝇型和食物型。其中以水型流行为主，日常生活接触型次之。根据 1962 年河间等 11 个县卫生防疫站对 37 起伤寒、副伤寒传染途径的分析，水型流行 22 起，占 59.4%，接触型流行 13 起，占 35.1%，食物型流行 2 起，占 5.4%。

一般而言，单纯水型爆发流行比较罕见，大多是在流行前（一般在春季和夏初）就有散在病例发生，通过日常生活接触缓慢增多，待雨季过后，

① 邯郸专区卫生防疫站：《鸡泽县双塔公社军寨村伤寒流行调查报告》，1963 年 11 月 28 日，档案号 1028-1-214。

才开始流行。流行高峰过后，又由于日常生活接触和苍蝇在传播中的作用，出现一些散发。因患者与家人同饮、同食、同住，接触较多，故家庭内续发比较多见，多出现“窝子型”（一户发生2例以上）发病，最多一户患病达8人之多。

第二，从发病时间看，伤寒病一年四季均可发病，但发病人数高低具有明显的季节性。一般是7月病人显著增多，8月急剧上升，9～10月达到高峰，11月开始下降，12月接近尾声。据统计，1958～1962年5年间，流行季节的8月、9月、10月三个月（1958年流行较晚，为9月、10月、11月三个月）发生病人数占全年发病的比例分别为76.5%、77.8%、80.7%、78.7%、70.4%，其中9月为流行高峰月（1958年和1963年高峰月为10月）。

第三，从发病年龄和性别看，发病人群主要是儿童和青少年，男性略高于女性。根据1962年井陉等7个县市2505640人中各年龄段发病率的调查分析，19岁以下的青少年儿童发病率最高，为10万分之46.00，特别是小学年龄组（8～13岁），为10万分之63.13，而20岁以上的成人发病率则为10万分之13.64。这主要是因为儿童和青少年免疫力差，又集中在学校学习，相互之间接触密切，活动范围大，同时喝生水、下河游泳的次数比成人多，这些都导致了感染机会的增多。

总体而言，全省各地男女性别发病率差别不大，一般男略高于女。但不同年龄段，男女比例有时也会有较大差别。据隆尧县肖庄村伤寒爆发流行后的调查显示，全村272例患者中，男女比例为0.96∶1。19岁以下男多于女，男女比例为1∶0.82，20岁以上女多于男，男女比例为0.43∶1。这是由于男孩子活动范围大，卫生习惯差，喝生水及下河游泳多，增加了感染机会。成人中女多于男，是因为患者多为小儿，妇女一般操持家务、护理病人，相互探望病人、串门等，感染机会较多。[①]

第四，从地区分布看，一般情况下发病率农村高于城市，低洼地区高于平原，平原高于山区。据统计，1950～1957年发病率城市高于农村，城市平均每年发病率为10万分之6.29，农村平均为10万分之3.39，这可能跟城市人口较为密集、流动比较频繁以及疫情报告执行情况比农村要好有关。1958年伤寒大面积流行后，农村发病率明显高于城市，1958～1962年，

① 邢台专区卫生防疫站：《隆尧县肖庄村伤寒水型爆发流行调查报告》，1962年10月，档案号1028-1-147。

城市发病率平均为10万分之45.83，农村为10万分之68.45。考虑到城市医疗设施条件和疫情报告均优于农村，城乡发病率的实际差别应该会更大一些。

根据1962年兴隆、平山等8个山区县，涿县、成安等8个平原县，安新、黄骅等7个低洼地区县发病率的比较，山区为10万分之9.01，平原为10万分之39.07，低洼地区为10万分之137.84，其比率为1：4.33：15.31。

但是，特殊情况也并非不会出现。张家口专区的坝上地区，海拔1500米，地势高寒，苍蝇的数量与生存时间均较一般山区、平原少，居民全部饮用井水。从自然和社会两方面因素看，并不利于伤寒流行，而且1958～1960年也几无伤寒疫情报告。但是由于周围存在伤寒疫区，而坝上地区当时又遭受严重旱灾，人们生活水平较差；加之过去没有流行过伤寒，人群自然免疫力较低；卫生部门有麻痹思想，认为高寒地区不会发生伤寒，没有采取预防措施，更无疫情报告网，给疫情侵入提供了可乘之机。1959年，来自张家口专区各地的9000余名民工赴友谊水库工地施工。1960年水库工地发生伤寒后，民工四散回乡，造成广泛散播。1961年坝上四县（张北县、康保县、沽源县、商都县）突然发生伤寒流行，1962年更出现了大流行，发病率高达10万分之249。其中张北县发病率10万分之664.87，为全省之冠。全省最严重的一起爆发流行也发生在这个地区的沽源县捎带营村，全村388人，发病170例，死亡1例，疫情发生与流行时间长达7个月。①

第五，疫点既分散又集中。1957年前河北省发生伤寒的市县占全省总市县数的22.96%～61.11%，1958～1962年发展为43.88%～93.96%。其传播方式主要是由疫村呈放射状向四周邻村传播。而远距离的跳跃式传播，除1958年人群大量流动出现过以外，较为少见。

虽然发病的县市较多，但是具体到某一县市，即便是1958年以后历年流行较严重的专区，发病村也占少数。1961年，沧州、石家庄、邯郸3个疫情严重专区的38个县16177个村中，发病村约占11.3%。据对衡水等27个流行较严重的县11202个村的调查，1958～1961年累计发病村数占

---

① 河北省卫生防疫站工作组：《沽源县捎带营村伤寒流行病学调查报告》，1962年，档案号1028-1-164。

28.53%，其中又以两年以上发病的“重发村”为多。另据河北省卫生防疫站在清苑县所做重点调查，1958～1962年，全县278个村每年发病者占19.19%～23.62%，5年间发生过伤寒的占45.6%，1958～1961年间102个发病村中，重发村62个，占60.78%。

疫点既分散又集中的另一个表现是，少数流行村所发生的病例数远多于多数的散发村。据1958～1961年交河、衡水等县1082个发病村8801个病例的分析，流行村共156个，占发病村的14.42%，而发病人数却占总病人数的57.96%。而清苑县流行村发病人数占总病人数的比例高达66.54%。[①]

三 人祸大于天灾：伤寒疫情的成因

此次疫情的爆发流行实为多因之果。首先，未吸取以往教训，做到防患于未然，为伤寒疫情爆发埋下了隐患。

早在新中国成立初期，根治淮河的工地就曾发生过多种传染病的流行。其中回归热、疟疾、痢疾、伤寒、副伤寒、麻疹、流行性感冒等在1950年春休期间的民工中流行甚烈。1951年淮河中游民工中各种疫病患者21709人，患病率占民工总数的万分之188.4，死亡率达到万分之1.3。[②]

淮河工地的疫病流行引起了党和政府的高度重视。1951年9月，毛泽东就曾指出：“今后必须把卫生、防疫和一般医疗工作看作一项重大的政治任务，极力发展这项工作。”并对一些领导干部轻视卫生工作的情况给予了批评：“必须教育干部，使他们懂得，就现状来说，每年全国人民因为缺乏卫生知识和卫生工作引起疾病和死亡所受人力、畜力和经济上的损失，可能超过每年全国人民所受水、旱、风、虫各种灾荒所受的损失，因此至少要将卫生工作和救灾防灾工作同等看待，而决不应该轻视卫生工作。”[③]1952年3月17日，毛泽东又要求“全国各地普遍注意疫情，有疫者治疫，

---

① 河北省卫生防疫站：《河北省近年来伤寒、副伤寒流行规律与防治对策中几个问题的探讨（初稿）》，1963年3月12日，档案号1028-1-211。

② 李洪河：《新中国的疫病流行与社会应对（1949—1959）》，中共党史出版社，2007，第101页。

③ 毛泽东：《毛泽东为中共中央起草的关于加强卫生防疫和医疗工作的指示》，《党的文献》2003年第5期。

无疫者防疫"[①]。

尽管党中央一再强调医疗卫生工作的重要性，但是，已经被"大跃进"的狂热冲昏头脑的各级领导干部为了"三大元帅"升帐、大放卫星，甚至将卫生人员也调去从事生产。即便是当时轰轰烈烈的爱国卫生运动，也难免受"大跃进"影响，"过高估计了卫生工作的成绩，在争上游、争第一思想支配下，助长了浮夸风，采取了'先上马后加鞭'，任务没完成即先行报捷的做法"[②]。淮河工地疫情的前车之鉴早已被抛在脑后。

其次，"大跃进"运动造成的大规模的人口聚集和流动是伤寒疫情爆发流行的直接原因。

1958 年河北省的伤寒疫情集散地主要有三类，一是农业大协作区，二是水库和钢铁生产工地，三是公共食堂。农业大协作区比较有代表性的是时属天津专区的黄骅县，1958 年天津专区的首例伤寒病人就发生在这里。黄骅县是老伤寒疫区，历年均有伤寒病发生。因该县地广人稀，未形成流行态势。自 1957 年开始，由各县移民到该县垦荒种稻。当年，伤寒先后在黄骅的两个农垦区发生，发病 61 例。[③] 1958 年春，天津专区搞农业生产大协作，大批民工东奔西走，人口密集，流动性大。7 月，沧县、文安、献县等地就先后发现了伤寒病。[④]

据在献县芦庄等 17 个村的调查，其中 13 个村的首发病例都是从黄骅回来后一周内发病的民工。[⑤] 由于没有采取积极预防措施及时隔离治疗病人，至 10 月下旬为止，献县共发病 1430 例。发病年龄多为 20 岁左右的青壮年，严重地影响了生产。蠡县 9 月 24 日发生伤寒、痢疾 40 多人，26 日即上升到 1110 多人，死亡 18 人。[⑥] 新城县自 8 月发现病人到 11 月初即死亡 800 余人（不仅是伤寒，也包括其他传染病），该县马张村同时病倒 130 余人，致

① 毛泽东：《毛泽东关于华北疫病防治情况给周恩来的批语》，《党的文献》2003 年第 5 期。

② 河北省石家庄专员公署卫生局：《关于三年来卫生工作总结》，石家庄市档案局藏，档案号 49-1-133。

③ 《沧县专区卫生防疫队第三季度工作简报》，1957 年 10 月 15 日，档案号 1028-1-68。

④ 沧州专区卫生防疫站：《关于 1958—1961 年伤寒流行情况的调查报告》，1962 年 7 月 17 日，档案号 1028-1-171。

⑤ 河北省爱国卫生运动委员会天津专区工作组：《关于扑灭伤寒病除四害讲卫生工作总结报告》，1958 年 12 月，档案号 1207-2-512。

⑥ 河北省爱国卫生运动委员会：《关于天津、保定地区疫病流行情况和防治措施的通报》，1958 年 9 月 30 日，档案号 1207-2-512。

使 20 万斤红薯、全部的玉米不能送回村内。[①]“大跃进”中曾受到毛泽东高度评价而风靡全国的“共产主义试点县”——徐水也未能幸免，全县发病人数高达 3749 例，死亡 174 人，[②] 远远高于 1957 年全省的发病人数和死亡人数。

工地主要是 1958 年开始修建的四大水库（岗南水库、黄壁庄水库、西大洋水库和王快水库）。岗南水库大约有 10 万名民工，多来自石家庄专区各县。由于当时医疗条件不足，有些患者请假回家休养，结果导致 9 月末数县有伤寒病例发生。至 12 月底，疫情即蔓延到全区每个市县 300 多个村庄，病人达 11716 人，死亡 290 人。[③] 无极县的泗水、北牛村、崔村等地的农业生产都被迫停止。2012 年 8 月，当笔者走访泗水村时，村里 80 岁左右的老人对五十多年前那次“传人”（方言，意为在人群之间传播疾病）的“瘟灾”（指伤寒疫情）依然记忆犹新，甚至能清楚地说出瘟灾中去世的那些人的姓名或者是谁家的孩子，印象更深的，是当时 20 岁左右的年轻人接二连三的突然死亡给村民带来的“惊直啦”的恐慌。

此外，发病人数较多的还有石家庄地区的新乐县及束鹿县的钢铁工地，发病率分别为 10 万分之 913.1 及 10 万分之 393.3，保定专区的唐县为大西洋水库的所在地，发病率达 10 万分之 581，天津专区的献县总发病率达 10 万分之 613.7，均远远高于河北省的平均发病率。

农村公共食堂也是造成伤寒流行的罪魁祸首之一。1958 年，在水库、钢铁等工地患病的民工被遣送回乡。而此时农村已经纷纷成立公共食堂。伤寒病人及带菌者与健康人在同一食堂吃饭，通过接触和食物造成传染。献县小营村 12 个食堂中，有 4 个食堂的炊事员的家属患伤寒，一个食堂的炊事员在伤寒病后不久即回食堂工作。病人和带菌者担任炊事工作，在不少乡村引起集体性发病。[④]

再次，领导干部对疫情的严重性认识不足，也是导致疫情扩大蔓延的重

---

① 河北省爱国卫生运动委员会：《关于献县、青县防治上合格证经验的通报》，1958 年 11 月 10 日，档案号 1027-2-512。

② 《河北省当前疾病的流行情况和存在的问题以及今后应采取的几项措施》，1959 年 3 月 6 日，档案号 1027-4-210。

③ 《关于石专当前疫情的报告（1958 年 12 月 28 日）》，石家庄市档案局藏，档案号 49-1-85。

④ 《河北省 1958 年伤寒流行情况和防治工作总结报告》，1959 年 3 月 28 日，档案号 1027-2-511。

要原因。疫情爆发后，有些领导仍对疫情麻痹大意，甚至存有侥幸心理，认为天气已冷，苍蝇减少后，疫情会自消自灭，因此使疫情不但未能及时控制住，反而继续扩大蔓延开来。邯郸、唐山两个专区即是这样。邯郸专区报告成安县只有361名病人，但经省工作组调查，该县两个村即有病人321名。此外，交河、徐水、香河、任丘、静海等县均底码不清，没有很好地开展伤寒防治工作，不仅疫情仍严重流行，而且病死率很高，任丘县病死率甚至高达13%。[①] 邯郸专区伤寒疫情之严重引起毛泽东的注意，他经过分析后认为，发生疫病的主要原因是某些领导干部“抓了工作，忘了生活”[②]。

最后，1962年，农业好转，初级市场开放，人员流动频繁，市场卫生管理未能跟上去，又使部分集市地区发病率升高。精简下放政策实行后，从内蒙古、河南、新疆以及省内各地下放回乡的工人带回伤寒病，又对疫情起到了推波助澜的作用。1956～1963年基层医疗机构的频繁整顿、医务人员精简下放又在实际上削弱了乡村社会防治疫病的能力，[③] 最终导致疫情绵延数年。同时，农村生活环境差、缺医少药的客观条件和水灾等也给疫情入侵提供了可乘之机。

以上关于引发伤寒疫情的各种因素，大致可以归结为社会因素和自然因素两类。两者在伤寒疫情中的作用，时人早有认识，认为“社会因素在伤寒、副伤寒流行中的作用远大于自然因素”[④]。近年发生的非典和甲流亦不例外。“疫病并非只是一种个人的生理现象，而更是与社会经济发展、生活习俗、自然环境变迁以及交通与国际交流密不可分的社会问题。”[⑤] 因此，在当前的医疗制度改革中，更应该加强各级医疗卫生机构的防疫职能，将“预防为主”的方针落到实处，提高全社会的防疫意识，做到防“疫”于未然。

---

① 河北省爱国卫生运动委员会：《关于献县、青县防治伤寒工作经验的通报》，1958年11月10日，档案号1027-2-512。

② 《建国以来毛泽东文稿》（第7册），中央文献出版社，1992，第531页。

③ 详见王胜《从营利到福利：1949—1979年农村医疗卫生制度的历史考察》，《首都师范大学学报》（哲学社会科学版）2012年第4期。

④ 张家口市卫生防疫站，张家口市传染病院：《张家口市伤寒副伤寒流行病学调查初步报告》，档案号1028-1-280。

⑤ 余新忠：《嘉道之际江南大疫的前前后后——基于近世社会变迁的考察》，《清史研究》2001年第2期。

灾害与文明：中西洪水神话传播比较

杜　涛*

中西方最著名的洪水神话是大禹治水和诺亚方舟。关于这两个神话，以往学界作过不少比较①，角度各异。但对于两者产生差异的原因的探索，似乎尚有拓展的空间。作为一个世界性的文化现象，洪水神话的形成有其共性和特性。人类学家弗雷泽在其名著《〈旧约〉中的民俗》一书中，曾对世界洪水神话进行了专门的收集，并指出，洪水神话多是对当地水灾的记忆，而在流传过程中演变为神话。② 这个流传过程也就是传播过程，正是在这个过程中形成了洪水神话的差异。为此，本文拟对中西洪水神话的传播进行比较，并分析两者产生差异的原因及与文明的关联。

早在西周时期（公元前1046～前771年），大禹治水神话已经有文字记载，西汉时期（公元前206～公元25年）定型。诺亚方舟神话则出自犹太人的宗教典籍《旧约》，《旧约》陆续写作、编订于公元前12世纪至公元1

---

* 杜涛，首都师范大学历史学院讲师。

① 相关研究主要有：冯天瑜：《中外洪水神话之比较》，《语文教学与研究》1983年第4期；杜曼、曾庆敏：《中西"大洪水"神话的文化含义——比较西方〈圣经〉和中国神话中的大洪水》，《北京城市学院学报》2008年第6期；朱芳：《从洪水神话解读中西民族文化心理差异》，《重庆工学院学报》（社会科学版）2009年第4期；全群艳：《比较视野中的中国洪水神话》，《社会科学家》2010年第5期；邹明、李方军：《中西洪水神话比较刍议》，《安徽文学》2011年第2期。

② 弗雷泽：《〈旧约〉中的民俗》，童炜钢译，复旦大学出版社，2010，第162页。值得注意的是，中国境内洪水神话较多，该书却只收录了彝族的洪水神话，未收录最著名的大禹治水神话。对此，弗雷泽解释说，大禹治水故事中的黄河洪水只是地区性的，与世界其他洪水神话中的全球性洪水不能相提并论（第540页）。事实上，大禹治水中所述的洪水并未指明地域。如《史记》云"鸿水滔天，浩浩怀山襄陵"，洪水的范围实际上就是当时人眼中的天下，这与世界其他洪水神话没有区别。而20世纪的考古发现已经证实，中华文明的起源是多元的，不仅有黄河流域，也有长江流域，这大大超越了弗雷泽时代的认知。

世纪，这也可以看作是诺亚方舟神话形成和定型的时间。因此，本文的比较时段集中在公元1世纪之前，即中国的先秦两汉文明和西方的希伯来文明时期。

一　洪水神话的传播环境

传播环境可分为自然环境、政治环境和社会文化环境三个方面，以下依次进行比较。

第一，自然环境。中国位于亚欧大陆的东南部，土地辽阔，河流众多，新石器时代以来，黄河和长江流域就发展起农业文明。然而，由于地势西高东低，落差很大，而且降雨的季节性很强，年降雨量的起伏也很大，导致水灾频繁发生，给中国人留下深刻的记忆。而古代希伯来（犹太）人也多次遭遇水灾。他们最初生活在两河流域，时常遭遇水灾；公元前20世纪，迁徙到地中海东岸的迦南（今巴勒斯坦）后，水灾较少；公元前18世纪末，因饥荒又迁徙到埃及，在埃及居住的4个世纪中，他们每年都会看到尼罗河水的泛滥。

第二，政治环境。中国深处亚洲内陆腹地，环境相对安定，商周以来，政治发展迅速，及至秦汉，中国建立起强大的中央集权国家。与此同时，从周代开始，中国已形成完备的政府救灾制度（荒政），此后历代王朝都把救灾视为关系国计民生的重要工作。相比之下，迦南由于地处亚非欧三洲和地中海、红海的交汇处，战略位置重要，因此成为四方强邻埃及、巴比伦、亚述、波斯、希腊、罗马的侵扰争夺之地。而犹太人由于自身力量孱弱，除了短暂的统一王国时期（公元前1025～前930年）外，大部分时间都处在混乱分裂和被占领状态，甚至被迫三次流散外地。在这种动荡的环境中，政府救灾无从谈起。

第三，社会文化环境。受“大一统”政治的影响，中国的社会文化较少有宗教色彩，而充满了现世精神。从商周开始，中国就形成了史官制度，在世界上最早对各种灾害进行记录。在汉代，主张天人感应的儒家学说成为主流意识形态，加强了政府对灾害的重视。再加上春秋战国以来士阶层的兴起，传播活动向民间普及。相比之下，古代希伯来（犹太）人由于政治上长期不统一，人民身处国家分裂和异族压迫中，因此只能寄希望于文化上的统一。于是，信仰一神（耶和华）的犹太教逐渐形成，成为犹太民族的精神支柱。作为犹太教的宗教经典，《旧约》记录了犹太人生活的方方面面，包括他们对水灾的记忆。

可见，古代中国和希伯来（犹太）人虽然都有水灾记忆，但政治环境、社会文化环境的差异明显，注定将产生不同的洪水神话。

二 洪水神话的传播过程

就大禹治水神话而言，官方传播此神话的目的，主要是宣传大禹的德政。西周中期遂国国君做的青铜器遂公盨，是目前所见的有关大禹治水的最早史料。遂公在铭文中称颂大禹治水安民的德政，号召子臣向大禹学习。[①] 此后，《尚书》《诗经》《仪礼》《周礼》《礼记》《左传》《国语》《战国策》等书，都称颂大禹治水的政绩。到汉代，《史记》《汉书》等史书更加详细地记载了这一流传许久的神话，其中《史记》的记载堪称集大成。此外，官方还举行祭祀大禹的活动。据《史记·秦始皇本纪》记载，秦始皇曾亲自"上会稽，祭大禹"。此后，历代都有关于祭祀大禹的记载。

民间方面，士人的传播活动非常突出。春秋战国时期，诸子百家纷纷借大禹治水神话来阐发自己的政治思想。例如，在孔子看来，大禹是一个道德上近乎完美的人。他说："禹，吾无间然矣。菲饮食而致孝乎鬼神，恶衣服而致美乎黻冕，卑宫室而尽力乎沟洫。禹，吾无间然矣。"[②] 而在墨子看来，大禹则是一位"兼爱天下之百姓""列德而尚贤"的圣王。[③] 此外，《庄子》《荀子》《韩非子》《吕氏春秋》《淮南子》等书对大禹治水也都有论述，总体上以称颂的居多。除诸子百家外，《山海经》还记载了"鲧窃帝之息壤……鲧复（腹）生禹"[④] 的故事，但这种原始古朴的想象在当时的神话传播中不居主流。

再看诺亚方舟神话。在官方传播方面，诺亚方舟神话的传播与犹太教自身的发展密切相关。希伯来人出埃及时，民族领袖摩西宣布十诫，将耶

---

① 参见李学勤《论遂公盨及其重要意义》，《中国历史文物》2002 年第 6 期。冯时：《遂公盨铭文考释》，《考古》2003 年第 5 期。

② 杨伯峻：《论语译注》，中华书局，1980，第 84 页。

③ 吴毓江、孙啟治：《墨子校注》，中华书局，1993，第 30、67 页。

④ 袁珂：《山海经校注》，巴蜀书社，1992，第 536 页。

和华从亚伯拉罕世系氏族的部落神上升为全体希伯来人的民族神。公元前400年，当希伯来人被巴比伦帝国掳走时，犹太教再次得到强化，耶和华从希伯来人的民族神上升为支配全人类的世界神。[①] 在耶和华地位上升的同时，犹太人也变成了上帝派到人间来拯救人类的民族。在这个过程中，可以想见，诺亚方舟神话的内容也要发生相应的变化，洪水必然由地域性洪水发展成世界性洪水。

民间传播方面，诺亚方舟神话的传播者主要是信仰犹太教的文士和民众。在《旧约》的写作和编撰方面，犹太文士贡献了自己的力量。据西方学者研究，摩西五经是由不同的作者在不同的时间完成，最后组合在一起的。这些不同的作者写成的底本至少有四个，分别是耶和华文本（“耶典”）、伊罗兴文本（“伊典”）、申命记（“申典”）和祭司文本（“祭典”）。诺亚方舟神话是由耶和华文本和祭司文本组成的，二者略有差异。耶和华文本一般把上帝称为“耶和华”，常用拟人手法描述上帝，写出了上帝的情绪和感受。祭司文本风格严肃，称上帝为“神”，注重宗教仪式，强调法律。[②] 这种差异，增加了诺亚方舟神话的丰富性。

可见，在传播过程上，大禹治水神话主要是政治传播，而诺亚方舟神话则是宗教传播，两者差异明显。

三 洪水神话的传播结果

洪水神话传播的结果即是洪水神话的定型。大禹治水神话的定型可以说在《史记》中，该书《夏本纪》篇对大禹治水的记载最为详尽。诺亚方舟神话定型于《旧约・创世记》。故此，本文对传播结果的比较，依据《史记・夏本纪》和《旧约・创世记》所叙为文本，所用的《旧约》中译版本则是大陆最流行的和合本。

对洪水的叙述可分为灾情、救灾和善后三个方面，以下依次比较：

第一，灾情。在天人感应思想中，灾因指向政府和统治者。大禹治水神话中的洪水发生在尧、舜时期，为了避圣人讳，所以不谈灾因，对灾情的叙述也很简略，仅一句话：“当帝尧之时，鸿水滔天，浩浩怀山襄陵，下

---

① 潘光等：《犹太文明》，中国社会科学出版社，1999，第21～25页。

② 弗雷泽：《〈旧约〉中的民俗》，童炜钢译，复旦大学出版社，2010，第72～78页。

民其忧。”而在希伯来人看来，灾害是上帝的旨意，所以对灾因和灾情的叙述非常详细。上帝“见人在地上罪恶很大，终日所思想的尽都是恶”，于是后悔造人，发下洪水惩罚人类。结果，“水势在地上极其浩大，天下的高山都淹没了……凡地上各类的活物，连人带牲畜、昆虫，以及空中的飞鸟，都从地上除灭了，只留下挪亚和那些与他同在方舟里的”。

第二，救灾。两个神话都是以救灾者为中心来叙述救灾过程的，两位救灾者的形象、神通等却又全然不同。

1. 救灾者的形象。大禹展现的是一个大公无私的政治家形象。他接受国家给予的治水任务后，“劳身焦思，居外十三年，过家门不敢入。薄衣食，致孝于鬼神。卑宫室，致费于沟淢”。诺亚方舟神话中的上帝则更像是一位关心子女的家长。在发下洪水前，他特地告诉挪亚如何制造方舟，并叮嘱他把家人和各种动物（每样两个，一公一母）带进方舟，并准备好粮食。挪亚进入方舟后，他为挪亚关上方舟的门。洪水消退后，他又叮嘱挪亚该如何做。

2. 救灾者的神通。大禹治水的足迹遍布全国，他丈量土地山川，疏通江河水道，修筑湖泽堤坝。他一边治水，一边将全国划分为九大区域（“九州”），确定了各区域的田赋和贡品，并在九州外设定“五服”，从而制定出统一的政治制度，“天下于是太平治”。这是政治家的雄才伟略。而在诺亚方舟神话中，上帝瞬间将世界淹没，唯独留下诺亚方舟。150 天后，“神记念挪亚和诺亚方舟里的一切走兽牲畜。神叫风吹地，水势渐落”。这是神的掌控万物、生杀予夺。

3. 救灾者得到的回报。大禹治水成功后，“帝锡（按：锡同赐）禹玄圭，以告成功于天下”。圭是古代帝王或诸侯在举行典礼时所拿的礼器。帝赐给大禹玄圭，意味着赐给他极高的权力和地位。而在诺亚方舟神话中，洪水消退后，上帝得到的是挪亚的献祭。“挪亚为耶和华筑了一座坛，拿各类洁净的牲畜、飞鸟献在祭坛上为燔祭。”上帝闻到“馨香之气”，表示不再惩罚人类，让一切恢复正常。大禹得到的回报是权力和地位，上帝得到的回报是信奉。

第三，善后。大禹治水的善后是一次会议，诺亚方舟的善后则是一个契约。大禹治水后，舜召集诸大臣开会，探讨如何施行德政。大禹对治水经过做了总结，得到大家的认可，舜让民众都效法禹。在诺亚方舟神话中，最后是上帝和挪亚一家及世界生物立约。上帝表示，“凡有血肉的，不再被洪水灭绝，也不再有洪水毁坏地了”。立约的记号是天上的彩虹。

可见，在传播结果上，大禹治水神话带有明显的政治色彩，诺亚方舟神话则突出了人和上帝的关系。

四 小结：洪水神话对后世的影响

中国自古是农业大国，自然灾害严重，应对灾害成为举国上下经常性的工作，并由此形成了以国家救灾为主的传统。在这种环境中，国家和民众都需要大禹治水神话。对国家而言，大禹治水宣传了国家治水的传统和“大一统”的政治观念。而民众需要像大禹一样忧国忧民、鞠躬尽瘁的救灾官员，需要在灾害来临时得到国家的救助。因此，大禹治水的神话在中国代代相传，深入人心。随着它的流传，“大一统”的观念得到强化，国家及官员的权威得到增强，大禹治水神话也凝结为一种维护社会稳定的意识形态。

犹太人由于政治分裂和社会动荡的关系，信仰上帝成为他们的精神支柱。诺亚方舟神话所讲述的人的罪恶与上帝的拯救，将现实的苦难转化为未来的拯救，从而给予犹太人极大的心理安慰和精神力量；同时，通过诺亚方舟神话的传播，他们不断地警告世人，犯下罪恶的人必定会受到惩罚。由此，诺亚方舟神话成为犹太教的重要内容。公元1世纪，从犹太教分化出来的基督教也接受了诺亚方舟神话。而随着近代以来基督教在全世界的传播，诺亚方舟神话也传播到全世界。它强化了对上帝的信仰，促进了西方基督教的发展。

两个神话对后世都有重要影响。然而，近代以来，随着西方文明在全球的扩张，诺亚方舟神话传播得更广，影响更大，已成为西方文明的一个代表。而大禹治水神话主要在中国流传，它深深地守护着中国这片土地，成为中华文明中持久不衰的文化符号。

近代北京民间的四大门信仰与日常生活

李俊领*

近代北京民间信仰中的四大门①，在城乡民众的日常生活中扮演着十分重要的角色。其作为泰山女神碧霞元君治下的带有灵异色彩的动物，时常出没于城乡的普通民居中，成为民众难以回避的特殊邻居。四大门信仰属于地方性的以自然动物为实体的神灵信仰，是华北民间社会较为典型的动物崇拜。在自然科学的视野中，四大门的灵异不具有可反复试验的实证性，但在民间的话语环境和经验世界中，四大门的灵异是一种具有可操控性的特殊力量，对信仰者的身心感受与日常生活的影响确是真实的。这一信仰参与塑造了北京民众的生活方式，在该区域的某些地方至今仍是一种活着的传统。

学界对于近代北京的四大门信仰，或认为这是一种民俗宗教②，或认为这是一种融合了儒释道三教的“北京地方性的民间秘密宗教组织”③，或认为具有神秘性的四大门信仰是一种动物崇拜，在“近代北方民间广泛流行”，“人们崇拜的已不再是四种动物的自然属性，而是把它们作为巫教

---

* 李俊领，中国社会科学院近代史研究所助理研究员。

① 按：四大门是指四种具有神圣性的灵异动物，即狐门（也称胡门，狐狸）、黄门（黄鼠狼）、白门（刺猬）和柳门（也称常门，蛇）。在民间信仰的视野中，这些灵异动物不是仙或神，而是处在修仙阶段的妖魅，但通常被称为“仙家”。有的地方在四大门外增加了兔或鼠，将其并称五大门。

② 李慰祖著，周星补编《四大门》，北京大学出版社，2011，第146页。周星：《四大门——中国北方的一种民俗宗教》，王建新、刘昭瑞编《地域社会与信仰习俗：立足田野的人类学研究》，中山大学出版社，2007，第323~353页。

③ 方彪：《九门红尘：老北京探微述真》，学苑出版社，2008，第207页。

的神来崇拜”。[①] 已有的相关研究偏重于从社会学、民俗学与宗教学对近代北京四大门信仰活动的梳理与揭示，但均未从心理学、精神现象学、宗教学等角度对其进行科学性的解释。杨念群先生从民间的巫与医角色转换的角度研究认为，民国初年北京郊区的四大门信仰是一种难以明确把握的民间“知识系统”，与民众的地方认同感密切相关。[②] 这一看法带有社会学研究的意味，似未揭示出民众信仰四大门的深层心理与观念依据。

本文无意考察近代北京四大门的灵异是否存在（至少其在民间被塑造成一种真实存在的特殊力量），旨在梳理北京四大门信仰习俗的起源、流变及其与泰山碧霞元君的关联，揭示近代北京民众如何在因应四大门信仰的文化传统与社会环境中，塑造自身的生活方式与生命意识，同时说明近代四大门信仰的政治遭遇及其背后的政治与文化的复杂关联。

一 四大门的源流与依托

北京民间社会流行“四大门”信仰起始于清代中期。晚清经学家俞樾曾描写过天津的“香头”的“顶香”情形，对五大门作了如下解说：“天津有所谓姑娘子者，女巫也。乡间妇女有病，辄使治之。巫至，炷香于炉，口不知何语，遂称神降其身，是谓顶神。所顶之神，有曰白老太太者，猬也；有曰黄少奶奶者，鼠狼也；有曰胡姑娘者，狐也；又有蛇、鼠二物。津人合而称之为五家之神。”[③] 俞樾所言这种五大门信仰与女巫降神的现象在华北民间社会十分普遍。晚清外交家薛福成也说：“北方人以狐、蛇、猬、鼠及黄鼠狼五物为财神，民家见此五者，不敢触犯，故有五显财神庙。南方亦间有之。”[④] 光绪时期百一居士所著《壶天录》云：“南方多鬼，北方多狐，此常谚也。乃津人现又有五大家之说，家喻户晓，供奉不遑，则奇而险矣。五大家者何？盖谓狐、蛇、鼠、鼠狼、刺猬也。”光绪时期天津人李庆辰云：“予乡有供五仙像者，其神为胡、黄、白、柳、灰。胡，狐

① 阴法鲁、许树安：《中国古代文化史》，北京大学出版社，1991，第430页。

② 杨念群：《民国初年北京地区“四大门”信仰与“地方感觉”的构造——兼论京郊“巫”与“医”的近代角色之争》，孙江主编《事件·记忆·叙述》，浙江人民出版社，2004。

③ 俞樾：《右台仙馆笔记》卷十三，上海古籍出版社，1986，第336页。

④ 薛福成：《庸庵笔记》卷四《物性通灵》，江苏人民出版社，1983，第134页。

也；黄，黄鼠也；白，猬也；柳，蛇也；灰，鼠也。”[①] 这些笔记表明，晚清华北民间普遍流行五大家（五大门）的信仰，尤其以天津地区为盛。

与天津的五大门略有不同，近代北京民间盛行四大门的信仰。老北京人方彪先生说：“清末民初时，北京城、郊有不少秘密宗教组织进行活动，其中四大门在群众中很有影响”；“京西天台山、妙峰山、潭柘寺、京东丫髻山、二里寺（通县南门外）、东岳庙都是仙家之本，丫髻山则总管天下四门仙家”。[②] 方氏所言的“四门仙家”即前面提到的四大门，“丫髻山”是指北京丫髻山奉祀的泰山女神碧霞元君，她是四大门在道教上的神灵依托。

（一）“狐门”与碧霞元君

碧霞元君总管四大门这一信仰观念的起始时间难以考察清楚。至少在清初已有小说家注意到民间流传的碧霞元君管理狐仙的说法。西周生所著的《醒世姻缘传》提道：“雍山洞内那个狐姬，他修炼了一千多年，也尽成了气候，泰山元君部下，他也第四五个有名的了。”袁枚《子不语》有三则关于碧霞元君主管狐狸修仙的故事。其一，碧霞元君为群狐的主考官。有狐生员向赵大将军之子曰：“群狐蒙太山娘娘考试，每岁一次，取其文理精通者为生员，劣者为野狐。生员可以修仙，野狐不许修仙。”[③] 其二，碧霞元君可调群狐听差。绍兴陈圣涛与一狐女成夫妇。每月朔，妇告假七日，云：“往泰山娘娘处听差。”[④] 其三，碧霞元君执掌对群狐的奖惩权。有妖狐迷糊了一位民女，一日其对民女泣曰：“我与卿缘尽矣，昨泰山娘娘知我蛊惑妇人，罚砌进香御路，永不许出境。”[⑤] 此外，纪昀在《阅微草堂笔记》中记录了其族侄竹汀所讲的一则传闻：密云县东北部有狐女嫁给文安的一位佣工为妻，侍奉公婆极尽孝心，感动了土地神与东岳大帝，遂提前修得正果，被派到泰山碧霞元君麾下“为女官”。[⑥] 这些小说与笔记表明在清代初期和中期，泰山碧霞元君管理群狐的说法颇为流行，进入了“南袁北纪”

① 李庆辰：《醉茶志怪》，齐鲁书社，1988，第134页。

② 方彪：《九门红尘：老北京探微述真》，第207页。

③ 袁枚编撰，申孟、甘林点校《子不语》，上海古籍出版社，1986，第12页。

④ 袁枚编撰，申孟、甘林点校《子不语》，第93页。

⑤ 袁枚编撰，申孟、甘林点校《子不语》，第113页。

⑥ 纪昀：《阅微草堂笔记》卷十七《姑妄听之三》，上海古籍出版社，1980，第415页。

的视野。当时华北民众普遍认为泰山女神碧霞元君是天下四大门的总管，在四大门与民众交往的过程中负责维护正义、赏善罚恶。可以说，四大门信仰是碧霞元君信仰的一种延伸。二者组合在一起，在华北民间社会中形成了一种深厚的民间集体无意识。

不过，在晚清之前的文献中，尚未见到有关碧霞元君主管黄门、白门和柳门的记载。

（二）四大门与碧霞元君

从北京妙峰与丫髻山的神灵谱系看，四大门与碧霞元君的关联始于道光后期。

其一，妙峰山的四大门。妙峰山是奉祀碧霞元君的神域空间，道光晚期以来这里开始奉祀四大门。妙峰山中北道的青龙山朝阳院茶棚建于道光三十年（1850 年），此处正殿奉碧霞元君、眼光娘娘与子孙诸娘娘，北角还有用黄条书写的神位，“奉已故三代宗亲观众都管、柳十大仙静修、黄七大仙静悟、白二真人馨顺、柳四真人长真”。[①] 其中“柳十大仙静修”与“柳四真人长真”是四大门中的“柳门”（常门），“黄七大仙静悟”是“黄门”，“白二真人馨顺”是“白门”。

光绪年间修建的“瓜打石玉仙台尊义堂茶棚”的正殿奉碧霞元君，山门内正奉灵官，配以江蟒爷、山神爷、傻大爷与土地爷。其中“江蟒爷”是“柳门”。[②]

1934 年，天津的信士张玉亭在妙峰山北道的“贵子港”独资修建了“玉亭粥茶棚”。其入门处为灵官殿，内为三楹的圣母行宫，中祀碧霞元君像，旁奉王三奶奶。西为大仙堂，祀蟒大爷、老蟒爷、蟒四爷之牌位。蟒大爷牌位上注“蟒大爷五月十五日生，年几百岁，老蟒爷五月十三日生，年一千五百岁，蟒四爷年六月十四日生，年五百岁”。旁配以胡大爷、胡三太太之塑像。[③] 这里的“蟒大爷、老蟒爷、蟒四爷”属于“柳门”，“胡大爷、胡三太太”属于“狐门”。近代妙峰山附近乡村的民众十分信奉四大门。据民俗学者吴效群调查，涧沟村的一般村民至今仍在屋后建有供奉

① 金勋编纂，李乐新点校整理《妙峰山志》，北京燕山出版社，2007，第 270 页。

② 金勋编纂，李乐新点校整理《妙峰山志》，第 271 页。

③ 金勋编纂，李乐新点校整理《妙峰山志》，第 267 页。

“四大门”（狐狸精、长虫精、刺猬精、柳树精）的神阁。[①]

由上可见，晚清民国时期妙峰上的四大门之祀一应俱全，而且四大门都是作为碧霞元君的配角出现，不可入正殿奉祀。这是道光晚期之前妙峰山上未曾出现过的奉祀景象。

要注意的是，四大门在民间享有的称谓总是体现出尊卑有别的伦理色彩。属于“家仙”的四大门称“胡爷”“黄爷”等，属于“坛仙”的四大门称“老爷子”“大仙爷”“二仙爷”等，少数被称为“姑娘”。显然，这比乡民信众高出一个辈分，二者并不平等。

其二，丫髻山的四大门。丫髻山的黄花顶位于金顶西北四华里山巅处，旧有真武庙，供奉北极真武玄天大帝与狐、黄、白、柳、灰五大门仙家。[②]真武庙内的狐仙堂是一座小庙，庙门的对联云：“在深山修真养性，出古洞四海扬名”；横批是“有求必应”。有人回忆说：“旧历三月三是朝拜真武庙的日子。真武庙原建在丫髻山北面五里之遥的黄花顶上，庙的正殿里供奉着真武帝君，侧殿是狐仙堂，院中有两棵合抱粗的古柏。”[③] 显然，丫髻山奉祀狐门无疑，但未见有该地奉祀其他三门的记载。

丫髻山的居民张友与张国锡两位老人说，黄花顶“是非常神秘难测的地方”。“北京地区仙家总门驻地在丫髻山黄花顶，胡大小姐住北京前门楼子，胡二小姐住唐山，胡三小姐统管总门之事，五大仙家归丫髻山王二奶奶管辖。”[④] 他们还说，旧时夜间在丫髻山和黄花顶之间常有狐仙火飞来飞去，这是“仙家们在吸取天地之间的精华炼‘仙丹’”。[⑤] 从这些说法看，当地民众在夜间看到了黄花顶上出现的奇特现象，并将其解释为四大门修炼的表现。他们认为丫髻山的王二奶奶管辖着包括四大门在内的“五大仙”。王二奶奶是碧霞元君的圣徒。下文对此细言。

黄花顶真武庙奉祀黄、白、柳、灰诸位仙家始于何时，不得而知。依

① 吴效群：《走进象征的紫禁城——北京妙峰山民间文化考察》，广西人民出版社，2007，第68页。按：吴效群将“四大门”解释为狐狸精、长虫精、刺猬精和柳树精，其中“柳树精”与通常所说的“四大门”没有关系。不知其所据为何。

② 北京市平谷区文化委员会编《畿东泰岱——丫髻山》，北京燕山出版社，2008，第124页。按：真武庙始建年代不详，现丫髻山林场大虫峪林区在原址上建防火瞭望亭一座。

③ 岳广铭：《北店龙灯》，转引自北京市平谷区文化委员会编《畿东泰岱——丫髻山》，第124页。

④ 北京市平谷区文化委员会编《畿东泰岱——丫髻山》，第124页。

⑤ 北京市平谷区文化委员会编《畿东泰岱——丫髻山》，第125页。

照张友与张国锡两位老人的回忆，至少民国时期已存在这种现象了。对照妙峰山奉祀四大门的情形看，这种现象应不早于道光时期。

有学者认为，“北京在历史上是‘四大门’信仰最发育的地区，根据灵力的大小分为五个等级。第一级，是丫髻山‘四大门’的仙家灵力最大，是信仰的中心。第二级，是北京城内的东、南、西、北四顶碧霞元君庙，香火在北京的东、西、南、北四城，灵力比丫髻山次一些。第三级，是一些街道、社区的狐仙堂，或者是修建其他庙宇、道观内的狐仙堂，香火在庙宇、道观所在的街道、社区。第四级，是出马仙所建的堂口，因其灵力较小，香火范围也不大。第五级，是各个家庭、家族的保家仙，其灵力仅限于家庭和家族，香火范围也仅限于这个家庭或者家族”①。依照近代之前北京民间四大门信仰的情况，这种分类大体适当。如果考虑到近代北京四大门信仰的变迁情况，这一分类就明显失当了，因为其忽略了中顶与晚清以来声名超过丫髻山的金顶妙峰山。

其三，妙峰山与丫髻山上的王奶奶。前文提到，丫髻山的王二奶奶直接管理四大门。更为准确的说法是，王二奶奶是碧霞元君的信徒，死后成为碧霞元君麾下的女神，直接管理四大门。也就是说碧霞元君是王二奶奶的顶头上司。与丫髻山的王二奶奶相似，妙峰山上奉祀的是王三奶奶。有人认为，晚清民国时期王奶奶、王二奶奶、王三奶奶是“一尊神灵，三位分身”②。这种看法与民国时期四大门的“香头”所降“王奶奶”之神的“自述”颇不一致。③

依照四大门“香头”的陈述，王奶奶、王二奶奶与王三奶奶并非一人。20 世纪 30 年代燕京大学学生李慰祖访谈的李香头说，“东大山、妙峰山、天台山三处的娘娘乃是亲生三个姊妹，总管各地的四大门仙家，四大门对于娘娘便等于属员对于上司的身份一样。在圣山上当差的四大门，较在农村中的四大门身份为高。香头乃是供四大门驱使的”。④ 他访谈的北京西直门外大柳树村关香头对此有更细致的说法，这位香头说自己下“王奶奶”

---

① 北京市平谷区文化委员会编《畿东泰岱——丫髻山》，第 218 ~ 219 页。

② 王新蕊：《京、津、冀民众创造的地方神灵——丫髻山娘娘的圣徒王二奶奶》，北京市平谷区文化委员会编《畿东泰岱——丫髻山》，第 224 页。

③ 按：香头是四大门的代言人，在四大门与信众之间担当灵媒的角色。李慰祖先生将其定义为“一种替仙家服务，以行道修福的人”。见李慰祖著，周星补编《四大门》，第 38 页。

④ 李慰祖著，周星补编《四大门》，第 25 页。

神的时候自述道：

> “王奶奶”不是一个，有东山（丫髻山）“王奶奶”，有西山（天山）“王奶奶”，我是东山“王奶奶”，原本是京东香河县后屯村的，娘家姓汪。西山“王奶奶”，跟我是同村的人，娘家姓李，我们不是一个人。天津称“王奶奶”作“王三奶奶”，现住妙峰山，那是另外一个人，她并没有弟子，也并不降神瞧香。我本来是七世人身，在第八世成了道。在成道的那一世的人身，夫家姓王，娘姓汪，我们“当家的”（即其丈夫）磨豆腐卖，我们吃豆腐渣。在天，去野地里挖“刺儿菜”（一种野菜，叶如柳叶，一个茎上结朵花，作浅玫瑰色），放在大缸里酸起来，就者（着）豆腐渣吃，很是苦楚，现在的“窝窝头”那真是“王筵”了（乡民俗称美味酒席作“王”，也称作“御筵”）。后来，我们当家的死了，剩下我和一个傻儿，更是困苦！有一年丫髻山盖铁瓦殿，我给山上背铁瓦，每一块“背钱”（即工资）才“四儿钱”（即四个制钱），背一天，够个吃饱就是了。赶到铁瓦殿盖好，我进去看看，哪知道我成道的时辰到了，就“坐化”（肉体坐殿中成了正果）在殿里（即今丫髻山铁瓦中坐化的肉体“王奶奶”。据北平南长街土地庙二号王香头说，（现）在“王奶奶”已被尊为“慈善仙姑”）。[①]

从“王奶奶”的这份“自述”看，丫髻山（东山）的王奶奶娘家姓汪，西山（天台山）的王奶奶娘家姓李，妙峰山的王奶奶是另外一个人。前两位有神力，可以附体于香头，瞧香看病，后一位则没有这样的神力。

可见，即使是局内人的香头们对丫髻山、妙峰山与天台山的王奶奶身份也没有统一的看法。对比香头降神的自述与相关文献，仍难以确定丫髻山、妙峰山与天台山的三位王奶奶之间的关联。在京、津、冀地区信众的观念中，她们都是碧霞元君的圣徒。

在碧霞元君的祖庭——泰山，民间并没有碧霞元君主管四大门的说法。诚然，该地民间信奉四大门的传统由来已久，而且泰山之上不乏奉祀四大门的庙宇。清代蒲松龄所著《聊斋志异》中的《胡四姐》《周三》《长亭》

① 李慰祖著，周星补编《四大门》，第 64 页。

等有关"狐仙"的故事就发生在泰山或泰安当地。岱庙北门内的"洞九狐妾玲珑石"更是令人称奇。至今当地民间的一些接骨先生或有大病的人家特地在家中设狐仙牌位，称之为"安客"。[①] 迄今为止，尚没有看到这里流传泰山碧霞元君主管天下四大门之说的任何资料。

二　四大门与民间生活的互动

在近代北京地区的民众日常生活中，碧霞元君主管的四大门及其代表"香头"是颇为普遍的社区角色。四大门有家仙和坛仙之分，家仙直接住在普通的农户家中，坛仙则住在"香头"的家中。四大门中的每一门都是良莠不齐，有的务本参修，有的胡作非为。务本参修，就要内炼丹元，外修功德，目的是得道成仙。

（一）四大门与乡民的交往

四大门的所谓"修功德"，是帮助乡民发家致富，治病救灾，解难决疑。乡民更喜欢作为"家仙"的"四大门"的生财功能。比如"黄门"会帮全子修家多收几担瓜，"常门"会帮从山东逃荒到肖家庄的王老三迅速发家成一个大庄园。[②] 还有的"常门"不入户做家仙，也会给民众提供有用的信息。据说民国时期北京德胜门外西侧仍有一座奉祀白蛇的"大仙爷庙"（建筑年代不详），德胜门附近的老住户们对大仙爷的传说十分熟悉。他们说，这条白蛇极大，"头在城墙上，尾可及护城河。老百姓都到庙旁取水喝，因认为大仙爷将尾巴伸入河中，是指引他们在何处能找到清洁的水源"。[③] 20世纪40年代以前，大仙爷庙中的香火甚旺，每天都有人来烧香，其中有不少人是坐洋车从远处来的。

一旦乡民得罪了四大门，就会遭到财产的损失。清华园南边有位杨姓乡民靠着四大门发家，后来得罪了四大门，家中遂不断发生不幸的事情，像牲口常死，有时牲口无故走失，等等，家道由此败落。更严重的，四大

① 贾运动：《泰山民间的"四仙"信仰》，《民俗研究》2005年第3期。

② 李慰祖著，周星补编《四大门》，第16、17页。

③ 董晓萍、吕敏主编《北京内城寺庙碑刻志》，国家图书馆出版社，2011，第311页。

门还会“拿法”[①] 乡民，致其生病或疯癫。有些四大门还会向即将患病的乡民“撒灾”，然后再为之治病以修德。也有些黄门不仅不帮助乡民，还会对其造成威胁和灾难。

不是所有的四大门都具有乡民无以对付的法力，有时二者也要商量一下，互利共处。比如，平郊村黄则岑家的财神“白爷”在其豆腐房旁的干草堆中生了五只小“白爷”，黄则岑太太便给这些“白爷”供上饮食。几日后，一只小“白爷”咬住了黄家的一只小鸡的脚。黄则岑则祝念道：“我可没错敬了您，您要是祸害我，我可让您搬家了。”次日，所有的“白爷”自行搬回了黄家的财神楼。[②]

四大门的法力虽然超人，但并不能支配所有人，它们最怕人间的达官显宦。后者的道行往往超过四大门，而且四大门“虽然道行高深，毕竟属于邪道，所谓邪不压正，就是这个道理”[③]。另外，还出现了强悍之人杀死常门的事情。民国初年，北京城内一位很喜欢吃“五毒”的旗人印某用石头打死了燕京大学东南三里许的保福寺村张家财神楼住的一位“常爷”。[④]

四大门信仰的基础是精气信仰与“万物有灵”的理论。依据佛教、道教的看法，“万物有灵”论真实地反映了世界的本相，而且原始社会的人类祖先普遍具有这种观念。当然，文化水平较低的乡民并不能深刻解释四大门信仰背后的认识方式、思维方式以及世界本相等问题，但他们依靠世代相传的经验和自身的直觉，能妥善处理好自身与四大门的邻居关系，正所谓“百姓日用而不知”。

四大门信仰反映的世界本相与秩序如下：世界有五个层次，即神、仙、人、妖、鬼。神界如碧霞元君，仙界如王三奶奶，人界如黎民百姓，妖界如四大门，鬼界如某些人死后的鬼魂。这五界的能力有高下，地位有尊卑，以神为最高，其下依次为仙、人、妖、鬼。

（二）碧霞元君对四大门“香头”的认证

四大门是平郊乡民难以回避的邻居，它们或成为乡民的家仙，或成为

---

① 拿法：北京方言，即四大门施法于人，控制其意识与身体。

② 李慰祖著，周星补编《四大门》，第 24 页。

③ 李慰祖著，周星补编《四大门》，第 28 页。

④ 李慰祖著，周星补编《四大门》，第 8 页。

社区的坛仙。成为坛仙的四大门会强行选择一些人作为自己的“当差的”，这些人被“拿法”之后，即为四大门代言行道（即医病、除祟、禳解、指示吉凶等方术），并负责供奉四大门。这些“当差的”就叫做“香头”，“香头”的确立要经过“认师”“安炉”“安龛”“开顶”一系列的典礼仪式。由于丫髻山是四门仙家的大本营，该处由“王奶奶”直辖统御。而“老娘娘”（即“碧霞元君”）又是王奶奶的直辖上司，所以仙门弟子行“开顶”礼必来此山。①

从李慰祖的调查看，四大门选择香头为自己顶香完全是一种强迫乡民的行为，被选择的香头开始没有愿意顶香的，只是屈服于四大门的“拿法”而不得不接受。不过，碧霞元君认可四大门的这种强迫行为，而且被选择的香头还要来丫髻山向其报到登记。在香头和其他信众的观念中，碧霞元君直接管理“保家坛”的“仙家”与“香坛”所奉的“仙家”，因为他们是在山中修炼而且获得了高深道行的四大门，在碧霞元君的治下具有正式名位。②

（三）香头对四大门恶行的惩罚

没有正式名位而又不务正业的四大门时常捉弄乡民，使其不得安宁。20世纪30年代李慰祖对京郊西北区民间四大门信仰的调查中，这样的情况并不少见。下引两例：

其一，刚秉庙附近的孟姓青年与续娶的新婚妻子被一位仙家“拿法”。这位仙家有时借她的身体说话，家中人方知道乃是一位“黄爷”。“黄爷”告诉她如果不与她丈夫行房事就“拿法”她。每次被“拿法”，这位新娘子就要昏死过去，须三四个小时方能苏醒过来。有人将刚秉庙李香头介绍前去，李香头到达孟家，所顶的“大老爷子”（乃是“胡门”的）降坛，吩咐说：“这是二尺多长的一条母黄鼠狼，我已把她捉着售了，我把她带到东山（丫髻山）扣起来，令她清心修道。”自此，孟氏恢复原状。③

其二，成府卖糖的商贩被“黄门”捉弄。“黄门”迫使他时常说呓语，并且分别告诉他和他妻子，说对方有外心，不务正业。卖糖的商贩无法可

---

① 李慰祖著，周星补编《四大门》，第56页。

② 李慰祖著，周星补编《四大门》，第55页。

③ 李慰祖著，周星补编《四大门》，第20页。

施，只得跑到张香头坛口上求老神仙救命。后来张香头所顶“老二姑姑”运用神力，打了“黄门”三掌，打去其五十年道行。此后，“老二姑姑”将此“黄门”压在丫髻山的山坡上，而卖糖的自此痊愈。[①]

香头通常将捉弄乡民的四大门关押到丫髻山上，由王二奶奶直接管制。四大门与丫髻山碧霞元君、王奶奶的关系很像是“人治”模式下的民众与官府的关系。香头表达的所谓灵界是常人不能看见的世界，其与人间成为两个并存而又互相联系的世界。当时这两个世界的善恶尺度与尊卑伦理十分相似，而且没有人权与法治的观念。

（四）香头对碧霞元君的朝拜

民国时期北京西北地区的香头们还要定期到圣山进香，即“朝顶”。他们所谓的圣山是北京当地的天台山、东岳庙、丫髻山、妙峰山、李二寺（在今北京通州）和潭柘山的岫云寺，总称“五顶”。这些地方主要奉祀的是泰山女神碧霞元君，其中以丫髻山为最重要的神域空间。

对香头而言，“进香朝顶”是一件极重要的事。“据刚秉庙李香头说，香头朝顶的目的乃是要引起老娘娘的注意。老娘娘知道某某‘当差的’进香朝顶袭来了，只要向该‘当差的’的‘坛口’上多看两眼，该‘坛口’的‘香火’便更要兴旺起来，这乃是‘佛光普照’之意。”这种解释表明碧霞元君与四大门的灵界奉行类似“人治”的规则。碧霞元君是不是在某个“坛口”上“多看两眼”，此事充满了不确定性，似乎没有规则可言，全凭碧霞元君一时的兴致。

不同派系香头的“朝顶”时间并不完全一样。20世纪30年代，海淀杨家井十九号的张香头是他本门中现存年纪辈分最高的一位，他说该门各香头每年进香各山寺的日期如下：天台山，三月十五日；东岳庙，三月十七日；丫髻山，三月二十八日（小建）、二十九日（大建）；妙峰山，四月初六日；里二寺，五月初一日（通县南门外二十八里）；潭柘寺，八月二十日。[②]

“进香朝顶”乃是全社区的活动，而不是香头单独的行动。有的香头在进香日快到时，往往于有关系的人家劝捐。这些人家是香头的亲友，或是

① 李慰祖著，周星补编《四大门》，第20~21页。

② 李慰祖著，周星补编《四大门》，第76页。

经此香头将病治好的人家。各人家捐助时便量力而为，或是助，或是捐粮食，或是助大车，这都是香头上山时的必需品。

香头各“门”有各家的信众团体，均世代相传。其以“坛口”为团体单位，若干同门的“坛口”组成“香会”，例如西直门丁香头结成的“海灯会”（此会朝顶时以香油为主要供品），刚秉庙李香头结成的“蜡会”（其供品以蜡烛为主），不一而足。至于香会的人事、物品、行程安排及其活动场景，学界对此多有描述，此不赘言。①

香会进香活动有如下三个特点：

其一，香会进香中的尊卑与待遇。在丫髻山山顶的庙中，香会抬行的碧霞元君神驾与四大门神位尊卑分明，待遇不等。碧霞元君神驾要请到庙中；某“会”奉的位分大的四大门仙家可以进到“山门”之内、大殿之外的“内庭”（院中）；位分小的四大门仙家则不许进庙。庙中的执事根据历年的习惯，知道各“会”所奉仙家的位分大小，依序安排。香会进行“交愿”“交香”“交供”与“交表”等仪节时都默念大悲咒。然后，再依照本门香头的辈分尊卑相互道喜行礼。在“王奶奶”殿、回香亭也是如此。

其二，香会给庙中的香资与待遇。香会到丫髻山山顶庙宇中内，由“住持”接待，先到“下院”休息。据刚秉庙的李香头说，每次上山都要送给庙中元到三元的香资，否则下次上山时住持不欢迎。若是与庙中住持交往熟悉了，香头可以享受殿内烧香的待遇。对于不付香资的人，住持便令其在殿外的铁香炉烧香，不得入大殿。②

其三，朝顶进香是检验香头正当性的手段。朝山进香虽然辛苦，却是检验香头正当性的必备手段。每个前往丫髻山朝圣的香头都以此为荣，但不是所有的香头都前往丫髻山拜会碧霞元君，比如蓝旗的汪香头从来没有上过山。李香头说：“汪香头当的是黑差事（即私自当差，未曾备案），在老娘娘台前花名册上，没有她的名字。她若是上山，老娘娘便要将她的‘差事’扣了，把她所顶的神压在山上，令其再行修炼。”曹香头也说，香头所顶的仙家如果没有道行，就不能上山；否则会“挨打”，“老娘娘”会将此“仙”扣留（即不准其再催香火）。对此，汪香头解释说，家中寒苦无

① 李慰祖著，周星补编《四大门》，第78页。

② 李慰祖著，周星补编《四大门》，第79页。

力上山。[①] 至于汪香头顶的是不是“黑差”，无从知晓。不过，借四大门行蒙骗之事的假香头并不罕见。

究竟当时北京五顶奉祀的碧霞元君如何与香头交往，尚难以知晓。不过，民俗学专家叶涛对当代山东泰山香社的实地采访可从一个侧面揭示二者之间具有奇异色彩的互动场景。据被采访的山东省邹城市泰山香社会首刘绪奎说，泰山后石坞元君庙的碧霞元君可以通过他降神附体，不仅能为随行的信众、香客解困答疑，赐福禳灾，而且能举出种种证据，识别出前来供奉的陌生香客中谁是诚心的，谁不是诚心的。[②] 此外，碧霞元君还能借刘绪奎之口与其信众对话、逗乐。很难解释刘绪奎这种异常的精神状态与活动模式。这里不讨论其超常地获取陌生香客本人及其家庭生活信息的能力。

在四大门的信仰中，“香头”承担的巫医角色仅是四大门的社区功能的一种表现。或者说，四大门信仰通过“香头”可以解决普通民众遇到的一些不能通过常规医疗手段救治的特殊病情。在普通民众的经验世界中，香头的这种类似巫术的交流仪式具有相当的实效性。对于普通民众而言，只需要借助四大门解决实际的生活问题，而不需要知道其解决实际生活问题背后的原理，也不需要将四大门当成生命的皈依者。除了极少数民众不得不接受四大门的差遣并成为其代言人外，绝大多数民众只是把四大门当作可交易、有神力的动物朋友。简而言之，近代华北民众的四大门信仰是一种借助神灵解决某些生活难题或满足某些世俗追求的交易性信仰，而不是寻求生命境界提升与彼岸超越的宗教性信仰。当然，代言人对四大门的信仰并非出于完全的自愿，而是不同程度地带有被动性。

三　四大门信仰习俗的政治遭遇

晚清时期北京民间盛行的四大门信仰没有明显的政治意图，因此没有引起朝廷的注意。只是在民国时期南京国民政府施行的废除迷信的运动中，其被命令禁止，进而逐渐衰落。

① 李慰祖著，周星补编《四大门》，第 80 页。

② 参见叶涛《泰山香社研究》，上海古籍出版社，2009，第 172 ~ 175 页。

（一）晚清官方的查禁与默许

由于民间不乏巫师借四大门之名害人性命的事情，晚清朝廷曾命令禁止四大门香头的活动。据经学家俞樾记载：天津紫竹林有李氏妇得了寒疾，当地一位顶神的巫师为其治病，索取高额的药费，屡变药方，结果“不及十日，李氏妇竟死”。[①] 不过，清廷在执行此禁令时并不严格。以丫髻山真武庙奉祀狐仙之事而言，清廷一直持默许的态度，未曾查禁。其主要原因有二：

其一，清廷与满、汉旗人有奉祀狐仙的传统。清朝末代皇帝溥仪回忆说：

> 宫中的太监，对于“殿神”是一贯异常信仰的。要问“殿神”是什么？按照他们的话来说，就是“四大家”——长虫、狐狸、黄鼠狼和刺猬。并说这四种动物——“殿神”，都是曾受过皇帝封为二品顶戴的仙家，太监们还活灵活现地互做警告说：夜间千万不可到乾清宫的丹陛上去走，否则就会被“殿神爷”给扔到丹陛之下。……我从幼时，就是在这种迷信漩涡里的宫廷生活中，相信了“殿神”之说。[②]

虽然宫廷内的皇室与太监、宫女等人将长虫、狐狸、黄鼠狼和刺猬视为“殿神爷”，但这四大门终究不入国家的祀典。据说努尔哈赤因为胡门对其有救命之恩，向胡门封赠了“二品顶戴”，并于辽宁闾山望海寺下的大石棚洞内设胡仙堂，岁时供奉。满、汉旗人十分信奉“四大门”，将其视为“保家仙”。[③] 清代四大门信仰已经渗透到了满族的萨满教信仰中。[④] 因此，清廷对民间的四大门信仰并不反对。

传闻慈禧太后一度对四大门信仰表示出支持的态度。据说她的一顶珠冠保藏在一座殿内，某天这顶冠上的一颗珠子丢失了。负责此事的太监非

① 俞樾：《右台仙馆笔记》卷十三，第 336 页。

② 溥仪：《我的前半生》（灰皮本），群众出版社，2011，第 117 页。

③ 北京市平谷区文化委员会编《畿东泰岱——丫髻山》，第 220 页。

④ 李慰祖著，周星补编《四大门》，第 108 页。

常着急，后请来三旗香头（即成府曹香头的师父的婆母），终于在殿中找到了失落的珠子。慈禧太后得知此事后便下旨在三旗营西门外修一座楼，赏与曹香头，当地人都称该楼作曹家大楼。在20世纪30年代李慰祖先生进行四大门的调查时，曹家大楼“已颓毁，遗迹不存，成为耕地了”[①]。

其二，四大门“香头”是“神道设教”的活教材，具有维护儒家伦理与社会秩序的功能。

在近代北京民间社会中，四大门“香头”具有两种重要的角色。一是巫医。据李慰祖的调查，“香头”确能使一些患“虚病”或被“拿法”的乡民恢复常态。在乡民眼中，“香头”这种祛邪驱祟的治疗虽有些神秘，但并不是愚弄人的手段。李慰祖明确说：“有人认为，信仰四大门乃是乡民无知的表现，香头乃是欺骗愚人的。此种说法完全不合事实，从许多方面看去，乡民的知识比较我们的绝不为少。他们辨别是非的能力，并不比我们弱。”[②] 对于香头治“邪病”的解释，超出了本文的讨论范围。从“神道设教”的角度看，他们无疑是清廷这一政治策略的活教材。

二是乡土社会关系的重要关联纽带与尊卑礼教的维护者。[③] 前已谈到，四大门信仰及其活动带有鲜明的讲究尊卑的等级色彩。仙家的等级制度与礼教的等级制度一样，注重的是合作，而不是敌对。“每个人各安其位，各尽其所应尽的责任，卑的须要听命于位尊的，这样来使社会得到完整持续的力量。”[④] 在举行朝拜碧霞元君的神圣礼仪时，香头将数量不等的社区成员召集一堂。这些成员虽然属于不同的社会阶层，但是朝圣的礼仪活动暂时消除了阶层的壁垒，平等协作，团结互助，进入一个形式上平等的调适状态。这无疑有利于消除不同阶层的隔阂，增进社区邻里关系的融洽。因此，以四大门信仰为基础的香头制度确有维持社会秩序的功能。

在碧霞元君与四大门信仰活动的神域空间里，民众增进了对礼教和对“神道设教”的认同。对民众而言，碧霞元君与四大门信仰活动的神圣性与神秘性恰好符合民众的认同。据民俗学家周星的调查，当代河北

---

① 李慰祖著，周星补编《四大门》，第90页。

② 李慰祖著，周星补编《四大门》绪论，第2页。

③ 李慰祖著，周星补编《四大门》，第108页。

④ 李慰祖著，周星补编《四大门》，第108页。

地区的乡民如果患了医院无法治疗的所谓“虚病”或“邪病”，很自然地会请“香头”治疗。这种治疗往往费用少，效率高，并不被看成是迷信，表明了儒家礼教的天然合理性。由此，民众不自觉地增进了对朝廷统治与社会秩序的认同感。①

对于民间四大门信仰是不是迷信的问题，杨念群先生已经作了细致的考量。他注意到，“民间世界之所以区别于上层精英，可能恰恰就在于其存在着难以用上层精英的知识加以把握的感觉世界，乡民们往往凭借从‘感觉世界’提炼的原则安排日常生活”。② 北京民间“四大门”信仰就是在日常生活中积累起来的一种感觉经验，而不是一种可以明确把握的“知识系统”。③ 因此，民间信仰活动的行动和思维逻辑往往不能用“知识”分析的方法加以解读。如果研究者动用自身教育所获得的资源斥其为“迷信”和“非理性”，不免称之为对民间世界缺少同情之了解的臆断。

（二）民国官方的查禁

民国前期北京地区“四大门”的信仰活动仍公开举行，后在南京国民政府开展破除迷信的运动中被严厉禁止。“香头”受到地方警察的威胁与查抄，其降神驱邪的行为多数成了地下活动。20 世纪 30 年代李慰祖调查北平四大门信仰活动时，北平西柳村的王香头说，因为害怕警察干预，有不少被治好病的人在她“坛口”上许的布匾都不能挂在外面。南长街土地庙的王香头说，6 年前她的“香坛”曾被警察抄过一次，她当时对警察说自己并不愿“当香差”，当身不由己。警察命她当场表演。她引香之后，所设的几个“扑扑灯”自动大响。警察对此折服，便不再抄她。④

---

① 按：有学者认为，“‘四大门’的活动可以说是不带政治色彩，只迎合北京地区下层社会落后民众的心理状态，以神奇、怪诞的愚妄之说宣传迷信内容借以惑众。香头均是下层社会中的‘地方人士’，政治上无权势，经济上不富有，大多数兼营他业，借以谋生，可谓半职业性的迷信家。充当香头招摇惑众的目的，是为了加强自己‘地方人士’的地位”。见方彪《九门红尘：老北京探微述真》，第 208 页。这与李慰祖对民国时期“香头”的调查情况差距甚大，不知其所据。

② 杨念群：《“地方性知识”、“地方感”与“跨区域研究”的前景》，《天津社会科学》2004 年第 6 期。

③ 杨念群：《民国初年北京地区“四大门”信仰与“地方感觉”的构造——兼论京郊“巫”与“医”的近代角色之争》，孙江主编《事件·记忆·叙述》，浙江人民出版社，2004。

④ 李慰祖著，周星补编《四大门》，第 81 页。

由于民国以来警察官宪对四大门“香头”活动严加取缔，20世纪40年代初“此辈大见减少，北京城内几乎全无，但城外少尚有遗存”[①]。这在一定程度上冲击了华北地区乡民对碧霞元君的信仰。

四 结论

近代北京民间的四大门信仰贯穿于琐碎的生活细节中，很少出现广阔的运动场景，也很少在政治层面上掀起影响全局的波澜。四大门信仰属于普通民众日常生活的一部分。在没有官方提倡的情况下，北京民众自发地形成了四大门信仰，这种信仰契合了地方民间生活的方式，在一定程度上满足了地方民众对生活环境的需要。从四大门在民间生活中的角色、香头的社区功能、香头与信众的朝山礼仪等方面看，这一信仰是近代北京民间生活的有机组成部分，而且在生活方式与文化观念上形成了一种区域性的传统。这种传统以民众的某些特殊经历与神秘体验为基础，通过不断叠加的神话性解释，参与构建了一个和人间既有交流又有分野的神灵世界。四大门信仰虽与道教的碧霞元君信仰密切相连，但其自身并不能构成一种制度化、组织化的宗教形态，而是从属于民间多神信仰的伦理教化习俗。

四大门信仰未能突破儒家重视现世生活的思想藩篱，反过来又从“天道”的角度巩固了儒家主张的尊卑有别的“人道”秩序。从“礼治”的角度看，作为地方习俗的四大门信仰是一种不合乎礼制的“淫祀”，也是有待于被教化和提升的民间生活方式。在“礼治”之道下，官方与士大夫的生活方式以礼为准，民间的生活方式以俗为准，礼与俗都带有泛政治的意义。官方在文化上实行“以礼化俗”“纳俗入礼”的政策，礼与俗的关系存在着高低贵贱之分。因此，官方与四民社会的生活方式自上而下，尊卑有别，并不平等。属于民间习俗的四大门信仰虽有“淫祀”之嫌，但从天道的角度论证了儒家伦理思想的正当性，在现实生活的层面契合了乡土社会的“礼治”模式与“神道设教”的教化方略。

在一些文化精英看来，这种信仰带有不可理喻的迷信色彩，更何况确实有一些民众利用四大门信仰的声名谋财害命，使之成为一种骗人的伎俩。

---

① 李慰祖著，周星补编《四大门》，第134页。

从西方自然科学的立场看，四大门信仰是一种愚昧的不文明的迷信。因此，它不可避免地遭到了以革命与科学启蒙为己任的南京国民政府的查禁。但仅靠暴力强行禁止这一信仰习俗并不能取得多少实际的成效。不同文化信仰之间的冲突问题更多地需要通过协商对话的方式进行解决。民国官方对四大门的强硬态度，表明他们在俯视民众生活的同时，忽略了民间生活方式对民众自身的实际意义，也消解了民众生活作为历史主体的民主政治观念。

相对于儒家与官方的文化信仰，四大门信仰是一种地方性的亚文化现象。但即使四大门信仰是一个人的信仰，它不应也不能成为民主宪政时代的被官方强制改造的对象。只有在大一统的强权政府的管理体制下，四大门信仰才被要求服从于官方的思想统治，民间崇拜动物的信仰习俗才被定位成卑下的且需要被强制改造的生活方式。

严复思想中的个人自由与公共性

区建英*

中国自鸦片战争以后受到西方列强的侵略，丧权辱国的危机不断加深，爱国志士奋起摸索救国之道，通过启蒙运动和各种改革或革命运动来争取中国的民族解放和国家独立。而在当时，主张改革的知识分子面临着一个深刻问题，那就是中国人像“散沙”一样，缺乏爱国的公共精神。所以各种改革思想几乎具有一个共同趋向，就是谋求“合群”，强调中国人的团结。今天我们研究中国近代思想，有不少人把当时的这种趋向称为“集体主义”。

严复作为当时爱国知识分子中的一员，也非常担忧中国人像一盘“散沙”，一直强调要提高“民德、民智、民力”，其中“民德”就是指关爱同胞、关爱国家社会的公共精神。直到他临终前给家人留下遗嘱，其中有一句是：“事遇群己对待之时，须念己轻群重，更切勿造孽。”① 今天我们有些学者还把严复看作“集体主义”思想的一个典型。我每当听到这种“集体主义”的定位，总觉得有些不妥，因为“集体主义”的含义往往与“个人主义”“自由主义”相对立，而严复又被认为是中国“自由主义”的先驱者。在此我想指出的是，如果简单地把那个时代的思想都归为“集体主义”，就可能会忽略掉一些重要的思想价值。本稿阐述“严复思想中的个人自由与公共性”，就是想探讨这种易被忽略的思想价值。

一　严复改革思想的哲学基础

甲午战争以后，中国知识分子所探讨的“合群”问题，就是如何形成

---

* 区建英，日本新潟国际情报大学教授。

① 《遗嘱》，《严复集》第二册，中华书局，1986，第360页。

国民的问题。因为“国民”这个概念在戊戌变法期间还未普及，所以当时一般都使用“合群”这个用语。关于“合群”，知识分子中有各种各样的思想，但主要倾向于认为，面临要改革清朝专制统治和抵抗外来侵略的重大课题，中国人需要团结起来凝聚为一个国家的大团体，所以，个人“自由”之类往往被认为是人民缺乏对国家关心的利己主义倾向，是需要克服的。当时比较有代表性的是康有为和梁启超的“群术”思想。康梁担忧中国社会分崩离析，甚至认为包括农、工、商、身、家等本属私人领域的“自由”都会导致“群”的瓦解，强调“使其群合而不离，萃而不涣”[①] 的重要性。戊戌变法被镇压后，梁启超逃到了日本，在日本吸收了民族主义思想，并引进了国家有机体理论，主张“国民者，一定不动的全体”、“国民为法律上之一人格”。这类理论构成了中国近代民族主义的基调，其谱系也贯穿于孙文的“三民主义”之中。孙文基本上也是把个人的自由看成是对国家不关心的利己主义，他认为中国人之所以成为“一片散沙”，“是因为各人的自由太多”，“要将来能够抵抗外国的压迫，就要打破各人的自由，结成很坚固的团体”[②]。与这个基调相对照，严复的“合群”思想就显出了其不同的特征。

早在戊戌变法初期，严复就提出了独自的社会学理论，其特征是，在把握一个社会的时候，所注目的主要不是作为“群”中枢的政府，而是把基点放在构成其“群”的每个个体——每个人民。这种观点是吸收了斯宾塞的社会学观点而形成的。严复认为，“天下之物，未有不本单之形法性情以为其聚之形法性情者也。是故贫民无富国，弱民无强国，乱民无治国”[③]。从这个观点出发，当他看到甲午战争中清朝惨败时，发出了惊人的评论说：“夫疆埸之事，一彼一此，战败何足以悲。”因为他认为：“所可悲者，民智已下，民德已衰，与民气之已困耳。”[④] 他深刻地认识到人民的智、德、力的衰退才是最根本的问题。

后来在《群学肄言》中，他明确地阐述说：“大抵万物莫不有总有分，总曰拓都，译言全体；分曰么匿，译言单位。……国拓都也，民么匿也。

---

① 《〈说群〉序》，《饮冰室文集》（二），第 4 页。

② 《三民主义》，《孙中山文集》（上），团结出版社，1997，第 157 页。

③ 《原强修订稿》，《严复集》第一册，中华书局，1986，第 25 页。

④ 《原强》，《严复集》第一册，第 9 页。

社会之变象无穷，而一一基于小己之品质。”[①] 严复把作为个体的人民看成是国家社会的基本单位，因此他在把握中国的问题时，是从考察作为个体的人民开始，通过个体的状况来把握整个社会的。在思考国家的改革时，最重视的是民智、民德、民力的提高。这几乎是贯穿于他所有著作中的思想。以这一思想为基础，他把提高人民的素质定为改革的核心课题。在变法运动中，他力主“发政施令之间，要其所归，皆以其民之力、智、德三者为准的。凡可以进是三者，皆所力行；凡可以退是三者，皆所宜废”[②]。总之，严复思想基础的特征，是把人民的素质看成决定社会状况的最重要因素，特别是对人民是从个体来把握的。而正由于这种观点，他的改革构思不急进，他主张：“相其宜，动其机，培其本根，卫其成长。”[③] 这是一个渐进的过程，但他认为普及教育和改革习俗要立即着手，因为那是既长期而又紧急的课题。

在谋求“合群”的问题上，严复与同时代的知识分子一样，也是非常忧虑中国人如一盘“散沙”的状况，但在他看来，为了摆脱“散沙”的状况，也必须立足于个人来思考改革。他认为：“国家社会无别具独具之觉性，而必以人民之觉性为觉性。”[④] 因为只有个人才是分辨利害和作出理性判断的主体。所以他要谋求的国民形象，并不是在个人缺乏自律性的状态下服从于权力或权威，从而凝聚起来的那种民族或国民，而是提高了才智，恢复了伦理性，从而具有内发公共精神的每个独立个人的集合体。他认为，如果人民在这个国家不能感到自己有所爱，如果他们对自身的利益和命运没有权利掌握，就很难产生出对国群的积极责任感，即公共精神。当然，出于对种族或乡土的本能之爱也会产生出爱国热情，但真正坚定持久而具有理性的爱国心，则是以人民的权利保障和自主之心为基础的。

出于这种观点，严复把保障个人权利和让人民参与自治作为确立公共性的基础。他指出：“居今之日，欲进吾民之德，于以同力合志，联一气而御外仇，则非有道焉使各私中国不可也。顾处士曰：‘民不能无私也，圣人之治制也，在合天下之私以为公’。然则，使各私中国奈何？曰：设议院于

① 《译余赘言》，《群学肄言》，商务印书馆，1981，第Ⅺ页。

② 《原强修订稿》，《严复集》第一册，第18~19页。

③ 《原强修订稿》，《严复集》第一册，第26页。

④ 《天演进化论》，《严复集》第二册，第314页。

京师，而令天下郡县各公举其守宰。是道也，欲民之忠爱必由此，欲教化之兴必由此，欲地利之尽必由此，欲道路之辟、商务之兴必由此，欲民各束身自好而争濯磨于善必由此。”[①] 严复所构想的公共性的主要途径，是建立议院和公选制度，但这是一个先让人民通过参与地方自治而逐步过渡到全面民主的渐进过程。同时，他很重视非政治领域中的公共性，比如通过媒体形成舆论，通过著述、演说、教育来提高民智和谋求社会共识。在这方面的实践中，他一直是以个人身份作为志同道合者参与社团活动的，他一生的精力大都投入到这种活动中了，比如创刊《国闻报》、推进翻译事业、创立“名学会”、在青年会等民间团体进行讲演、创建和经营私立大学，等等。

二 “天演”与“合群”

在引进西洋文明的实践中，严复最初的尝试是翻译《天演论》（赫胥黎《进化与伦理》）。《天演论》阐述了变化为常规、物竞天择的天演思想，为打破中国社会的停滞性提供了哲学基础，对中国产生了冲击性的影响。但是，《天演论》的一些重要的思想价值并没有得到中国社会的广泛理解，在此我想谈谈与本稿主题相关的一些思想。

众所周知，《天演论》有很多意译之处，还插入了大量按语。其中多导入斯宾塞的学说，以此来解释或批判赫胥黎的某些观点，这反映了严复引进《天演论》时自身思想内部的多面性。赫胥黎在其著作中，把“天行”看成进化，并把“天行”与“人治”对立起来，倡导以“人治”来克服“天行”。这对于严复反击那些以“任天命”为由而拒绝改革的守旧派，唤起中国人自主救国的努力精神来说，是很有力的观点，严复通过《天演论》推出了这种“人定胜天”的观点。但实际上，严复认为“人治”过程也是包含在进化过程中的，他更赞同斯宾塞所主张的关于通过人们内在的共感和自发的协作来促进正义的实现。所以这部译著在阐述方法上往返于赫胥黎与斯宾塞之间，为了强调人为的改革也需要顺应自然，还多处导入了老庄的思想。

《天演论》关于“合群”——国民的形成，提出了两个重要思想。第一

① 《原强修订稿》，《严复集》第一册，第31～32页。

是人为的改革需要顺应自然；第二是自由对于“合群”的重要性。

关于第一点，严复一方面阐述赫胥黎倡导的“人治”，主张人需要积极地进行改善的努力，另一方面又指出：“所谓运智虑以为才，制行谊以为德，凡所异于草木禽兽者，一一秉彝物则，无所逃于天命而独尊。”说明人为的改善必须遵从自然的法则，充分发挥天赋予人的“力”“气”“智”“神”，通过这样的“人治”来完成“天工”的效用①。他就是这样主张顺应自然的人为改革的。所谓顺应自然，就是顺应每个人的天赋才智与个性，所谓人为的改革，就是“于民力、民智、民德三者中，求其本也”②。

关于第二点，严复运用了“忧患”“体合”等独特的翻译概念来阐明“合群”与自由的关系。所谓“忧患”，是指赫胥黎所说的痛苦和苦恼，但在严复看来，“忧患”是每个人在“天行”的生活实践中产生出来的情和智虑，其在人的社会结合过程中逐渐发达，并作为文化传统被后世继承，成为对新的环境进行“适应”的重要原动力。社会结合的求心力的形成，也是靠“忧患”这一原动力的积累和发展来实现的。③ 所谓“体合”，是指斯宾塞所说的进化机制，即朝着“更善”的目标进行“适应”。严复认为人是从生存竞争所遭遇的痛苦中产生“忧患”，从而逐渐学会相生相养的，他按此观点解释“体合”说：“物自变其形态，以合其所遇之境”，“体合者，物自致于宜也”④。在“体合”原理中，无论是情和智虑，还是对利害的理性判断，都是由每个人在“天行”的生活实践中产生出来的。因此他主张在顺应“体合”规律之中谋求“合群”，他大胆地使用了古今人们所忌讳的“自营”一语，提倡“开明自营”。“开明自营”就是民智渐开而懂得须以道义为前提的“自营”⑤，在这个意义上就是指自由。

严复当时所看到的中国社会的积弱腐败，并不是因自由竞争而导致的，而是由于长期以来纲常道德的束缚和专制政治的压抑，使得人民的天赋活力和才智逐渐萎缩，在卑屈盲从的风气中，人民的共感精神和道德能力逐渐衰退了。严复把《天演论》手稿寄给吴汝纶时附上了一封信，那信中写

① 《天演论》，《严复集》第五册，第1332页。

② 《天演论》，《严复集》第五册，第1339页。

③ 《天演论》，《严复集》第五册，第1362页。

④ 《天演论》，《严复集》第五册，第1350、1393页。

⑤ 《天演论》，《严复集》第五册，第1395页。

道："中国人心坐二千年尊主卑民之治，号为整齐，实则使之噎冒不能出气……故任恤与保爱同种之风扫地无余。"[①] 在严复看来，要恢复中国的社会求心力，重建国民之道德，就必须把人民从旧有的那种压抑性的"人治"中解放出来，使潜在于人民内面的共感和忧患之情、天赋的活力和智能以及道德能力得到解放和发挥。

这就需要废除少数人对学问的垄断，让人民有学习和自由探讨的权利，从这个观点出发，严复在认识论中主张个人的主体性。在《天演论》里，他引用了笛卡儿的"尊疑之学"，介绍了"我思，故我在"等命题，把认识世界的主体定位于个人。而且阐述了赫胥黎的作为方法论的"不可知论"，说明了人的认识具有局限性[②]，以此否定圣人的绝对性。严复提出了认识论的二元观，认为人类对终极"不可知"，而对现象界"可知"。基于对终极"不可知"的观点，他督促人们要觉悟到人在认识上的局限性，对包括圣人教导在内的所谓真理性也不能绝对化。而基于对现象界"可知"的观点，他阐述了在经验范围内探究事物法则的可能性。从这两个角度来主张大胆怀疑，提倡人民的自主探索精神和科学方法。

总之，严复所倡导的"人治"，首先是要引导人民自主地进行科学和伦理的探索。实际上，他对引进经验科学的认识方法非常热心，在中国创立了第一个"名学会"，推动逻辑学的普及。在教育方面，他力主摆脱旧有的"读书做官"等"科举"模式，提倡在"政治之名位"以外再设"学问之名位"，提高农工商各领域的学问的价值。他指出："今任专门之学之人，自由于农工商之事，而国家优其体制，谨其保护，则专门之人既有所归，而民权之意亦寓焉。天下未有民权不重而国君能长存者。"[③] 这可以说是一种"顺应自然"的人为改革。综上所述，"可知"在严复的初期论文和译著中，已基本上明确表现出他以自由为基底的改革思想。

三 自由与"仁政"的重构

众所周知，近代中国的很多知识分子都把"富强"作为追求的最高目

---

① 《严复集》第三册，第521页。

② 《天演论》，《严复集》第五册，第1376～1378页。

③ 《论治学治事宜分二途》，《严复集》第一册，第89～90页。

标，而“富强”在当时更带有对外的含义，追求在对外竞争中成为强国。严复当然也很关心“富强”，但他认为“富强”只是一种改革的结果，它需要有更根本的改革作为前提。而且从“贫民无富国”的观点出发，他认为“富强”首先应该是“利民”。所以他指出：“富强者，不外利民之政也，而必自民之能自利始；能自利自能自由始；能自由自能自治始，能自治者，必其能恕、能用絜矩之道也。”[①] 严复在以“利民”为核心的“富强”目标下，提出了一个作为其前提的、具有本末关系的改革方针，那就是有“自治”才能“自由”，有“自由”才能“自利”。所谓“自利”，是指人民按自己的意志并靠自己的努力来谋求利益。而且他认为，能“自治”的人民必能行“絜矩之道”。也就是说，通过“自治”达到“自由”的人民，才能真正具有“民德”或“公共精神”。后来严复在《法意》的注释中也指出：“有德必先有志。志，自主之心能也。奴无志，故无德。”[②] 在他看来，公共性并不产生于没有自由精神的奴隶。

然而，严复的这种改革思想，首先与中国传统的“仁政”发生了冲突。所谓传统的“仁政”，就是与宗法专制紧密结合的、只能由统治者来施行的“仁政”，人民在那里没有主体性。

“仁政”一方面在中国的政治思想中具有最高价值，本来是主张统治者以仁德执政，施恩惠于民，从而获得民心的。它倡导“为民”之政，贯穿着“民本”思想，并且是作为在道德上对统治者进行制约的原理而发挥作用的。但另一方面，“仁政”思想诞生于宗法社会，与礼教有不可分的关系。圣人虚构了一个假设的全社会的大家族，把家族中的慈爱和孝道推广到政治统治原理中，把统治者和被统治者比作父母与孩子的关系，以谋求仁慈和睦。大概从汉代起，就出现了“君为民之父母”“父母官”等词语，这些词语作为象征“仁政”的政治话语逐渐普及。“仁政”虽带有家族的温情和慈爱，但正是这种官民的虚拟家族关系隐藏了“仁”的虚伪性。严复通过《法意》和《社会通诠》等译著，揭露了传统“仁政”的问题。

通过与西洋社会作比较，严复抓住了“仁政”与宗法专制紧密结合的形态，他说：“西国之王者，其事专于作君而已。而中国帝王，作君而外，

---

① 《原强》，《严复集》第一册，第14页。

② 《孟德斯鸠法意》上册，商务印书馆，1981，第49页。

兼以作师，且其社会，故宗法之社会也，故又曰，元后作民父母。”[①] 但在实际的政治中，“父母官”亦不一定是爱民亲民的，父母对孩子有绝对的权力，而孩子要对父母绝对孝顺，如果遇到暴虐的统治者，那就更背离“仁”的精神了。关于隐藏在这个机制中的非“仁”本质，严复一语道破了“父母官”的要害，指出其“仁可以为父母，暴亦可为豺狼”[②]。

而且，在虚拟为父子的官民关系中，即便统治者具有仁慈，人民也是作为一个总体被看成孩子的，所以其作为个人的独立人格和自主性难以确立。加之作为父母的统治者既是父母又是教师，在这种结构中，人民很难被承认为认识事物和进行理性判断的主体。“仁政”只能由做父母的君主和官吏来实施，做孩子的人民难以决定自己的命运，因而只能服从、期待、依靠于“父母官”，这已形成了一种传统。为了使中国人认识到这种传统的深刻问题，严复采用“权利”的观点进行分析，指出：“西方之君民，真君民也，君与民皆有权也。东方之君民，世污则为主奴，君有权而民无权者也。”[③] 特别强调说，人民在中国无论被当作“儿子”，还是被当作“奴虏”，“其于国也，无尺寸之治柄，无丝毫应有而必不可夺之权利则同”[④]。严复认为，这里关键的问题在于无视人民的权利，妨碍人民的自立和发展。

为了确立“自治”→“自由”→“自利”→“利民”的改革方向，严复力图使“仁政”与宗法紧密结合的传统构造解体，从而通过导入权利思想来重构“仁政”的价值基础。但是，这种解构和重构的理论尝试实际上很不容易。同时代有不少人，在主张引进西洋文明和继承传统文化的时候，往往无视“仁政”与宗法专制结合在一起的传统相位，简单地把“仁政”与西洋的概念结合。在此最典型的，就是把“民本”思想与“民权”思想相混同。比如，孙文把王道和民本思想单纯地转用为民权主义，他说：“两千多年前的孔子、孟子便主张民权”，“尧舜的政治，名义上虽然是用君权，实际上是行民权”。[⑤]

为了让中国人明白这些概念混同的问题，严复努力向世人说明，中国与西洋关于政治的思维方法从根本上是相异的，比如他指出：“中西言治根

---

① 《社会通诠》，商务印书馆，1981，第133页。

② 《孟德斯鸠法意》上册，第224页。

③ 《孟德斯鸠法意》上册，第301页。

④ 《社会通诠》，第133页。

⑤ 《三民主义》，《孙中山文集》（上），第138页。

本之大不同也。西人之言政也，以其柄为本属诸民，而政府所得而操之者，民予之也……中国之言政也，寸权尺柄，皆属官家，其行政也，乃行其所固有者。假令取下民之日用，一切而整齐之，虽至纤息，终无有人以国家为不当问也，实且以为能任其天职。……不佞向谓中西义理大殊，深诫学者不可援一贯之陈义以自欺者，职是之故。”[①]

四 近代的自由与传统的自由

引进西洋文化时所产生的问题，特别典型地表现在自由思想的受容方面。本来在中国的传统中，“自由”已形成了独自的相位。严复很早就意识到这个相位的问题，他对两种“自由”作了区别，指出：“西人之言曰：唯天生民，各具赋畀，得自由者乃为全受。故人人各得自由，国国各得自由，第务令毋相侵损而已。侵人自由者，斯为逆天理，贼人道。”而在中国，“自由一言，真中国历古圣贤之所深畏，而从未立以为教者也”[②]。因为在中国的传统里，“自由”具有恣意妄为的含义，与伦理相分离，所以圣贤忌讳之。与这种含义的“自由”相应，其周围的文化因素围绕之构成了一个独特的相位。严复指出最具有代表性的文化因素是“三纲”和“一道同风”[③]。由于作为孩子的人民没有自律性，所以须接受“大人”的道德教化，生活在“一道同风”之中，这种构造便是传统文化中“自由”的相位。遗憾的是，这种相位直到近代改革时还依然延续着。晚清的知识分子，在力图推翻清朝专制政权和抵抗外来侵略的历史背景下，引进了西洋的自由思想，但他们所谋求的主要是“团体的自由”，即民族或国民总体的自由。对于“个人的自由”，则担忧其成为人民恣意妄为的利己主义倾向，而这种担忧又反而导致了在民族主义潮流中对“一道同风”的新的需求。

严复基于对上述传统文化相位的深切认识，在引进西洋自由思想的时候，一方面通过《政治讲义》和有关政治的译著来倡导“政治的自由”，另一方面又通过出版穆勒《自由论》（*On Liberty*）译著来提倡“伦理的自由”。也就是说，他不仅承认参政权和舆论等政治自由的重要性，同时对穆

① 《社会通诠》，第139页。

② 《论世变之亟》，《严复集》第一册，第2、3页。

③ 《论世变之亟》，《严复集》第一册，第2、3页。

勒所担忧的宪政下的新问题也产生了共鸣，穆勒观察到大众的整齐划一倾向及舆论对个人造成的压迫，严复在与英国不同的背景下也敏锐地观察到了中国的类似问题。

实际上中国在当时，一方面，“一道同风”的旧习依然妨碍着人民树立主体性和自由精神；另一方面，在谋求宪政建立的过程中已开始出现社会舆论对个人产生压迫的“一道同风”现象。关于当时个人被舆论征服的状况，严复这样描绘说：“社会之中常有一哄之谈，牢不可破，虽所言与事实背驰，而一犬吠影，百犬吠声之余，群情汹汹……”[①] 在义和团事件后的数年间，严复深切地体会到，对思想和言论的压制不仅来自专制政府，而且也来自社会舆论，这种亲身体会是他把《自由论》译稿付诸出版的一个重要动机。

严复翻译的《自由论》的特色，首先在于注重个人与社会之间的“权界”。由于他对中国社会的“一道同风”旧习以及其在新潮流中的活化具有深刻认识，所以能领会穆勒《自由论》中“权界”思想的重要性，因而把《自由论》的书名译成《群己权界论》，“群”指社会，“己”指个人，其意为社会与个人的权利的界限。他在《政治讲义》也谈道：“《权界论》所指，乃以个人言行，而为社会中众口众力所劫持。”[②] 可见他对“权界”问题的重视。

然而，当时主张“团体的自由”的人们，其关心集中于公众舆论，只把公众舆论理解为“自由”，却没有意识到公众压制个人的问题，因此也不能理解“权界”的意义，反而批判严复的《权界论》译法是思想的倒退。严复与之不同的是，他既肯定公众舆论是与专制政府交锋的重要方式，同时又对公众舆论所内包的压制个人的倾向持有警惕意识。在《自由论》的翻译中，他用“众情时论”“众口众力”等词语来表达穆勒所警惕的“社会的专制”，明确地把“社会的专制”与“政府的专制”区别开来。还把穆勒所说的“多数的专制”译成“大半的豪暴”，而关于穆勒所忧虑的那种靠社会舆论对个人施行不当压制的倾向，则用“一道同风”这个中国传统词语来表达。从这些译语中也可看出他明确的问题意识。

《群己权界论》还有另一个特色，就是谋求立足于个人自由的伦理自律

① 《论今日教育应以物理科学为当务之急》，《严复集》第二册，第281页。

② 《政治讲义》，《严复集》第五册，第1282页。

化。在引进西洋的自由时，严复遇到了一个重大的障碍，那就是人们还不懂得自由的伦理性。因为中国传统中的“自由”，“常含放诞、恣雎、无忌惮诸劣义”，与伦理相分离。因此，不少中国人不能正确理解近代自由的含义，甚至还出现了对无视规范恣意妄为的“自由”给予正当性的倾向，这不免引起社会的混乱，而这些混乱又反过来使人们否定个人的自由，从而导致对“一道同风”的新的需求，又重新承认人民依然须顺从“大人”的道德教化。为了纠正这种状况，严复认为需要把自由与伦理对立的传统思维方法扭转过来，他说：“人得自繇（意为自由），而必以他人之自繇为界，此则《大学》絜矩之道，君子所恃以平天下者矣。”① 他试图通过把西洋自由与中国“絜矩之道”相连接的会通方法来阐述自由本身的伦理性，倡导一种具有“絜矩之道”的自由。并且引证斯宾塞的伦理学，指出：“人道所以必得自繇者，盖不自由则善恶功罪，皆非己出，而仅有幸不幸可言，而民德亦无由演进。”② 由此可知，他认为伦理必须自律化，如果不是立足于个人自由，就不可能树立真正的民德和公共性。以上是贯穿于严复一生的思想。

晚年的严复面对民国初期的腐败和混乱非常失望，在这种状况中，他给熊纯如写信表达了他所赌注的唯一希望，写道：“为今之计，则世局已成，虽圣人者亦无他术，亦惟是广交通、平政法、勤教育、以听人人之自谋。”直到最后，他唯一期待的还是通过人民广泛的相互交流、公平的法律和教育的努力，来辅助每个人的自主性的成长。

---

① 《译凡例》，《群己权界论》，商务印书馆，1981。

② 《译凡例》，《群己权界论》，商务印书馆，1981。

个人主义观念的百年中国历程

高永平*

一　作为家族主义之反动的个人主义

19世纪末20世纪初，个人主义作为自由主义的一部分，从西方传入中国。由于自由主义和个人主义之间密不可分的关系，也因为“个人主义”这一术语尚未确立，个人主义的观念往往以自由的名义行世。思想家严复用一句话准确地概括了个人主义的要义：

> 人道所以必得自由者，盖不自由则善恶功罪，皆非己出，而仅有幸不幸可言，而民德亦无由演进。①

在这句话中，严复已经明确地表达了“个人主义”观念中所包含的“自主”“自我负责”等观念。自由和自主基本上是一个意思，“善恶功罪，皆非己出”，说的是无论一个人有功有罪，都因为不自主而不必承担责任。严复反对这种情况，自然是主张“善恶功罪，皆出于己”，而这正是个人主义观念的核心。

对个人主义观念作出了至今无人能够超越的理论阐述的，是梁启超先生。笔者认为，梁启超在开始接触西方自由主义思想的时候，就有着清醒的民族文化自觉。西方个人主义的一个缺陷，就是没有足够地强调个人对自己的责任，即使论述了个人对己责任的康德等人，他们所强调的个人对己责任也是消极责任，如不自杀、不自辱的责任，而不是维持自身生存和

---

*　高永平，首都师范大学历史学院副教授。

①　严复：《严复集》第一册，中华书局，1986，第133页。

幸福的积极责任。而梁启超（后文提到的陈独秀、胡适等人亦然）则明确地提出了个人对自己的积极责任，即对维持自己的生存、追求自己的幸福所负的责任。梁启超写道：

> 夫家庭与军伍，其制裁之当严整，殆视他种社会为尤要矣，而其自立力万不可缺也犹如此。故凡有自尊思想，不欲玷辱彼苍所以予我之人格者，必以先求自立为第一要义。自立之具不一端，其最显要者，则生计上之自劳自活，与学问上之自修自进也。力能养人者上也，即不能而不可不求足以自养。学能济人者上也，即不能而不可不求足以自济。苟不而者，欲不倚赖人，乌可得也。专倚赖人，而欲不见有于人，乌可得也。①

为什么中国思想家特别重视“自立”这一原则呢？梁启超以后的两位思想家的论述告诉了我们答案。陈独秀在《东西民族之思想差异》一文中写道：

> 西俗成家之子，恒离亲而别居，绝经济之关系；所谓吾之家庭（My family）者，必其独立生活也；否则必曰吾父之家庭（My father's family）；用语严别，误必遗讥。东俗则不然：亲养其子，复育其孙；以五递进，又各纳妇，一门之内，人口近百矣；况复累代同居，传为佳话。虚文炫世，其害滋多！男妇群居，内多诟谇；依赖成性，生产日微；貌为家庭和乐，实则黑幕潜张，而生机日促耳。昆季之间，率为共产，倘不相养，比为世讥。事蓄之外，兼及昆季。至简之家，恒有八口。一人之力，曷以肩兹？因此被养之昆季习为游惰，遗害于家庭及社会者亦复不少。②

在这一段话中，陈独秀首先对东西方家庭的身份认同和财产关系进行了对比。东方家庭财产关系的特点是共享，每个人对自己所承担的责任不明确，很容易出现现代经济学所说的“搭便车者”。这就导致了“依赖成

---

① 梁启超：《饮冰室合集·专集第四》，中华书局，1936，第73～74页。

② 陈独秀：《独秀文存》，安徽人民出版社，1987，第30页。

性，生产日微”，“因此被养之昆季习为游惰，遗害于家庭及社会者亦复不少”。财产共享导致有些家庭成员对“自立”责任的逃避，这显然是个人主义的反面。因此，陈独秀认为：

> ……宗法制度之恶果，盖有四焉：一曰损坏个人独立自尊之人格；一曰窒碍个人意思之自由；一曰剥夺个人法律上平等之权利（如尊长卑幼同罪异罚之类）；一曰养成依赖性，戕贼个人之生产力。东洋民族社会中种种卑劣不法残酷衰微之象，皆以此四者为之因。欲转善因，是在以个人本位主义，易家族本位主义。①

在陈独秀写这篇文章的时候，个人主义的术语还没有完全成熟，因此他所用的术语是“个人本位主义”。虽然字数稍多，但它准确概括了个人主义的精髓，即以个人为本位，不论是享受权利还是承担责任。陈独秀在这里再一次强调了家族主义的危害，“养成依赖性，戕贼个人之生产力”。另一位新文化运动的领袖胡适也论述过个人主义，而且其使用的术语已经是“个人主义”：

> 西方之个人主义，犹养成一种独立人格，自助之能力，若吾国“家族的个人主义”，则私利于外，依赖于内，吾未见其善于彼也。②

胡适在这里所强调的，也是中国家族主义容易养成依赖性，而西方的个人主义则“犹养成一种独立人格，自助之能力”。胡适这里所说的“自助之能力”，因为与“依赖”相对，应该就是“自立”能力。这一立场，与陈独秀和梁启超的立场是完全相同的。

纵观新文化运动一代人对个人主义的看法，我们可以总结出以下三点。首先，可能是因为个人主义尚未定名的原因（个人主义通常给人利己主义的联想），思想界（至少是这几位知名思想家）对个人主义的评价是正面的。其次，这些思想家都把中国的家族主义作为个人主义的对立面。这说

---

① 陈独秀：《独秀文存》，第29页。

② 胡适：《胡适文集》第2卷，北京大学出版社，1998，第465页。

明，他们都认识到，在中国，反对个人主义原则的，主要是家族主义。最后，与第二点相联系，这些思想家在批评家族主义，主张个人主义的时候，都是在批判家族主义所导致的个人的依赖性，并鼓吹个人自立。新文化运动一代的思想家对中国社会现状的把握，无疑是皆中肯綮的。目前中国思想界的整体水平，仍然不能望其项背。这一学术水平的代表，仍然是梁启超。

梁启超第一个尝试对个人主义的构成成分进行列举。在梁启超时代，“个人主义”这一概念尚未完全确立，他在指称个人主义的时候，用的术语是“自尊主义”。请看下面两段话：

> 自尊云者，非尊其区区七尺也，尊其为国民之一分子，人类之一阿屯[①]也。故凡国民一分子人类一阿屯者，皆必如其所尊以尊之。故惟自尊者能尊人。[②]
>
> 虽然，吾既略陈其界说，为自尊二字下一定义。吾敢申言之曰，凡不自爱、不自治、不自牧、不自立、不自任者，决非能自尊之人也。五者缺一，而犹施施然自尊者，则自尊主义之罪人也。[③]

梁启超把个人主义分为五个成分，即自爱、自治、自牧、自立、自任。梁启超并没有为他发明的这几个概念给出确切的定义。但我们还是可以从上下文即文字的本义猜测出他这五个概念的含义。“自爱”最好理解，亦即爱护自己，这与普芬多夫和康德所说的自保（self-preservation）类似。“自治”的意思应该相当于目前的“自主”概念，否则将会与后面的“自牧”概念混淆。“自牧”的意思应该与我们目前所说的“自制”有些相仿，借用社会心理学的概念，其实就是“主我”对“客我”的控制与约束。“自立”的概念至今基本没有变化。不仅仅是梁启超，20 世纪初的很多思想家如胡适和陈独秀，在引入个人主义观念时，都特别强调“自立”的观念，说明了他们对中国社会现实的深刻见解（见后文）。“自任”就是自己承担责任的意思。应该说，梁启超先生对个人主义的这一分析，至今无人能够超越。

① 阿屯，atom 的音译，即单体，相当于 individual，即个体。

② 梁启超：《饮冰室合集·专集第四》，第 74 页。

③ 梁启超：《饮冰室合集·专集第四》，第 74 页。

但是，一旦“个人主义”的说法进入大众之中，它的语义缺陷就会暴露出来。1949 年，梁漱溟出版了他的著作《中国文化要义》。他在其中写道：

> 假若你以“个人主义”这句话向旧日中国人去说，可能说了半天，他还是瞠目结舌索解无从。因为他生活经验上原无此问题在，意识上自难以构想。虽经过西洋近代思潮之输入，在今天百分之九十九的中国人，亦还把它当作自私自利之代名词，而不知其理。[①]

个人主义的这种负面意义至今未能消除，而且在被共产主义意识形态大加鞭伐数十年后，这种负面意义甚至更强了。阎云翔说：“仔细考察中国的有关西方个人主义的介绍和宣传，我发现，不管在精英群体还是在普罗大众那里，个人主义总是被理解为一种自我中心主义，其表现包括自私、不合群、功利主义、毫不考虑别人的权利和利益。西方个人主义的其他因素，例如自主、平等、自由和自立，却受到忽视。”[②] 个人主义是怎样从知识分子心目中的褒义词变成普罗大众口中的贬义词的呢？

二　被污名化的个人主义

最早对被定名为“个人主义”的个人主义提出质疑的，是胡适。1920 年，针对当时非常流行的所谓“新村主义”，胡适写了一篇文章，名叫《非个人主义的新生活》。在这篇文章中，胡适接受了他的老师杜威对真假个人主义的分类：

> （1）假的个人主义——就是为我主义（egoism），他的性质是自私自利：只顾自己的利益，不管群众的利益。（2）真的个人主义——就是个性主义（individuality），他的特性有两种：一是独立思想，不肯把别人的耳朵当耳朵，不肯把别人的眼睛当眼睛，不肯把别人的脑力当自己的脑力；二是个人对于自己思想信仰的结果要负完全责任，不怕

① 梁漱溟：《中国文化要义》，学林出版社，1987，第 45 页。

② 阎云翔：《中国社会的个体化》，上海译文出版社，2012，第 22 页。

权威，不怕监禁杀身，只认得真理，不认得个人的利害。[1]

除了上述两种个人主义之外，胡适认为还有第三种个人主义，即“独善的个人主义”。胡适认为，当时流行的“新村主义”就是这种个人主义：“新村的人主张‘完全发展自己个性’，故是一种个人主义。他们要想跳出现社会去发展自己个性，故是一种独善的个人主义。……我考究的结果是不赞成这种运动。我以为中国的有志青年不应该仿行这种个人主义的新生活。”[2] 虽然胡适不反对杜威所说的“真的个人主义”，但胡适还是把不加修饰语的“个人主义”用来指代这种他所不赞成的个人主义，进而鼓吹一种所谓的“非个人主义的”新生活。我们可以看出，“个人主义”这一概念所背负的负面意义，从胡适就开始了。

几乎与胡适同时，在1915年激烈批判家族主义和鼓吹“个人本位主义”的陈独秀，也开始对“个人主义”表达自己的不满。1920年，胡适写出了《虚无的个人主义和任自然主义》一文。文中写道：

> 我们中国学术文化不发达，就坏在老子以来虚无的个人主义及任自然主义。现在我们万万不可再提议这些来遗害青年了。因为虚无的个人主义及任自然主义，非把社会回转到原人时代不可实现。我们现在的至急需要，是在建立一个比较最适于救济现社会弊病的主义来努力改造社会，虚无主义及任自然主义，都是叫我们空想，颓唐，紊乱，堕落，反古。[3]

陈独秀对个人主义的反对，应该是他的思想变化的反映。我们知道，1920年的时候，中国各地的共产主义小组已经成立，如果没有对共产主义思想的服膺，陈独秀是不可能开始建党活动的，而共产主义的主要价值取向，就是集体主义，虽然这种价值取向是经过列宁加工过的马克思主义。一个秉持着集体主义立场的准共产党人，对个人主义的态度就可想而知了。

---

① 胡适：《胡适文集》第2卷，第564页。
② 胡适：《胡适文集》第2卷，第568页。
③ 胡适：《胡适文集》第2卷，第602页。

此后，对个人主义进行鞭挞的重要人物，是孙中山。孙中山对个人主义的反对，集中地反映在他的著作《三民主义》中。《三民主义》写于1925年，在此之前的十几年间，孙中山领导的国民党经历了无数次的失败。而孙中山把这些失败归结于党员的不团结和不守纪律。因此，孙中山反对个人主义自然顺理成章。孙中山在《三民主义》中写道：

在今天，自由这个名词究竟要怎么样应用呢？如果用到个人，就成一片散沙。万不可再用到个人上去，要用到国家上去。个人不可太过自由，国家要得完全自由。到了国家能够行动自由，中国便是强盛的国家。要这样做去，便要大家牺牲自由。当学生的能够牺牲自由，就可以天天用功，在学问上做工夫，学问成了，知识发达，能力丰富，便可以替国家做事。当军人能够牺牲自由，就能够服从命令，忠心报国，使国家有自由。如果学生、军人要讲自由，便象中国自由的对等名词，成为放任、放荡，在学校内便没有校规，在军队内便没有军纪。①

但是，孙中山把党员不团结和不守纪律的板子打在个人自由的身上，实在是打错了对象。如果个人自由真的导致"一片散沙"的话，为什么美国军队那么有战斗力呢？其实，中国人不团结、不守纪律的原因，恰恰是中国人个人主义的隐而不彰，而不是相反。对这一点，日裔美籍思想家弗朗西斯·福山有过深刻的论述：

家族以外缺乏信任使无关系的人很难组成社团或组织，包括经济企业，与日本形成鲜明对比的是，中国社会不是以社团为中心的社会。林语堂也曾指出过这种差异，他说日本社会宛如一整块花岗岩，而传统的中国社会则像一盘散沙，每一粒沙就是一个家庭。就是这个特征，使华人社会在西方人眼中表现出高度的个人主义。②

福山上文中的"个人主义"的原文是"individualistic"，这个词的意思

---

① 孙中山：《孙中山全集》第9卷，人民出版社，1986，第282页。

② 弗朗西斯·福山：《信任——社会美德与创造经济繁荣》，海南出版社，2001，第75页。

与孙中山所说的“一盘散沙”是一致的。因此，福山的意思其实是，恰恰是因为中国人受到家族主义的压抑，不能彰显“individualism”，进而才表现得“individualistic”。福山在其著作《信任》的另一个地方写道：“太强的家庭主义可减弱没有血缘关系的人之间的纽带，阻碍不以血亲关系为基础的社团生活的出现。”[①] 但无论如何，孙中山对“个人主义”的批判必然增加附于其上的负面语义。受孙中山的影响，担任黄埔军校政治部主任的周恩来也发表了类似的看法：

> 总理曾说：谋人类的自由，就要去掉个人的自由。这一点如果相信不彻底，一定不能革命。[②]

在延安时期，对自由主义观念进行了激烈的批判，反映这一历史的最著名的文献，自然是毛泽东的《反对自由主义》，其中虽然没有明确地提及个人主义，但由于自由主义和个人主义之间的密切关系，个人主义观念不可能不受到连累。在延安整风运动的主要文献《论共产党员的修养》中，个人主义一词总共出现了13次，并且泛泛地提出了个人主义的定义：“这种个人主义的表现就是：某些人在解决各种具体问题的时候，常把个人利益摆在前面，而把党的利益摆在后面；或者他对于个人总是患得患失，计较个人的利益；或者假公营私，借着党的工作去达到他私人的某种目的；或者借口原则问题、借口党的利益，用这些大帽子去打击报复他私人所怀恨的同志。”[③] 从这一段话可以看出，刘少奇所说的个人主义，其实就是自私自利的代名词。

1954年，周恩来发表了文章《增强党的团结，反对资产阶级个人主义》。这篇文章的特点，就是把个人主义与集体主义的二元对立同资产阶级与无产阶级的二元对立等同起来。[④] 文章并没有对个人主义进行定义、解释或分析，它的批判方式主要就是在个人主义之前加上各种贬义的修饰词。这种论述方式是后来在1958年进行的对个人主义的大讨论和大批判中的固

---

① 弗朗西斯·福山：《信任——社会美德与创造经济繁荣》，第310页。

② 周恩来：《周恩来军事文选》第一卷，人民出版社，1997，第10页。

③ 刘少奇：《刘少奇选集》（上），人民出版社，1985，第138~139页。

④ 周恩来：《周恩来选集》（下），人民出版社，1984，第119~128页。

定模式。在这次大讨论中，孙泱[1]对个人主义的定义最具典型意义：

> 个人主义就是把个人利益放在集体利益之上，要求集体利益服从个人利益，要求牺牲集体利益去满足个人利益。一句话，就是自私自利的个人第一主义。[2]

这场大讨论延续了周恩来对个人主义的批判方式，即把个人主义与资产阶级绑在一起，并使用各种贬义词来对它进行修饰。这种批判方式在当时的出版物中俯拾即是，例如矫孟山在《反对个人主义》中就是这样做的。我们引用该书的几个小标题，就能说明问题：

> 个人主义是剥削阶级的人生观和道德观；
> 生产资料私有制是生产个人主义的根源；
> 资本主义私有制把个人主义发展到最高峰。[3]

对于这种对个人主义的污名化，阎云翔有过非常精辟的阐述：

> 与此同时，国家也认为，在意识形态上西方个人主义与社会主义的集体主义是相互敌对的。党和国家利用中国传统文化对于利己主义的否定态度和20世纪初中国知识分子对西方个人主义的功利性阐释，非常成功地实现了对西方个人主义的重新界定和批判。个人主义被视为即将灭亡的资本主义文化的腐朽价值观，它的特点是自私自利、缺乏对他人的关心，讨厌集体纪律，逃避现实和追求个人享乐。[4]

对个人主义的这种看法，直到最近仍有余绪。2010年，崔雪茹发表的一篇文章，题目叫做《走出个人主义藩篱，弘扬集体主义原则》，其中写道："个人主义在行为上的最大特征是只关注自己。……不难发现，道德上

① 中共烈士孙炳文之子，孙维世之兄，写作《批判个人主义》时为西南师范学院党委书记，"文革"中被迫害致死。

② 孙泱：《批判个人主义》，中国青年出版社，1958，第4页。

③ 矫孟山：《反对个人主义》，上海人民出版社，1958，第11～16页。

④ 阎云翔：《中国社会的个体化》，上海译文出版社，2012，第224页。

的个人主义比诸如合理利己主义走得更远，从本质上讲，这是一种极端自私的利己主义追求。因此，我们把道德上的个人主义归结为极端利己主义。”[①] 造成这种认识的主要原因，其实就是西方个人主义本身的缺陷：只强调个人权利而忽视个人责任。考虑到宣传个人主义的人主要是自由主义的学者，考虑到个人主义思潮自身的缺陷，这种缺失就容易理解了。

仔细考察对个人主义观念的污名化机制，我们基本上可以将它分为两种：其一是“意识形态式的污名化”，其二是“语义学污名化”。所谓“意识形态式的污名化”，就是利用强大的意识形态压制力，把个人主义观念与已经被极度污名化了的“资产阶级”绑在一起，进而起到对个人主义进行污名化的目的。而“语义学污名化”，是利用“个人”和“个人主义”这些词语所携带的“自私”“自利”等固有语义，对个人主义进行指责和鞭挞。这两种机制往往是同时存在的，但是，随着共产主义意识形态的消解，前一种方式自然丧失了合法性，后一种方式就成为对个人主义进行污名化的主要手段。

可以说，主流意识心态数十年来对个人主义的污名化是非常成功的。这种污名化使得大众对个人主义的理解是片面的，这在社会实践中造成了恶劣的后果。这是因为，随着个人主义逐渐被正名（见后文），对个人权利的追求渐渐拥有了合法性。在对个人主义进行批判时，我们说个人主义只讲权利而不讲责任，而当个人主义真正地成为社会的一种正当行为原则时，人们会把原来被批判的那个原则当成个人主义的正常形态而在自己的社会实践中加以援引。这就导致了阎云翔所说的“无功德的个人”的出现。阎云翔写道：

> 在改革时期，以往对个人主义的邪恶化印象陡然翻转，因为人们对个人主义进行了再认识，把它当作西方现代化的催化剂，激发着个人动机，也刺激了经济发展。然而，几乎无人努力认真地探究个人主义究竟是什么以及在西方文化中如何发挥作用。因此早先的误解仍旧存在。人们还是把个人主义当作是自私自利和享乐主义的行为准则，个人利益高于集体需要，并且以牺牲别人的利益为代价

---

① 崔雪茹：《走出个人主义藩篱，弘扬集体主义原则》，《中山大学研究生学刊》（社会科学版）2010 年第 4 期。

来追求个人主义。事实上，唯一改变的是现在这种行为准则已经受到人们赞赏了。[①]

三 个人主义的正名与回归

20世纪80年代以后，陆续有学者开始写文章为个人主义正名。1997年，徐友渔在《二十一世纪》发表文章《重提自由主义》，其中的一段话可以作为这种努力的一个代表：

> 自由主义的核心就是对个人价值和尊严的肯定，对个人权利和利益的尊重与保护。对自由主义的深入理解，势必要与中国新旧传统中压抑个性、唯国家和集体的观念决裂，划清个人主义和唯我主义、自私自利的界限。中国老一代自由主义的代表曾大声疾呼，倡导一种健全的个人主义，鼓励人们大胆宣言：世上最强有力的人就是那最孤立的人。[②]

大约与徐友渔发表上述文章同时及以后，大量关于个人主义的文章和书籍出版。其中大多数都从正面的角度来论述个人主义。例如在钱满素的研究爱默生的专著《爱默生和中国》中，作者在字里行间充满了对个人主义的正面评价。作者在书的末尾总结说：

> 如果一个人不能为自己负责，他就把这个责任转嫁给了社会。如果他能充分负起自己的责任，他就使别人减轻了负担。……自己从一个人变为一个“个人”，去接近一个大写的“人”的标准，去发展人的心智和道德潜能，甚至具有一点超验的精神，这，就是爱默生个人主义的宗旨。这样的个人是充分发展的、自立的、能使社会更美好的个人，个人主义是这样的个人所享有的一种平衡而平静的感觉。[③]

---

① 阎云翔：《中国社会的个体化》，第227页。

② 徐友渔：《重提自由主义》，《二十一世纪》1997年8月号。

③ 钱满素：《爱默生和中国——对个人主义的反思》，三联书店，1996，第235～236页。

在上述引文中，钱满素涉及一个重要的问题，即个人为自己负责的问题，虽然她是从反面进行论证的："如果一个人不能为自己负责，他就把这个责任转嫁给了社会。如果他能充分负起自己的责任，他就使别人减轻了负担。"个人责任是个人主义不可或缺的组成部分，人们对个人主义的误解和偏见，也往往集中于个人主义者对责任的逃避上。但在一个人对个人责任的逃避中，最有害的莫过于对自身责任的逃避，而这是个人主义最受人诟病的地方——虽然这种诟病是建立在被污名化的基础之上的。钱满素在该书的其他地方写道：

> 然而个人在得到尊重的同时也接受了压力，因为培养自己的能力成了个人的责任和权利。随着个人成为他自己的主人，成为一个独立的有尊严有价值可完善的道德使者，他必须振作起来证明他自己，必须对自己的状况负全部的责任，他的失败将使他作为个人感到羞愧。①

钱满素对个人责任的强调在刘军宁那里得到了回应，并且得到了更加精确的表述。刘军宁在《回归个人：重申个人主义》一文中写道：

> 个人主义的一个基本要素就是强调个人对自己的责任。对自己的生命（存）负责是每个人不可推卸的责任，它意味着个人在抉择时要审慎，要准备为自己的行动负责。个人有责任通过劳动来改善自己的生存环境、来满足自己的生存需求。实现自己的生存是个人的首要责任。②

个人主义作为一种价值观念进入中国已历百年。这百多年来，个人主义在中国的际遇起伏坎坷。知识界最初张开怀抱欢迎它的到来，虽然那时"个人主义"这一术语尚未确定，但当时的思想家对其内涵的认定是准确的，也与当时的问题意识做到了很好的契合。当时的思想家认识到，中国所面临的很多问题都与中国传统的家族主义观念有关，进而把个人主义看

---

① 钱满素：《爱默生和中国——对个人主义的反思》，第 209 页。

② 刘军宁：《回归个人：重申个人主义》，载《五四新论》，台北：联经出版事业公司，1999，第 187 页。

作是治疗家族主义的一剂良药。这一判断是正确的，直到今天也仍然是正确的。如果中国的历史不是像李泽厚所说的那样“救亡压倒了启蒙”，作为济世良方的个人主义可能已经在中国落地生根并发挥作用了。但是，由于民族所面临的生存危机，也由于当时政治家们的急功近利抑或进退失据，我们的社会观念走向了与个人主义相反的方向。个人主义被严重地污名化，但我们从 19 世纪末就面临的、与个人主义有关的社会问题，一个都没有解决。100 年后的今天，我们仍然必须回到个人主义，因为面对我们民族的痼疾，没有其他的汤药可以借以医疗。但无论是西方原版的个人主义，还是经过我们翻译进入中文的个人主义，本身都有某种缺陷（另文叙述）。当然，个人主义的缺陷，在其发源地并不影响其社会效果，但到了中国，因为时移世易，个人主义就会不敷使用，甚至还会产生负面的影响。因此，我们要为个人主义正名，同时还要修补它所固有的缺陷。只有这样，我们才能够让个人主义这个外来的和尚念好中国的经。

榜样的力量

——抗战时期山西革命根据地劳动英雄的塑造

韩晓莉*

抗日战争爆发后，为了最大限度地动员群众参加生产，支持抗战，陕甘宁边区政府提出通过创造和奖励劳动英雄的办法来提高劳动者的劳动热情。此后，在各根据地开展的生产运动中，大批的劳动英雄被发现和创造出来，并逐步发展成最具号召力的群众运动之一。劳动英雄的塑造不仅大大提高了根据地民众的生产积极性，推动了根据地各项建设事业的开展，而且随着运动的深入，劳动英雄所具有的榜样力量在社会生活的其他方面也发挥出积极作用，受到了根据地政府的关注，并成为政府进行社会改造的重要手段。目前，学界对根据地时期的劳动英雄运动已有关注①，但多集中于对政策或运动本身的考察，从根据地社会层面进行的深入探讨还较为有限。本文以山西各抗日根据地为中心，通过报纸和地方史料，尝试从社会动员和社会改造的角度对抗战时期的劳动英雄运动展开研究。

一　群英会：创造劳动英雄

根据地时期，为了鼓励生产，陕甘宁边区政府率先提出奖励劳动英雄

* 韩晓莉，首都师范大学历史学院博士后，山西大学中国社会史研究中心副教授。

① 目前所见主要研究成果有：行龙：《在村庄与国家之间——劳动模范李顺达的个人生活史》，《山西大学学报》（哲学社会科学版）2007 年第 3 期；王建华：《乡村社会改造中“公民塑造”的路径研究——以陕甘宁边区发展劳动英雄与改造二流子为考察对象》，《江苏社会科学》2008 年第 4 期；岳谦厚、刘威：《战时陕甘宁边区的劳动英模运动》，《安徽史学》2011 年第 1 期。

的办法，以奖章、奖金、农具、耕牛、日常用品等形式对生产运动中的积极分子进行奖励。劳动英雄的出现大大提高了民众的劳动热情，推动了边区生产运动的顺利开展。在1939年年底《陕甘宁边区群众机关生产工作的初步总结报告提纲》中，边区政府明确指出，1939年生产任务完成的一个重要原因是组织上造成一个热烈的生产运动，党政军民自上而下一致动员起来进行生产，创造出大批劳动英雄。在名誉上、物质上奖励劳动英雄是实现目前生产工作中心任务的几项重要方法之一。① 陕甘宁边区的经验在山西各抗日根据地得到推广，劳动英雄开始在生产战线上被发现和创造出来。

1941年春，针对春耕运动中劳力缺乏的问题，山西各根据地政府先后提出开展劳动竞赛，创造劳动英雄的倡议。3月，晋察冀边区青救会号召，“边区优秀青年将政治热忱与劳动热忱相提并重，以劳动热忱来作为测量政治热忱的尺度”，“在今年春耕中创造一百个劳动英雄”。② 4月，晋西北行署和抗联发出“为创造二百名劳动英雄而奋斗”的口号，晋西北妇联提出要创造40名女劳动英雄。③ 同一时间，太岳区政府也做出“创造劳动英雄，使村中农民开展生产战线上的竞赛”的指示，要求各级政府颁布劳动英雄标准，准备奖励。④

按照政府制定的标准和要求，从1941年春耕开始，根据地很多地方开展了评选劳动英雄的活动，一批生产劳动中的积极分子得到了奖励和宣传。5月12日，《太岳日报》在头版设立“春耕线上劳动英雄榜”专栏，率先表彰了包括妇女、村支书、儿童在内的5位劳动英雄。⑤ 经过近一年的宣传实践，劳动英雄的示范作用日渐显现。1942年起，山西各根据地创造劳动英雄的活动以更大规模在更广范围开展起来，到1943年和1944年达到高潮，发展成一项全民参与的群众运动，劳动英雄大会就是其主要表现。群英会是劳动英雄大会的简称，在根据地，群英会似乎更能代表民众对这场每年春节前后的地区性盛会的感受，从1944年起，政府也开始用群英会指代劳动英雄大会进行宣传报道。

---

① 陕西省档案馆等编《陕甘宁边区政府文件选编》第1辑，档案出版社，1986，第492页。

② 《晋察冀边区积极布置春耕生产》，《抗战日报》1941年3月8日，第2版。

③ 《行署抗联指示各级为创造二百劳动英雄而奋斗》、《创造四十名女劳动英雄 妇联指示各级办法》，《抗战日报》1941年5月14日，第3版。

④ 《怎样解决劳动力缺乏的困难》，《太岳日报》1941年4月3日，第3版。

⑤ 《春耕线上劳动英雄榜》，《太岳日报》1941年5月12日，第1版。

晋绥边区[①]是山西各根据地中最早组织地区性劳动英雄大会的根据地，1942年到1944年共举办了四届边区劳动英雄大会。从这四届大会的变化中可以看出这场群众运动是如何发展起来的以及劳动英雄是如何被创造出来的。

1942年1月13日，晋西北劳动英雄检阅及生产建设展览大会在兴县召开，会期4天，这是晋西北第一届群英会。大会共选出劳动英雄100余名，他们不仅获得了农具、毛巾、奖状等奖励，而且感受到了政治上的光荣。"参加大会的劳动英雄衣襟上都系着红色的劳动英雄荣誉证，兴县各商店还在街道上搭系彩牌表示欢迎"，"张处长特地到会给劳动英雄们讲解政府法令和晋西北生产情形，战斗平剧社也每天演剧慰劳他们"。行署续范亭主任、牛荫冠副主任更是给予劳动英雄高度评价："你们在过去努力生产，为全晋西北三百万人民的模范，是值得大家向你们学习和钦佩的。"[②]

1942年12月，晋绥边区开始筹办第二届劳动英雄检阅大会。12月初，各县评选出参加大会的劳动英雄并在当地举行了热烈的欢送仪式。以兴县为例，12月10日，县政府为选出的劳动英雄举行欢送大会。"各机关均派代表参加，完小全体师生排队欢送，妇联更发动城关妇女为劳动英雄献花，前面鼓乐齐奏，'欢送兴县劳动英雄参加劳英大会'的横旗后面，各劳动英雄头罩毛巾（奖品），胸挂鲜花，在汹涌的队列前绕城一周，一路观众塞途，高呼口号：'尊敬劳动英雄'，'劳动英雄是最光荣的'。"[③] 12月12日，晋绥边区第二届群英大会开幕，"兴县城内数百家商号均挂灯结彩，实行大减价，庆祝大会开幕。城周四五十里各村群众，牵牛赶驴，穿着新衣，纷纷赶赴盛会，兴县城人马缤纷，街道拥挤，其盛况为数年来所仅见"。参加大会的群众有3000余人，多位边区领导在会上致辞，劳动英雄代表也先后发言，介绍经验。[④] 与第一届大会相比，这届大会的奖品更为丰厚，并由边区副主任亲自颁发。"当劳动英雄们牵着大犍牛、大绵羊、母猪，拿着纺车、棉花、毛毯、毛衣、锄头、斧头、手巾、肥皂、奖旗、奖状等经过主

---

① 晋绥边区包括山西省西北部和绥远省东南部广大地区，1940年1月15日正式建立晋西北民主政权，1941年8月1日改为晋西北行政公署，1943年11月改为晋绥边区行政公署。

② 《晋西北生产展览会开幕　劳动英雄检阅同时举行》，《抗战日报》1942年1月17日，第3版。

③ 《各地欢送劳动英雄，兴县庆祝劳英大会》，《抗战日报》1942年12月17日，第2版。

④ 《劳动英雄大会开幕》，《抗战日报》1942年12月19日，第1版。

席台前的时候，群众一致报以热烈的掌声和亲切的敬意，并高呼‘向劳动英雄王思良、张秋凤、宋侯女学习’的口号。”① 大会闭幕后，晋绥边区机关报《抗战日报》连续3期开设专栏介绍特等劳动英雄王思良、张秋凤、宋侯女的事迹。

1943年3月，晋绥边区行署颁布1943年劳动英雄条件，并决定于11月召开第三届群英大会。按照行署要求，春耕之初农村中要对农民劳动英雄条件和奖励办法进行普遍宣传，使每个自然村发动个人与个人、小组与小组之间的竞赛。从春耕开始，劳动竞赛在边区广泛开展起来，劳动英雄高保童、张秋凤、王思良、温象栓等都成为农民挑战的对象。通过竞赛，不仅涌现出了更多的劳动英雄，也使边区政府看到了群众运动的巨大潜力，“以劳动英雄带头创造模范村”的口号被适时提出，劳动英雄运动在晋绥边区得到进一步发展。1944年1月7日，晋绥边区第三届劳动英雄大会开幕，此时正值陕甘宁边区首届劳动英雄大会和毛泽东“组织起来”的演讲发表不久，劳动英雄们围绕“组织起来”的号召交换生产经验。这次大会会期9天，在时间上大大超过了前两届，而且内容更加丰富，宣传力度更大。大会安排劳动英雄分组讨论，交换经验；制订生产计划，组织生产竞赛；通过了关于拥军的决议；发表了晋绥边区第三届劳动英雄大会宣言。大会期间，晋绥边区政委林枫亲自主持宴请劳动英雄，使众英雄深受鼓舞。②《抗战日报》从1月8日到3月4日对大会及劳动英雄进行了连续报道，相关文章达30余篇。

第三届群英大会闭幕后，各地民众掀起了争当劳动英雄的热潮，除边区政府组织的劳动英雄评选外，各区县乡村也纷纷组织当地的群英会，进行劳动英雄的初选。1944年8月29日，兴县六区三个行政村在骡马大会上联合召开表扬各种模范者群众会，由村公民小组、群众大会选出20余人，“准备培养他们为各种英雄”③。10月初，晋绥边区群英大会筹委会要求地方各级政府认真领导群英选举运动，为第四届群英大会的召开做准备。④ 于是，轰轰烈烈的群英选举运动在各乡村开展起来。11月初，各行政村的初

---

① 《劳动英雄圆满选出　武副主任亲自发奖》，《抗战日报》1942年12月22日，第2版。

② 《中共晋绥分局设宴招待劳动英雄》，《抗战日报》1944年1月18日，第2版。

③ 《蔡家会等村联合开会表扬模范》，《抗战日报》1944年9月19日，第2版。

④ 《充分准备认真选举　群英大会延期召开》，《抗战日报》1944年10月14日，第1版。

级群英大部分选出，开始以县为单位进行中级竞选，到12月初，岚县、临县、静乐、忻县等县先后完成群英选举工作。12月7日，晋绥边区第四届群英大会开幕，到会群英751名，会议历时25天，是历届群英大会中规模最大、时间最长的一届。在这次大会上，不仅评选表彰了各类英雄，而且听取了边区领导关于1945年三大任务的报告，讨论了劳武结合、变工互助、卫生文教等方面的问题，组织了经验交流和练兵技术表演活动，通过了劳动英雄大会宣言和各种决议。[①] 可以说，群英会已不是单纯的劳动英雄评选和表彰大会，更像是一场具有全民参与性质的政治动员大会。

与晋绥边区一样，山西太行、太岳抗日根据地的劳动英雄运动也经历了类似的发展过程。1942年春，太行边区政府颁布春耕奖励法，以县为单位举行竞赛，选举劳动英雄。[②] 从1943年起，各区县纷纷树立典型劳动英雄，以运动的形式发动群众学习。屯留县佃农葛河堂勤俭刻苦三年翻身的事迹得到宣传，当地农会发起了"葛河堂运动"，号召向劳动英雄学习。[③] 石振明在青城县劳动英雄大会上当选头名状元，被许多村的农会请去介绍经验。[④] 安泽县劳动英雄赵金林的故事被当地剧团排成戏剧，在劳动英雄大会上演出。[⑤] 经过较长时间的酝酿，1944年11月21日，太行区第一届杀敌英雄和劳动英雄大会（简称"太行区第一届群英会"）召开。大会选出全区杀敌英雄31名，劳动英雄39名，对他们的英雄事迹进行宣传，有的还被编成戏剧，如《李马保》《郝二蛮》等，使群众在娱乐中受到教育和鼓舞。[⑥] 1944年3月，太岳区第四专区召开劳动英雄大会，近2000人参加，选出29名劳动英雄，专区奖励前3名大犍牛各1头。[⑦] 1945年元旦，太岳区首届群英大会召开，有近万名军民参加，选出优秀代表254位。这次大会会期23天，会议组织了分组讨论、英雄事迹介绍、典型报告、晚会和颁奖典礼等一系列活动，使劳动英雄运动在根据地的影响力进一步扩大。[⑧]

---

① 根据《抗战日报》1944年12月7日至12月31日报道。

② 《边区颁布春耕奖励法》，《太岳日报》1942年5月9日，第1版。

③ 《屯留水岔佃户葛河堂勤俭刻苦三年翻了身》，《太岳日报》1943年9月28日，第4版。

④ 《青城某村农会开会 号召学习石振明》，《太岳日报》1944年5月25日，第3版。

⑤ 《青先剧团出演劳动英雄赵金林》，《新华日报》（太岳版）1944年8月13日，第3版。

⑥ 《太行革命根据地群众运动史略》，太行革命根据地史总编委会编《太行革命根据地史料丛书之七：群众运动》，山西人民出版社，1989，第50页。

⑦ 《第四专区劳动英雄大聚会》，《太岳日报》1944年3月9日，第4版。

⑧ 根据《太岳日报》1945年1月11日至1月25日报道。

通过各类群英会创造劳动英雄，在根据地形成了一个新型的社会群体——劳动英雄群体。由于这一群体直接来自生产劳动，并大多由群众选举产生，所以他们更易被群众接受，能够在根据地社会发挥表率和示范作用。正是看到了劳动英雄在群众中的影响力，根据地政府对劳动英雄运动的领导和发动也逐步深入，评选劳动英雄甚至成为根据地社会建设和改造的新型组织形式。于是，越来越多的劳动英雄不再仅仅是生产劳动中的模范，他们开始在社会动员和改造等其他方面发挥作用。

二　组织起来：互助合作运动中的劳动英雄

1943 年 11 月 29 日，毛泽东在陕甘宁边区第一届劳动英雄大会上作了“组织起来”的演讲，号召边区劳动英雄和模范工作者在组织起来领导群众开展互助合作方面发挥更大作用。毛泽东“组织起来”的演讲发表后，根据地的劳动英雄运动开始与互助合作运动结合起来，一方面，发动和领导群众开展互助合作成为评选劳动英雄的新标准；另一方面，那些已选出的劳动英雄被要求在互助合作中真正起到带头作用。

1943 年 3 月，晋西北行署颁布劳动英雄条件，规定“在同样劳动力条件下，增加农业产量百分之十五即合格，增产愈多，分数累进增加”。① 可以看出，这一时期个人劳动成绩是评选劳动英雄的主要标准。1944 年 1 月，在晋绥边区第三届劳动英雄大会上，如何组织起来开展互助合作运动成为会议讨论的主要内容。8 月，晋绥边区公布 1944 年劳动英雄条件，与 1943 年相比发生了明显的变化，劳动英雄的基本条件增加了“除自己努力生产外，必须是联系群众帮助群众生产的模范”“是组织群众推动群众生产的模范”等内容。② 11 月，太岳区行署颁布新的劳动英雄选举与奖励办法，同样有了“在生产事业中能推动帮助别人，并善于组织群众力量卓有成效者”③这一新标准。

---

① 《一九四三年劳动英雄条件》，《抗战日报》1943 年 3 月 12 日，第 2 版。

② 《晋绥边区一九四四年劳动英雄、战斗英雄、民兵英雄及模范工作者条件》，《抗战日报》1944 年 8 月 26 日，第 2 期。

③ 《太岳军区、行署共同颁布选举英雄及奖励办法》，《新华日报》（太岳版）1944 年 11 月 1 日，第 2 版。

随着根据地政府对劳动英雄塑造标准的变化，劳动英雄群体的社会角色发生了转向，他们由个人劳动的积极分子变成了组织群众开展互助生产的模范。

1943 年 12 月 21 日，宁武县召开劳动英雄大会，张初元因在领导民兵对敌斗争的同时组织变工队发展生产被评为一等劳动英雄，获大犍牛 1 头。[①] 1944 年 1 月晋绥边区第三届劳动英雄大会上，张初元劳武结合的经验得到边区政府的肯定，会议提出"学习吴满有运动的模范张初元同志""劳力与武力结合起来"的口号。1 月 13 日，《抗战日报》以《张初元——劳力与武力结合的光荣榜样》为题，对他的事迹作了整版报道，张初元成为晋绥边区最受瞩目的劳动英雄，他的变工互助经验在根据地各乡村被推广和实践。"（宁武县）××沟村百分之八十以上的村民，均将参加变工组织，家家户户都计划开荒扩大生产，以农会为核心，以牛犋[②]为中心，民兵抗属均参加的劳力与武力结合的变工小组已先后建立起来。""在响应张初元同志创造模范村的号召下，某村也成立了生产队，二十户村民及民兵、抗属花编了四个变工组，并已定出全村生产计划。"[③] 受到表彰后，张初元本人组织群众的热情更加高涨，他领导召开了民兵和农会会员大会，不到 20 天的时间将全村 63 个人力、47 个畜力组成 20 个互助组，使全村 80% 的劳力都组织起来。[④]

在政府的号召下，这一时期各地劳动英雄都积极组织群众开展互助合作，成为推动根据地互助合作运动的重要力量。兴县温家寨村的温象栓是当地群众推选的、靠勤劳起家的劳动模范，他说："咱是从穷人来的，咱知道穷人的苦，咱现在好了，就得帮助穷人也和咱一样。"春耕时，温象栓和村农会常委商量开展互助变工，他不仅主动和村里的二流子结成互助组，帮助他们定生产计划，还拿出自己的粮食解决穷人和二流子的生活困难问题。温象栓通过以身作则赢得了群众的支持和信任，村民说："温大哥说甚

---

① 《宁武开劳动英雄大会　张初元得大犍牛一头》，《抗战日报》1944 年 1 月 4 日，第 2 版。

② 犋为畜力单位，能拉动一辆车、一张犁、一张耙等的一头或几头（多指两头）牲口称一犋。牛犋泛指耕作的畜力，可以是耕牛、马、驴或骡。

③ 《宁武各村学习张初元　贯彻劳力与武力结合方针》，《抗战日报》1944 年 3 月 11 日，第 1 版。

④ 《劳动英雄张初元领导全村发展生产　加强民兵群众变工组织》，《抗战日报》1944 年 3 月 25 日，第 1 期。

也听，叫咱干甚就干甚，管保没错。”[1] 在他的组织下，全村有一半劳力和2/3的耕牛参加到春耕互助中。

神府县劳动英雄王晏池参加群英大会后，将全村90%的劳力都吸收到变工队里，成立了16个小组、两个变工队，自己被村民选为大队长，准备全年增产粮食60石。[2] 安泽县劳动英雄赵金林首先在村里组织了一个劳动互助组，亲自领导，全组10个人，20天的时间里就开荒17亩，打柴200担，积粪24堆，送粪2500多担，杀荒林26亩，垒大堰3条，算下来集体做活儿3个就顶4个工。1944年6月，安泽县召开春耕奖励大会，赵金林组得了头奖。赵金林互助组的成绩在当地引起了很大反响，附近的3个互助组一致要求赵金林领导他们，他们说：“只要老赵来领导咱们，咱们生产就大大的有办法。”于是，大家决定把4个组合起来成立一个大队，由赵金林当大队长，带领大家劳动。[3]

为了进一步发挥劳动英雄在互助合作运动中的作用，根据地政府鼓励由劳动英雄带头开展以互助组和村为单位的劳动竞赛，在创造劳动英雄的基础上提出了创造模范村的口号。于是，一场新型的劳动竞赛在根据地迅速开展起来，劳动英雄的名字取代了原有行政村的名字，成为各地农村学习和挑战的目标。1944年4月，沁县劳动英雄郭满仁领导的互助组写信向屯留劳动英雄葛河堂提出挑战，口号是“干上一年要够两年吃”。到5月10日，郭满仁组已开荒1160亩，互助组人数也由原来的57人扩大到60人，解决了组内23户的生活困难问题，并决定在10多天里继续开荒400亩，超出原定挑战目标1/4。1944年底，郭满仁互助组取得了令人羡慕的成绩，粮食产量超过1943年的6倍，他本人也被评为沁县劳动英雄第一名。[4]

1944年初，温象栓参加边区劳动英雄大会返乡后，决定创造模范行政村，他订立了新一年的互助生产计划，“将全行政村劳动力的百分之八十都

① 《劳动英雄温象栓》，《抗战日报》1944年1月18日，第4版。

② 《劳动英雄王晏池提出创造模范村计划》，《抗战日报》1944年3月25日，第2版。

③ 《赵金林领导互助组 集体做活三顶四工》，《新华日报》（太岳版）1944年4月25日，第2版；《安泽四区奖励春耕 赵金林组得头奖》，《新华日报》（太岳版）1944年6月25日，第3版；《四个互助组合成大队 赵金林当了大队长》，《新华日报》（太岳版）1944年7月1日，第3版。

④ 《沁县劳动英雄郭满仁写信向葛河堂挑战》，《郭满仁互助组扩大》，《郭满仁互助组成绩惊人　产粮超过去年六倍》，《新华日报》（太岳版）1944年5月4日，第2版，1944年6月1日，第2版，1944年12月23日，第2版。

组织起来变工互助”，“组织八个二流子参加变工队，帮助解决困难，教育改造他们，帮助穷人参加变工”，“组织生产大队部，设正副大队长各一人，领导全行政村的生产”。[①] 温象栓创造模范村的生产计划经宣传后，很快得到了其他劳动英雄的响应，兴县一区的劳动英雄贾挨碰向温象栓提出竞赛，并且取得了很好的成绩。“全村务农的七十五户人家都参加了变工互助，共编了十二个组，民兵和四个二流子都分编在组里，耕地变工约占百分之九十一。锄草时，除一户地主外，百分之百参加了。全村增加熟地一百十七亩，开荒三百三十三亩，试种棉花二十四亩半，去年没有纺妇，今年已发展纺车四十七架，增加牛八条，毛驴十一头（连原有共二十七头），除耕种外，还准备组织运输队。”[②] 此外，兴县的白改玉、保德县的刘文锦、临南县的李汝林也都是当时积极创造模范村的劳动英雄，他们的名字在很多时候已经变成村庄的名字被人们记住和传播。

对于劳动英雄在发动群众开展互助合作方面的作用，根据地政府给予了充分肯定和高度评价。1944 年 8 月，时任太行区党委委员、组织部部长的赖若愚在总结生产运动经验时指出，1944 年太行区真正组织起来的地方很大一部分是通过劳动英雄团结群众组织起来的，他强调：“到处的经验都证明，凡是真正有核心的互助组织，都能够发展巩固，反之，就很容易出问题，如果没有一批生产战线上的积极分子，没有一批劳动英雄，大规模的生产运动便无从展开。”[③] 在 1946 年太行区第二届群英大会上，到会的 167 个劳动英雄中，领导全村组织起来生产的有 67 人，领导 1 个队的有 27 人，领导 1 个组的有 14 人，只有 9 个新区英雄不是组织领导者，也就是说差不多全部劳动英雄都是领导劳动互助组织的英雄。[④]

三　从生产模范到乡村领袖

根据地创造劳动英雄的目的是为了动员群众，发展生产。毫无疑问，

---

① 《创造模范行政村　温象栓积极组织生产》，《抗战日报》1944 年 2 月 17 日，第 2 版。

② 《贾挨碰村组织起来了》，《抗战日报》1944 年 3 月 30 日，第 2 版。

③ 赖若愚：《生产运动的初步总结——在地委联席会议上的报告》（1944 年 8 月），太行革命根据地史总编委会编《太行革命根据地史料丛书之七：群众运动》，第 220 页。

④ 《太行区两年来翻身、杀敌、生产经验》（1946 年 12 月），太行革命根据地史总编委会编《太行革命根据地史料丛书之七：群众运动》，第 249 页。

劳动英雄运动在这方面的效果是显著的，农民的积极性空前高涨，他们组织起来，互助合作，争当劳动英雄，创造模范村，推动了根据地各项建设事业的开展。随着运动的深入，劳动英雄的社会地位和社会身份也开始发生转变，他们中的很多人通过个人劳动从贫雇农变成中农，由生产积极分子逐渐掌握了乡村领导权，成为新的乡村领袖和政治精英，从而在某种程度上实现了根据地政府对村级政权的改造。

根据地建立之初，改造村政权是根据地政府面对的首要问题。尽管采取了种种措施，但抗战初期，华北各根据地村政权的改造仍然很不彻底，其中突出的问题就是缺乏能够严格贯彻政府指令又受群众拥护的乡村领袖。“群众领袖在群众的运动中有重大作用，但今天真正在广大群众中有威望的领袖还没有，有几个‘可能的领袖’还是从上面派下去的，缺乏地方化。”① “很多地方，虽然换了新村长，却等于换汤不换药，或者是由于选择不慎，新村长本身品质不好，是投机落后分子；或者是新村长任职未久，即与旧势力同流合污；或者是新村长没有政权工作经验，自己不知道如何做法，依赖村书记，而为村书记所操纵欺骗；或者是村中旧势力联合抵制，使新村长陷于孤立，无法工作。因此之故，一般说来，村政权之改造，收效甚微，或者甚至没有效果。”②

在创造劳动英雄的过程中，根据地政府看到了这一新的社会群体所具有的政治潜力，这些通过劳动改变了自身境况的农民积极分子既表现出对共产党、根据地政权的真挚情感，又有着良好的群众基础。1943 年 7 月 1 日，晋冀豫区党委发布的《群众工作指示》指出，必须不断吸收各方面涌现出来的新的活动分子参加领导机关，要有计划、有步骤地培养群众领袖。群众工作干部的标准就是，必须具有正确的劳动观念与学习娴熟的劳动技术，以此来团结群众、影响群众、教育群众。③ 按照这样的标准，劳动英雄成为乡村干部培养的主要对象。

就劳动英雄群体看，他们在被评选为劳动英雄前，多经历了通过劳动

---

① 彭涛：《十七个月群众工作的基本总结》（1939 年 4 月），太行革命根据地史总编委会编《太行革命根据地史料丛书之七：群众运动》，第 149 页。

② 《彻底改造村政权》（1940 年 6 月 19 日），《新华日报》社论，太行革命根据地史总编委会：《太行革命根据地史料丛书之四：政权建设》，山西人民出版社，1990，第 95 页。

③ 晋冀豫区党委：《群众工作指示》（1943 年 7 月 1 日），太行革命根据地史总编委会编《太行革命根据地史料丛书之七：群众运动》，第 211 页。

由贫雇农到中农的成分转变过程，这样的生活经历使他们能够得到村中占多数的贫雇农和中农的支持，也更符合根据地政府对新的乡村领袖的培养标准。以武乡县为例，1944 年武乡共有劳动英雄 218 人，他们中很多人在个人成分和政治身份上发生了变化，见表 1。

表 1　1944 年武乡劳动英雄个人情况①

成分 时段	雇工	羊工	赤贫	贫农	中农	上中农	富农	商人	合计	村干部	党员	群众
战前成分	37	2	12	95	63	3	5	1	218			
现在成分	1		2	41	136	30	7	1	218	29	59	130

可以说，根据地的劳动英雄运动在推动根据地各项建设工作开展的同时，也改变了很多农民的命运，使他们由普通的乡村劳动者变成了备受关注的政治精英，开始参与到根据地的各项政治活动中。

劳动英雄张初元，抗战前一直是给地主放羊做工的雇农。1940 年 1 月，宁武县抗日民主政府成立后，张初元参加了村农救会，开始靠劳动翻身，1942 年他有坡地 12 垧，租地 3 垧，1943 年又买了 3 垧地。因为个人勤劳，他每垧地都比别人多打一斗多粮食，是村里公认的能干人。1944 年群英大会后，张初元开始活跃在根据地的政治舞台上，先后担任了村党支部书记、区委书记、县农会主任等职务，成为新的乡村领袖的代表。② 除负责本村工作外，张初元参加到更多的政治活动中。以 1944 年为例，刚过完春节，张初元就配合区政民干部冒雪前往各村进行拥军和扩大生产的宣传动员工作。4 月 24 日，宁武细腰村敌人撤退后，张初元到该村慰问群众，鼓励生产。4 月 28 日，张初元随区长前往石家庄慰问解放区群众，帮助群众调解生产中的纠纷问题。9 月，得知八路军收复两处敌据点后，张初元率领由民兵、妇女、儿童组成的慰劳队远道劳军。11 月，张初元带领宁武县劳动英雄参加边区第四届群英大会。12 月 7 日，张初元在晋绥边区第四届群英大会开幕

① 赖若愚：《生产运动的初步总结——在地委联席会议上的报告》（1944 年 8 月），太行革命根据地史总编委会编《太行革命根据地史料丛书之七：群众运动》，第 211 页。

② 《张初元——劳力与武力结合的光辉榜样》，《抗战日报》1944 年 1 月 13 日，第 4 版；郑萍、冯翠娥、张俊：《敌后农民的方向张初元》，山西省中共党史人物研究会、三晋文化研究会编《三晋英模》，山西古籍出版社，1999，第 554 页。

典礼上作报告，并在会议上介绍了一年来的工作成绩。[①]

与张初元一样，温象栓也是通过群英大会被发现和培养起来的乡村领袖。抗战前，温象栓一家都是给地主做工的雇农，生活十分困苦。在根据地政府的帮助下温象栓买了地，开始在自己的土地上耕种，到1943年，已经种地130垧，并拥有了村里第一条大犍牛。这一年，温象栓被评为兴县劳动英雄，出席了晋绥边区第三届群英会。会后，温象栓加入中国共产党，担任了兴县杨家坡行政村的党支部书记。1944年，温象栓在边区第四届群英会上被评为特等农业劳动英雄。[②] 当选劳动英雄后，温象栓代表兴县群众致信陕甘宁边区劳动英雄吴满有，汇报劳动成果，表达对根据地政府的拥护；写信慰问军区部队；制订生产拥军计划；开展秋收竞赛；组织劳动英雄选举活动。在温象栓的领导下，杨家坡行政村被评为模范村，成为根据地其他乡村的榜样。[③]

除了张初元、温象栓，这一时期由劳动英雄培养起来的乡村领袖还有很多，如榆社县女劳动英雄郝二蛮，1943年被评为县劳动英雄，回村创办了晋中第一个农业生产互助组，领导全村的互助生产工作，1944年在晋冀鲁豫边区政府召开的第二届临时参议会上当选为边区参议员。左权县的赵春花带头组织妇女纺织，1944年被评为县、区纺织英雄，1945年被选为编村纺织指导员、左权县参议员，加入了中国共产党。新中国成立后，她又先后担任了水坡村村长、农业合作社社长及党支部书记等职务。沁水县殷望月，在太岳区首届群英会上被授予劳动英雄的称号，担任了村中领导职务，1947年7月被任命为沁水县第七区区分委副书记。离石县的张智升1944年两次出席晋绥边区群英大会，被评为特等劳动英雄，先后担任了离石县第三区区委组织干事、区武委会主任、区长、区委书记、离石县县长等职务。[④]

由于劳动英雄是靠劳动成绩被群众推选出来的，所以这些由劳动英雄培养起来的乡村领袖在发动群众方面，有着比政府直接任命的地方干部更大的威信，劳动英雄对根据地群众来说更具亲和力和号召力。在官方的宣

---

① 根据《抗战日报》1944年2月29日、5月11日、10月7日、12月2日、12月10日相关报道。

② 裴鹤连：《晋绥边区特等劳动英雄温象栓》，山西省史志研究院编《山西抗日群英谱》，山西古籍出版社，1996，第486～487页。

③ 根据《抗战日报》1944年1月11日、2月17日、10月6日、11月2日相关报道。

④ 山西省中共党史人物研究会、三晋文化研究会编《三晋英模》，第144、175、312、470页。

传报道中，他们的行政职务大多被一笔带过，更多时候只被冠以劳动英雄的头衔，其目的就是为了凸显他们的农民本色，拉近与普通民众的距离，起到更好的动员效果。

劳动英雄成为乡村领袖，改变了原有自上而下确立的乡村政权组织，使根据地上、下之间的沟通更加顺畅，保证了各项政令的有效执行。1943年春耕运动中，各地以劳动英雄为代表展开劳动竞赛，很好地解决了根据地的农民口粮春荒问题、劳动力问题和优抗代耕问题。拥军运动中，劳动英雄不仅以身作则参与拥军，还组织各种拥军活动带动当地群众。河曲劳动英雄苗润身虽然自己家境不好，仍主动拿出粮食优待抗属，还买了100多个鸡蛋亲自送到50里外分区政治部转给伤病员。保德劳动英雄李俊德在村里主持召开了对一个不愿招待过路军人的老太婆的批评会，领导村民拥军。[①] 临县妇女劳动英雄白全英是村里的妇女分队长，后来又担任了村支书、农会秘书，她组织妇女变工生产，开展拥军竞赛，仅1943年就发动妇女做军鞋148双，袜子50双，军装130套。[②] 纺织运动时，离石县妇女特等劳动英雄、村妇救会秘书张秋林组织妇女成立合作社，计划吸收400个妇女入股，完成织布5000匹的任务。[③] 临南县特等妇女劳动英雄刘能林组织本村妇女成立纺织合作社，解决妇女在纺织中的困难。劳动英雄刘文锦针对乡村实际，在组织妇女纺织中采用了新的变工方法，极大地提高了纺织技术和效率。[④]

从普通农民到劳动英雄再到乡村领袖的身份转化过程，体现了根据地政府在乡村社会改造中的“公民塑造”路径[⑤]。通过这样的塑造，不仅很多农民的命运发生了改变，而且根据地基层政权结构得到了调整。一大批群众干部补充到基层政权中，拉近了乡村社会与根据地政府的距离，在一定程度上解决了乡村政权建设中头重脚轻、上下不通的问题，保证了根据地各项事业的开展。

---

① 《劳动英雄苗润身远道慰劳伤病员　李俊德领导村民拥军》，《抗战日报》1943年6月17日，第2版。

② 《妇女特等劳动英雄白全英》，《抗战日报》1944年2月1日，第2版。

③ 《张秋林今年计划组织四百个妇女生产》，《抗战日报》1944年3月16日，第2版。

④ 《开展纺织变工提高技术》，《抗战日报》1944年8月12日，第2版。

⑤ 王建华：《乡村社会改造中“公民塑造”的路径研究——以陕甘宁边区发展劳动英雄与改造二流子为考察对象》，《江苏社会科学》2008年第4期。

四 被塑造的英雄与被改造的社会

创造劳动英雄的最初目的是为了推动生产，随着运动的深入，劳动英雄不再仅仅是带领群众发展生产的模范，他们中的很多人成为乡村社会的实际组织者和领导者。劳动英雄成为乡村领袖改变了乡村社会传统的治理模式，使根据地政府在较短的时间内实现对根据地社会的全面改造成为可能。

保持群众作风是根据地政府对这些农民出身的乡村领袖的首要要求。1944 年 12 月 5 日，在太行区第一届群英会上，太行区党委书记李雪峰指出，"英雄的作风主要在于联系群众，时时照顾群众情绪，向群众学习，又做群众的表率"，"要公私兼顾"，"发扬民主作风"。[①] 在实际工作中，大多数劳动英雄也确实注重发扬群众作风，使平等和民主的风气开始在根据地形成。

宁武县劳动英雄刘补焕原是村里的贫困户，因劳动积极被选为村农会小组长、民兵小队长、县劳动模范。村民对刘补焕的评价是，他对穷人好，为人忠厚正派，不发脾气，所以大家都很尊敬他，刘补焕自己也很乐于帮助群众解决困难。1943 年春，村里很多人没吃的，选他当代表到富人家借粮，富人只答应借给他一个人，他不同意，领了 20 户全去劝说，终于借到 7 石粮，解决了大家的吃饭问题。10 月，一个贫农向地主赎地，地主不给约，刘补焕带领农会会员去和地主讲道理，使问题得到顺利解决。正因为刘补焕的无私和民主，他领导的村农会受到了群众拥护。[②] 劳动英雄刘文锦领导村民开展变工时，首先和村里干部商量，然后开农会、村民大会，多数人同意了才通过，用他的话说，"一切事情只有经过民主的决定才好办事"。对待村里的落后分子，刘文锦也从来不单独严厉批评，而是在群众面前劝说他，让群众教育他，"只有这样被批评的人才会心服口服，知道了自己不对，并且也教育了别人"。"他从来没有发过什么脾气，只有积极地为别人解决困难，总是做在头里，享受在后头。"刘文锦的群众作风使他受到

---

① 李雪峰：《在招待第一届劳动英雄会上的讲话》（1944 年 12 月 5 日），太行革命根据地史总编委会：《太行革命根据地史料丛书之四：政权建设》，第 278 页。

② 《农民特等劳动英雄刘补焕》，《抗战日报》1944 年 1 月 25 日，第 4 版。

了群众的爱戴，村里人说："老刘才好呢，甚苦事都是他抢先做，他虽然领导着咱们变工闹庄户，可从来没一个人'专'了，甚事都是听大家的。"[①]在乡村治理方面，劳动英雄充分发挥了群众作风和个人影响力的优势，使根据地的社会风气发生了变化，这在一定程度上保证了根据地的社会动员和改造工作的顺利开展。

改造懒汉、二流子，使他们参加到生产劳动中，是根据地社会改造的重要内容。1944 年 1 月，晋绥边区行政公署在发展农业生产的指示中提到，"今后对每个二流子应该在行政上分配干部抓紧教育，督促检查，帮助计划生产，解决其困难，最好能组织进适当的互助小组里去"。[②] 要动员懒汉、二流子参加生产，在说服教育的同时，需要给予他们财物上的援助，解决他们的生活困难，这方面的工作主要是由劳动英雄带头完成的。

兴县杨家坡行政村的温初儿、温谟提、田二圪旦都是当地有名的二流子，尤其是温初儿好吃懒做还爱赌博，村里组织的互助变工动员会上，大家都不愿和他们一组。劳动英雄、生产大队长温象栓提出，温初儿的困难由他完全负责。"会后，温象栓先给田二圪旦装了四升小豆籽和红豆籽，又借给他一斗黑豆。给温谟提装了二升糜子籽。温初儿呢，那就谷子、糜子、绿豆种子，共装了六升，又借给他四十斤山药蛋籽。温初儿的家里揭开锅还没有米下，温象栓又给他借了二斗粮。耕地时，他和初儿在一组，天不明就将初儿叫起，到了地里由他扶犁，初儿打土圪垯。耕地也先给初儿耕。"[③] 在温象栓的帮助下，温初儿很快转变了，他说："咱再不好好受苦，不要说对不住公家，就连象栓哥的这番好心也对不住。"仅仅一年时间，温初儿就靠劳动实现了自给，成了当地二流子转变的模范。[④]

保德县劳动英雄康三年是郭家滩行政村的村长，在组织变工时，他将村里没人愿要的二流子、有病的、年纪较大的、破落地主等六七个人编成一组，自己担任组长，把自己的粮食和义仓粮借给他们做口粮，用自己的几分水地和他们一起种瓜菜、草麦，解决夏粮问题。一年下来，他领导的

---

① 《农民特等劳动英雄刘文锦》，《抗战日报》1944 年 1 月 20 日，第 4 版。

② 《晋绥边区行政公署指示发展农业生产》，《抗战日报》1944 年 1 月 6 日，第 1 版。

③ 《劳动英雄温象栓》，《抗战日报》1944 年 1 月 18 日，第 4 版。

④ 《懒汉回头赛如牛》，《抗战日报》1944 年 1 月 8 日，第 4 版。

变工组开荒地 40 多块，可产粮食 12 石。[①] 神府县劳动英雄刘德如长期坚持帮助二流子转变。神府县七区二乡有个二流子杨士俊把过去分下的地都卖光了，靠乞讨过日子，经过刘德如再三耐心的教育说服后，杨士俊终于觉悟了，决心改变并要争取当劳动英雄，他不仅戒掉了大烟，还制订了生产计划，提出和全乡所有二流子进行生产竞赛。在他的感染下，又有五六个二流子行动起来，订立了生产计划。[②] 涉县佛堂沟劳动英雄陈金锁，耐心地说服了一个懒汉，领着他一块到地里生产，使这个懒汉得到了改造。这件事传遍了全村，有些村民主动把自己的儿子送给陈金锁去“管教”，这样一共劝好了 6 个懒汉，在当地传为佳话。[③]

除了改造懒汉、二流子，劳动英雄还利用在村中的威信，通过修渠、设义田、开义仓等方式，解决村民的生活困难问题。临县王三法连续三次被选为劳动英雄，是当地很有威信的乡村领袖。由于旧水规的限制，王三法所在的杨坡村和向文、郝家坡一直存在水利纠纷，1943 年年初在王三法的提议和监督领导下，这几个村联合起来修了 5 条新渠，几个村多年的水利纠纷得以解决。这次修渠受益最多的是各村的贫苦农民，王三法本人只有一亩地受到灌溉，他也因此被当地人称为“水龙王”。[④]

1944 年，劳动英雄温象栓在全区干部会议上提议组织变工组在村中开设义田，创办义仓，解决穷人灾年的吃饭问题。对于义仓的管理，温象栓也提出具体办法：“一、各村义仓借粮，须经管理委员会通过，在村民大会上批准，方得借出。二、借粮时间应定每年四五月青黄不接时，秋后不得借出。三、参加开义田者，借粮一斗，加利一升，不参加开义田者，借粮一斗，加利二升。四、丰年借粮，秋收后本利一并归还，歉年还本欠利，荒年本利缓交，等年头转好后交齐。五、不务正业，不好好生产者，不得借粮。”[⑤] 温象栓的建议既满足了群众对处理乡村事务公平、民主的要求，也体现了新的乡村领袖对根据地中坚力量——贫雇农的关注，建议得到了各地劳动英雄和群众的支持。4 月中旬，兴县劳动英雄贾挨碰响应温象栓的

---

① 《劳动英雄康三年》，《抗战日报》1944 年 10 月 28 日，第 2 版。

② 《劳动英雄刘德如努力帮助二流子转变》，《抗战日报》1944 年 4 月 6 日，第 2 版。

③ 赖若愚：《生产运动的初步总结——在地委联席会议上的报告》（1944 年 8 月），太行革命根据地史总编委会编《太行革命根据地史料丛书之七：群众运动》，第 227 页。

④ 《特等农民劳动英雄王三法》，《抗战日报》1944 年 1 月 25 日，第 4 版。

⑤ 《温象栓提议创办义仓》，《抗战日报》1944 年 4 月 11 日，第 2 版。

号召，发动群众开义仓田种糜谷20垧。[①] 劳动英雄白改玉组织村里的变工大队用5天时间就办成了40垧义田产粮32小石的义仓。[②]

破除迷信是根据地社会改造的另一项重要内容，在这方面劳动英雄的带头作用同样不容忽视。离石县张家庄村有个师婆刘着锦整日游手好闲，开场赌博，不务正业，甚至因为装神弄鬼耽误村民治病，害死了人。经过劳动英雄张秋林的多次劝说教育，刘着锦被感化了，她承认了错误，主动捣毁了赛神的器物，参加了变工小组，准备从纺纱织布中发财过好日子。与张家庄一样，保德县樊家沟也有很多神婆不参加生产，装神弄鬼骗村民的财物。村中的妇女劳动英雄王兰女、任三女组织召开全村的妇女大会，对这些神婆进行批评教育，会上就有38个小神婆和几个大神婆承认了错误，主动交出了"神器"，退还了村民的财物。"会场上妇女们热烈地喊着口号：'打倒大贤，多纺线线'，'神婆欺骗人，妇女们不要听'，'有病赶快请医生，不要吃神婆的香面子'，多少年的迷信思想被打破了。"[③]

生产运动中，为了增加耕地，政府提出开坟地的倡议。这个倡议在推行过程中遇到了不小的阻力，对于大多数农民来说，坟地往往是与祖先崇拜或鬼神信仰联系在一起的。在这项工作中，劳动英雄通过以身作则，用行动消除了农民的顾虑。宁武县劳动英雄张初元从互助组中抽出12个壮年劳力分成两组，亲自带领大家开坟地，两三天就开了一座大古坟。劳动英雄潘信福也主动开坟地，他花了800元本币买了块坟地开。在张初元、潘信福的带动下，村里群众都被发动起来，包括区公所的同志、小学的学生、先生都投入到开坟地的行动中。[④]

虽然很多时候破除迷信的目的是为了动员群众参加生产，但在实际生活中，劳动英雄在破除迷信方面的努力还是在某种程度上转变了群众观念，使根据地社会的面貌发生了变化。破除迷信的同时，劳动英雄还在兴办教育、读报识字、发展农村医疗等方面发挥了积极作用。

1944年3月，延安首先打破了传统"正规制度"，创立了两所由劳动英雄和村长担任校长的新型小学，将学校和乡村行政机构结合起来，通过发

---

① 《劳动英雄贾挨碰发动群众集体开义田二十垧》，《抗战日报》1944年4月20日，第2版。

② 《劳动英雄白改玉村齐心合力争取做模范村》，《抗战日报》1944年5月2日，第1版。

③ 《妇女劳动英雄张秋林改造师婆破除迷信》，《抗战日报》1944年5月30日，第1版。

④ 《张初元同志组织节余劳动开坟地》，《抗战日报》1944年5月30日，第1版。

动群众解决学校困难，联系农村实际需要教授学生知识。[①] 经报纸宣传后，劳动英雄创办或领导的学校开始出现在山西各根据地。5 月 15 日，劳动英雄刘文锦村成立民办学校，经过研究，村里用互助变工的方法解决了教师问题，刘文锦担任教师，亲自教授学生农作课，33 个农民的孩子得以上学。民办学校得到了群众支持后，刘文锦又举办了夜校，组织群众集体读报。[②] 7 月 15 日，青城县召开教育研究会，决定在当地开设 4 所试验小学，劳动英雄石振明当选为小学校长。[③] 黎城县劳动英雄石寸金腾出自家 3 间房子，用土坯、砖块、石板建造了桌椅，从县里请来教师，村里补贴了 800 斤小米，在自己家里办起了小学。[④]

除创办学校外，劳动英雄还通过组织读报组、识字班，提高村民文化，加强信息交流。温象栓在村里成立了 3 人读报组，利用夜间读报。读报组试办成功后，他又将读报推广到村中的变工组去，“这样变工组不但是生产的组织，同时也是集体教育的学校了”。温象栓的读报经验很快被其他劳动英雄借鉴，兴县劳动英雄白改玉也在村里组织了由变工组组长、民兵和妇救干部组成的 22 人读报组，订了 5 份报纸，每隔 3 天晚上大家集体读报讨论，学习其他地方的先进经验。[⑤] 沁南劳动英雄靳秉乾针对村中妇女不好组织的问题，先将村中的儿童组织起来学习、劳动，再通过儿童教妇女识字，慢慢地村中大部分妇女被带动起来。接着，靳秉乾又在村里订了 1 份报纸，每两三天就组织大家读报讨论，妇女也参加，“从生产中搞起学习，学习好了，转而推动了生产”。[⑥]

劳动英雄在兴办农村合作社的过程中，还充分发挥集体优势，改善村中医疗卫生条件。岚县界河口村合作社通过社会关系在敌占区争取了一个穷困潦倒的旧医生，给他换衣服、缝被褥，按期发给白面、肉、大米以及其他优待，并劝他戒除了烟瘾。这个医生深受感动，一年来积极给群众看病，共医治病人 680 多个。在另一个医生较多但缺少组织的魏家滩，合作社

---

① 《延安创立新型小学　劳动英雄当上小学校长》，《新华日报》（太岳版）1944 年 4 月 25 日，第 2 版。

② 《劳动英雄刘文锦村民办学校正式成立》，《抗战日报》1944 年 6 月 3 日，第 2 版。

③ 《劳动英雄石振明当了小学校长》，《新华日报》（太岳版）1944 年 8 月 1 日，第 2 版。

④ 山西省中共党史人物研究会、三晋文化研究会编《三晋英模》，第 197 页。

⑤ 《交换经验提高文化 温象栓组织读报通讯组》，《抗战日报》1944 年 4 月 29 日，第 2 版。

⑥ 《靳秉乾的办法好》，《新华日报》（太岳版）1945 年 1 月 21 日，第 5 版。

团结了3个较好的医生，轮流给群众看病，由合作社药费盈余项下分红，免除了群众的诊费。针对群众需要，梁家会合作社还开设了兽医部门，治好牲口138头，很好地帮助了当地群众的生产。[①]

根据地社会改造是包括生产、生活、习俗、信仰等方面在内的复杂过程，在这一改造过程中，劳动英雄群体充分发挥了他们作为农民和政府代言人双重身份的优势，既能够从根据地社会的实际情况出发满足群众的迫切需要，也能够及时掌握政府的指示要求，保证了政令的贯彻执行。可以说，根据地社会改造的全面、迅速、有效与劳动英雄的领导示范作用有着直接关系。

与中国传统社会通过科举、捐纳等方式实现身份流动不同，根据地社会由普通农民到劳动英雄再到乡村领袖的身份转化过程表现出明显的官方塑造特点。在这样的官方塑造下，农民的个人命运与根据地政治发生了紧密联系，劳动不再只是改善农民自身经济状况的私事，而成为决定根据地发展、影响革命成功与否的事业。正因为劳动被赋予了更多意义，劳动英雄群体从产生之初就具有明显的政治色彩，他们不仅仅是生产劳动中的积极分子，更是根据地政府实现社会治理和改造的中坚力量。通过劳动英雄的榜样和示范作用，更多的群众被动员和组织起来参与到生产劳动中；劳动英雄与乡村领袖身份的结合，克服了乡村政权原有的头重脚轻、上下不通的弊病，保证了政令的有效贯彻；劳动英雄的农民身份使他们能够较好地保持群众作风，从乡村实际出发找到切实可行的、被大多数群众接受的社会改造方式。可以说，劳动英雄的塑造是根据地政府在战争的特殊环境下进行社会动员和社会改造的成功实践，而这一经验在此后乃至新中国成立后的很长时间里仍一直被运用到对乡村社会的治理中。

① 《合作英雄研究卫生文教工作　团结医生为群众服务》，《抗战日报》1944年12月31日，第2版。

中国政治学的诞生：杨廷栋《政治学教科书》论析

毕　苑[*]

学界对晚清政治学的翻译和引介问题不乏关注，已有不少研究成果。但是对于最早的中国人自己撰写的政治学著作，已有结论尚值得商榷。

宝成关最早提出，“杜光佑的《政治学》、杨廷栋的《政治教科书》”是“近代中国的第一批政治学专著”。[①] 不过杜光佑所著《政治学》是1905年湖北法政编辑社出版，时间上晚于杨廷栋所著；且该书根据日本法学博士小野塚喜平次的“口义”及其《政治学大纲》等编辑[②]，只能说是小野塚著作的编译而已。宝成关此处疏误把杨廷栋“政治学教科书”写作“政治教科书”，但“第一批”之说尚可成立。不过遗憾的是，这一论断并没有改变后来者习焉不察的认识，研究者仍然认为，“严复1905年撰写的《政治讲义》历来被认为是中国人自己撰写的第一部近代政治学著作”[③]。之所以结论如此坚固，相当程度上源于著名政治思想史家萧公权先生的论述。他在《中国政治思想史》中确凿无疑地讲道：“独严氏《政治讲义》一书，运科学之方法，明西政之真际，条理谨密，最富学术之意味……可谓清末之第一部政治科学著作。”[④] 不过笔者理解萧先生所谓“第一部政治科学著作”，意

* 毕苑，中国社会科学院近代史所副研究员。

① 宝成关：《论辛亥时期西方政治学说的引进与传播》，《近代史研究》1992年第6期，第84～102页。

② 孙宏云：《小野塚喜平次与中国现代政治学的形成》，《历史研究》2009年第4期，第85～98页。

③ 戚学民：《严复〈政治讲义〉文本溯源》，《历史研究》2004年第2期，第85～97页。

④ 萧公权：《中国政治思想史》，辽宁教育出版社，1998，第766页。

在强调严复此著社会科学方法的开创性，并不意味着"政治学"知识体系建立即自严复始。不过显然，严复在近代思想史上的重要地位遮蔽了后来者对史实的发现和判断，萧公权先生的模糊论断强化了严复《政治讲义》的地位。

以往研究对杨廷栋及其贡献较少关注，一般涉及杨氏多因考察他对卢梭《民约论》的翻译。例如较早较详细论及杨廷栋的熊月之，指出1902年杨廷栋译的《民约论》是卢梭《民约论》"最早中文完整译本"，但他又有一个模糊不够准确的论断："近代比较系统介绍西方社会政治学说，自严复译述《天演论》开始"[①]，也并不知道杨氏《政治学教科书》。

就更宽泛的范围来说，晚清以来"政治"和"政治学"在中文典籍中的使用，孙青的研究有较为详细的考辨，是这个论题的最新成果[②]。但该著完全没有注意到具有开创意义的杨廷栋《政治学教科书》，对于一部专题研究晚清政治学的著作来说，这不能不说是一个重要的缺漏。

笔者所见杨廷栋著《政治学教科书》，版权页署名著者吴县杨廷栋，光绪二十八年（1902年）印刷发行，发行者和印刷所是上海作新社，贩卖所是上海棋盘街普通学书室等处。竖排版，共四十七页。该书来自个人收藏。本文以杨廷栋《政治学教科书》为研究对象，尝试对政治学建立的源头作一番考析，探察中国现代政治学建立之初的知识渊源及学术特点。

一 杨廷栋史迹

杨廷栋（1878～1950），字翼之，苏州人，1899年留学日本，毕业于早稻田法政专门学校。曾参加留学生团体"励志会"，是留日学生创办的《译书汇编》的主要撰稿人之一。返国后成为"预备立宪公会"的主要成员，为张謇、程德全的左右手。

杨廷栋投入引介和传播西方近代政治学正是从1900年参与留日学生的

---

① 熊月之：《中国近代民主思想史》，上海社会科学院出版社，2002，第330、328页。

② 孙青：《晚晴之"西政"东渐及本土回应》，上海世纪出版集团，2009。该著对西方"政治学"概念的翻译、界定、相关译著、晚清士人的政治学观念以及政治学本土谱系的梳理等介绍甚详，值得参考。

第一份自办杂志《译书汇编》开始。冯自由在《革命逸史》中写道，

> ……留学界之有志者尝发刊一种杂志，曰《译书汇编》，庚子下半年出版。江苏人杨廷栋、杨荫杭、雷奋等主持之。杨、雷亦励志会会员。此报专以编译欧、美法政名著为宗旨，如卢骚之民约论，孟德斯鸠之万法精理，约翰穆勒之自由原论，斯宾塞之代议政体，皆逐期登载。译笔流丽典雅，风行一时。时人咸推为留学界杂志之元祖。自后各省学生次第倡办月刊，吾国青年思想之进步，收效至巨，不得不谓《译书汇编》实为之倡也。①

译书汇编社的文化传播和启蒙作用是明显的。曾是苏州励学译社成员的包天笑与东京译书汇编社的留日学生们相熟，“我们所认识的有杨廷栋、周祖培诸君，他们都是学法政的。……我们这一群朋友中，便与这班留日学生联络起来，常常通信。他们在书信中，告诉我们种种事情”②。

杨廷栋是清末不少政论报刊的主笔。1900 年冬，秦力山在安徽大通起兵失败流亡东京，召集杨廷栋和沈云翔、戢元丞、杨荫杭、雷奋、王宠惠、张继等同道开办《国民报》月刊，杨廷栋是主要执笔人之一。1901 年戢元丞在上海开办《大陆报》月刊，杨廷栋又是主笔之一。③

杨廷栋还参加过不少重要的政治活动。辛亥革命前夜，杨廷栋参与上书，敦促清廷立宪。张謇《啬翁自订年谱》记载：（辛亥八月）二十五日，“至苏，巡抚程德全甚韪余请速布宪法开国会之议，属为草奏。仓促晚膳，回旅馆，约雷生奋、杨生廷栋二人同作……属二生书，逾十二时稿脱”④。

---

① 《励志会与译书汇编》，冯自由《革命逸史》初集，中华书局，1981，第 99 页。孔祥吉对冯自由这段叙述提出异议，认为《译书汇编》第二年登载的社告中罗列杂志主要成员，其中名列第一位的是戢翼翚，杨廷栋名列第六，且戢翼翚是唯一一个东京专门学校卒业生，其余包括杨廷栋在内很多都只是东京专门学校的学生而已。孔祥吉意在指正冯自由记录有误，戢翼翚才是《译书汇编》的中心人物（孔祥吉：《略析冯自由〈革命逸史〉的严重缺陷》，《博览群书》2012 年第 8 期）。这一指正十分必要，不过杨廷栋是《译书汇编》的重要成员之一则无疑义。

② 包天笑：《钏影楼回忆录》，山西古籍出版社，1999，第 203 页。

③ 《东京国民报》，冯自由《革命逸史》初集，第 96 页。

④ 《啬翁自订年谱》，张謇研究中心、南通市图书馆编《张謇全集》第 6 卷，江苏古籍出版社，1994，第 876 页。

李时岳认可《秋夜草疏图》所呈现的场景就是张謇和雷奋、杨廷栋联合拟疏，后来张謇《代鲁抚孙宝崎苏抚程德全奏请改组内阁宣布立宪疏》的基本内容，表达的是敦促清廷立宪的愿望。① 辛亥革命成功、民国建立后，杨廷栋曾担任众议院议员、农商部矿政局局长；1917 年中华职业教育社成立，杨廷栋是发起人和赞成人之一②。

据笔者搜罗所见，杨廷栋的译作有：

〔英〕斯宾塞尔著《原政》二卷，上海：作新社，1902 年③，

〔法〕卢梭著《路索民约论》，上海：文明书局印刷，作新社发行，光绪二十八年（1902 年）发行，

〔美〕伯盖斯著《新编政治学》，上海：作新社，光绪二十九年（1903 年）发行。

杨廷栋撰写的著作包括：

《政治学教科书》，上海：作新社，光绪二十八年（1902 年）印行，

《明政》，上海：作新社，光绪二十八年（1902 年）印行，

《政治学》，上海：中国图书公司，光绪三十四年（1908 年）初版，

《法律学》，上海：中国图书公司，光绪三十四年（1908 年）印行，

《经济学》，刊印信息不详④。

《钦定宪法大纲讲义》，上海：商务印书馆，宣统二年（1910 年）印行

从时间上来看，杨廷栋著《政治学教科书》不晚于他的译著，著作中也算得上最早的一部。

---

① 奏疏反映的是立宪愿望而不是革命态度，已有多篇文章论证。如吴讱：《关于〈清帝退位诏书〉和〈秋夜草疏图〉》，《民国档案》1991 年第 1 期；李时岳：《从〈秋夜草疏图〉说起——辛亥革命回忆录琐谈》，《广东社会科学》1991 年第 5 期；吴讱：《张謇代程德全所拟奏折剖析——兼论张、程尚未从主张立宪转为倾向共和》，《南京师大学报》1994 年第 3 期等。

② 《中华职业教育社宣言书》，《蔡元培全集》第 3 卷，中华书局，1984，第 22 页。

③ 熊月之：《中国近代民主思想史》，上海社会科学院出版社，2002，第 336 页。

④ 杨廷栋所撰各著在北京国家图书馆、首都图书馆、北京师范大学图书馆等地可以查阅或有存目，唯《经济学》一著不见存目，只见于杨廷栋自陈："丙午秋，南通州师范学校招讲法制经济，再辞弗获。乃发箧陈书，取旧所学者并益以前闻于师友者，析为三种：曰政治，曰法律，曰经济……"（《法制理财教科书编辑大意》，杨廷栋《政治学》，上海：中国图书公司，光绪三十四年即 1908 年初版）

二 杨廷栋《政治学教科书》的学术史价值

（一）受“国家学”影响，但初步走出“国家学”架构

学术发展其根源在史势变迁。近代以来，民族国家兴起成为影响最大、最为明显的政治现象，国家学说成为分析世界图景变化的有力解释工具：“自有此说，而政治上之难者于以易，暗者于以明。用此说者，其进步不啻事半功倍”，因此“民族国家之说，在政治学中，为最近至新之说”。① 当近代中国人“政治”和“政治学”意识萌发的时候，国家观念自然处于首要和核心的位置。时人认为，“国家之发达，与国家学之发达相表里。亚洲国家思想之发达，其所以后于欧美诸国者，国家学学说之未昌故也”②。“欲养成我国今日之国家思想，舍学曷从矣？吾国学界最重要之质点，舍政治学又曷从矣？”③ 在政治学发达之初，“国家学”几成其代名词，并具有推进国家政治进步和社会发展的功效。

政治学等于国家学，是研究国家政事的学问。这在引介的诸多政治学、国家学译著中定义相当一致。

当时的欧美译著多持此观点。

晚清两种影响较大的政治学著作，一种是戢翼翚、王慕陶译德国那特硁著《政治学》，有这样的定义：“政治学者，为研究国家之性质及作用之一科学及数科学之合体也”，“国内政治学又名国法学”④。《选报》摘录小引，定义相近：“政治学者，所谓国家无形观念之性质，及其发达一种形而上者之学也。”⑤ 另一种因梁启超的引介而名重一时、影响较广的德国学者伯伦知理著《国法汎论》⑥，开篇即指出：“希腊之世，凡关于政治之学，统

---

① 《政治学》，《译书汇编》1901 年第 2 期，东京：译书汇编社发行，第 18 页。

② 《国家学学说之影响》，《新民丛报》1902 年卷 17，第 21 页。

③ 邓实译著《政治学述》，《政艺通报》1902 年第 12 期，郑学文编卷 3，第 1 页上。

④ 戢翼翚、王慕陶译《政治学》，《政艺通报》1902 年第 7 期，第 4 页下、第 6 页上。

⑤ 《那特硁政治学小引》，《选报》第 17 期，论说 5，第 6 页。

⑥ 《国法汎论》一书的译名和版本情况较为复杂，法国学者巴斯蒂曾有专论。笔者所查中国国家图书馆藏日本吾妻兵治译本名为《国家学》（明治三十二年即 1899 年东京善邻译书馆出版），数年后作为“政治学小丛书”之一的梁启超译本名为《国家学纲领》（光绪二十八年即 1902 年出版）。按照巴斯蒂所见，梁氏译本是以吾妻兵治译本为底本。参见〔法〕巴斯蒂《中国近代国家观念溯源——关于伯伦知理〈国家论〉的翻译》，《近代史研究》1997 年第 4 期。

名之曰国政学。”[①]

受欧美政治学观点影响，译自日本的政治学类著作也把政治学解释为国家学。

《译书汇编》刊译的日本鸟谷部铣太郎著《政治学提纲》开篇第一句“论国家古来之起源者……”，然后从“国体及政体”讲开去[②]。可见作者毫无疑义地认为“国家”涵盖了“政治学”研究的全部。1901年《译书汇编》还出版了章宗祥译日本学者岸崎、中村合著之《国法学》，该刊所做广告表示，论述政治之组织及起源、阐明政治之长短利害，即是“国法学之范围”[③]。故而时人几乎没有分辨地认为，政治学“一名国家学”[④]。

“政治学”与“国家学”的重叠本质上反映了政治学初建与现代国家形成之间的密切关系。时人引介东西政治学理的目的是“以期输入国家政治思想于我国民脑中也”[⑤]。在这种情况下，“国家学”研究包括哪些内容，杨廷栋的“政治学”内涵与其有何重叠差异，就是值得辨析的了。

在“国家学”名下的译著，其主要内容是围绕“国家”的形成历史及运行机制。

德国那特硁的《政治学》在清末影响较大，那特硁曾任日本帝国大学教授，中国赴日留学生深受其影响，合译了他的著述。据笔者所见北京首都图书馆馆藏本（只可见下编《国家之生理》），主要笔墨在论述国家和政体、国权之范围两大问题。[⑥]《译书汇编》重点译介的美国伯盖司著《政治学》，其论“国家”的内容包括国家进化次第、国家之起源、国家之形体、国家之趋向等[⑦]。这些是对作为政治现象的“国家”的历史性论述。

---

① 〔德〕伯伦知理：《国法汎论》，《译书汇编》再版第1期，东京：译书汇编社发行，光绪二十六年（1900年）十月。

② 〔日〕鸟谷部铣太郎：《政治学提纲》，《译书汇编》第7期，光绪二十七年（1901年）六月十五日发行。

③ 《译书汇编》第7期，光绪二十七年（1901年）六月十五日，彩页广告。

④ 《译书汇编》第6期，光绪二十七年（1901年）五月十五日，《杂录》第5页。

⑤ 邓实译著《政治学述》，《政艺通报》1902年第12期，郑学文编卷3，第1页下。

⑥ 〔德〕那特硁讲述，戢翼翚、王慕陶合译《政治学》（一名国家学），出洋学生编辑所校阅，商务印书馆发行，光绪二十八年（1902年）七月初版，首都图书馆藏本。下编既言“生理”，那么推测上编应该讲述国家的历史形成等问题，全部论述集中于国家当无疑义。

⑦ 《译书汇编》第6期（光绪二十七年五月十五日即1901年）、第8期（光绪二十七年七月十五日即1901年）。

相对于欧美译著，关于国家学的日文译著在知识结构上更为完善。

日本近代政治学的奠基人之一、著名政治学家高田早苗的政治学观点受到留日学生和中国学界的重视，所著《国家学原理》被译为中文。他也认为，“德国所谓国家学（Staats wissenschaft），英国所谓政治学（Political Science），皆统括国家之性质组织作用等学问之总称也”，不过他对“国家学”和“政治学”作出了微小区别：“兹之所谓国家学原理（或又称为普通政治学）者，则仅为其总论耳。”[①] 这是其“国家学”论述的细致之处。高田氏的“国家学”体系不仅包括国家的起源、性质、主权、形体以及国家的目的等问题，还详细论述了国民的意义、政体问题、国家组织、宪法、君主、议会、内阁、司法制度以及会计等一系列与国家运行有关的机制和制度，是内容较为充实丰富的一种。

另一部对中国政治学界也颇有影响的日本政治学者是有贺长雄。1900年的《译书汇编》曾介绍说，“研究国法原理……有贺氏之国法学，亦于参考最宜”[②]。有贺氏《国法学》一书被译为中文，该书的特点是对中国的国情给予了相当多的重视和分析。其内容涉及国家之领域、君主、君主之大权、皇室之典章仪礼，还有政府编制、国会、预算制度、司法制度、海陆军制度、中央地方编制、地方议会及自治制度、臣民权利义务以及警察戒严制度等，还附录了中国设立立宪政体之顺序[③]，切合历史实情。

这里不能忽视一部著作，就是笔者所见中国人自己编写的最早的“国家学”著作——作新社译书局1902年编纂出版的《新编国家学》。该书于北师范大学图书馆有藏，首章介绍“国家学之观念”，次讲述国家的起源、目的，然后论及国民、国体、政体、国家主权、宪法、国家机关（包括国家元首、政府和议会），最后论及自治问题。该著初版当年即再版，可见是受欢迎的著作。该书撰者认为：“政治者，非谓祭祀，乃谓调处国家活动之现象也。”[④] 接着区别“政治学”与“国家学”的研究对象差别在于：“政

---

① 〔日〕高田早苗讲述《国家学原理》，早稻田大学出版部藏版，译者、时间信息不详，第1页，北京师范大学馆藏本。

② 《译书汇编》第6期，（光绪二十七年五月十五日即1901年），《杂录》第7页。

③ 〔日〕有贺长雄讲述《国法学》，早稻田大学出版部藏版，译者、时间信息不详，北京师范大学馆藏本。

④ 作新社译书局编纂《新编国家学》，上海作新社印刷发行，光绪二十八年（1902年）初版，第2页，北京师范大学馆藏本。

治学”讲述“国家之活动”，包括主权、统治国土与人民及对于外国所布护等现象，“为动处之国家学”；而“国家学”是要“于讲究国家活动现象之先，就国家而总论之，以明国家之要素，及其本性起源，与其种种之形体机关等”，所以“为静处之国家学”[①]。

最后，我们通过以上诸种“国家学”译作和著作对比杨廷栋的《政治学教科书》，可见杨氏此著政治知识理念的推进之处。

从定义上来说，杨廷栋没有追求对“政治学”的周延解释，直接用分类说明的方法。著作开篇讲道，“政治学分为二种，一曰国内政治学，一曰国外政治学”，“国内政治学者，所以考求一国国内之政事”，“国外政治学者，所以考求国与国相关之政事”[②]。这与当时流行的政治学、国家学著作基本一致。

不过在知识结构上杨著显示了不同。在介绍过“政治学及学派”后，他把“国家”这一重要政治现象和“法律”“权利自由”“政体”“国宪”“主权”“三权说”和“大臣官吏及政党”等论题并列起来。此中意义在于，“国家”这种政治现象和其他众多的政治制度和运行机制相平行，不像欧美日本著作那样以“国家”统摄政治学著述的结构，或叙述国家的历史演变，或分析国家的结构和功能形态。虽然杨著这种安排尚显简单，但其观念却是日后政治学知识的发展趋势。

最后要提一下日本近代政治学家小野塚喜平次的大著《政治学》。该著以 1903 年出版、“久已风行于时”的小野塚《政治学大纲》为蓝本，加上其最近的演说。当时译介该著的中国学者对之寄予了很高期望：“东方此学之成立，殆将基于此乎？”[③] 小野塚博士的著述是否真正脱离“国家学”的框架，中外学者尚有异议，因为其论述不脱国家的性质、定义、分类、发生消灭、存在理由及目的等，只在“国家”论述之后包括了一小部分政治及政策、国民、内治政策和外交政策等内容。难怪日本近代政治学家吉村正不认可小野塚此著“走出国家学”的说法。[④] 不过该著对中国政治学产生

---

① 作新社译书局编纂《新编国家学》，上海作新社印刷发行，光绪二十八年（1902 年）初版，第 2 页，北京师范大学馆藏本。

② 杨廷栋：《政治学教科书》，光绪二十八年（1902 年），第 1 页。

③ 〔日〕小野塚喜平次讲述，郑篪编辑《政治学》，商务印书馆，1907，序言。北京师范大学馆藏本。

④ 〔日〕内田满：《面向美国政治学的志向性——早稻田政治学的形成过程》，唐亦农译，上海三联书店，2001，第 171 页。

的影响颇为不小，研究者称其一度成为清末政治学的“典范”，为中国现代政治学的形成提供了阶段性的理论框架与概念工具[①]。对比杨廷栋和小野塚喜平次的“政治学”架构，似乎更可以说，杨廷栋的架构降低了“国家学”的统摄作用，是中国“政治学”建立的第一人。

（二）杨廷栋“政治学”的思想来源与创建

以上分析了杨廷栋《政治学教科书》在知识结构上摆脱“国家学”所作的推进。至于杨氏“政治学”的知识来源和创建，还要深入著作文本加以观察。

杨廷栋对政治学的认识，沿用了清末东西学者基本一致的意见。

前面已述杨廷栋对“国内政治学”和“国外政治学”的分类，受到“国家学”的影响，和时人相类。早在1900年《译书汇编》“杂录”中谈到“政治学”的分类之法，说“有分政治学为国内政治学及国外政治学二种者，而国内政治学中，又分宪法及行政二科，国外政治学即万国公法是也”[②]。这种看法代表了《译书汇编》同人的共同认识，和杨氏《政治学教科书》中的相关叙述几无二致，极有可能就是杨廷栋最早接受的认识。

对于政治学研究方法，清末学者多数接受了西方政治学包括哲学派、历史派等学派。其中学者们引介较多、影响较大的，是德国伯伦知理的国家学和那特硁的政治学。伯伦知理的几部著作都是《译书汇编》重点译介推荐的对象，对包括梁启超在内的很多中国学者产生了较大影响。那特硁《政治学》的引介者则是《译书汇编》的创办人、主持人，留日学者戢翼翚。这两部著作时人都认为属于历史派[③]，正如伯伦知理所指出的，“凡国家之事，不可专以性理论，亦不可专以古今沿革之事迹。论国法者皆当注意，无论汎论各论，不可偏废者也”[④]。它们融合哲学学理的历史分析方法得到多数学者赞同。对中国学者影响较大的日本近代政治学奠基人高田早苗对政治学研究方法也有论述，他同样强调历史方法的重要：“凡有志政治

① 孙宏云：《小野塚喜平次与中国现代政治学的形成》，《历史研究》2009年第4期，第86页。

② 《译书汇编》第6期，光绪二十七年（1901年）五月十五日发行，《杂录》第5页。

③ 邓实译著《政治学述》，《政艺通报》1902年第12期，政学文编卷3，第3页下。

④ 〔德〕伯伦知理著《国法汎论》，《译书汇编》第1期，东京译书汇编社发行，光绪二十六年（1900年）十月十五日，第6页。

学者，不可不先习地理历史二科。此二者，为研究政治学之基础。”①。中国学者最早编撰的国家学著作——作新社编撰的《新编国家学》也认为：“研究国家之方法，有二种学派。一曰哲学派，一曰历史派”②，撰者倾向于融合二者：“国家学者，必并用哲学及历史之研究法，始能得真正之学问矣。”③ 杨廷栋的认识与以上学者相一致。他简明扼要论述说，“考求政治学者，其法至不一，而要不外乎二派，一曰哲学派，一曰史学派”，“两者相辅而行，不可偏废……直至十九世纪，两派始有相合之势，而政治学乃大为进步云”④。在世界范围内，政治学研究方法在 19 世纪后半期从先验的、演绎的方法进入基于历史的、比较的方法之上，这是近代政治学发展的一个质性飞跃⑤。杨廷栋准确认识到了这一点。

杨氏《政治学教科书》中，相当一部分知识是他汲取并认可的当时西方政治学观点和论述。比如讲“国家”要素，人民、土地、主权等因素已经是晚清学界普遍引介的法政知识，杨廷栋此著认同这些观点，只是他增加了诸如国家是“有官体”之说，所谓“有官体”即“有机体”，“德国史学派之政学家始辟其说，谓国家含有生气，非若机械之比”⑥。此说其实就是德国政治学家伯伦知理的“国家有机体说”，而伯伦知理此论逐渐被清末中国学界普遍接受，《政治学教科书》出版一年后，梁启超曾撰文重点介绍这一理论⑦。

除了继承西方政治学家的论断，杨著中历史分析法的运用和对中国政治的洞察都十分准确到位，这在他的政党论述中有鲜明体现。政党的出现与立宪、选举等现代政制的形成相联系，是近代国家政治生活中具有标志意义的重要现象。对中国政治学建立影响很大的日本政治学家小野塚喜平次在他的《政治学》大著中，用了相当多的笔墨论析现代政党研究的必要、

---

① 〔日〕高田早苗述《政治学研究之方法》，《译书汇编》第 5 期，光绪二十七年（1901 年）四月十五日发行，《杂录》第 1、2 页。

② 作新社译书局编纂《新编国家学》，上海作新社印刷发行，光绪二十八年（1902 年）初版，第 3 页，北京师范大学馆藏本。

③ 作新社译书局编纂《新编国家学》，第 5 页，北京师范大学馆藏本。

④ 杨廷栋：《政治学教科书》，光绪二十八年（1902 年），第 1 页、第 3 页。

⑤ 〔日〕内田满：《面向美国政治学的志向性——早稻田政治学的形成过程》，唐亦农译，上海三联书店，2001，第 154 页。

⑥ 杨廷栋：《政治学教科书》，光绪二十八年（1902 年），第 6 页。

⑦ 《政治学大家伯伦知理之学说》，梁启超：《饮冰室合集》（2），中华书局，1989，文集之十三第 70 页。

政党的意义、得失以及关于政党的政策等，认为“不解政党，则不能解政治”[①]。杨廷栋深刻领会政党现象对于现代政治学的重要性，并结合中国政治实际，以《大臣官吏及政党》为题，阐述了现代政党取代传统官吏的重要意义：

> 因政党以易官吏，正以防盘踞专擅之弊。专制之国，宠幸得志，往往盘踞不去……立宪之国，为一党得志而有不惬于民心者，则他党力攻之；若他党易其位而如故，则他党又攻之。攻之之法，或攻之于报馆，则执政为国人所不容；或攻之于议院，则内阁或因此而摇动。各党皆惧人之攻之也，故各有所钳制而不敢肆。然则政党者，天下之至私，实天下之至公也。故文明之国，皆听人立党，载之宪法，所谓集会结社之自由也。[②]

从传统时代的官吏臣子过渡到现代政党政治，其质性飞跃的意义在杨廷栋此段论述中细致呈现，这是杨廷栋准确把握现代政治价值的集中体现。

最后我们综合将杨氏“政治学”与晚清以“政治学”为名的主要译著相比，看其知识架构有何不同和推进。

正如熊月之所总结，较早的国内翻译的西方“政治学”著作主要有如下几部[③]：

《那特硁政治学》，〔德〕那特硁著，戢翼翚、王慕陶译，上海商务印书馆。

《政治学》，〔德〕那特硁著，冯自由译，上海广智书局，1902 年，三编四册。

《政治学》，〔美〕伯盖司著，译书汇编社译，《译书汇编》第 1、2、6、8 期连载。

《政治泛论》，〔美〕域鲁威尔逊著，麦鼎华译，上海广智书局，

---

① 〔日〕小野塚喜平次讲述，郑篪编辑《政治学》，第 222 页，北京师范大学馆藏本。

② 杨廷栋：《政治学教科书》，光绪二十八年（1902 年），第 27 页。

③ 熊月之：《中国近代民主思想史》，上海社会科学院出版社，2002，第 336、338、339 页，笔者在此选取了政治学原理著作，不包括政治史类译作。

1903 年。

其中，美国伯盖司的《政治学》仍以“民族”和“国家”作为论述中心，“国家”概念仍然是具有统摄性的分析框架。德国那特硁的《政治学》前面已述，封面提名写明“一名国家学”，是典型的德国式国家学的体现。这里重点看美国威尔逊的《政治泛论》。

美国威尔逊的《政治泛论》在东亚影响较大，日文译本在先，较受推崇。这位威尔逊不是别人，正是曾任美国政治学会会长、两度当选为美国总统的伍德鲁·威尔逊（Woodrow Wilson）[①]，麦鼎华译为“域鲁威尔逊”。《译书汇编》同人称赞威尔逊《政治泛论》“于欧美诸大国之制度，无不网罗其中”，“为研究政治学之沿革者，所不可少之参考书也”[②]。这个称赞名副其实：该著从“政治之起源”谈起，论述了希腊罗马政治、罗马法和中古时期政治，然后分论法兰西、德国、瑞士、英国和美国等国家的政治制度。不过以政治学发展的后见之明来看，属于政治学“原理”的是最后五章：概论宪法及行政之发达，政府之性质及其形体，法律之性质及其发达，政府之执掌，政府之目的[③]，很难说有健全完善的体系。

较早的译自日本的政治学著作有小野塚喜平次的《政治学大纲》和鸟谷部铣太郎著《政治学提纲》。小野塚喜平次的著作影响较大，前面已述，它基本上是以国家结构统筹论述。鸟谷著作译介较早，论述了国体及政体、统治权之作用和立宪政治机关[④]，只是产生的影响较小。

相比之下，杨廷栋这部教科书式著作前十章论述了政治学及学派、国家、法律、权利自由、政体、国宪、主权、三权说、大臣官吏及政党以及自治制度，体现了简明扼要和周全的特色，较为精练准确地呈现了现代政

① 标志日本近代政治学发端的事件是时任东京专门学校出版部长，后于 1907 年任早稻田大学第一任校长的日本政治学先驱高田早苗于 1895 年开始出版刊行的一套“早稻田丛书”。美国伍德鲁·威尔逊（Woodrow Wilson）著《政治泛论》是当年 10 月出版、由高田早苗本人翻译的、该丛书的第一部译著（见〔日〕内田满《面向美国政治学的志向性——早稻田政治学的形成过程》，唐亦农译，上海三联书店，2001，第 9 页），可见其在日本政治学界的重要地位。

② 《译书汇编》第 6 期，光绪二十七年（1900 年）五月十五日发行，《杂录》，第 6、7 页。

③ 〔美〕域鲁威尔逊：《政治汎论》，麦鼎华译，上海广智书局，光绪二十九年（1903 年）初版，北京首都图书馆藏本。

④ 〔日〕鸟谷部铣太郎：《政治学提纲》，《译书汇编》第 7 期，光绪二十七年（1901 年）六月十五日。

治结构和政治运行机制，初步显示出了政治学未来发展的走向。

（三）杨廷栋《政治学教科书》——中国政治学第一书

以上横向论述了杨廷栋《政治学教科书》的价值，如果我们把它放置到中国人“政治”观念的纵向形成脉络中，则可以更清晰地显现其开创意义。

中国人对西方政教的认识最晚可追溯到明末。

已有研究指出，西方近代政治学在明末已引进中国。大约17世纪30年代，主持南京天主教会的耶稣会士高一志（后改名王丰肃）撰写过《西学治平》（或称《治平西学》），邹振环说它“涉及西洋政治学”[①]。这可以算作中国人了解西方政治学的初端。

笔者所见最早用中文介绍西方“政治”的是1853年在香港创刊的《遐迩贯珍》（Chinese Serial），学界公认的第一本在中国内地出版的可以自由阅读的中文杂志[②]。它在当年第3号刊登了《英国政治制度》一文，介绍了英国君主作用、议会、立法、司法、选举、审判和预算等制度[③]。次年第2号又有《花旗国政治制度》一文，介绍美国的两院选举、总统选举、任期及职务，还有立法程序、预算、司法、陪审制度和行政等情况[④]。这是传教士麦都思（W. H. Medhurst）等人为中国人介绍的西方政治制度，或许自此启发了中国人对政治内涵的理解。

晚清洋务运动后，中国官员游历或任职海外，对西方政治学有所了解。

1862~1870年在香港生活工作、视西方良政为榜样的王韬最早明确认识到政治与国家的关系。柯文（Paul A. Cohen）指出，虽然在王韬之前，很多改革者都认识到了“通上下”才能产生良好政治，但王韬对英国政治制度的介绍尤其强调制度与国力的关系，说明王韬是“第一个提出良好政

① 邹振环：《晚明汉文西学经典：编译、注释、流传与影响》，复旦大学出版社，2011，第5页。

② 沈国威：《〈遐迩贯珍〉解题》，〔日〕松浦章等编著《遐迩贯珍（附解题·索引）》，上海辞书出版社，2005，第94页。

③ 《英国政治制度》，《遐迩贯珍》1853年10月第三号，〔日〕松浦章等编著《遐迩贯珍（附解题·索引）》，上海辞书出版社，2005，第695（24）页。

④ 《花旗国政治制度》，《遐迩贯珍》1854年正月第二号，〔日〕松浦章等编著《遐迩贯珍（附解题·索引）》，上海辞书出版社，2005，第667（52）页。

治可导致一个强大国家”的人[①]。差不多此时期就任福建按察使的郭嵩焘在1875年的《条议海防事宜》一文中写道，“西洋立国，有本有末，其本在朝廷政教，其末在商贾”[②]，“本在政教”的认识已颇有高度。1877年，访问法兰西“政治学院”的马建忠较为详细地记录了部分教学内容：“五月下旬乃政治学院考期，对策八条……第七问为：各国吏治异同，或为君主，或为民主，或为君民共主之国，其定法、执法、审法之权分而任之，不责于一身。权不相侵，故其政事纲举目张，粲然可观……”[③] 孙宏云认为，“在学术与教科层面上引入法国‘政治诸学’概念的可能是马建忠”[④]，这一论断是合乎历史的。在这个时期，中国人对政治制度和国家强盛之间关系的发现和确立，从本质上推进了对“政治”作为一门学问的探讨和进入教育体系的步骤。

中国戊戌维新时期，“政治学在西方也开始成为一门独立的科学”[⑤]，在中国“作为一门独立学科的政治学……肇始于译介西方近代政治学著作”[⑥]，这些结论今已成为共识。戊戌时期政治学逐渐从零星知识向独立的知识体系聚合，成为书院和新式学堂的教学内容。

1891年梁启超就学长兴学舍时，乃师康有为设计的功课中就有数门政治学课程。其“经世之学”包括政治原理学、中国政治沿革得失、万国政治沿革得失、政治实应用学和群学四门。[⑦] 如此系统的创建性的政治学设置给梁氏以深刻影响。1896年，梁启超写《变法通议》，批评中国缺乏专门的政治教育，同时道出他心目中的“政治之学”应包括历代政术、本朝掌故和天下郡国利病三方面知识[⑧]，中国应学习西方政治之学“以公理公法为经，以希腊罗马古史为纬，以近政近事为用”[⑨] 的内容体系。这些内容梁启

---

① 〔美〕柯文：《在传统与现代性之间——王韬与晚清改革》，雷颐、罗检秋译，江苏人民出版社，2003，第143、144页。

② 中国近代史资料丛刊《洋务运动》第1册，上海人民出版社，1961，第141页。

③ 马建忠：《上李伯相言出洋工课书》，《适可斋纪言纪行·纪言卷二》第3页，沈云龙主编《近代中国史料丛刊》第16辑，台北：文海出版社，1966。

④ 孙宏云：《小野塚喜平次与中国现代政治学的形成》，《历史研究》2009年第4期，第85～98页。

⑤ 赵宝煦：《中国政治学百年历程》，《东南学术》2000年第2期。

⑥ 俞可平：《中国政治学百年回眸》，《人民日报》2000年12月28日，第12版。

⑦ 梁启超：《康南海先生传》，《饮冰室合集》（1），文集之六第65页，中华书局，1989。

⑧ 梁启超：《变法通议》，《饮冰室合集》（1），文集之一第17页，中华书局，1989。

⑨ 梁启超：《与林迪臣太守书》，《饮冰室合集》（1），文集之三第3页，中华书局，1989。

超曾多次表述，可以说代表了“梁氏政治学”的基本观点。1901 年梁启超主办《清议报》，有关国家论、政治学案、近世政学大原已成为他着重关注的领域[①]。他还在《上南皮张尚书书》《西政丛书序》《与林迪臣太守书》和《复刘古愚山长书》等文章中多次表达设立“政治学院”的想法[②]。在 1898 年公车上书事件中，梁启超急切呼吁通晓“政治专门之业”[③]，表达了政治学专门化、专业化的设想。

不独康梁关注筹划“政治学”包含的知识内容，这在戊戌时期已成为普遍潮流。1895 年陕西味经书院添设时务斋，要求“兼涉外洋政治《万国公法》等书，以与中国现行政治相印证”[④]。这说明国际公法成为国人认识中的政治学的一部分。1897 年的《新学报》第 1 期设定刊报式例分为算学、政学、医学和博物四科[⑤]，“政学科”的课程包括各种“公法律例、一切治国邦交之术”[⑥]，要求“深晓本国治体、民风习俗、历代史鉴、政治得失，熟谙公法，娴于律例”[⑦]。这种设想与康梁对政治学的理解相当接近。

此时期各地新式教育机构也逐渐把“政治学”纳入教学体系。

1898 年，盛宣怀奏办南洋公学成立，附设译书院，延聘张元济任译书院院长[⑧]，“专译中西国政治、教育诸书，以应时需及课本之用”[⑨]。而京师大学堂从筹备时就考虑加入政治学教育。1896 年 8 月，管理书局大臣孙家鼐奉旨筹办京师大学堂，向清政府提出数条建议。其中一条“学问宜分

---

① 梁启超：《清议报一百册祝词并论报馆之责任及本馆之经历》，《饮冰室合集》（1），文集之六第 54 页，中华书局，1989。

② 梁启超：《上南皮张尚书书》，《饮冰室合集》（1），文集之一第 105 页；梁启超：《西政丛书序》，文集之二第 63 页；梁启超：《与林迪臣太守书》《复刘古愚山长书》，文集之三第 3 页、第 13 页，中华书局，1989。

③ 梁启超：《公车上书请变通科举折》，《饮冰室合集》（1），文集之三第 23 页，中华书局，1989。

④ 《味经书院时务斋章程》，高时良、黄仁贤编《中国近代教育史资料汇编（洋务运动时期教育）》，上海教育出版社，2007，第 739 页。

⑤ 《新学报公启》，《新学报》第 1 册，大清光绪二十三年七月上期，1897 年 8 月，第 4 页。

⑥ 《新学报》第 1 册，大清光绪二十三年七月上期，1897 年 8 月，第 31 页。

⑦ 《新学报》第 2 册，大清光绪二十三年七月下期，1897 年 8 月，第 71 页。

⑧ 王绍曾：《近代出版家张元济》，商务印书馆，1984，第 10 页。

⑨ 盛宣怀：《奏陈南洋公学历年办理情形折》，璩鑫圭、童富勇编《中国近代教育史资料汇编（教育思想）》，上海教育出版社，2007，第 136 页。

科”，所拟定十科名目中，“四曰政学科，西国政治及律例附焉”[①]。1902 年京师大学堂正式开办时，实行了明确的七科制。其第一科是“政治科”，包括政治学和法律学两目。[②] 两年后的《奏定大学堂章程》详细规定了“政治学门”包括政治总义、大清会典要义、中国古今历代法制、东西各国法制比较等十多个科目。[③]

虽然政治知识和学科设置已成为清末社会的需求，成为时代潮流，但清政府仍视之为洪水猛兽。直到 1904 年 1 月《奏定学堂章程》颁布，其中的纲领性文件《学务纲要》尚有“私学堂禁专习政治、法律”和“学生不准妄干国政”等规定，意欲杜绝由“不讲西国科学而好谈西国政治法律”的“少年躁妄之徒”造成的“妄谈民权自由种种悖谬”之风气[④]。然而随着政治改革被迫进行，1906 年，清学部设立京师法政学堂；1910 年，学部上奏清廷准予私立学堂专习法政。学部委婉解释说，《学务纲要》订于筹备立宪之前，为防“新学初兴，人心浮动”，故禁止私立学堂专习政法。筹备立宪后，因资政院、各省咨议局、各级审判厅以及地方自治次第施行，“非有法政之素养不足以趋赴事机”，故而变通旧章，准许各省私立学堂专习法政，“以广教育而重宪政”[⑤]。

民间政治改革的呼声推动政治学日益引人关注；清末立宪政策的施行，为政治学知识的大规模翻译、引进打开了一扇大门。

清末时人已经明确意识到，“政治学”之兴盛实由于政治变革的推动。所谓“甲辰以来，吾国游学东瀛讲习法政者踵趾相接，盖颇知政治教育之重”[⑥]，“朝廷变法伊始，百度更张，政治一门尤为当务之急。创立学堂，事

① 孙家鼐：《议复开办京师大学堂折》，汤志钧等编《中国近代教育史资料汇编（戊戌时期教育）》，上海教育出版社，2007，第 226 页。

② 《钦定京师大学堂章程》，璩鑫圭、唐良炎编《中国近代教育史资料汇编（学制演变）》，上海教育出版社，2007，第 245 页。

③ 《奏定大学堂章程》，璩鑫圭、唐良炎编《中国近代教育史资料汇编（学制演变）》，第 355 页。

④ 《奏定学务纲要》，璩鑫圭、唐良炎编《中国近代教育史资料汇编（学制演变）》，第 504 页。

⑤ 学部：《议覆浙抚奏变通部章准予私立学堂专习法政折》，璩鑫圭、唐良炎编《中国近代教育史资料汇编（学制演变）》，第 571 页。

⑥ 〔日〕小野塚喜平次讲述，郑篪编辑《政治学》，商务印书馆，1907，序言，北京师范大学馆藏本。

非易举，因集同志，先取各国政治学校教授之书，译印成编……”[①] “朝野之有志者，莫不知宜取法欧美日本之制度似矣。然各国之制度，非可徒求诸形迹，要当进探乎‘学理’……”[②] 在杨廷栋出版《政治学教科书》的次年即1903年，梁启超感叹中国学界已是“日日而言政治学，人人而言政治学”[③]，足见此潮流之勃兴。对政治“学理”的探求推动了中国近代政治学的诞生。

如上所述，戊戌之前，梁启超的政治学观念最有代表性，表现为“政治学=公法+古史+政事”的模式。这个模式在新世纪的1900年留日学生创办《译书汇编》时有所突破。

《译书汇编》是19、20世纪之交引进西方政治学的先行者和主力。冯自由认为，“留学界出版之月刊，以此为最早”，对于“促进吾国青年之民权思想，厥功甚伟”[④]。它1900年创刊时声明“所刊以政治一门为主”[⑤]，次年即1901年改正体例，“政治”栏目成为一个和法律、经济、历史等门类并列的类别[⑥]。“公法”和“古史”走出了政治学，政治学成为专门探讨政事的知识门类。《译书汇编》在政治知识的独立化上走出了一大步。而正如1901年《译书汇编》社同人们认识到的，中国日渐“脱译书时代而进于学问独立时代”[⑦]，杨廷栋《政治学教科书》就是一个很好的注脚。

这就是杨廷栋撰写《政治学教科书》的时代背景。至此我们再来看1902年出版的杨廷栋《政治学教科书》，其内容的成熟上有了质的提升。该书共十八章从政治学及学派讲起，论及国家，法律，权利自由，政体，国宪，主权，三权说，大臣官吏及政党，自治制度，以及法国、德国、普国、

---

① 《政治学讲义录简明章程》，《选报》第18期，文学小史3，第23页。

② 《译书汇编发行之趣意》，《译书汇编》第2年第1期，光绪壬寅（1901年）正月。

③ 梁启超：《政治学大家伯伦知理之学说》，《饮冰室合集》（2），文集之十三第67页，中华书局，1989。

④ 《开国前海内外革命书报一览》，冯自由《革命逸史》第3集，中华书局，1981，第143、144页。

⑤ 《简要章程》，《译书汇编》再版第1期，东京译书汇编社发行，光绪二十六年（1900年）十月，封二。

⑥ 《译书汇编》第2年第9期，东京译书汇编社发行，光绪壬寅（1901年）九月，封二目录。

⑦ 《译书汇编第九期改正体例告白》，《译书汇编》第2年第8期，东京译书汇编社发行，光绪壬寅（1901年）八月，彩页广告。

瑞士、澳（奥）地利、匈牙利、瑞典、瑙（挪）威、英国和美国等国政治[①]。一方面是对晚晴中国政治制度的准确分析以及走向的理性把握，同时基本涵盖了近代政治学的重要概念。在杨廷栋之前，没有人提出如此完整的作为一个独立学术门类的政治学知识体系。所以说杨氏此著第一次建构起一个基本完整的政治学知识架构。

正如民初学者指出的，近代政治学两大原则：一是政治学与神道分离，二是政治和国法即国家政策之间有明晰的界限[②]。如果说，政治学“从法学和国家学里面独立了出来，不是观念的，而是实证主义的对政治进行研究的传统已经被逐步地建立了起来”[③]，标志着政治学的解放和成熟的话，那么中国政治学的建立与西方政治学的学术大潮接轨、合流，自杨廷栋始。

杨廷栋《政治学教科书》出版数年后，他应通州师范学校之邀授课。为编写适用的中学和师范用书，他对包括《政治学教科书》等著作在内的旧著加以修订，新著一书名为《政治学》，1908 年上海中国图书公司出版。新著为配合立宪，增加了“臣民之权利义务”等内容，尤其增加介绍日本市町村制情况，以为中国地方自治之参考。杨廷栋的理想是使“终吾卷者，可以想见法治国之美备，栖息于其中者之悠游融乐”[④]，这正是他对未来中国政治的美好期望。

---

① 《政治学教科书目录》，杨廷栋《政治学教科书》，上海作新社出版，光绪二十八年（1902 年）。

② 晓洲：《国家原理与政治学宗派沿革史》，《进步》第 3 卷第 5 号，1913 年 3 月。

③ 日本著名政治家吉村正论及早稻田政治学对于日本近代政治学建立的意义时，有以上论述。见〔日〕内田满著，唐亦农译《面向美国政治学的志向性——早稻田政治学的形成过程》，上海三联书店，2001，第 173 页。

④ 《法制理财教科书编辑大意》，杨廷栋《政治学》，上海中国图书公司，光绪三十四年（1908 年），第 2 页。

“第二届中国近现代社会文化史国际学术研讨会”综述

王栋亮*

2012年9月21日至22日，由首都师范大学历史学院中国近现代社会文化史研究中心主办，首都师范大学社会科学处承办的“第二届中国近现代社会文化史国际学术研讨会”在北京举行。来自首都师范大学、中国社会科学院、北京大学、华东师范大学、中国政法大学、河北省社会科学院、历史研究编辑部、近代史研究编辑部、《光明日报》等国内教学科研机构和媒体，以及美国明尼苏达大学、日本立命馆大学、日本骏河台大学、日本新潟国际情报大学、韩国国立全南大学、韩国仁荷大学校等海外教学科研机构的学者与列席代表50余人参加了会议。与会学者分成四组，在小组主持人的引导下进行了热烈讨论，并展开了激烈的思想交锋。会议共收到论文22篇，论题主要集中在史学理论、婚姻、女性、电影、广告、建筑、礼俗等领域，时间跨度主要集中在民国时期。这次会议的论文呈现出了一些“新”特点。一是立意新，有些论文对传统史料进行了重新解读，得出了不同以往的结论；二是史料新，论文中出现了以往我们没有接触到的国外新史料；三是角度新，有些论文对传统研究领域进行了文化意义的解读，细化、深化了以往的研究。

一　史学理论的深入与提升

史学理论是历史学科发展的内在支撑，它推动了研究者对历史本体论、

* 王栋亮，首都师范大学历史学院博士生，河北民族师范学院社会科学部讲师。

认识论和方法论的新认识，从而促进了史学的发展和繁荣。社会文化史作为历史研究的新兴领域，在二十多年发展的过程中虽然硕果累累，但也逐渐暴露出不少问题。会议提交的三篇论文恰恰是对这些问题的"拨乱反正"。

首都师范大学历史学院梁景和的论文《关于社会文化史的几对概念》指出，中国社会文化史研究已经迈进了一个新阶段，在进一步发展的时期内，深入思考和探索有关社会文化史的理论方法问题更显得十分重要，也是学术发展的内在要求。作者根据以往的研究体会和观察，认为中国社会文化史要对下面的几对概念作一些研讨和辨析，这将有助于社会文化史的深入研究和探索。这几对概念是：常态与动态、碎片与整合、生活与观念、一元与多元、真实与建构等。论文通过对这几组概念内涵与相互关系的思考和讨论，提出了自己的一些学术见解，将对社会文化史的发展产生积极的推动作用。

中国社会科学院近代史所刘志琴的论文《当代史学功能和热点的转向》对当代中国史学发展的困境、功能和发展未来提出了自己的独到见解。首先，她认为史学在中国曾是最古老、最神圣、最辉煌的学问，而当代中国史学由于受"文革"极"左"思潮影响走向歧途，而且在发展过程中缺乏直面历史真实的勇气，导致史学公信力极度下降。当下史学娱乐化倾向，又冲淡了史学本身内在的严肃性，这一系列因素导致当代史学已从学术中心走向边缘化。其次，她认为中国史学正面临着有史以来影响最深远的解构浪潮，即史学的主题、宗旨和功能的全面变化。中国传统的史学功能是其神谕性和资政性，而1902年梁启超倡导的"新史学"就是要推动史学功能的转向。改革开放以来，史学逐渐复兴并开始面向大众，其原有的资政功能大大萎缩，教育功能逐渐加强。重视史学的教育功能，使其不仅为政治服务，还应成为全民德、智、美教育的重要内容，这是时代赋予史学功能的变迁。再次，她认为史学功能和主题的变化，使史学面临转向的新机遇，社会文化史的产生就是史学在新领域的新发展。社会文化史以其独特的研究视角，还原着历史的本来面目，必定以其特色走向人文学科的前沿。最后，刘志琴研究员在会上还指出了社会文化史理论研究应当注意的问题，如讲理论要有概念，如何在研究中连接"碎片"，如何挖掘中国传统理论来连接"碎片"等问题。

中国社会科学院近代史所李长莉提交的《"碎片化"：新兴史学与方法

论困境》一文，直面近年来引起史学界学者诟病的病症——“碎片化”。新兴史学（如社会史和社会文化史）为何易于走向碎片化？又该如何去矫正呢？首先，她认为“碎片化”与新史学有伴生关系，是史学微观研究所带来的必然结果，是新兴史学的一种内生偏向。其次，她认为“碎片化”的症结有三：一为论题小而微，缺乏大关怀与大问题；二为论题细碎而零散，缺乏大联系与大序列；三为论题小而平面化，缺乏大理论与大阐释。最后，她提出了矫正“碎片化”的方法论路径：“实证”与“构建”。该路径表现在四个方面：一为“微观实证”与“宏观联系”相结合；二为强化联系观点，多做综合性研究；三为强化问题意识，多做中观研究；四为加强“建构性”思维，力求理论概括与提升。该文不仅从理论上基本解答了“碎片化”倾向，还引领了社会文化史理论的发展，是今后新兴史学研究的理论参照。

二 女性的再认识

女性研究一直是社会文化史研究的重要领域，是研究中国近代化的重要窗口。本次会议共提交女性研究论文四篇，主要涉及女性的劳动、职业、女性观念认识及社会角色认同。

华东师范大学历史系王燕提交的论文《忙碌的妇女：晚清城市富裕阶层妇女的劳动——以盛宣怀家族为个案的研究》是本次会议女性研究的一大亮点，她充分挖掘传统史料，经过细致、绵密的论证，颠覆了以往我们对于“男耕女织”的性别劳动分工认识。论文把盛宣怀家族的妇女放在晚清城市化背景下进行论证，发现盛氏家族妇女多从事投资、管理等非手工劳动层面的脑力劳动，而且成绩显著。但这些脑力劳动由于中国传统固有的“公”/“私”二元对立的价值观，被边缘化乃至完全忽略了。该论文的个案研究不仅引导我们重新审视传统社会的女性，而且开启了重新审视劳动内涵、劳动价值以及“公”/“私”领域近代化的窗口。

首都师范大学历史学院余华林的论文是《娜拉出走以后——论民国时期女性职业与家事问题》，该文探讨了民国时期女性在职业与家庭中的两难抉择，从而对世人提出了一个“斯芬克斯之谜”式的难题：“为什么事业和家庭，对于妇女而言只能是单选题？怎样才能平衡家庭和事业之间的关系？”实际上，无论是秦方还是余华林的文章都涉及同一个命题，那就是妇女如何解放，这是从五四时期时人就开始关注的重要问题。女性解放应以个性解放为基点，这也是社会解放的起点。

日本是近代中国学习西方思想的重要媒介，近代西方的女权思想很多来自日本。日本骏河台大学前山加奈子通过论文《从〈女性改造〉杂志看日中两国的女性观》再次证实了这一论断。《女性改造》杂志以日本知识女性为宣传对象，进行妇女解放活动，同时对中国妇女状况进行了报道，并介绍日本当时流行的妇女改造理论。这些理论，特别是新的婚姻观、家庭以及家族观，吸引了当时中国留学生的注意，他们迅速翻译并投到国内杂志，向女学生和革新的男性知识分子提供了女性主义和社会性别意识的新思潮，从而推动了国内妇女解放运动的发展。

三 文化史的反思与深入

文化史是中国近现代历史研究的重要领域，从社会史的角度去深化传统文化史的研究是本次会议提交论文的另一特色。

“独身主义”是五四时期名噪一时的思想潮流，前人研究多集中在其思想源流。中国社会科学院近代史所罗检秋在《论五四时期的“独身主义”》一文中指出，五四时期的“独身主义”不能等同于“废婚论”，它既是一种思想经历，又是复杂的社会现象，其思想背景广阔。它是中国近代新旧婚制过渡时期的产物，其中既包括中国局部地区由来已久的独身现象，也包括受到五四潮流影响，融入到女性解放和改革婚制潮流的影像。“独身主义”并非五四精英思想的原型，而是其流播过程中的变异，并没有得到广泛的社会认同。

人类在发展过程中产生了许多神话传说，前人研究多集中在神话传说的文化意义，而对于其社会意义则较少论及，首都师范大学历史学院杜涛的《灾害与文明：中西洪水神话传播比较》则弥补了这一缺憾。文章从洪水神话的传播环境、传播过程、传播结果三方面进行比较论证，最后认为：大禹治水神话的传播使传统中国“大一统”观念得到强化，国家及官员的权威得到增强，它成为维护社会稳定的意识形态；诺亚方舟神话强化了西方世界对上帝的信仰，促进了西方基督教的传播。

日本新潟国际情报大学区建英在《严复思想中的个人自由与公共性》一文中，深入挖掘了严复思想中长期被人忽视的一些思想价值，赋予了严复思想极强的社会意义。文章首先介绍了严复不同于时人的以“社会有机体论”来阐述当时极为流行的“合群”思想，对“合群”提出了不同于时人的解释。即：人民公共性精神的确立必须立足于个人来思考，公共性的确立必须以保障个人权利和让人民参与自治为基础。其次，严复在《天演论》中关于“合群”提出了两个重要思想：一是人为的改革要顺应自然，就是要顺应每个人民的天赋才智与个性，“于民力、民智、民德三者中，求其本也”；二是自由对于“合群”的重要性，人民要有学习和自由探讨的权利，提倡人民的自主探索精神和科学方法，即要发挥个人的主体性。再次，严复区分了中国传统的“民本”与西方的“民权”，重构了自由和“仁政”。他认为，人民“自治”才有“自由”，有“自由”才能“自利”，试图导入权利思想来重构“仁政”的价值基础。最后，严复在翻译《自由论》时非常注重个人与社会的“权界”问题，以解决当时公众舆论压制个人的问题；同时，严复还力图谋求个人自由的伦理自律化，以树立真正的民德和公共性。

对于严复提倡的自由主义，首都师范大学历史学院高永平进行了细致的论证。他在《个人主义观念的百年中国历程》一文中，梳理了个人主义传到中国的背景、被污名化的历程以及引导个人主义回归等问题。个人主义曾作为治疗家族主义的良药引入中国，但中国近代“救亡压倒了启蒙”的现实使我们的社会观念走向了个人主义的反面，个人主义被严重污名化。中国当代社会发展所面临的社会问题的根本解决，应当寄希望于个人主义的回归。

美国明尼苏达大学方哲生的论文《走向中国私密的历史——杨绛及其作品》，以杨绛作品中五部分为素材，通过描绘民国时期（1911～1937）杨绛与家庭成员之间细腻、亲密的情感，来概括中国文学作品的一般特征，进而论证传记、自传与描绘之间的紧密联系。经过细致论证，作者认为杨绛的作品应当是研究自传的好素材。

另外，还有四篇论文涉及具体文化事象的探讨。广告是日常社会生活的一部分，从其背后可以挖掘到许多具体的社会行为与价值取向。韩国国立全南大学俞莲实的《民国时期避孕药物的广告》正是这一方面的反映。该文主要探讨了四个方面的问题：（一）避孕药物广告的基本形式是什么，采取何求诉求方式？（二）节育药品的普及及消费程度如何？（三）避孕药物广告所反映出的观念和行为是当时的普遍现象还是小部分人的想法？

（四）避孕药物反映的性文化特征有哪些，对妇女生活带来什么影响？研究结果显示，避孕药物在一定程度上消除了妇女对怀孕的恐惧，使妇女能够放松地去追求性爱的乐趣，改变了妇女的性生活和生育节奏，使她们能够重新规划自身的再生产。但是，妇女在生理和身体上却付出了沉重的代价。而且，生育空间的男女性别角色并没有很大改善，"男主动女被动"的两性交往模式依然支配着妇女对避孕和生育的选择。

电影不仅有提供视觉享受的娱乐功能，在民国这个特殊历史时期还起到了启蒙和救亡的作用，正是这一背景提供了中国近代电影事业发展的契机，韩国仁荷大学校李浩贤的《20 世纪 30 年代电影在上海——以上海与京城比较为中心》反映的就是这一史实。该文试图探讨左翼电影在殖民地半殖民地时期的社会为什么表现如此活跃，并以此为切入点深刻剖析 20 世纪 30 年代的上海社会。在 20 世纪 30 年代，因"九一八"事变和"一・二八"事变导致中国社会反帝热情高涨，左翼文化运动拉开帷幕，并开始左翼电影创作，以此来揭露中国人民所处的黑暗社会现实。那么左翼电影在制作、传播的过程中如何保障顺畅呢？研究显示，之所以比较顺利，一是因为左翼电影评论人跟国民党员姚苏凤关系比较亲密，二是国民党右派党魁陈立夫的某些建议推动了左翼电影的发展，共产党员电影人在上海的活动则完全得益于瞿秋白个人的影响力。另外，国民党的电影审查制度并不完全是国共意识形态斗争的需要，制裁好莱坞电影对中国的侮辱性描述也是审查制度产生的根源。因此，在（半）殖民地社会里，社会在一个关系网里运行，这个关系网并不是简单地描述为强权与反抗，它是一个由多种权力或集团组成的，它们之间的相互关系引导着社会的变革。

建筑是一个城市政治、经济、文化的重要载体，是城市文化的重要组成部分，通过它可以透视一个城市的文明发展程度。首都师范大学历史学院宋卫忠通过《20 世纪 20、30 年代北京民族风格近代建筑思想的历史考察》一文，对近代时期北京城市建设过程中民族风格与新式建筑相融合的历史进行简要论述。这个历程说明，在学习世界先进建筑技术与观念的同时，要从中国传统文化中汲取营养，弘扬民族精神，让二者有机结合，是城市发展规划的要求，是北京跻身当代世界建筑先进行列的必要条件，也是建设世界城市应当重视的问题。必定，"只有民族的，才是世界的"。

一个国家政治是否清明、社会是否稳定与该国的政治理念有莫大的联系，中国近代的特殊国情催生了具有近代意义的政治学的诞生。中国社会科学院近代史所毕苑的论文《中国政治学的诞生：杨廷栋〈政治学教科书〉论析》，介绍了《政治学教科书》的思想来源、创建过程、学术史价值。研究认为，该书问世早于严复的《政治讲义》，是当之无愧的中国政治学第一书，从而颠覆了学界以往的观点。该书的学术价值在于，对晚清中国政治制度做了准确分析、走向作了准确把握，同时又基本涵盖了近代政治学的重要概念，它标志着中国政治学与西方政治学的学术大潮合流、接轨的开始。另外，该书也是杨廷栋对中国政治的美好期待。

四　区域社会生活史

有学者说，社会生活具有高度的浓缩性和穿透性，它是一切历史研究的起点。因此，社会生活从来都是社会文化史研究的重点。

列宁说："榜样的力量是无穷的。"榜样的存在具有巨大的社会价值，它能够调节人与人、人与社会之间的关系。山西大学中国社会史研究中心韩晓莉（现为首都师范大学历史学院博士后）提交的论文《榜样的力量——抗战时期山西革命根据地劳动英雄的塑造》，恰恰反映了农民榜样对根据地社会发展的作用。从普通农民到劳动英雄再到乡村领袖，农民的身份发生了重要变化，其命运与根据地政治紧密结合在一起。劳动被赋予了极强的政治意义，劳动英雄不仅是生产中的积极分子，还是根据地实现社会治理和改造的中坚力量。通过劳动英雄的塑造和示范，更多的农民被动员和组织起来参与到生产当中。因此，劳动英雄的塑造是根据地政府在战争环境中进行动员和社会改造的成功实践。

疫病是人类社会生活中不可避免的生理现象，对人类和社会的发展能产生重要影响。河北省社会科学院王胜以《1958～1963年伤寒疫情流布及成因分析——以河北省为例》一文，分析了大跃进时期河北农村伤寒流布状况、流行规律与特点、伤寒疫情的成因。通过研究发现，疫病不仅仅是一种自然生理现象，其流布及严重后果与当时社会改造的关系密不可分。正如某位学者分析的那样，"疫病并非只是一种个人的生理现象，而更是与社会经济发展、生活习俗、自然环境变迁以及交通与国际交流密不可分的社会问题"。

信仰习俗是中国民间社会生活的重要组成部分，它引导、规范、制约着人们的生活行为。中国社会科学院近代史研究所李俊领通过《近代北京民间的四大门信仰与日常生活》一文，梳理了北京四大门信仰习俗的起源、流变及其与泰山碧霞元君的关联，揭示了近代北京民众如何在因应四大门信仰的文化传统和社会环境中，塑造自身的生活方式与生命意识。同时，说明了近代四大门信仰的政治遭遇及其背后的政治与文化的复杂关联。

五 重提政治史

政治史是中国历史研究中的传统领域，以文化史的视角去解读政治史是这次研讨会提交论文的另一个特点。

抗日战争时期，根据地对日军的反战宣传、对日俘的改造是抗战工作的重要组成部分。首都师范大学历史学院殷志强提交的论文《太平洋战争前后对日和平工作的变迁》，详细考察了中共领导下的对敌和平工作经历的变迁，以及大量日本人参与后对工作产生的影响。研究发现，太平洋战争前，中共对日和平工作收效甚微，除了“左倾”错误影响外，不懂得中日文化差异是工作失败的主要原因。抗日同盟支部成立后，在华日本人的工作不仅弥补了语言的劣势，更能从文化心理上去打动日本士兵，用道义去说服日本士兵。此后，中共采取了更加灵活、务实的政策，从而为和平工作铺平了道路。

图书在版编目（CIP）数据

第二届中国近现代社会文化史国际学术研讨会论文集/
梁景和主编．—北京：社会科学文献出版社，2013.6
ISBN 978-7-5097-4585-4

Ⅰ.①第… Ⅱ.①梁… Ⅲ.①中华文化-文化史-近现代-国际学术会议-文集 Ⅳ.①K270.3-53

中国版本图书馆 CIP 数据核字（2013）第 086473 号

第二届中国近现代社会文化史国际学术研讨会论文集

主　　编 / 梁景和

出 版 人 / 谢寿光
出 版 者 / 社会科学文献出版社
地　　址 / 北京市西城区北三环中路甲 29 号院 3 号楼华龙大厦
邮政编码 / 100029

责任部门 / 人文分社（010）59367215
电子信箱 / renwen@ssap.cn
项目统筹 / 宋月华　吴　超
经　　销 / 社会科学文献出版社市场营销中心（010）59367081　59367089
读者服务 / 读者服务中心（010）59367028

责任编辑 / 许　力
责任校对 / 徐兵臣
责任印制 / 岳　阳

印　　装 / 北京鹏润伟业印刷有限公司
开　　本 / 787mm×1092mm　1/16
印　　张 / 19
版　　次 / 2013 年 6 月第 1 版
字　　数 / 323 千字
印　　次 / 2013 年 6 月第 1 次印刷
书　　号 / ISBN 978-7-5097-4585-4
定　　价 / 79.00 元